Le petit
Grevisse
Grammaire française

Le petit
Grevisse
Grammaire française

CHEZ LE MÊME ÉDITEUR

De Maurice GREVISSE et André GOOSSE

Le bon usage. Grammaire française, 13e édition refondue par André Goosse, 1993.
Nouvelle grammaire française, 3e édition revue, 1995.
Nouvelle grammaire française. Applications, 2e édition revue, 1989.
Nouvelle grammaire française. Corrigé des Applications, avec la collaboration de Françoise Tasset, 1989.

De Maurice GREVISSE

Le petit Grevisse. Grammaire française, 31e édition, 2005.
Exercices de grammaire française, 3e édition, 2005.
Corrigé des exercices de grammaire française, 3e édition, 2005.
Cours d'analyse grammaticale, 7e édition, 1968.
Cours d'analyse grammaticale. Livre du maître, 6e édition, 1969.

Dans la collection «Entre guillemets»

Savoir accorder le participe passé. Règles, exercices et corrigés, 6e édition, 2004.
Quelle préposition?, 5e édition, 2004.
Le français correct. Guide pratique, 5e édition revue par M. Lenoble, 1998.
La force de l'orthographe. 300 dictées progressives commentées, 3e édition, 2004.

Pour toute information sur notre fonds, consultez notre site web: **www.education.deboeck.com**

Imprimé en Italie par G. Canale & C. S.p.A.

D 2005/0035/04

ISBN 2-8011-1356-5
ISBN13 : 978-2-8011-1356-1

Avant-propos

En 1939, Maurice Grevisse publiait le *Précis de grammaire française*, trois ans après la première édition du *Bon usage*. Le succès de ce manuel, dans le monde entier, auprès de plusieurs générations d'élèves comme d'innombrables adultes soucieux de vérifier leur bon usage de la langue, est dû à la clarté de son exposé (les termes «clairement» et «clair» sont tous deux présents dans le court avertissement de quinze lignes qui ouvre le volume!), à la présentation systématique des différentes parties du discours, à l'exposé exhaustif des règles régissant l'organisation des phrases simples et des propositions subordonnées, à la somme des exemples illustrant chaque cas présenté. Ce succès considérable amena le grammairien à remanier sans relâche son ouvrage. Sans cesse, Maurice Grevisse recherchait des exemples nouveaux dans la fréquentation des grands auteurs français, il se tenait aussi à l'affût de l'évolution de la langue et des recherches des linguistes, pour améliorer ses ouvrages de référence. Presque chaque année, il préparait ainsi une nouvelle édition, revue et améliorée, de son *Précis*.

Les années passant, on aurait pu craindre que ce travail de description des règles de fonctionnement de la langue apparût dépassé. Il n'en est rien. Malgré l'évolution, lente et progressive, de la langue française, malgré le développement de nouvelles théories grammaticales, malgré les propositions, en France, au Québec, en Suisse ou en Belgique, de modifications de certaines règles orthographiques ou morphologiques, le *Précis* est resté un ouvrage de référence partout reconnu et apprécié.

Néanmoins, comme tous les grands monuments de notre patrimoine culturel, il requiert de temps à autre quelques travaux d'aménagement pour conserver l'éclat de sa jeunesse. Comme Maurice Grevisse nous a quittés en 1980, d'autres ont voulu poursuivre ce travail permanent d'actualisation, en écoutant les conseils du poète haïtien René Depestre:

> *De temps à autre il est bon et juste*
> *de conduire à la rivière*
> *la langue française*
> *et de lui frotter le corps*
> *avec des herbes parfumées qui poussent en amont*
> *de mes vertiges d'ancien nègre marron*
>
> *Ce beau travail me fait avancer à cheval*
> *sur la grammaire de notre Maurice Grevisse*
> *la poésie y reprend du poil de la bête (...).*

La trentième édition, en 1995, a été l'occasion d'une refonte complète de l'ouvrage, tout en respectant la logique d'ensemble de la grammaire, ainsi que la terminologie retenue par M. Grevisse. En effet, contrairement à ce que l'on pourrait croire, une relecture attentive, ligne à ligne, du *Précis* de 1939 (ou plus exactement de sa vingt-huitième édition revue de 1969) n'a guère entraîné de modifications fondamentales dans les descriptions linguistiques. Pour une double raison : d'abord, parce que la langue, dans sa structure et son usage, évolue lentement ; ensuite, parce que le système descriptif choisi par le grammairien est à la fois cohérent et plus nuancé qu'une lecture superficielle (et parfois caricaturale) ne le laisse croire.

Le découpage des parties resta donc identique aux éditions précédentes. Les modifications de présentation furent essentiellement d'ordre visuel, afin d'assurer un meilleur confort de lecture et une subdivision mieux articulée des différentes parties de chapitres. Par contre, les exemples furent très souvent renouvelés. Ceux qu'avait retenus M. Grevisse reflétaient les idées de son temps et étaient souvent choisis parmi les auteurs de son époque. Depuis lors, les modes de vie ont continué à évoluer, de nouveaux auteurs sont apparus, la francophonie s'est ouverte à de plus larges horizons. Il était donc opportun de tenir compte de cette évolution pour montrer combien des règles ancestrales continuent à régir la langue la plus actuelle, mais avec des accents renouvelés.

Il est, par exemple, un lieu de changement plus rapide que celui de la syntaxe, c'est le lexique. Si les propositions subordonnées ont peu changé (l'étiquetage en a été modifié par les linguistes, mais non la structure dans son usage réel), les mots qu'elles contiennent vieillissent plus vite ou se transforment. Pour deux raisons, parce que la néologie est une force vive de l'usage, et parce que la législation vient aider à modifier les règles du jeu. Présenter comme exemples de néologisme les termes « pénicilline, télévision, autoroute » semble aujourd'hui assez cocasse pour des élèves nés bien après l'apparition de ces inventions. De même, « U.R.S.S. » est un acronyme dépassé par les évolutions géopolitiques. Mais les phénomènes linguistiques perdurent, et il n'est guère difficile de trouver de nouvelles occurrences, comme « informaticien », « vidéothèque » ou « sida ».

Par contre, ce que M. Grevisse n'avait pas prévu, c'est l'interventionnisme législatif répété dans le champ linguistique. Comme à l'époque de Richelieu, les États veulent aujourd'hui imprimer leur marque dans l'évolution de la langue, sanctionner des usages en émergence ou favoriser des évolutions socio-linguistiques. C'est ainsi que, ces dernières années, plusieurs pays francophones ont légiféré pour normaliser certaines incohérences orthographiques ou reconnaître la féminisation des titres, grades et fonctions. Là, le pouvoir politique use de tout son poids pour accélérer des évolutions, ce que le grammairien qui travaille dans le long terme ne pouvait imaginer. Il faut désormais prendre cela en compte.

L'alphabet phonétique international a ainsi été introduit pour faire apparaître plus clairement les remarques liées à la prononciation, et relever quelques usages spécifiques à l'oral, dimension à laquelle le *Précis* accordait peu de place. Dans les appendices, aux règles de ponctuation sont adjoints les grands principes liés à la coupe des mots en fin de ligne. Enfin, les rectifications orthographiques publiées par le *Journal officiel de la République française* du 6 décembre 1990, ainsi que les règles de féminisation des noms édictées par diverses instances législatives, sont reproduites en fin d'ouvrage, et parfois signalées en notes de bas de page.

Ainsi, cette nouvelle édition de la grammaire veut à la fois rester fidèle à l'esprit qui présida à sa confection (c'est pourquoi elle reprend le nom du créateur dans son nouveau titre), et tenir compte des évolutions de la langue, en n'oubliant jamais qu'une grammaire est bien sûr un outil descriptif de la langue et de ses usages, mais qu'elle véhicule aussi une certaine conception du monde, des valeurs, une image de la littérature. Aujourd'hui, la littérature francophone ne se limite plus aux auteurs français, et Paris n'est plus la seule référence. Une place est donc ouverte, dans les exemples, aux auteurs belges, suisses, québécois, antillais, algériens, sénégalais... Une place aussi pour l'essai, l'aphorisme, le théâtre, voire le roman policier. Place encore aux écrivains féminins. Mais en jouant cette carte du métissage francophone, il faut se garder de ne retenir que certains effets de mode qui affectent les parlers contemporains. Il ne s'agit pas de courir derrière la dernière nouveauté, pour coller à l'actualité, mais d'intégrer les évolutions de la langue française qui semblent bien installées dans l'usage collectif, de faire place à la trace qu'en donnent aussi les auteurs francophones attentifs à promouvoir cette langue à travers leur création.

C'est en cela qu'une grammaire reste toujours indispensable pour prendre acte de l'état de la langue et de ses règles de fonctionnement, même quand certains pensent que la maîtrise de la grammaire et de l'orthographe n'est qu'un luxe périmé ou une contrainte dont on peut se passer sans dommage. Pourtant, si les règles élémentaires de l'orthographe semblent pouvoir être ignorées pour envoyer un bref message via un téléphone portable, il ne faut pas oublier que les logiciels qui permettent de composer le mot adéquat au départ de la pression des touches numériques ont dû intégrer la totalité du vocabulaire français, en respectant scrupuleusement toutes ses spécificités orthographiques. De la même manière, pour trouver une référence sur un site web, le serveur ne pourra être contacté s'il y a la moindre faute dans l'adresse composée. Dans ce simple geste, la maîtrise de l'orthographe doit être parfaite. Le lexique évolue, de nouveaux idiomes surgissent, au sein de groupes de jeunes, via des modes musicales, dans certaines zones où des sous-groupes se reconnaissent entre eux par l'usage d'un langage spécifique. Mais à chaque fois, si l'invention lexicale et syntaxique est grande, il s'agit de maîtriser les règles forgées en commun pour attester de son appartenance au groupe. Toute communication suppose la connaissance et la maîtrise des règles linguistiques pour participer à l'échange. Aujourd'hui comme hier. Avec cet avantage que l'accès aux sources de référence est désormais bien plus facile pour chacun. En cas d'hésitation sur le sens précis d'un mot, il n'est plus nécessaire de disposer d'un dictionnaire en dix volumes dans sa bibliothèque, tout internaute peut consulter en ligne le *Trésor de la langue française informatisé*, qui fait autorité en matière de lexicologie[1]. D'autres ressources linguistiques sont encore disponibles sur Internet, de la part d'organismes officiels, comme la Délégation générale à la langue française[2], ou

---

1. À l'adresse suivante : http://atilf.atilf.fr/tlf.htm. On peut trouver ailleurs, sur Internet, d'autres types de dictionnaires, par exemple, à l'adresse http://www.dicorama.com.
2. À l'adresse http://www.culture.gouv.fr:80/culture/dglf/garde.htm. On trouve aussi des sites de défenseurs de la langue française (par exemple à l'adresse http://www.langue-fr.net) qui proposent de nombreux outils de travail (dictionnaires, règles et exercices d'orthographe, dossiers pédagogiques sur la langue française...) et des liens vers des sites spécialisés dans l'une ou l'autre question linguistique.

d'amoureux de la langue française. C'est le signe que celle-ci reste un outil de communication extrêmement dynamique. Apprendre à la maîtriser au mieux, sans dogmatisme, mais avec rigueur, c'est bien l'enjeu d'un manuel de grammaire aujourd'hui. C'est dans ce cadre de référence foisonnant que veut résolument s'inscrire cette nouvelle édition revue du *Précis de grammaire française*, désormais intitulé le *Petit Grevisse*, en hommage à son créateur, et dans un souci affirmé de rappeler sa volonté de proposer un outil directement accessible et utile à tous.

Maurice Grevisse, dans l'avertissement qui ouvrait son *Précis*, avançait comme premier objectif, celui de s'efforcer «de présenter clairement la matière». Nous pensons, dans cette trente et unième édition, qui paraît au moment du vingt-cinquième anniversaire de son décès, être resté fidèle à ce souhait, en ayant amélioré la lisibilité de l'ouvrage, tenu compte de quelques évolutions de la langue et modernisé le choix des exemples, dans le droit fil de l'observation et de la description du «bon usage» d'aujourd'hui.

Marc Lits
2005

Notions préliminaires

1   L'homme exprime principalement ses idées, ses sentiments, ses volontés et ses sensations par la parole, et c'est le **langage parlé**, ou par l'écriture, et c'est le **langage écrit**. Le langage est un outil de communication privilégié pour entrer en contact avec les autres. Il a donc deux fonctions essentielles : l'expression et la communication.

C'est par phrases que nous pensons et que nous parlons ; la **phrase** est un assemblage organisé logiquement et grammaticalement pour exprimer un sens complet ; elle est la véritable unité linguistique.

Le langage est constitué de **sons** qui permettent de former des **mots**, lesquels sont donc un assemblage de sons porteurs de signification.

Le langage écrit représente les sons au moyen d'un système de signes ou caractères appelés **lettres**. Mais il faut se garder de confondre les lettres et les sons. Par exemple, le mot *eau* contient trois lettres mais un seul son. Ces sons s'appellent des **phonèmes**.

2   La **grammaire** (ou **linguistique**) est l'étude systématique des éléments constitutifs d'une langue. Elle comprend :
1° la **phonétique** ou science des sons du langage, des phonèmes ;
2° la **lexicologie** ou science des mots, elle étudie le lexique ;
3° la **morphologie** ou science des diverses formes que certains mots sont susceptibles d'utiliser ;
4° la **syntaxe** ou ensemble des règles qui concernent le rôle et les relations des mots dans la phrase[1].

REMARQUE

À ces secteurs de base peuvent s'ajouter :
a) la **prononciation** ou manière d'articuler les mots ;
b) l'**orthographe** ou ensemble des règles permettant d'écrire correctement les mots ;
c) l'**étymologie**, qui étudie l'origine des mots ;
d) la **sémantique**, qui est la science des significations des mots.

---

1. Dans le présent ouvrage, on a choisi d'étudier conjointement la *morphologie* et la *syntaxe* des parties du discours. D'autre part, il a paru bon de placer l'étude de la *phrase* et de la *proposition* avant celle des diverses espèces de mots : la connaissance de certaines variations morphologiques des mots suppose, en effet, celle de leurs relations dans la proposition.

Partie 1

Les éléments **de la langue**

A. LES SONS

1. Sons et syllabes

3 Les **sons** du langage ou **phonèmes** sont des émissions d'air produites par l'appareil phonateur (ou vocal).

Les principaux organes de la *phonation* (ou émission vocale) sont : les *poumons* ; le *larynx,* sorte d'entonnoir cartilagineux, au travers duquel se tendent, bordant une fente appelée *glotte,* les deux paires de *cordes vocales* ; le *pharynx* (arrière-bouche) ; le *voile du palais* (le petit appendice charnu qui pend au milieu, à l'entrée du gosier, est la *luette*) ; la *langue* ; les *lèvres*.

L'ensemble des mouvements qui règlent la disposition des organes vocaux sur le passage du souffle expiratoire s'appelle *articulation*. La *base d'articulation* est la position des organes vocaux à l'état d'indifférence (donc pendant le silence avec respiration normale).

4 Une **syllabe** est un son ou un groupe de sons que l'on prononce par une seule émission de voix : *Eau, mi-di, é-lé-phant.*

5 Les sons se divisent en voyelles et consonnes.

L'Association phonétique internationale a établi un système de transcription dans lequel chaque phonème est retranscrit par un seul et même signe. La langue française parlée compte ainsi seize voyelles, dix-sept consonnes (plus une, si l'on y intègre le [ŋ] emprunté à l'anglais) et trois semi-voyelles.

L'alphabet phonétique international

VOYELLES		CONSONNES	
[a]	*date*	[b]	*bon*
[ɑ]	*pâte*	[d]	*déjà*
[e]	*pré*	[f]	*fier*
[ɛ]	*mère*	[g]	*gare*
[ə]	*chemin*	[k]	*car*
[i]	*cri*	[l]	*loup*
[o]	*rose*	[m]	*main*
[ɔ]	*note*	[n]	*non*
[ø]	*lieu*	[p]	*par*
[œ]	*peur*	[R]	*rose*
[u]	*trou*	[s]	*sol*
[y]	*pur*	[t]	*tas*
		[v]	*ver*
[ã]	*manger*	[z]	*zéro*
[ɛ̃]	*matin*	[ʃ]	*chat*
[ɔ̃]	*saison*	[ʒ]	*jardin*
[œ̃]	*lundi*	[ɲ]	*agneau*
		[ŋ]	*smoking*

SEMI-VOYELLES ou SEMI-CONSONNES

[j] *y*eux
[w] *ou*i
[ɥ] *cu*ir

Le double point après une voyelle montre qu'elle est longue: *alors* [alɔːʀ].

L'apostrophe devant une voyelle marque la présence d'un h aspiré ou signale qu'il y a un hiatus empêchant la liaison: *hum!* ['ym]; *un héros* [œ̃'eʀo].

Si une lettre est placée entre parenthèses, par exemple l'e dit muet [ə], c'est que le son ainsi désigné peut ne pas être prononcé: *fenêtre* [f(ə)nɛtʀ(ə)].

2. Les voyelles

6   On appelle **voyelles** des sons produits par les vibrations des cordes vocales et s'échappant sans avoir été arrêtés nulle part dans le canal vocal.

7   Les voyelles sont orales ou nasales.

Elles sont dites **orales** quand le souffle qui les produit s'échappe uniquement par la bouche: [a], [ɑ], [e], [ɛ], [ə], [i], [o], [ɔ], [ø], [œ], [u], [y].

Elles sont dites **nasales** quand le souffle s'échappe par le nez et par la bouche à la fois: [ɑ̃], [ɛ̃], [ɔ̃], [œ̃].

REMARQUES

1. Dans l'articulation des voyelles, l'ouverture buccale est plus ou moins grande: les voyelles sont:
   - **ouvertes** quand elles s'articulent avec une ouverture buccale plus grande que pour l'articulation d'autres voyelles: *Mère, note, car, lin, plan*;
   - **fermées** quand elles s'articulent avec une ouverture buccale plus petite que pour l'articulation d'autres voyelles: *Cri, dé, feu, mur, sou, rose.*

2. D'après leur durée, les voyelles sont:
   - **longues**: *Corps, mur, tige, rage*;
   - **brèves**: *Morte, lu, prix, bac.*

3. D'après le point d'articulation (c'est-à-dire la zone du palais en face de laquelle la langue se masse), les voyelles sont:
   - **antérieures**, lorsque la langue se masse en avant dans la bouche:
        Date, mère, pré, cri, lin, brun;
   - **postérieures**, lorsque la langue se masse en arrière dans la bouche:
        Sou, rose, note, pâte, bon, plan.

   N.B.
   L'**a** qui n'est ni ouvert ni fermé, pour l'articulation duquel la langue est étendue, est une voyelle **mixte**: *Parisien.*

4. Pour l'articulation correcte des voyelles (comme aussi pour l'articulation des consonnes), les muscles de l'appareil vocal doivent être tendus avec un effort suffisant pendant toute la durée de l'articulation ; ainsi articulées, les voyelles sont dites **tendues** ; quand la tension n'est pas suffisante, les voyelles sont **relâchées**.

5. L'**e** sourd, demi-ouvert, demi-fermé (sans accent dans l'écriture) s'appelle **e muet** ou **caduc** parce que, en certains cas, il tombe dans la prononciation : *Gredin, rapp(e)ler, un(e) fenêtr(e)*.

6. Selon sa place dans la syllabe, une voyelle est :
   – **libre**, quand elle termine la syllabe (la syllabe est dite alors *ouverte*) : *Dé-fi-nir* ;
   – **entravée**, quand elle ne termine pas la syllabe (la syllabe est dite alors *fermée*) : *Per-tur-ba-tion*.

7. Le **timbre** d'une voyelle est le caractère propre et distinctif dû à la combinaison de la note fondamentale avec des sons accessoires appelés *harmoniques*. Tout changement dans la disposition des cavités pulmonaires et bucco-nasales modifie le timbre de la voyelle. En particulier, le timbre varie avec le degré d'ouverture de la bouche : *Rose* [o] fermé, *note* [ɔ] ouvert.

8. D'après leur **hauteur**, c'est-à-dire d'après le degré d'élévation de la voix, les voyelles sont plus ou moins *graves* ou plus ou moins *aiguës*.

Tableau des voyelles

	ANTÉRIEURES		POSTÉRIEURES	
	Fermées	Ouvertes	Fermées	Ouvertes
Orales	[i] *cri* [e] *dé* [ø] *feu* [y] *mur*	[ɛ] *mère* [a] *date* [œ] *leur*	[u] *sou* [o] *rose*	[ɔ] *note* [ɑ] *pâte*
	[ə] *gredin*			
Nasales		[ɛ̃] *brin* [œ̃] *brun*		[ɔ̃] *bon* [ɑ̃] *plan*

3. Les consonnes

8 Les **consonnes** sont des bruits de frottement ou d'explosion produits par le souffle qui, portant ou non les vibrations des cordes vocales, rencontre dans la bouche divers obstacles résultant de la fermeture ou du resserrement des organes.

REMARQUES

1. D'après la voie d'échappement du souffle, on distingue :
   – les consonnes **orales** : [b], [p], [d], [t], [g], [k], [v], [f], [z], [s], [ʒ], [ʃ], [l], [ʀ] ;
   – les consonnes **nasales** : [m], [n], [ɲ] ; (et [ŋ], dans des mots étrangers) ;

– l'*h* « **aspiré** ». Cette appellation est doublement impropre : 1° parce que, quand l'*h* dit aspiré est vraiment un son, il comporte non une *aspiration*, mais une intensité particulière du souffle *expiré* ; 2° parce que l'*h* aspiré n'existe plus comme son en français moderne : c'est un simple signe graphique, qui a pour effet d'empêcher l'élision et la liaison.

Toutefois il se fait parfois entendre réellement dans certaines interjections comme *ha ! hé ! holà !* ou encore quand la syllabe initiale d'un mot commençant par un *h* « aspiré » est frappée d'un accent d'insistance : *C'est une honte ! [setyn' ɔ̃t].*

2. D'après le degré d'ouverture ou de fermeture des organes, on distingue :
   – les consonnes **occlusives** (ou **explosives**), qui s'articulent de telle manière que le souffle, d'abord arrêté par la fermeture complète des organes buccaux s'échappe brusquement : [b], [p], [d], [t], [g], [k] ;
   – les consonnes **fricatives**, dans l'articulation desquelles il y a resserrement des organes buccaux, sans fermeture complète : [v], [f], [z], [s], [ʒ], [ʃ]. Les consonnes [s], [z], sont souvent appelées **sifflantes** ; les consonnes [ʃ], [ʒ], sont souvent appelées **chuintantes** ;
   – la consonne **liquide** [l], dont l'émission comporte comme un « écoulement » du souffle sur les côtés de la langue ;
   – la consonne **vibrante** [ʀ], dont l'articulation (du moins pour l'*r* parisien) comporte une vibration du dos de la langue sur le voile du palais. (Dans l'articulation de l'*r* roulé, c'est la luette qui vibre.)

3. D'après l'endroit où les organes buccaux se touchent, on distingue :
   – les consonnes **labiales** (lèvres) : [b], [p], [m], et **labio-dentales** (lèvres et dents) : [v], [f] ;
   – les consonnes **dentales** (langue et dents) : [d], [t], [z], [s], [l], [n] ;
   – les consonnes **palatales** (langue et palais) : [ʒ], [ʃ], [ɲ] ;
   – les consonnes **vélaires** (langue et voile du palais) : [g], [k], [ʀ], [ŋ].

4. Les consonnes sont **sonores** quand le souffle qui les produit est pourvu des vibrations des cordes vocales ; elles sont **sourdes** quand le souffle qui les produit n'est pas pourvu des vibrations des cordes vocales.

5. Dans la prononciation, une consonne est **simple** quand elle est produite par une seule émission vocale ; elle est **double** quand elle fait l'impression d'être émise deux fois de suite ; ainsi [m] se prononce simple dans *sommet*, mais il se prononce double dans *sommité*.

6. Il y a trois **semi-voyelles** ou **semi-consonnes** :
   [ɥ] (qu'on nomme *ué*), comme dans *lui, juin, fuir* ;
   [w] (qu'on nomme *oué*), comme dans *oui, poids* ;
   [j] (qu'on nomme *yod*), comme dans *pied, yeux*.

7. Une **diphtongue** résulte de l'émission rapide d'une voyelle et d'une semi-voyelle : *Œil* [œj], *yeux* [jø].

   Il y a **synérèse** lorsque deux voyelles contiguës se fondent, dans la prononciation, en une seule émission : la première voyelle fait alors fonction de semi-voyelle : *diamant* [djamɑ̃]. Les poètes ont souvent recouru à cet usage, pour des raisons de métrique.

   *C'est le **duel** effrayant de deux spectres d'airain.* (V. Hugo)

Il y a **diérèse** lorsque les éléments d'une diphtongue se trouvent dissociés et deviennent deux voyelles autonomes:

> J'ai su tout ce détail d'un an*ci-en* valet. (P. Corneille)

8. Lorsque deux consonnes se trouvent en contact phonétique, elles tendent à s'**assimiler** l'une à l'autre.

L'assimilation est *progressive* quand la première consonne impose son caractère à la seconde, quant à la sonorité: *subsister* (prononcé [sybziste]); la consonne sonore [b] fait devenir sonore, en la changeant en [z], la consonne [s], sourde par nature.

L'assimilation est *régressive* dans le cas contraire: *absent* (prononcé [apsã]); la consonne sourde [s] fait devenir sourde, en la changeant en [p], la consonne [b], sonore par nature.

Il y a **dissimilation** lorsque deux consonnes identiques, se trouvant dans le voisinage l'une de l'autre, se différencient; ainsi quand le mot latin *peregrinum* est devenu en français *pèlerin*, il y a eu *dissimilation* du premier [ʀ] par le second.

Tableau des consonnes

			Labiales	Dentales	Labiales	Dentales
Orales	Occlusives	sonores	[b] *bal*	[d] *dur*		[g] *gare*
		sourdes	[p] *pot*	[t] *tir*		[k] *col*
	Fricatives	sonores	[v] *vol*	[z] *zut*	[ʒ] *jour*	
		sourdes	[f] *fer*	[s] *sol*	[ʃ] *char*	
	Liquides			[l] *lac*		[ʀ] *rat*
	Semi-voyelles	postérieures	[w] *oui*			
		antérieures	[y] *nui*		[j] *yeux*	
Nasales			[m] *mer*	[n] *non*	[ɲ] *digne*	[ŋ] *smoking*

B. LES SIGNES

1. L'alphabet

9 La langue écrite note les différents sons du français au moyen de vingt-six lettres, dont l'ensemble constitue l'*alphabet*.

Ces lettres sont **majuscules** (ou **capitales**): A, B, C, D, E, F, G, H, I, J, K, L, M, N, O, P, Q, R, S, T, U, V, W, X, Y, Z;

ou **minuscules**: a, b, c, d, e, f, g, h, i, j, k, l, m, n, o, p, q, r, s, t, u, v, w, x, y, z.

10 Il y a six lettres-voyelles: *a, e, i, o, u, y*; les autres lettres sont les lettres-consonnes.

REMARQUE

Parce que notre alphabet ne possède pas autant de lettres qu'il y a de phonèmes à représenter, et aussi parce que notre orthographe n'a pas évolué en même temps que la prononciation et qu'en outre, cette orthographe s'est souvent conformée à l'étymologie, il se fait:

1° qu'il faut, pour représenter certains sons, combiner deux lettres: *eu* pour [ø], *ou* pour [u], *on* pour [ɔ̃], *ch* pour [ʃ], *gn* pour [ɲ];

2° qu'une même graphie peut représenter des phonèmes différents : *Cage*, [kaʒ], *cire* [siʀ] ; *gare*, *gène* ; *nation*, *partie* ; *tache*, *orchestre* ; *ville*, *béquille* ;

3° qu'un même phonème est, selon les mots, représenté par différentes graphies : [o] dans *trône*, *beau*, *Saône* ; [a] dans *cage*, *femme* ; [ɛ̃] dans *lin*, *étain*, *simple*, *symbole*, *syntaxe*, *Reims* ; [f] dans *faner*, *phare* ; [ʒ] dans *joli*, *geôle*.

D'autre part, il arrive souvent qu'une ou plusieurs lettres, disparues dans la prononciation depuis le moyen âge, sont pourtant toujours exigées par l'orthographe : *Doigt, tort, vert, lourd*.

2. **Les signes orthographiques**

11 Les **signes orthographiques** sont : les accents, le tréma, la cédille, l'apostrophe et le trait d'union.

12 **Les accents**
On distingue trois sortes d'accents : l'accent *aigu* ('), l'accent *grave* (`) et l'accent *circonflexe* (ˆ).

– L'accent **aigu** se met, en général, sur le *e* représentant le son [e] non suivi d'un *d*, d'un *f* ou d'un *z* finals :
> *Vérité, coupés*. (Sans accent aigu : *pied, clef, chanter, nez*, etc.)

– L'accent **grave** se met :
> 1° Sur le *e* représentant le son [ɛ], à la fin d'une syllabe ou devant *s* final :
> *Père, procès*.
> 2° Sur *a* dans *deçà, déjà, delà, voilà, holà* (mais non dans *cela*).
> 3° Sur *a, u, e*, dans certains mots, qui peuvent, par ce moyen, être distingués d'autres mots, homonymes :
> *à, a ; là, la ; çà, ça ; où, ou ; dès, des*.

– L'accent **circonflexe** se met sur *a, e, i, o, u*, et indique soit la chute d'une voyelle ou d'un *s* de l'ancienne orthographe :
> *Bâtir* (autref. *bastir*), *tête* (autref. *teste*), *âge* (autref. *eage*) ;
soit la prononciation longue de certaines voyelles[1] :
> *Cône, infâme, extrême*.

Parfois l'accent circonflexe sert à distinguer des homonymes :
> *dû* (participe passé de *devoir*), *du* (article contracté) ;
> *crû* (participe passé de *croître*), *cru* (participe passé de *croire*) ;
> *mûr* (adjectif), *mur* (nom).

13 Le **tréma** (¨) se met sur les voyelles *e, i, u*, le plus souvent pour indiquer que, dans la prononciation, elles se séparent de la voyelle qui les précède ou qui les suit :
> *Haïr, aiguë, contiguïté*.

---

1. Les rectifications de l'orthographe française publiées dans le *Journal officiel de la République française* du 6 décembre 1990 proposent de nouvelles règles pour l'emploi de l'accent circonflexe, dont la suppression de cet accent, sauf pour certaines exceptions, sur les lettres *i* et *u*. L'usage du tréma est également modifié. Ces règles sont détaillées plus loin (§ 511).

14   La **cédille** (ؚ) se place sous le *c* devant *a, o, u,* pour indiquer que ce *c* doit être prononcé [s] :

> *Avança, leçon, reçu.*

15   L'**apostrophe** (') se place en haut et à droite d'une consonne pour marquer l'élision de *a, e, i* :

> *L'arme, d'abord, s'il pleut.*

16   Le **trait d'union** (-) sert à lier plusieurs mots :

> *Arc-en-ciel, dit-il, toi-même.*

On emploie le trait d'union :

1° Dans certains mots composés[1] : *Arc-en-ciel, vis-à-vis, après-midi, c'est-à-dire, porte-clé* (mais non *portefeuille*), etc.

2° Entre le verbe et le pronom personnel (ou *ce, on*) placé après lui : *Dit-il, voit-on, est-ce vrai ?*

3° Entre le verbe à l'impératif et les pronoms personnels compléments formant avec lui un seul groupe phonétique, sans la moindre pause possible : *Crois-moi, prends-le, dites-le-moi, faites-le-moi savoir.* (Mais sans trait d'union : *Veuille me suivre, viens me le raconter.*)

4° Avant et après le *t,* consonne euphonique : *Répliqua-t-il, chante-t-elle, convainc-t-on ?*

5° Dans les noms de nombre composés, entre les parties qui sont l'une et l'autre moindres que cent[2] : *Quatre-vingt-dix-huit, cinq cent vingt-cinq.*

6° Devant *ci* et *là* joints aux diverses formes du pronom *celui* ou à un nom précédé d'un adjectif démonstratif : *Celui-ci, ceux-là, cette personne-ci, ces choses-là ;* et dans les expressions composées où entrent *ci* et *là : Ci-contre, ci-joint, là-haut, jusque-là, par-ci, par-là,* etc.

7° Entre le pronom personnel et l'adjectif *même : Moi-même, nous-mêmes,* etc.

C. LA PRONONCIATION

1. L'accent d'intensité

17   L'**accent d'intensité** (on dit aussi **accent tonique**) consiste dans un appui particulier de la voix sur une des syllabes d'un mot ou d'un groupe de mots.

Les syllabes frappées de l'accent d'intensité sont **toniques** ; les autres sont **atones.**

Une syllabe est dite *protonique* quand elle précède immédiatement la syllabe tonique ; elle est dite *posttonique* quand elle suit immédiatement la syllabe tonique.

---

1. Les rectifications de l'orthographe française (§ 511) portent également sur les mots composés et sur l'écriture des noms de nombre.

2. Les rectifications de l'orthographe française (§ 511) étendent cette règle à toutes les parties des noms de nombre composés.

18   **Accent de mot.** Dans les mots français considérés isolément, l'accent d'intensité frappe
la dernière syllabe articulée (donc l'avant-dernière syllabe écrite – la pénultième –
quand la finale est en -*e* muet) :

> *Vérité, sentiment, l'indifférenc(e), les montagn(es),*
> *ils désespèr(ent).*

Accent de groupe. Dans la phrase, l'accent d'intensité frappe la dernière syllabe articulée, non pas de chaque mot, mais de chaque groupe de mots unis par le sens et
prononcés sans aucun repos de la voix (chaque groupe est un seul *groupe rythmique*) :

> *Prenez votre **livr**(e).*
> *Comme vous le **savez**, / je pars **demain**.*
> *Un grand bruit **d'homm**(es) / et de che**vaux** / avait suc**cédé** / au si**lenc**(e).*

REMARQUES

1. Les articles, les adjectifs démonstratifs ou possessifs, certains pronoms, les prépositions, les
conjonctions, n'ont pas d'accent d'intensité.

2. Il faut se garder de confondre l'accent d'intensité avec les *accents*, signes orthographiques
(§ 12).

3. L'accent d'intensité doit encore être distingué de l'**accent d'insistance**, qui affecte telle ou
telle syllabe prononcée avec une énergie particulière (on l'appelle encore tantôt *affectif* ou
expressif quand il exprime une émotion ou un sentiment subjectif, tantôt *intellectuel* quand
il met en relief le contenu intellectuel de l'énoncé ou souligne un mot jugé essentiel) ; cet
accent d'insistance ne supprime pas l'accent d'intensité :

> *C'est **dé**testable !*
> *C'est un spectacle é**pou**vantable !*
> *N'oubliez pas l'importance du **sur**moi chez Freud !*

4. **Ton.** Le *ton* est proprement le degré de hauteur musicale d'un son : tel son est plus ou moins
aigu, plus ou moins grave.
Dans un sens large, le ton est la manière particulière de parler relativement aux mouvements
de la pensée ou des sentiments : une phrase peut être dite sur un ton impérieux, doctoral,
badin, doucereux, etc.

5. **Intonation.** Les sons, associés pour former des mots ou des phrases, se prononcent rarement
d'une manière *uniforme* : l'intensité, la hauteur musicale, la durée des syllabes donnent au
débit une *intonation* particulière.
À ce propos, il faut observer que d'ordinaire la phrase française comporte deux parties : dans
la première, qui est *ascendante*, le ton s'élève progressivement jusqu'à une note qui est la
plus haute de la phrase ; dans la seconde, qui est *descendante*, le ton s'abaisse par degrés
jusqu'à une note qui est la plus basse de toutes. Les phrases interrogatives n'ont pas de partie
descendante : elles se terminent généralement sur la note la plus haute. Les phrases exclamatives ont le plus souvent une intonation descendante.

2. La liaison

19 Une consonne finale, muette devant un mot isolé, se prononce, dans certains cas, devant la **voyelle** ou l'**h muet** initial du mot suivant, et s'appuie même si intimement sur ce mot que, pour l'oreille, elle fait corps avec lui plutôt qu'avec le mot auquel elle appartient : c'est ce qui s'appelle faire une **liaison** :

> Sans‿ordre, un petit‿homme.

REMARQUES
1. Certaines consonnes changent de prononciation dans les liaisons :

> s et x se prononcent [z] : pas à pas [pazapa], deux hommes [døzɔm] ;
>
> d se prononce [t] : grand effort [grãtɛfɔr] ;
>
> g se prononce [k] : sang et eau [sãkeo].

2. La liaison n'a lieu qu'entre des mots unis par le sens, et la moindre pause l'empêche toujours. D'ailleurs, beaucoup de liaisons qui se font dans le discours soutenu ou dans la lecture d'un texte littéraire, ne se font pas dans la conversation ordinaire.

3. L'élision

20 L'**élision** est la suppression, dans la prononciation, d'une des voyelles finales a, e, i, devant un mot commençant par une voyelle ou un h muet.
Les élisions qui se font dans la prononciation ne sont pas toujours marquées dans l'écriture :

> Faible escorte, il a presque échoué.

Quand elles le sont, la voyelle élidée est remplacée par une apostrophe :

> L'or, d'abord, l'heure, s'il t'aperçoit.

21 a) L'élision de l'**a** est marquée par l'apostrophe dans l'article la :

> L'église, l'heure.

et dans le pronom atone la, devant les pronoms en, y, ou devant un verbe :

> Cette voix, je l'entends. Elle a réussi : je l'en félicite.
>
> Elle refuse de partir : je l'y contraindrai.
>
> (Mais : Laisse-**la** entrer, envoie-**la** ouvrir : ici la est accentué.)

b) L'élision de l'**e** est marquée par l'apostrophe :

1° Dans l'article le :

> L'aveugle, l'homme.

2° Dans les pronoms je, me, te, se, le (atone), devant les pronoms en, y, ou devant un verbe :

> J'ai, il m'entend, je t'invite, il s'avance, on l'aperçoit, je m'en doute, il s'y perd. (Mais : Fais-**le** asseoir : ici le est accentué.)

3° Dans de, ne, que, jusque, lorsque, puisque, quoique, et dans les locutions conjonc-tives composées avec que :

> Fables **d'**Ésope, il **n'**a pas, ce **qu'**on a, **qu'**on est bien !, je veux **qu'**il parte, **jusqu'**ici, **lorsqu'**il dit.
>
> **Lorsqu'**à des propositions... (Littré). **Lorsqu'**en 1637... (Acad.).

> **Puisqu'**on veut. **Quoiqu'**un homme soit mortel.
>
> Avant **qu'**il vienne.

4° Dans le pronom *ce* devant *en* et devant l'*e* ou l'*a* initial d'une forme simple ou composée du verbe être :

> **C'**est, **ç'**a été, **c'**eût été, **c'**en est fait.

5° Dans *presqu'île, quelqu'un(e)*. (Mais non dans *presque entier, presque achevé, quelque autre*, etc.)

6° Dans *entre*, élément des cinq verbes s'**entr'**aimer, **entr'**apercevoir, s'**entr'**appeler, s'**entr'**avertir, s'**entr'**égorger.

Mais sans apostrophe : *entre eux, entre amis, entre autres*, etc.

REMARQUE

L'Académie a abandonné, dans les mots suivants, l'apostrophe qui marquait l'élision de l'*e* final de *entre*, et a soudé les éléments composants : *s'entraccorder, s'entraccuser, entracte, s'entradmirer, entraide, s'entraider, entrouverture, entrouvrir.*

c) L'élision de l'**i** est marquée par l'apostrophe dans la conjonction *si* devant *il(s)* :

> **S'**il vient, **s'**ils viennent.
>
> Dis-moi **s'**il part.

22 L'élision n'a pas lieu devant le nom *un* (chiffre ou numéro), ni devant *oui, huit, huitain, huitaine, huitième, onze, onzième, yacht, yak, yatagan, yole, yucca*, ni devant certains noms propres tels que : *Yougoslavie, Yémen, Yucatan*, etc. :

> Il suffit **de** oui, de non. (V. Hugo)
>
> Il me fit signe **que** oui.
>
> Le **un**, le **huit** et le **onze** sont les numéros gagnants de la loterie.

Toutefois on peut dire :

> Je crois **qu'**oui. Je lui fis signe **qu'**oui. (A. France)
>
> Je pense **qu'**oui. (La Bruyère) Il dit **qu'**oui. (M. de Sévigné)
>
> Par un beau soleil **d'**onze heures. (Ch.-A. Sainte-Beuve)
>
> Le bouillon **d'**onze heures.

Pour *ouate*, l'usage hésite ; cependant on dit plus souvent **l'**ouate que **la** ouate.

D. LES MOTS

1. Les parties du discours

23 Les mots du français peuvent être rangés en neuf catégories ou **parties du discours**.

a) Les mots variables

Cinq espèces de mots sont **variables** :

1° Le **nom** ou **substantif**, qui sert à désigner, à « nommer » les êtres ou les choses.

2° L'**article**, qui sert à marquer un sens complètement ou incomplètement déterminé du nom qu'il précède.

3° L'**adjectif**, qui se joint au nom pour le qualifier ou pour le déterminer.

4° Le **pronom**, qui, en général, représente un nom, un adjectif, une idée, une proposition.

5° Le **verbe**, qui exprime l'existence, l'action ou l'état.

N.B.

– Le **nom**, l'**article**, l'**adjectif** et le **pronom** varient :

en **genre**, pour indiquer, en général, le sexe des êtres ;

en **nombre**, pour indiquer qu'il s'agit :

soit d'un seul être ou objet,

soit de plusieurs êtres ou objets.

Les adjectifs possessifs, les pronoms possessifs, les pronoms personnels varient, non seulement en *genre* et en *nombre,* mais aussi en *personne.*

– Le **verbe** varie :

en **nombre** ;

en **personne**, pour indiquer qu'il s'agit :

soit de la personne qui parle : 1re personne,

soit de la personne à qui l'on parle : 2e personne,

soit de la personne (ou de la chose) dont on parle : 3e personne ;

en **temps**, pour indiquer à quel moment se situe le fait ;

en **mode**, pour indiquer de quelle manière est connue et présentée l'action (ou l'état, ou l'existence).

Au participe, le verbe varie quelquefois en *genre.*

b) Les mots invariables

Quatre espèces de mots sont **invariables** :

1° L'**adverbe**, qui modifie un verbe, un adjectif ou un autre adverbe.

2° La **préposition**, qui marque un rapport entre le mot devant lequel elle est placée et un autre mot.

3° La **conjonction**, qui unit deux mots, deux groupes de mots ou deux propositions.

4° L'**interjection**, qui marque l'irruption d'un sentiment personnel dans le discours.

REMARQUE

Il faut mentionner à part les deux **présentatifs** *voici* et *voilà,* qui servent à annoncer, à présenter (§ 431).

2. L'origine des mots

24   Les mots de la langue française proviennent :

1° D'un **fonds latin**. Vers le Ve siècle, les parlers gaulois ont été supplantés par le *latin populaire*, qui s'est peu à peu transformé *en langue romane*, selon des lois dont la principale est celle de la persistance de la syllabe tonique : *bastonem, radicinam, animam*, par exemple, ont abouti à *bâton*, *racine*, *âme.*

2° D'un certain nombre de **mots gaulois** ou **germaniques**. Au fonds latin – dans lequel se sont maintenus un petit nombre de mots *gaulois* – l'invasion franque du Ve siècle a mêlé un apport assez considérable de mots *germaniques,* qui nous ont donné, par exemple : *banc, bannière, héron,* etc.

Les différents dialectes romans formèrent de part et d'autre d'une ligne de démarcation qui irait approximativement de La Rochelle à Grenoble, deux grands domaines linguistiques : au nord, celui de la **langue d'oïl**, et au sud, celui de la **langue d'oc**. À partir du XIIe siècle, le *francien* ou dialecte de l'Île-de-France prit le pas sur les autres dialectes.

3° De différents **emprunts** faits au latin écrit, au grec, aux dialectes et à diverses langues.

1. *Latin.* À partir du XIIe siècle, le vocabulaire roman s'est enrichi, par *formation savante,* de quantité de mots calqués par les lettrés sur des mots du latin écrit. Mais certains de ces mots avaient déjà été transformés en mots romans par le peuple ; ainsi un même terme latin a pu produire un mot populaire et un mot savant, c'est-à-dire des **doublets** : *navigare* a donné *nager* (mot populaire) et *naviguer* (mot savant) ; *potionem* a donné *poison* (mot populaire) et *potion* (mot savant).

2. *Grec.* Le grec a fourni au français, par formation populaire, un certain nombre de mots, qui ont passé par la forme latine : *baume, beurre, trésor,* etc. Il lui a fourni en outre, par formation savante, nombre de mots, transportés dans la langue, soit indirectement, en passant par le latin, soit directement (surtout au XIXe s.) : *amnésie, enthousiasme, téléphone,* etc.

3. *Dialectes.* Le français a emprunté aux différents dialectes, surtout au provençal et au gascon, un certain nombre de mots : *auberge, badaud, fadaise, goujat,* etc.

4. *Langues romanes.* L'**italien** et l'**espagnol** ont fait entrer dans le français un assez grand nombre de mots : *balcon, bambin, opéra, carnaval,* etc. ; *abricot, adjudant, cigare,* etc. Le **portugais** n'a fourni qu'un petit contingent de termes : *acajou, autodafé,* etc.

5. *Langues du Nord.* L'**allemand** a fait passer dans le lexique français d'assez nombreux mots relatifs surtout aux choses militaires : *sabre, choucroute, trinquer,* etc. L'**anglais** nous a fourni un notable apport qui s'est accru, à partir du XIXe siècle, de nombreux termes concernant le sport, la marine, le commerce, la politique, la mode : *handicap, paquebot, chèque, budget, magazine, blue-jean,* etc. Une centaine de mots nous viennent du **néerlandais** : *cambuse, kermesse, matelot,* etc. Quelques termes de marine nous ont été fournis par les **langues scandinaves** : *cingler, vague,* etc.

6. *Apports divers.* Le français a admis aussi un certain nombre de mots venus de l'**arabe** : *alcool, algèbre,* etc. ; de l'**hébreu** : *chérubin, zizanie,* etc. ; des **langues africaines** ; *baobab, chimpanzé,* etc. ; du **turc** : *bey, tulipe,* etc. ; des **langues de l'Inde** ou de l'**Extrême-Orient** : *avatar, jungle, bonze, thé,* etc. ; des **langues américaines** : *ananas, caoutchouc,* etc. ; de l'**argot** : *cambrioleur, maquiller, mégot,* etc.

3. La formation des mots

25 La langue française est un organisme vivant en perpétuel devenir : des mots meurent, d'autres naissent. Elle forme des mots par *dérivation*, par *composition*, et, dans une moindre mesure, par *onomatopées* et par *abréviation*.

Certains mots du vocabulaire français sont des **emprunts** faits à d'autres langues : *redingote* (de l'anglais *riding-coat*), *kimono* (du japonais). Il y a de **faux emprunts**, mots artificiellement fabriqués sur le modèle de mots étrangers : *footing,* sport pédestre (tiré de l'anglais *foot,* pied, sur le modèle de *rowing,* sport nautique, etc.).

Certains mots sont **calqués** par transposition des éléments dont ils sont formés dans la langue d'origine : *gratte-ciel,* par exemple, est un calque de l'anglo-américain *sky-scraper.*

Les mots sont venus par *formation populaire* ou par *formation savante.* Dans la formation populaire, ils proviennent de l'usage naturel et spontané qu'en fait la masse des gens qui les emploient ; dans la formation savante, ils résultent de l'action délibérée de lettrés.

REMARQUES

1. On appelle **archaïsme** un mot tombé en désuétude, un tour de phrase ou une construction hors d'usage :

> *Occire* (tuer), *idoine* (propre à), *moult* (beaucoup, très).

2. On appelle **néologisme** un mot nouvellement créé ou un mot déjà en usage, mais employé dans un sens nouveau ; il y a donc des *néologismes de mots* et des *néologismes de sens* :

> *Informaticien, vidéothèque, motoriste, mot-valise.*
>
> *La déferlante* (des investissements japonais), *une puce* (en informatique), *une cassette* (audio ou vidéo), *une mère porteuse.*

a)   La dérivation

26 La **dérivation impropre**, sans rien changer de la figure des mots, les fait passer d'une catégorie grammaticale dans une autre.

a) Peuvent devenir **noms** :

1° des adjectifs :

> Un *malade,* le *beau* ;

2° des infinitifs :

> Le *sourire,* le *savoir,* un *aller-simple* ;

3° des participes présents ou passés :

> Un *trafiquant,* un *raccourci,* une *issue.*

REMARQUE

En les faisant précéder de l'article, on peut donner à des pronoms, à des impératifs, à des mots invariables, le caractère de noms :

> Le *moi,* un *rendez-vous,* le *bien,* les *devants,* de grands *bravos.*

b) Peuvent devenir **adjectifs** :

1° des noms :

> Un ruban *rose* ;

2° des participes :

> *Un spectacle **charmant**, un livre **illustré** ;*

3° des adverbes :

> *Des gens très **bien**.*

c) Peuvent devenir **adverbes** des noms, des adjectifs :

> ***Pas** grand, voir **clair**.*

d) Peuvent devenir **prépositions** des adjectifs, des participes :

> ***Plein** ses poches, **durant** dix ans, **excepté** les enfants.*

e) Peuvent devenir **conjonctions** certains adverbes :

> ***Aussi** j'y tiens. **Ainsi** (= par conséquent) je conclus que…*

f) Peuvent devenir **interjections** des noms, des adjectifs, des formes verbales :

> ***Attention ! Bon ! Suffit !***

27 La **dérivation propre** crée des mots nouveaux en ajoutant à des mots simples certaines terminaisons appelées **suffixes**.

Ces suffixes servent à former des *substantifs,* des *adjectifs,* des *verbes* ou des *adverbes.* Le *radical* est, dans un mot, l'élément essentiel, celui qui exprime fondamentalement le sens de ce mot ; on peut le reconnaître en dégageant, dans les divers mots de la famille à laquelle appartient le mot considéré, l'élément commun à tous ces mots : dans *détourner,* le radical est *tour (con**tour**, pour**tour**, dé**tour**, en**tour**er, en**tour**age,* etc.). On dit parfois aussi *racine,* mais strictement parlant, *radical* et *racine* ne sont pas synonymes : tandis que le radical est ordinairement un mot complet, la racine n'est qu'un fragment de mot, un monosyllabe irréductible auquel on aboutit en éliminant, dans un mot, tous les éléments de formation secondaire : par exemple : *struct* dans *instruction.*

REMARQUE

La dérivation est dite *régressive* quand elle procède par suppression d'une syllabe finale : *galop* est formé sur *galoper ; démocrate,* sur *démocratie.*

Principaux suffixes formateurs de substantifs

SUFFIXES	SENS	EXEMPLES
-ade	*collection, action*	colonnade, glissade.
-age	*collection, action, produit, état*	feuillage, déminage, cirage, servage.
-aie, -eraie	*plantation*	chênaie, hêtraie, châtaigneraie.
-ail	*instrument*	épouvantail.
-aille	*collection, action, péjoratif*	pierraille, trouvaille, ferraille.
-ain, -aine	*habitant de, collection*	châtelain, trentaine, douzaine.
-aire	*objet se rapportant à*	moustiquaire.
-aison	*action ou son résultat*	crevaison, pendaison.
-an	*habitant de*	Persan.
-ance, -ence	*action ou son résultat*	alliance, puissance, présidence.
-ard	*se rapportant à, péjoratif*	montagnard, brassard, criard.
-as, -asse	*collection, péjoratif*	plâtras, paperasse.
-at	*état, institution*	secrétariat, pensionnat.
-ateur	*objet, profession*	accumulateur, administrateur.
-atoire	*lieu*	observatoire.

…

-ature, -ure	action ou son résultat, état, fonction, lieu, collection	coupure, magistrature, verdure, filature, chevelure.
-eau, -elle -ceau, -ereau -eteau, -isseau	diminutif	drapeau, ruelle, lionceau, lapereau, louveteau, arbrisseau.
-ée	contenu, ayant rapport à	cuillerée, matinée.
-(e)ment	action ou son résultat	logement, recueillement, bâtiment.
-er, -ier, -ière	agent, réceptacle, arbre	écolier, herbier, archer, poirier, théière.
-erie, -ie	qualité, action, lieu	fourberie, causerie, brasserie, folie.
-esse	qualité	finesse.
-et, -ette, -elet(te)	diminutif	livret, fourchette, osselet, tartelette.
-eur	qualité	grandeur.
-eur, -euse	agent, instrument	chercheur, torpilleur, mitrailleuse.
-ien, éen	profession, nationalité	historien, lycéen, Parisien.
-il	lieu	chenil.
-ille	diminutif	brindille, faucille.
-in	diminutif	tambourin.
-ine	produit	caféine.
-is	lieu, résultat d'une action	logis, fouillis.
-ise	qualité	sottise.
-isme	disposition, croyances, métier	chauvinisme, royalisme, journalisme.
-ison	action ou son résultat	guérison.
-iste	profession, qui s'occupe de	archiviste, gréviste.
-ite	produit, maladie	anthracite, bronchite.
-itude	qualité	platitude.
-oir, -oire	instrument, lieu	arrosoir, baignoire.
-on, -eron -eton, -illon	diminutif	veston, aileron, caneton, oisillon.
-ose	maladie, produit	tuberculose, cellulose.
-ot, -otte	diminutif	Pierrot, menotte.
-té	qualité	fierté.

Principaux suffixes formateurs d'adjectifs

SUFFIXES	SENS	EXEMPLES
-able, -ible	possibilité active ou passive	blâmable, éligible.
-aire	qui a rapport à	légendaire.
-ais, -ois	qui habite	marseillais, namurois.
-al, -el	qui a le caractère de	royal, mortel.
-an	qui habite, disciple de	persan, mahométan.
-ard	caractère, péjoratif	montagnard, vantard.
-âtre	approximatif, péjoratif	noirâtre, bellâtre.
-é	qui a le caractère de	azuré, imagé.
-esque	qui a rapport à	livresque.
-et, -elet	diminutif	propret, aigrelet.

...

-eur, eux	*caractère*	rageur, courageux.
-er, -ier	*caractère*	mensonger, saisonnier.
-ien	*qui habite, qui s'occupe de*	parisien, historien.
-if	*caractère*	tardif, craintif.
-in	*caractère, diminutif*	enfantin, blondin.
-ique	*caractère, origine*	volcanique, ibérique.
-issime	*superlatif*	richissime.
-iste	*caractère, relatif à un parti*	égoïste, socialiste.
-ot	*diminutif*	pâlot.
-u	*qualité*	barbu, feuillu.
-ueux	*qualité*	luxueux, majestueux.

Suffixes formateurs de verbes

La grande majorité des verbes nouveaux est formée au moyen du suffixe **-er**; quelques-uns sont en **-ir**: *rougir, maigrir,* etc.

Certains verbes en **-er** sont formés au moyen d'un suffixe complexe, qui leur fait exprimer une nuance diminutive, péjorative ou fréquentative:

-ailler:	*traînailler*	**-iller**:	*mordiller*
-asser:	*rêvasser*	**-iner**:	*trottiner*
-ayer:	*bégayer*	**-iser**:	*neutraliser*
-eler:	*bosseler*	**-ocher**:	*effilocher*
-eter:	*voleter*	**-onner**:	*chantonner*
-eyer:	*grasseyer*	**-oter**:	*vivoter*
-(i)fier:	*momifier*	**-oyer**:	*foudroyer*

Pour le suffixe *-ment,* formateur d'adverbes, voir § 407.

b)   La composition

28   Par la **composition**, on forme des mots nouveaux:

1° En combinant entre eux deux ou plusieurs mots français:

> *Chou-fleur, sourd-muet, portemanteau, pomme de terre.*

Comme on le voit, tantôt les éléments composants sont soudés, tantôt ils sont reliés entre eux par le trait d'union, tantôt encore ils restent graphiquement indépendants.

2° En faisant précéder un mot simple d'un **préfixe**, c'est-à-dire d'une particule sans existence indépendante:

> **In**actif, **mé**content.

REMARQUES

1. Certains préfixes existent cependant comme mots indépendants:

> *entre, sur, sous, contre,* etc.

2. L'orthographe du préfixe peut être modifiée : ainsi *in-* devient *il-, ir-,* par assimilation régressive (§ 8, Rem. 8), dans *illettré, irréflexion ;* dans *impoli, imbuvable,* etc., il y a simple accommodation graphique.

3° En combinant entre eux des racines ou des radicaux grecs ou latins :
Agri/cole, herbi/vore, bio/graphie, baro/mètre.

N.B.
Certains mots sont venus par **formation parasynthétique** : à un mot simple s'ajoutent simultanément un préfixe et un suffixe :
Éborgner, encolure, atterrir.

29 Principaux préfixes

D'origine latine

ad- [*a, ac, af, ag, al, an, ap, ar, as, at*] (tendance, direction) : abattre, annoter, apporter.

anté-, anti- (avant) : antédiluvien, antidater.

bien- : bienfaisant.

b- [*bis, bé*] (deux) : bipède, bissection, bévue.

circon-, circum- (autour) : circonférence, circumnavigation.

cis- (en deçà) : Cisjordanie, cisalpin.

con- [*co, col, com, cor*] (avec) : concitoyen, colocataire, collatéral, compatriote, corrélation.

contre- (opposition, à côté de) : contrecoup, contresigner.

dé- [*des, dis, di*] (séparation, etc.) : décharger, dissemblable.

en-, em- (éloignement) : enlever, emmener.

entr(e)-, inter- (au milieu, à demi, réciproquement) : s'entraider, entrelacer, entrevoir, intersection.

ex- [*é, ef, es*] (hors de) : exproprier, écrémer, effeuiller, essouffler.

extra- (hors de, superlatif) : extravagant, extra-fort.

for- [*four, fau, hor*] (hors de) : forban, fourvoyer, faubourg, hormis.

-in- [*il, im, ir*] (négation) : inactif, illettré, imbuvable, irresponsable.

mal- [*mau, malé*] (mal) : maladroit, maudire, malédiction.

mé-, més- (mal, négation) : médire, mésaventure.

mi- (moitié) : milieu, mi-carême.

non- (négation) : non-sens.

outre-, ultra- (au-delà de) : outrepasser, ultra-violet.

par-, per- (à travers, complètement) : parsemer, parachever, perforer.

pén(é)- (presque) : pénombre.

post- (après) : postdater.

pour-, pro- (devant, à la place de) : pourvoir, pourchasser, projeter.

pré- (devant, avant) : préavis, présupposer.

re- [*ra, ré, res, r*] (répétition, contre, intensité) : revoir, rafraîchir, réagir, ressortir, remplir.

semi- [demi] : semi-remorque.

sou(s)- [*sub*] (dessous) : soulever, subvenir.

sur-, super- (au-dessus) : surcharge, superstar.

trans- [*tres, tré, tra*] (au-delà, déplacement) : transpercer, tressaillir, trépasser, traduire.

vice, vi- (à la place de) : vice-président, vicomte.

D'origine grecque

a-, an- (privation) : amoral, anaérobie.

amphi- (autour, double) : amphibie.

ana- (renversement) : anagramme.

anti-, anté- (opposition) : antialcoolique, antéchrist.

apo- (éloignement) : apostasie.

arch(i)- (au-dessus de) : archiconnu.

cata- (changement) : catastrophe.

di(s)- (double) : diptère, dissyllabe.

dys- (difficulté) : dysfonctionnement.

épi- (sur) : épiderme.

eu- (bien) : euphonie, euphémisme.

hémi- (demi) : hémicycle.

hyper- (au-dessus) : hypertrophie, hyperespace, hypercritique.

hypo- (au-dessous) : hypogée.

méta- (changement) : métaphore.
para- (à côté) : paradoxe.
péri- (autour) : périphrase.

syn- [*sym, syl, sy*] (avec) : synthèse, symbole, syllabe, symétrie.

30   **Mots ou radicaux latins et grecs.** Nombre de termes savants sont formés à l'aide de mots ou radicaux latins et grecs.

Éléments latins

agri- (champ) : agricole.
-cide (qui tue) : parricide, suicide.
-cole (ayant rapport à la culture) : viticole, horticole.
-culture (act. de cultiver) : apiculture, ostréiculture.
-fère (qui porte) : crucifère.
-fique (qui produit) : frigorifique.

-fuge (qui met en fuite, qui fuit) : fébrifuge, centrifuge.
-grade (pas, degré) : plantigrade, centigrade.
omni- (tout) : omniscient, omnivore.
-pare (qui produit) : ovipare.
-pède (pied) : quadrupède.
-vore (qui mange) : granivore, carnivore.

Éléments grecs

aéro- (air) : aéroport, aérolithe.
-algie (douleur) : névralgie.
anthropo- (homme) : anthropométrie.
archéo- (ancien) : archéologie.
auto- (soi-même) : autobiographie.
biblio- (livre) : bibliographie.
bio- (vie) : biographie, biodégradable.
céphale (tête) : céphalopode, microcéphale.
chromo-, -chrome (couleur) : chromosome, monochrome.
chrono-, chrone (temps) : chronomètre, isochrone.
cosmo-, -cosme (monde) : cosmographie, cosmonaute, microcosme.
-cratie, -crate (pouvoir) : démocratie, aristocrate.
dactylo-, dactyle (doigt) : dactylographie, ptérodactyle.
dynamo- (force) : dynamomètre.
gast(é)r(o)- (ventre) : gastéropode, gastro-entérite.
-gène (engendrant) : hydrogène.
géo- (terre) : géologie.
-gramme (écrit, poids) : télégramme, décagramme.
grapho-, -graphie, -graphe (écrit, étude) : graphologie, biographie, sismographe.
hydr(o)-, -hydre (eau) : hydrographie, anhydre.
logo-, logie, -logue (discours) : logopédie, biologie, dialogue.
-mane, -manie (folie) : cocaïnomane, mégalomanie.

méga(lo)- (grand) : mégalithique.
mono- (seul) : monothéisme.
morpho-, -morphe (forme) : morphologie, anthropomorphe.
nécro- (mort) : nécrophage, nécrologie.
neuro-, névr(o)- (nerf) : neurologie, névropathe, névralgie.
-nome, -nomie (règle) : métronome, gastronomie.
ortho- (droit) : orthopédie.
paléo- (ancien) : paléographie.
patho-, -pathe, -pathie (maladie) : pathogène, psychopathe, télépathie.
phago-, -phagie, -phage (manger) : phagocyte, aérophagie, anthropophage.
phil(o)-, -phile (ami) : philatélie, philosophe, bibliophile.
-phobe, -phobie (haine) : anglophobe, agoraphobie.
phono-, -phone, -phonie (voix, son) : phonétique, microphone, téléphonie.
photo- (lumière) : photographie.
ptéro-, -ptère (aile) : ptérodactyle, hélicoptère.
-scope, -scopie (regard) : spectroscope, endoscopie.
-technie (science) : pyrotechnie.
télé- (loin) : téléphone, télévision.
-thérapie (guérison) : hydrothérapie.
thermo-, -therme (chaleur) : thermomètre, isotherme.
-tomie (coupe) : laparotomie.

c) Autres formations

31 Les **onomatopées** sont des mots imitatifs qui reproduisent approximativement certains sons ou certains bruits:

> *Cocorico, glouglou, tic-tac, frou-frou.*

N.B.

Les onomatopées sont souvent formées par réduplication d'une même syllabe. On notera qu'elles ne reproduisent jamais exactement les bruits ou les cris dont elles voudraient donner une représentation phonétique. Le cri du canard, par exemple, évoqué en France par *couin-couin*, l'est en Italie par *qua-qua*, en Allemagne par *gack-gack (gick-gack, pack-pack, quack-quack)*, en Angleterre par *quack*, au Danemark par *rap-rap*, en Hongrie par *hap-hap*.

32 La langue parlée résiste naturellement aux mots trop longs, et souvent, elle les abrège. Tantôt elle réduit certaines expressions à leurs seules lettres initiales: Sida (syndrome d'immunodéficience acquise), OTAN (Organisation du Traité de l'Atlantique Nord); tantôt elle ôte à certains mots leurs syllabes finales (ou initiales): *Auto*[mobile], *ciné(ma)*[tographe], *micro*[phone], *métro*[politain], [auto]*bus*.

33 Parmi les actions qui s'exercent dans le domaine de la formation des mots, il y a lieu de signaler encore: l'analogie, la contamination, l'étymologie populaire et la tautologie.
L'**analogie** est une influence assimilatrice qu'un mot exerce sur un autre au point de vue de la forme ou du sens; ainsi *bijou-t-ier* a un *t* d'après les dérivés comme *pot-ier*, *cabaret-ier*; *amerr-ir* a deux *r* devant le suffixe d'après *atterr-ir*.
La **contamination** est une sorte de croisement de deux mots ou expressions d'où résulte un mot ou une expression où se retrouve un aspect de chacun des éléments associés: ainsi le tour *je me souviens* est issu de la contamination de *je me rappelle* et *il me souvient*.
L'**étymologie populaire** est un procédé suivant lequel un mot se trouve rattaché, dans la conscience du sujet, à tel mot ou à telle expression qui paraissent en fournir l'explication: ainsi *choucroute* – venu en réalité de l'alsacien *sûrkrût*, proprement «herbe (krût) aigre (sûr)» – est rattaché par l'étymologie populaire aux mots français *chou* et *croûte*.
La **tautologie** est une expression pléonastique (voir § 70) qui revient à dire deux fois la même chose, généralement par répétition littérale: *au jour d'aujourd'hui*.

N.B.

1. Un **gallicisme** est une construction propre et particulière à la langue française: *il ne voit goutte; je me porte bien*.
2. Un **barbarisme** est une incorrection d'ordre lexicologique ou morphologique; il consiste à donner à un mot une forme ou un sens que n'autorisent pas le dictionnaire ou la grammaire, par exemple: *ils s'asseyèrent* [pour *ils s'***assirent***], *c'est l'acceptation ordinaire de ce mot* [pour *c'est l'***acception*** *ordinaire de ce mot*].
3. Un **solécisme** est une incorrection d'ordre syntaxique, par exemple par non-respect des règles de l'accord du verbe ou de l'emploi de tel ou tel mode.

4. Les familles de mots

34 Une **famille de mots** est l'ensemble de tous les mots qui peuvent se grouper autour d'un radical commun d'où ils ont été tirés par la dérivation et par la composition :

> *Arme, armer, armée, armement, armure, armurier, armet, armoire, armoiries, armorier, armoriste, armorial, armateur, armature, désarmer, désarmement, alarme, alarmer, alarmant, alarmiste, armistice.*

REMARQUE
Parfois, comme c'est le cas dans la famille du mot *arme*, le radical n'a subi aucune modification, mais le plus souvent le radical des mots d'une même famille se présente sous plusieurs formes : la famille de *peuple*, par exemple, offre les radicaux *peupl, popul, publ* :

> **Peupl**ade, **popul**aire, **publ**ic, etc.

5. Les mots apparentés

35 Les **homonymes** sont des mots de prononciation identique, mais différant par le sens et souvent par l'orthographe :

> *Livre* [d'images], *livre* [de beurre].
> *Chair, cher, chère, chaire.*

36 Les **paronymes** sont des mots proches l'un de l'autre par leur forme extérieure :

> *Précepteur, percepteur.*
> *Événement, avènement.*

37 Les **synonymes** sont des mots qui présentent des analogies générales de sens, mais différant entre eux par des nuances d'acception :

> *Châtier, punir.*
> *Casser, rompre, briser.*

38 Les **antonymes** ou contraires sont des mots qui, par le sens, s'opposent directement l'un à l'autre :

> *Riche, pauvre.*
> *Naître, mourir.*

Partie 2

La phrase
La proposition

A. LES TERMES ESSENTIELS

1. La phrase

39 Nous pensons et nous parlons, non pas par mots séparés, mais par assemblages de mots ; chacun de ces assemblages, logiquement et grammaticalement organisés, est une *phrase*.

La phrase est *simple* ou *composée*.

a) La phrase simple

40 **Ses éléments**

La phrase simple dit d'un être ou d'un objet :

Ce qu'il fait ou subit :

> *Le chien aboie. L'arbre est abattu par le bûcheron.*

Ce qu'il est, qui il est :

> *L'or est un métal. Notre chef sera Marie.*

Dans quel état il est, ce qu'il est :

> *Mon père est malade. Le ciel est bleu.*

Dans l'ensemble que forme la phrase simple :

a) le **verbe** est l'élément fondamental, auquel se rattachent directement ou indirectement les divers mots constituant l'ensemble ;

b) le **sujet** est l'élément qui désigne l'être ou l'objet dont on dit ce qu'il fait ou subit, ce qu'il est, etc.

c) l'**attribut** est l'élément exprimant la qualité, la nature ou l'état qu'on rapporte, qu'on « attribue » au sujet par l'intermédiaire d'un verbe.

La proposition

La phrase simple comprend *un seul verbe* : elle forme, dans le langage, l'assemblage le plus simple exprimant un sens complet : cet assemblage est appelé *proposition*.

Une *proposition* est donc un assemblage logique de mots se rapportant directement ou indirectement à un *verbe*, base de l'ensemble et au moyen desquels on exprime un fait, un jugement, une volonté, une sensation, un sentiment, etc. :

> *La neige tombe.*
> *L'homme est mortel.*
> *Le ministre a récompensé les gagnants du concours.*
> *Qu'il parle !*
> *J'ai froid.*

Les termes de la proposition

Considérée dans ses éléments essentiels, la proposition comprend :

1° Ou bien deux termes ; un **sujet** et un **verbe intransitif** :

> *La terre* —— *tourne*

la proposition

2° Ou bien trois termes:
  soit: un **sujet**, un **verbe copule** et un **attribut**:

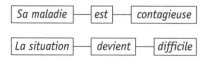

  soit: un **sujet**, un **verbe transitif** et un **complément d'objet direct**:

REMARQUES

1. Chacun de ces termes peut être accompagné d'un ou de plusieurs compléments:

2. Comme la proposition comporte plusieurs termes, elle comprend, en principe, plusieurs mots. Cependant il arrive qu'on fasse comprendre sa pensée sans exprimer tous les termes essentiels de la proposition (voir § 72); celle-ci peut même être réduite à un seul mot:

  Malheur aux vaincus!   Silence!   Attention!
  [*Viens-tu?*] *Non!   Pars!*

b)   La phrase composée

41   Tandis que dans la phrase *simple,* on n'a qu'un *seul verbe,* dans la **phrase composée,** on a *plusieurs verbes* dont chacun est la base d'une proposition distincte. Voici une phrase composée de trois propositions:

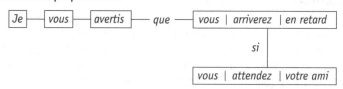

2. Le sujet

a) Définition

42 Le **sujet** est le mot ou groupe de mots désignant l'être ou la chose dont on exprime l'action ou l'état :

> Le journaliste ⊢—— parle.   La neige ⊢—— tombe.

Pour trouver le sujet, on place avant le verbe la question *qui est-ce qui?* pour les personnes, et *qu'est-ce qui?* pour les choses. On peut aussi l'identifier en l'encadrant de *c'est … qui.*

> *Le journaliste parle;* qui est-ce qui parle *? **Le journaliste**.*
>
> *La neige tombe;* qu'est-ce qui tombe? ***La neige**.*
>
> *C'est **le journaliste** qui parle. C'est **la neige** qui tombe.*

b) La nature du sujet

43 Le sujet peut être :

1° Un nom :

> ***Le soleil** brille.*

2° Un pronom :

> ***Nous** travaillons. **Tout** passe.*

3° Un infinitif :

> ***Lire** permet d'accéder au fonds secret de l'autre.* (P. Drevet)

4° Une proposition :

> ***Qui a bu** boira.*

REMARQUES

1. Peuvent être pris comme noms, et par suite, être sujets :
L'adjectif :

> ***Le vrai** peut quelquefois n'être pas vraisemblable.* (N. Boileau)

Le participe (présent ou passé) :

> ***Les manquants** sont nombreux.*
>
> ***La blessée** souffre.*

Les mots invariables :

> ***Les si, les car, les pourquoi** ont engendré bien des querelles.*

2. À l'impératif, le sujet n'est pas exprimé :

> *Venez ici!*

3. L'infinitif et le participe peuvent avoir un sujet (§ 461, 4° et § 382) :

> *Il entend **un enfant** crier.* (J. de La Fontaine)
>
> ***La chance** aidant, nous réussirons.*
>
> ***La pierre** ôtée, on vit le dedans de la tombe.* (V. Hugo)

c) Sujet apparent. Sujet réel

44 Dans les verbes impersonnels exprimant des phénomènes de la nature : *il pleut, il neige, il gèle, il tonne,* etc., le pronom neutre *il,* **sujet apparent,** est un simple signe grammatical annonçant la personne du verbe, mais ne représentant ni un être, ni une chose faisant l'action.

Les verbes impersonnels *il faut, il y a,* et les verbes employés impersonnellement, outre le **sujet apparent** *il,* ont un **sujet réel,** répondant à la question *qu'est-ce qui ?* ou *qui est-ce qui ?* placée avant eux :

> *Il faut **du courage*** (= du courage est nécessaire ; qu'est-ce qui est nécessaire ? *Du courage* = sujet réel).
>
> *Il manque **un élève*** (qui est-ce qui manque ? *Un élève* = sujet réel).
>
> *Il convient **de partir*** (qu'est-ce qui convient ? *De partir* = sujet réel).
>
> *Il importe **qu'on réussisse*** (qu'est-ce qui importe ? *Qu'on réussisse* = sujet réel).

d) La place du sujet

45 **Avant le verbe**

Le sujet se place généralement avant le verbe :

> **Notre défiance** *justifie la tromperie d'autrui.* (La Rochefoucauld)

Après le verbe

Le sujet se place parfois après le verbe, notamment :

1° Dans les interrogations directes si la question porte sur le verbe et que le sujet soit un pronom personnel, ou l'un des pronoms, *ce, on* :

> *Comprends-**tu** ?*
>
> *Est-**ce** possible ?*
>
> *Part-**on** ?*

2° Dans les interrogations directes commençant par un mot interrogatif attribut ou complément d'objet direct :

> *Quel est **cet enfant** ?*
>
> *Que dis-**tu** ?*
>
> *Que pense **ton frère** de mon idée ?*

REMARQUES

1. Si l'interrogation ne commence pas par un mot interrogatif et que le sujet ne soit ni un pronom personnel ni l'un des pronoms *ce, on,* ce sujet se place avant le verbe et on le répète après le verbe par un pronom personnel :

> **L'accusée** *dit-**elle** la vérité ?*
>
> **Tout** *est-**il** prêt ?*

2. Si l'interrogation commence par un mot interrogatif non attribut ni complément d'objet direct et que le sujet ne soit ni un pronom personnel ni *ce* ou *on,* ce sujet se met facultativement en inversion :

> *Où conduit **ce chemin** ?   Où **ce chemin** conduit-il ?*
>
> *Comment va **votre mère** ?   Comment **votre mère** va-t-elle ?*

Toutefois, après *pourquoi,* ce sujet ne se met guère en inversion :

> *Pourquoi le café empêche-t-il de dormir ?*

3. Quand l'interrogation commence par *est-ce que,* l'inversion du sujet n'a jamais lieu :

> *Est-ce que j'écris mal ?* (Molière)
>
> *Est-ce que ma cause est injuste ou douteuse ?* (Id.)

3° Dans certaines propositions au subjonctif marquant le souhait, la supposition, l'opposition, le temps :

> *Puissiez-vous réussir !   Vive le roi !   Soit le triangle ABC.*
>
> *Tombe sur moi le ciel pourvu que je me venge !* (P. Corneille)
>
> *Vienne la nuit sonne l'heure.* (G. Apollinaire)

4° Dans la plupart des propositions incidentes :

> *Mon ami, lui dit Taor, garde cet argent, il te sera utile pour ton voyage.* (M. Tournier)

5° Dans les propositions où l'attribut est mis en tête :

> *Rude est la couche et lente l'ombre au soleil cru du sang versé.* (H. Juin)

Inversion facultative

Le sujet se met *facultativement* après le verbe :

1° Dans les propositions commençant par *à peine, aussi, aussi bien, ainsi, au moins, du moins, en vain, vainement, peut-être, sans doute* :

> *À peine est-il hors de son lit, à peine il est hors du lit.* (Académie)

REMARQUE

Si le sujet n'est ni un pronom personnel, ni *ce* ou *on,* il se place avant le verbe et se répète facultativement après lui par un pronom personnel :

> *À peine le soleil était-il levé, à peine le soleil était levé.* (Acad.)

2° Dans les propositions relatives, si le sujet est autre chose qu'un pronom personnel ou l'un des pronoms *ce, on* :

> *Les efforts que ce travail vous demandera, ... que vous demandera ce travail.*

3° Dans les propositions commençant par un complément circonstanciel ou par certains adverbes (temps, lieu, manière), si le sujet est autre qu'un pronom personnel ou que l'un des pronoms *ce, on* :

> *Dans la salle, une clameur s'éleva, ... s'éleva une clameur.*
>
> *Ici aimait à travailler le chercheur qui entretenait une correspondance suivie avec les sociétés savantes du monde entier.* (S. Bemba)
>
> *Ici les vendeurs parlent anglais.*

4° Dans des propositions infinitives (§ 461, 4°), quand l'infinitif n'a pas de complément d'objet direct et que son sujet est autre chose qu'un pronom personnel ou relatif :

> *J'entends le chien aboyer, j'entends aboyer le chien.*

Mais quand la proposition infinitive dépend de *faire,* si le sujet de l'infinitif est autre chose qu'un pronom personnel ou relatif, ce sujet se met après l'infinitif :

> *J'ai fait taire les lois.* (J. Racine)

3. Le verbe et ses compléments

a) Le verbe

46 Le **verbe** est le mot ou groupe de mots qui exprime l'action, l'existence ou l'état du sujet, ou encore l'union de l'attribut au sujet :

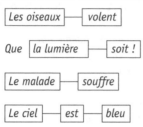

Pour le *verbe copule,* voir § 58, Rem. 1.

b) Les compléments du verbe

47 Les compléments du verbe sont :
1º le complément **d'objet** (direct ou indirect) ;
2º le complément **circonstanciel** ;
3º le complément **d'agent** du verbe passif.

1º   Le complément d'objet

48   **Le complément d'objet direct**
Le *complément d'objet direct* est le mot ou groupe de mots qui se joint au verbe sans préposition pour en compléter le sens en marquant sur qui ou sur quoi passe l'action ; il désigne la personne ou la chose auxquels aboutit, comme en ligne droite, l'action du sujet :

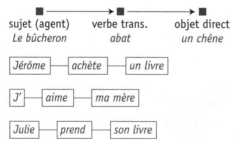

REMARQUES
1. Il convient d'interpréter dans un sens large la notion d'*objet* et d'y inclure tout ce qui n'est pas nettement circonstance ou agent. Ainsi, dans les phrases suivantes, on a des compléments d'objet directs :
    *Le chien conduit **l'aveugle**.*
    *J'habite **cette maison**.*

2. L'infinitif complément d'objet direct est parfois introduit par une des prépositions vides **à** ou **de** :

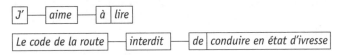

Comparez :

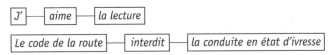

3. Dans *Je bois **du vin, de la bière, de l'eau** ; je mange **des épinards** ; il n'a pas **de pain***, on a des **compléments d'objet partitifs**. On observera que *de* ne garde pas là sa valeur ordinaire de préposition : combiné (ou fondu) avec *le, la, l', les,* il forme les articles partitifs *du, de la, de l', des* ; employé seul, comme dans *Il n'a pas **de** pain, j'ai mangé **de** bonnes noix*, il sert d'article partitif ou indéfini.

49 Pour reconnaître le complément d'objet direct, on place après le verbe la question *qui ?* ou *quoi ?*

> *J'aime ma mère* ; j'aime qui ? **ma mère**.
>
> *J'écoute une chanson* ; j'écoute quoi ? **une chanson**.

On peut observer que le complément d'objet direct est le mot qui devient sujet quand la proposition peut être mise au passif :

> *Le berger garde **les moutons**. (**Les moutons** sont gardés par le berger.)*

50 **Nature du complément d'objet direct**
Le complément d'objet direct peut être :

1° Un nom :

> *J'ai emprunté son **vélo**.*

2° Un pronom :

> *Vous **me** connaissez. Prenez **ceci**.*

3° Un mot pris substantivement :

> *Il demande **le pourquoi** et **le comment** de chaque chose. Aimons **le beau, le vrai**.*

4° Un infinitif :

> *Je veux **partir**.*

5° Une proposition :

> *J'affirme **que ce livre m'appartient**.*

la proposition

51 **Le complément d'objet indirect**

Le *complément d'objet indirect* est le mot ou groupe de mots qui se joint au verbe par une préposition pour en compléter le sens en marquant, comme par bifurcation, sur qui ou sur quoi passe l'action ; parfois il indique l'être à l'avantage ou au désavantage de qui l'action se fait :

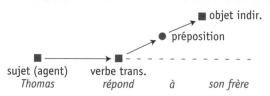

N.B.

Des grammairiens distinguent, comme espèce particulière du complément d'objet indirect, le complément *d'attribution,* toujours associé à un complément d'objet direct (parfois sous-entendu) et désignant la personne ou la chose à laquelle est destinée l'action : *Je rapporte le journal **à nos voisins**.* Certains considèrent ce complément comme une variété du complément circonstanciel, tout en admettant que, dans tel ou tel cas, il est à la fois complément d'objet indirect et complément circonstanciel.

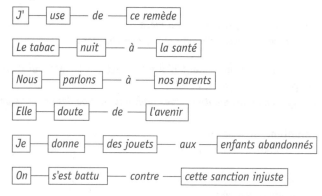

REMARQUE

Les pronoms personnels compléments d'objet indirects *me, te, se,* avant le verbe – *moi, toi,* après un impératif – *nous, vous, lui, leur,* avant ou après le verbe – se présentent sans préposition ; la même observation s'applique au pronom relatif *dont* complément d'objet indirect[1] :

> *On **me** nuit : obéis-**moi** ; on **lui** obéit ; obéissez-**lui**.*
> (Comparez : *on nuit **à** ton père,* etc.)

52 Pour reconnaître le complément d'objet indirect, on peut, en consultant le sens, placer après le verbe l'une des questions *à qui ? à quoi ? de qui ? de quoi ? pour qui ? pour quoi ? contre qui ? contre quoi ?*

> *Le tabac nuit à la santé ;* le tabac nuit à quoi ? **à la santé**.
> *Elle hérite d'une maison ;* elle hérite de quoi ? **d'une maison**.

---

1. On peut, il est vrai, en recourant à l'étymologie, voir la préposition *de* dans le relatif *dont,* qui vient du latin vulgaire *de unde,* renforcement de *unde,* d'où.

53   **Nature du complément d'objet indirect**

Le complément d'objet indirect peut être:

1° Un nom:

> Pardonnons *à **nos ennemis***.

2° Un pronom:

> Je ***lui*** obéirai. Elle doute ***de tout***.

3° Un mot pris substantivement:

> J'accorderai mon aide ***aux démunis***.

4° Un infinitif:

> On l'encourage ***à se battre***.

5° Une proposition:

> Je doute ***que vous réussissiez***.

54   Un complément d'objet direct ou indirect peut être commun à plusieurs verbes, pourvu que chacun d'eux puisse séparément admettre ce complément.

> Cet appareil détecte et signale ***tous les faux contacts***.

Mais si les verbes se construisent différemment, le complément s'exprime avec le premier verbe selon la construction requise par celui-ci, et se répète par un pronom avec les autres verbes, selon la construction demandée par chacun d'eux:

> Il apprécie ***mes amis*** et ***leur*** fait confiance.

On ne pourrait pas dire: *Il apprécie et fait confiance **à** mes amis*.

REMARQUES

1. Le complément d'objet direct ou indirect se place généralement *après* le verbe.

   Il précède le verbe:

   a) Lorsque c'est un pronom personnel (voir détails § 236):

   > Je ***vous*** écoute, je ***lui*** obéis.

   b) Dans certaines tournures interrogatives ou exclamatives, ou encore dans certaines locutions figées:

   > ***Que*** dites-vous? ***Quel livre*** prenez-vous?
   >
   > ***À quoi*** pensez-vous? ***Quel courage*** elle montre!
   >
   > ***À quels dangers*** il s'expose!
   >
   > ***Chemin*** faisant. ***À Dieu*** ne plaise!

   c) Quand on veut, en le mettant en tête, lui donner du relief; on doit alors le répéter par un pronom personnel:

   > ***Le bien***, nous ***le*** faisons. (J. de La Fontaine)
   >
   > ***Cette décision***, je ***m'y*** tiendrai.

2. Lorsqu'un verbe a plusieurs compléments d'objet directs ou indirects, ceux-ci doivent être, en principe, de même nature grammaticale:

   > J'ai perdu ***ma force*** et ***ma vie***. (A. de Musset)
   >
   > Prenez ***ceci*** et ***cela***.
   >
   > Il sait ***lire*** et ***écrire***.
   >
   > Elle a écrit ***à ses parents*** et ***à ses amis***.

la proposition

À l'époque classique, on en usait, en cela, plus librement qu'on ne fait aujourd'hui ; et même de nos jours, la règle ci-dessus laisse quelque latitude :

> *Ah ! savez-vous* **le crime** *et* **qui vous a trahie** *?* (J. Racine)
>
> *Elle savait* **la danse, la géographie, le dessin, faire** *de la tapisserie et* **toucher** *du piano.* (G. Flaubert)
>
> *Tu veux* **partir** *et* **que je te suive.** (M. Barrès)

2° Le complément circonstanciel

55 Le **complément circonstanciel** est le mot ou groupe de mots qui complète l'idée du verbe en indiquant quelque précision extérieure à l'action (temps, lieu, cause, but, etc.) :

> **Vers le soir,** *je me revêtis* **de mes armes** *(...), et sortant* **secrètement du château,** *j'allai me placer* **sur le rivage...** (F.R. de Chateaubriand)

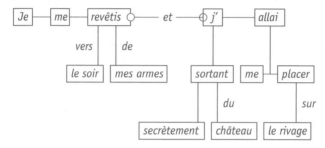

Les **principales circonstances** marquées par le complément circonstanciel sont :

La cause : *Agir* **par jalousie.**
Le temps (époque) : *Nous partirons* **dans trois jours.**
Le temps (durée) : *Elle a travaillé* **toute sa vie.** *Il resta là* **trois mois.**
Le lieu (situation) : *Vivre* **à la campagne.**
Le lieu (direction) : *Je vais* **aux champs.**
Le lieu (origine) : *Je reviens* **de Montréal.**
Le lieu (passage) : *Elle s'est introduite* **par le soupirail.**
La manière : *Il marche* **à pas pressés.**
Le but : *Travailler* **pour la gloire.** *S'entraîner* **pour gagner.**
L'instrument : *Il le perça* **de sa lance.**
La distance : *Se tenir* **à trois pas** *de quelqu'un.*
Le prix : *Ce bijou coûte* **cinq mille euros.**
Le poids : *Ce colis pèse* **cinq kilos.**
La mesure : *Allonger une robe* **de deux centimètres.**
La partie : *Saisir un poisson* **par les ouïes.**
L'accompagnement : *Il part* **avec un guide.**
La matière : *Bâtir* **en briques.**
L'opposition : *Je te reconnais* **malgré l'obscurité.**
Le point de vue : *Égaler quelqu'un* **en courage.**
Le propos : *Parler, discourir,* **d'une affaire.**
Le résultat : *Il changea* **l'eau en vin.**

REMARQUE
Le complément circonstanciel est le plus souvent introduit par une préposition.

56 Nature du complément circonstanciel

Le complément circonstanciel peut être :

1° Un nom :

> Il meurt **de faim**.

2° Un pronom :

> C'est **pour cela** qu'il a été récompensé.

3° Un mot pris substantivement :

> Il a oublié de mettre l'accent **sur les « où » et les « là »**.

4° Un infinitif :

> Elle travaille **pour vivre**.

5° Un adverbe :

> Nous partirons **bientôt**.

6° Un gérondif (§ 294, Rem.) :

> Il est tombé **en courant**.

7° Une proposition :

> Nous commencerons **quand vous voudrez**.

3° Le complément d'agent

57 Le **complément d'agent** du verbe passif désigne l'être ou la chose indiquant l'auteur, l'*agent* de l'action que subit le sujet ; il s'introduit par une des prépositions *par* ou *de* :

> L'accusé est interrogé **par le juge**.
> J'étais craint **de mes ennemis**.
> Nous fûmes agréablement surpris **par une odeur de pain frais et de feu de bois**.

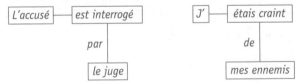

N.B.

Pour reconnaître le complément d'agent, on tourne la phrase par l'actif : si le complément introduit par une des prépositions *par* ou *de* devient sujet du verbe actif, c'est bien un complément d'agent.

4. L'attribut

58 L'**attribut** est le mot ou groupe de mots exprimant la qualité, la nature, l'état, qu'on rapporte, qu'on « attribue » au sujet ou au complément d'objet par l'intermédiaire d'un verbe.

Prenons le sujet *ce livre* ; quand nous attribuons à ce sujet la qualité d'*épais*, c'est comme si nous unissions l'idée d'*épaisseur* à l'idée de *ce livre*, de façon à faire coïncider exactement les deux idées pour les lier en un seul bloc, par une ficelle ; cette ficelle, c'est le verbe copule (*être, sembler, devenir*, etc.) :

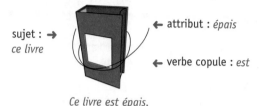

sujet : → *ce livre*

← attribut : *épais*

← verbe copule : *est*

Ce livre est épais.

Il y a deux espèces d'attributs :
1° L'attribut **du sujet**

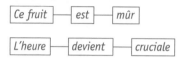

| Ce fruit | est | mûr |

| L'heure | devient | cruciale |

2° L'attribut **du complément d'objet** (direct ou indirect)

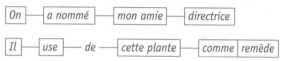

| On | a nommé | mon amie | directrice |

| Il | use | de | cette plante | comme | remède |

REMARQUES
1. L'appellation de *verbe copule* signifie proprement «verbe lien»; on peut se représenter concrètement le verbe copule (on dit aussi, plus simplement : la copule) soit par la ficelle dont il a été parlé plus haut, soit par le signe = employé pour unir les deux membres d'une égalité.
2. Le plus souvent l'attribut du sujet ou du complément d'objet se construit sans préposition ; avec certains verbes il est introduit par une des prépositions vides, *de, en, pour, comme* :

| Il | est traité | d' | idéaliste |

| Il | parle | en | expert |

| Elle | passe | pour | téméraire |

| Je | le | regarde | comme | mon ami |

| Elle | se sert | de | son bâton | comme | arme |

59   L'attribut peut être relié au sujet :

a) par le verbe **être** (c'est le cas le plus fréquent) ;
b) par un **verbe d'état** contenant l'idée du verbe *être* à laquelle se trouve implicitement associée :
   1° l'idée de devenir : *devenir, se faire, tomber* (par ex. : *tomber* malade) ;
   2° l'idée de continuité : *demeurer, rester ;*

3° l'idée d'apparence: *paraître, sembler, se montrer, s'affirmer, s'avérer, avoir l'air, passer pour, être réputé, être pris pour, être considéré comme, être regardé comme, être tenu pour;*

4° l'idée d'appellation: *s'appeler, se nommer, être appelé, être dit, être traité de;*

5° l'idée de désignation: *être fait, être élu, être créé, être désigné pour, être choisi pour, être proclamé;*

6° l'idée d'accident: *se trouver* (par ex.: Il *se trouva* ruiné tout d'un coup);

c) par certains **verbes d'action** à l'idée desquels l'esprit associe implicitement l'idée du verbe *être*, par exemple: *Il mourut pauvre = il mourut* [étant] *pauvre.*

Parmi ces verbes on peut signaler:

aller	courir	fuir	partir	sortir
s'en aller	dormir	marcher	passer	tomber
s'arrêter	s'éloigner	mourir	régner	venir
arriver	entrer	naître	se retirer	vivre, etc.

60 Les verbes qui relient l'attribut au complément d'objet sont des **verbes d'action** à l'idée desquels on associe implicitement l'idée du verbe *être,* par exemple: *On la nomma ambassadrice. Je trouve ce livre intéressant.*

Parmi ces verbes on peut signaler:

accepter pour	élire	reconnaître pour
accueillir en	ériger en	regarder comme
admettre comme	estimer	rendre
affirmer	établir	réputer
appeler	exiger	retenir
choisir pour	faire	savoir
consacrer	imaginer	sentir
considérer comme	instituer	souhaiter
créer	juger	supposer
croire	laisser	tenir pour
déclarer	nommer	traiter de
désigner pour	préférer	traiter en
désirer	prendre pour	trouver
dire	présumer	voir
donner	proclamer	vouloir, etc.

61 **Nature de l'attribut**

L'attribut peut être:

1° Un nom:

> La Terre est **une planète**. La classe l'a choisi comme **délégué**.

2° Un mot pris substantivement:

> Ceci est **un à côté**.

3° Un pronom:

> Vous êtes **celle** que j'ai choisie.

4° Un adjectif ou une locution adjective :

> L'homme est **mortel**.
>
> Nous sommes **sains et saufs**.
>
> On la dit **sévère**.

5° Un adverbe :

> Ce garçon est très **bien**.

6° Un infinitif :

> Chanter n'est pas **crier**.

7° Un infinitif introduit par *à* :

> Cette maison est **à vendre**.

8° Une proposition :

> Mon avis est **qu'il se trompe**.

62 Place de l'attribut

L'attribut se place le plus souvent après le verbe ; on le place en tête de la phrase quand il est ou contient un mot interrogatif ou encore pour des raisons de style :

> **Quels** sont vos projets ?
>
> **Rude** est la couche et **lente** l'ombre au soleil cru du sang versé. (H. Juin)

B. DÉTERMINANTS ET COMPLÉMENTS

1. Les déterminants du nom

63 Le nom peut être accompagné d'autres mots qui précisent, déterminent, complètent l'idée qu'il exprime. Au groupe du nom peuvent appartenir :

a) Un **article** :

> **La** porte. **Une** maison. **De** l'eau.

b) Une **épithète**, c'est-à-dire un adjectif qualificatif placé généralement à côté d'un nom et exprimant, sans l'intermédiaire d'un verbe, une qualité de l'être ou de l'objet nommé :

> Voyages, coffrets **magiques** aux promesses **rêveuses**, vous ne livrerez plus vos trésors intacts. (Cl. Lévi-Strauss)

N.B.

La différence qu'il y a entre l'*attribut* et l'*épithète,* c'est que :

a) l'*attribut* suppose un lien qu'on noue entre lui et le sujet (ou le complément d'objet) : il y a une copule (parfois implicite) ; voir la figure : on noue la ficelle :

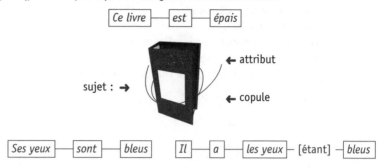

b) l'*épithète* ne suppose pas ce lien ; il n'y a pas de copule ; pas de ficelle à nouer :

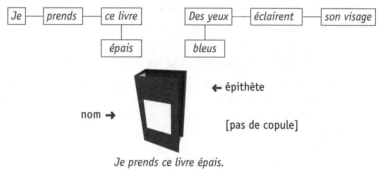

Je prends ce livre épais.

REMARQUE

L'épithète est dite **détachée** quand elle est jointe au nom (ou au pronom) d'une façon si peu serrée qu'elle s'en sépare par une pause, généralement indiquée par une virgule ; elle s'écarte même souvent du nom (ou du pronom) et est fort mobile à l'intérieur de la proposition.

L'épithète détachée a quelque chose de la nature de l'attribut, et l'on peut concevoir qu'elle suppose une copule implicite :

> Le paysan, **furieux,** leva la main. (G. de Maupassant)
> **Légère** et **court vêtue,** elle allait à grands pas. (J. de La Fontaine)
> Le soleil descend, **calme** et **majestueux,** à l'horizon.
> L'inondation s'étendait toujours, **sournoise.**

c) Un **adjectif** numéral, possessif, démonstratif, relatif, interrogatif, exclamatif, indéfini :

> **Deux** amis.   **Ce** livre.   **Tout** homme.
> **Quels** livres avez-vous dans **votre** bibliothèque ?

d) Un **adverbe** pris adjectivement :

> La note **ci-dessous.**
> Dans la **presque** nuit. (M. Donnay)
> Cela était bon au temps **jadis.** (Académie)
> Nous avons fait le voyage avec des gens très **bien.**

e) Une **apposition**, c'est-à-dire un nom, un pronom, un infinitif, une proposition, que l'on place à côté du nom[1] pour définir ou qualifier l'être ou la chose que ce nom désigne ; l'apposition est comparable à l'attribut, mais le verbe copule est absent :

> *L'hirondelle,* ***messagère du printemps.***
> *Elle fit le geste de* ***découper.***
> *Une enfant* ***prodige.***
> *Les chefs* ***eux-mêmes*** *étaient découragés.*
> *Je désire une seule chose,* ***réussir.***
> *Je désire une seule chose,* ***que vous soyez heureux.***

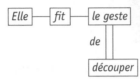

REMARQUES

1. Le nom apposé désigne toujours le *même* être ou la *même* chose que le nom auquel il est joint.

2. Le nom apposé précède parfois le nom auquel il est joint :

> *C'est l'heure où,* ***troupe joyeuse,*** *les élèves quittent la classe.*

3. Dans des expressions comme *le mois de mai, la ville de Montréal, le royaume de Belgique, l'île de Chypre, le nom de mère, la comédie des Plaideurs,* où les deux noms sont unis par la préposition vide *de* et désignent le même être ou la même chose, c'est le second nom qui est l'apposition[2] :

4. Dans *cet amour de petite fille, mon idiot de voisin* et autres expressions semblables, on peut considérer que le second nom est construit comme une apposition pour mettre en relief le premier nom[3].

5. Il est sans intérêt de chercher à reconnaître, dans des expressions comme le *mont Sinaï, le musée Grévin, le philosophe Platon, le capitaine Renaud, Sa Majesté le Roi* – dont les éléments ne sont pas joints par *de* –, quel est l'élément qui est l'apposition ; on peut se contenter de dire qu'on a là des « éléments juxtaposés ».

---

1. C'est le plus souvent à un *nom* que l'apposition se joint, mais elle peut aussi se joindre à un *pronom* (§ 64, 4°), à un *adjectif*, à un *infinitif*, à une *proposition* :

> *Cet homme grossier, et malhonnête,* ***qui pis est,*** *m'exaspère.*
> *Consoler,* ***cet art si délicat,*** *est parfois difficile.*
> *Des vagues énormes déferlent,* ***spectacle impressionnant.***

2. Si l'on admet cette façon de voir, on pourra employer la méthode suivante pour distinguer l'apposition d'avec le complément déterminatif : dans *le mois de mai* ou dans *le titre de roi,* on reconnaîtra que *mai* et *roi* sont des appositions parce qu'on peut dire : « *mai* est un mois », « *roi* est un titre ». Mais dans *la rue du Vallon,* le nom *vallon* est un complément déterminatif, car le vallon n'est pas une rue.

3. D'aucuns, estimant que le second nom exprime l'idée dominante, tiennent que c'est le premier nom qui est l'apposition.

f) Un **complément déterminatif**, c'est-à-dire un nom, un pronom, un infinitif, un adverbe, une proposition (voir § 485, Rem. 1), se subordonnant au nom pour en limiter le sens :

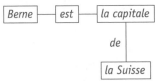

Comprenez-vous l'importance **de cela** ?
L'ardeur **de vaincre** cède à la peur **de mourir**. (P. Corneille)
Les hommes **d'autrefois**.
L'espoir **qu'elle guérira** me soutient.

REMARQUES

1. Le complément déterminatif peut avoir des sens très variés[1]. Il peut indiquer notamment :

l'espèce : *un cor **de chasse*** ;
l'instrument : *un coup **d'épée*** ;
le lieu : *la bataille **de Waterloo*** ;
la matière : *une statue **de bronze*** ;
la mesure : *un trajet **de dix kilomètres*** ;
l'origine : *un jambon **d'Ardenne*** ;
la possession : *la maison **de mon père*** ;
la qualité : *un homme **de cœur*** ;
le temps : *les institutions **du moyen âge*** ;
la totalité : *une partie **de cette somme*** ;
la destination : *une salle **de sport*** ;
le contenu : *une tasse **de lait***.

2. La préposition qui introduit ce complément est le plus souvent *de*, mais ce peut être aussi *à, autour, en, envers, contre, par, pour, sans,* etc.
> *Une planche **à** dessin, un sirop **contre** la toux,*
> *la bonté **envers** tous.*

3. Tandis que le nom apposé désigne *le même* être ou objet que le nom auquel il est joint, le nom complément déterminatif désigne *un autre* être ou objet que le nom qu'il complète.

4. Un grand nombre de noms d'action ou d'agent peuvent prendre un complément déterminatif *d'objet*, analogue au complément d'objet direct des verbes correspondants :
> *L'oubli **des injures** (comparez : oublier les injures).*
> *Le détenteur **du secret** (comparez : détenir un secret).*

5. Deux noms peuvent avoir un complément commun s'ils admettent chacun séparément la même préposition après eux :
> *Le début et la fin **d'un poème**.*
> (On ne dirait pas : *Les ravages et la lutte contre la drogue*. Il faudrait dire, par exemple : *Les ravages **de** la drogue et la lutte **contre** ce fléau*.)

---

1. On observera que, dans beaucoup de cas, le complément déterminatif sans article joue le rôle d'une *locution adjective* équivalant à un qualificatif : *un coup d'audace = un coup **audacieux** ; un soleil **de printemps** = un soleil **printanier**.*

2. Les déterminants du pronom

64 Le pronom peut être accompagné d'autres mots qui le précisent, le déterminent, le complètent. Au groupe du pronom peuvent appartenir :

1° Un **article,** dans certains cas :

> *Ce livre est le mien.*
> *De ces deux livres, prenez celui-ci, je prendrai l'autre.*
> *C'est un tel qui me l'a dit.*

2° Un **adjectif qualificatif** ou un participe passé adjectif, dans certains cas :

> *Il y a ceci de grave.*
> *Quoi de nouveau ?*
> *Personne de blessé.*
> *Eux seuls seront exempts de la commune loi !* (J. de La Fontaine)

3° Un **adjectif numéral** ou **indéfini**, dans certains cas :

> *Nous deux.*
> *Nul autre ne l'a dit.*
> *C'est vous-même qui l'avez fait.*

4° Une **apposition,** qui peut être un nom, un pronon, un infinitif, une proposition :

> *Moi, héron, que je fasse*
> *Une si pauvre chère ?* (J. de La Fontaine).
> *Nous avons tous un rôle à jouer.*
> *Je ne désire que ceci : réussir.*
> *Je désire ceci : que vous soyez heureux.*

5° Un **complément déterminatif** :

> *Chacun de vous a pu la voir.   Ceux de Lyon.*

6° Une **proposition** :

> *Ceux qui vivent, ce sont ceux qui luttent.* (V. Hugo)

3. Le complément de l'adjectif

65 Le **complément de l'adjectif** peut être un nom, un pronom, un infinitif, un adverbe, une proposition :

> *Un vase plein d'eau.   Courageux entre tous.*
> *Apte à nager.   Une femme très active.*
> *Un enfant beau comme un ange.   Heureux à jamais.*
> *Il peut être sûr qu'on le retrouvera.*

N.B.

Parmi les compléments de l'adjectif, il convient de signaler à part le **complément du comparatif** (et du **superlatif relatif**), qui exprime le deuxième terme de la comparaison :

> *Thomas est plus curieux que sa sœur.*
> *Le jour n'est pas plus pur que le fond de mon cœur.* (J. Racine)
> *Ce contrat est antérieur à l'autre.* (Académie)
> *Pierre est le plus grand de tous.*

REMARQUE

Deux adjectifs peuvent avoir un complément commun s'ils admettent chacun séparément la même préposition après eux :

> *Un entraîneur exigeant et rigoureux **pour ses joueurs**.*

On ne dirait pas : *Prêt et avide **de** combattre.* On tournerait ainsi : *Prêt **à** combattre et avide **de** le faire.*

4. Le complément des mots invariables

66   Certains mots invariables peuvent avoir un complément. Il y a :

1° Le **complément de l'adverbe** ; ce complément peut être un autre adverbe, un nom, un pronom :

> *Vous arrivez **trop** tard.*
> *Il y a trop **d'invités** à cette soirée.*
> *Ils seront payés proportionnellement **à leurs compétences**.*
> *Heureusement **pour elle**, ses appels furent entendus.*

REMARQUE

On peut trouver préférable de considérer *beaucoup de, peu de*, etc., comme adjectifs indéfinis (§ 218, Rem. 1) ; et *proportionnellement à, indépendamment de*, etc., comme locutions prépositives.

2° Le **complément de la préposition** ; ce complément est un adverbe :

> *Elle se tient **tout** contre le mur.*
> *J'écrirai **aussitôt** après votre départ.*

3° Le **complément de la conjonction de subordination** ; ce complément est un adverbe :

> *Elle part **bien** avant que l'heure sonne.*
> *Il arrive **longtemps** après que le spectacle est fini.*

4° Le **complément du présentatif** (voici, voilà) :

> *Voici **le jour**.   **Le** voilà.   Voici **pour votre peine**.*
> *Voilà **qu'un orage vint à éclater**.*

5° Le **complément de l'interjection** :

> *Adieu **pour jamais** !   Gare **au premier qui rira** !* (A. Daudet)
> *Gare **que la glace ne cède** !*

C. LES MOTS DE LIAISON

67 Les mots de liaison dans la proposition sont:

1° La **conjonction** de coordination, qui unit entre eux des éléments semblables (sujets, attributs, compléments, épithètes, appositions):

*La lecture **et** le cinéma offrent des occasions de distraction agréable dans les moments creux **ou** les heures pénibles de l'existence.*

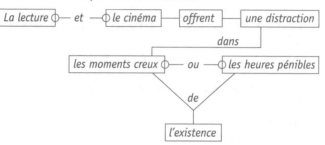

2° La **préposition**, qui unit certains compléments aux mots complétés:

*Où est la sortie **de** cette salle?*
*Faites attention **à** la marche.*
*Il part **vers** le soir.*
*Nous luttons **contre** la mauvaise fortune.*

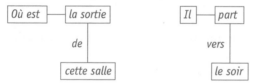

D. LES MOTS INDÉPENDANTS

68 Certains mots n'ont aucune relation grammaticale avec les autres mots de la proposition. Ce sont:

1° L'**interjection**:

Ah! Je suis contente de vous voir.

2° Le **mot mis en apostrophe**: nom ou pronom désignant l'être animé ou la chose personnifiée à qui on adresse la parole:

Poète, prends ton luth. (A. de Musset)
Baobab! Je suis venu replanter mon être près de toi. (J.-B. Tati-Loutard)

3° Le **mot explétif**, qui est un pronom personnel marquant l'intérêt que prend à l'action la personne qui parle, ou indiquant qu'on sollicite le lecteur ou l'auditeur de s'intéresser à l'action:

*On **vous** happe notre homme, on **vous** l'échine, on **vous** l'assomme.* (J. de La Fontaine)
*Goûtez-**moi** ce vin-là.*

E. L'ELLIPSE ET LE PLÉONASME

69 1° L'**ellipse** est l'omission d'un ou de plusieurs mots qui seraient nécessaires pour la construction régulière de la proposition.

Tantôt c'est le sujet qui est omis :

Fais ce que dois. pour *Fais ce que* [tu] *dois.*

Tantôt c'est le verbe (on a alors une proposition *elliptique* : § 72) :

Combien ce bijou ? pour *Combien* [coûte] *ce bijou ?*
Heureux les humbles ! pour *Heureux* [sont] *les humbles !*

Tantôt c'est à la fois le sujet et le verbe :

Loin des yeux, loin du cœur. pour [Qui est] *loin des yeux* [est] *loin du cœur.*

Dans certains cas, l'ellipse consiste à ne pas répéter un élément précédemment exprimé, ou ce qui est commun à deux éléments coordonnés :

Pour comprendre le monde, il faut parfois se détourner ; pour mieux servir les hommes, les tenir un moment à distance. (A. Camus)
Cela remonte au quinzième ou seizième siècle.

70 2° Le **pléonasme** est une surabondance de termes : il ajoute des mots non exigés par l'énoncé strict de la pensée. Il peut servir à donner plus de force ou de relief à tel ou tel élément de la proposition :

*On cherche les rieurs, et **moi** je les évite.* (J. de La Fontaine)

N.B.
Quand il n'ajoute rien à la qualité stylistique ou à la force de l'expression, le pléonasme est qualifié de vicieux : *Une panacée **universelle**. Sortir **dehors**.*

F. LES ESPÈCES DE PROPOSITIONS

71 Considérées dans leurs rapports réciproques, les propositions se divisent en :

propositions *indépendantes,*
propositions *principales,*
propositions *subordonnées.*

1° Est **indépendante** la proposition qui ne dépend d'aucune autre et dont aucune autre ne dépend :

La moquerie est souvent indigence d'esprit. (J. de La Bruyère)

2° Est **principale** la proposition qui a sous sa dépendance une ou plusieurs autres propositions :

On a perdu bien peu | *quand on garde l'honneur.* (Voltaire)
Si nous nous préparons avec rigueur | *et si nous nous entraînons régulièrement,* | ***nous gagnerons la course.***

la proposition

3° Est **subordonnée** la proposition qui est dans la dépendance d'une autre proposition:

> Le cœur a ses raisons | *que la raison ne connaît point*. (B. Pascal)
> *Tant que la chance nous sourira*, nous resterons en tête.

REMARQUES

1. La proposition *indépendante* et la *principale* ont la même nature foncière: l'une et l'autre sont des «non subordonnées»; on pourrait les comparer à des troncs d'arbres: l'indépendante est comme un tronc sans branches, la principale est comme un tronc avec une ou plusieurs branches.

2. Une proposition *subordonnée* peut avoir dans sa dépendance une autre proposition subordonnée: la première est alors *principale* par rapport à la seconde:

> On ne devrait écrire des livres que pour y dire des choses qu'on n'oserait confier à personne. (E.M. Cioran)

1. *On ne devrait écrire des livres*
2. *que pour y dire des choses*
   (subordonnée à 1; principale par rapport à 3)
3. *qu'on n'oserait confier à personne*
   (subordonnée à 2).

72 **Propositions elliptiques**

Une proposition est dite *elliptique* lorsque son verbe n'est pas exprimé; en raccourcissant l'expression, elle traduit la pensée avec une spontanéité, une vivacité ou une énergie particulières. Les propositions elliptiques se rencontrent surtout dans les dialogues, dans les ordres, dans les exclamations ou les interrogations, dans les proverbes, dans les comparaisons:

> Que dites-vous? Rien. Silence! Bien joué!
> À quand votre visite? À chacun son métier.
> Notre esprit cherche la vérité comme une plante [cherche] *la lumière*.

REMARQUE

Parmi les propositions elliptiques, il faut signaler les propositions principales réduites à certains adverbes, à certains noms ou adjectifs, tels que: *apparemment, certainement, dommage, heureusement, nul doute, peut-être, possible, probablement, sans doute, sûrement, vraisemblablement*. Ces propositions ont sous leur dépendance une subordonnée introduite par *que*:

> **Apparemment** *qu'il viendra*. (Académie)
> [= Il y a apparence que...].
> **Heureusement** *que vous m'avez averti*.
> [= Il est heureux que... ou: Je suis heureux que...].
> **Peut-être** *que vous avez raison* [= Il se peut que...].
> **Sans doute** *qu'à la foire ils vont vendre sa peau*. (J. de La Fontaine)

73 Si l'on considère les propositions au point de vue de la forme, on distingue:

1° La proposition **affirmative**, qui exprime qu'un fait est:

> La terre tourne autour du soleil.

2° La proposition **négative**, qui exprime qu'un fait n'est pas:

> La Mort ne surprend point le sage. (J. de La Fontaine)

3° La proposition **interrogative**, qui exprime une question portant sur l'existence d'un fait ou sur une circonstance de ce fait :

> *Rodrigue, as-tu du cœur ?* (P. Corneille)   *Qui vient ?*

REMARQUES

1. L'interrogation est **directe** lorsqu'elle est exprimée par une proposition principale ; elle est caractérisée par un *ton* spécial, qui s'élève progressivement jusqu'à la syllabe accentuée du mot qui appelle la réponse. Elle est marquée, dans l'écriture, par un point d'interrogation :

> *As-tu lu ce livre ?   Tu pars déjà ?*

L'interrogation est **indirecte** lorsqu'elle est exprimée en dépendance d'une proposition principale dont le verbe indique qu'on interroge ou dont le sens général implique l'idée d'une interrogation ; elle comporte une proposition subordonnée contenant *l'objet* de l'interrogation ; elle se prononce comme une phrase ordinaire et n'est pas, dans l'écriture, marquée par le point d'interrogation :

> *Je te demande **si tu as lu ce livre**.   Dis-moi **si tu pars déjà**.*

Comme on le voit, le verbe principal dont dépend la subordonnée de l'interrogation indirecte peut être non seulement un verbe du type *demander*, mais encore un verbe déclaratif ou perceptif (*dire, sentir, savoir, raconter, comprendre, ignorer*, etc.) à l'idée duquel s'associe l'idée de l'interrogation :

> *J'ignore **si tu nous retrouveras**.*

2. Transformée en interrogation indirecte, une interrogation directe commençant par un mot interrogatif ne subit pas de changement en ce qui concerne le mot introducteur :

Interrogation directe	Interrogation indirecte
***Quel** est votre nom ?*	*Dites-moi **quel** est votre nom.*
***Qui** appelez-vous ?*	*Je demande **qui** vous appelez.*

Toutefois, dans le passage de l'interrogation directe à l'interrogation indirecte, à *est-ce que* devant un sujet correspond la conjonction *si* ; au pronom interrogatif neutre *que* devant un verbe à un mode personnel correspond *ce que* ; à *qu'est-ce qui* peut correspondre *ce qui* :

Interrogation directe	Interrogation indirecte
***Est-ce que** tu viens ?*	*Je te demande **si** tu viens.*
***Que** pensez-vous ?*	*Je me demande **ce que** vous pensez.*
***Qu'est-ce qui** arrive ?*	*Vous vous demandez **ce qui** arrive.*

3. De l'interrogation véritable, qui ne préjuge pas la réponse, il faut distinguer l'interrogation **oratoire**, qui préjuge la réponse : elle n'interroge pas vraiment, mais n'est qu'une forme de style par laquelle on donne à une proposition affirmative ou négative un relief particulier :

> *Que ne m'a-t-elle écouté ?*
>
> *Ne saurait-on ranger ces jougs et ces colliers ?* (J. de La Fontaine)

4° La proposition **exclamative**, qui exprime la vivacité d'un cri, un sentiment de joie, de douleur, d'admiration, de surprise, etc. :

> *Dieu! que le son du cor est triste au fond des bois!* (A. de Vigny)
> *Que je suis content!*
> *Quel courage elle a montré!*

REMARQUE

On peut distinguer encore :

a) la proposition **énonciative**, qui exprime un fait (positif ou négatif) sans le colorer d'une nuance affective :

> *La lumière se propage en ligne droite.*
> *Le plomb ne rouille pas.*

b) la proposition **impérative**, qui exprime un ordre, un conseil :

> *Ouvre cette porte!*
> *N'écoutez pas les flatteurs.*

c) la proposition **optative**, qui exprime un souhait, un désir :

> *Puissiez-vous réussir!*

G. LE GROUPEMENT DES PROPOSITIONS

74 On l'a vu (§§ 40 et 41), tantôt la phrase est *simple*, c'est-à-dire faite d'une seule proposition ; elle n'a qu'un verbe, *base de la phrase* :

> *Les petits ruisseaux font les grandes rivières.*

tantôt elle est *composée*, c'est-à-dire formée d'un système de propositions : à un verbe qui est la base de la phrase se subordonnent une ou plusieurs propositions remplissant les fonctions de sujet, d'objet, de complément circonstanciel, etc.

> *Je **désire** que vous soyez heureux | et que vous profitiez de vos belles années.*

Il y a, dans une phrase, autant de propositions qu'on y trouve de verbes à un mode personnel, exprimés ou sous-entendus :

> *Je **crois** | que la prochaine journée **sera** belle | si les brouillards matinaux **se dissipent** vite.*
> *Ces jumeaux **se ressemblent** comme deux gouttes d'eau [se ressemblent].*

REMARQUE

Outre les propositions dont le verbe est à un mode personnel, il y a des propositions *infinitives* (§ 461, 4°) et des propositions *participes* (§ 392) :

> *J'entends | **le train arriver**.*
> ***La chance aidant**, je gagnerai.*

Les propositions *de même nature* peuvent, dans la phrase, être associées par *coordination* ou par *subordination*.

1. La coordination

75 Sont dites **coordonnées** les propositions de même nature qui, dans une même phrase, sont liées entre elles par une conjonction (qui est une conjonction de coordination):

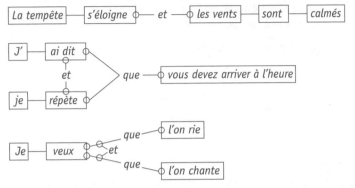

La coordination est dite:

1° **Copulative** quand elle marque simplement au moyen de *et, ni, puis, aussi, ensuite, de plus*, etc., l'union de deux propositions:

> *L'homme aspire au bonheur, **et** s'épuise à le trouver.*

2° **Disjonctive** quand elle indique, le plus souvent au moyen de *ou*, que deux propositions s'excluent l'une l'autre ou forment une alternative:

> *Tu dormais **ou** tu étais éveillé.*
> *Nous vaincrons **ou** nous mourrons.*

3° **Adversative** quand elle indique, au moyen de *mais, au contraire, cependant, toutefois, néanmoins*, etc., que deux propositions sont mises en opposition l'une avec l'autre:

> *L'argent est un bon serviteur, **mais** c'est un mauvais maître.*

4° **Causale** quand elle indique, au moyen de *car, en effet*, etc., que le fait exprimé par la seconde proposition est la cause du fait exprimé par la première:

> *Il ne faut pas juger sur l'apparence, **car** elle est souvent trompeuse.*

5° **Consécutive** quand elle indique, au moyen de *donc, par conséquent*, etc., que le fait exprimé par la seconde proposition est la conséquence du fait exprimé par la première:

> *En été, l'eau est précieuse; **donc** ne la gaspillez pas.*

2. La juxtaposition

Sont dites **juxtaposées** les propositions de même nature qui, dans une même phrase, ne sont reliées entre elles par aucune conjonction :

La tempête s'éloigne, les vents sont calmés.
Je veux que l'on rie, que l'on chante.

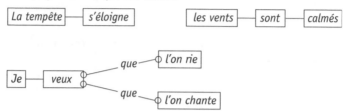

REMARQUES

1. La **parataxe** consiste à disposer côte à côte deux propositions (dont la seconde est parfois précédée de *et*) en marquant par l'intonation ou par la ponctuation le rapport de subordination qui unit l'une d'elles à l'autre :

   Albe vous a nommé, je ne vous connais plus. (P. Corneille)
   Qu'il ose, et il verra !

2. On appelle proposition **incidente** une proposition généralement courte, intercalée dans la phrase ou ajoutée à la fin de la phrase – mais sans avoir avec elle aucun lien grammatical – et indiquant qu'on rapporte les paroles de quelqu'un :

   *Vous voyez, **reprit-il**, l'effet de la concorde.* (J. de La Fontaine)
   *Les noix sur les chemins sont à ceux qui les ramassent, **disaient** les vendangeuses.* (C. Bille)

   N.B.
   Ces propositions *incidentes* appartiennent à une catégorie plus générale : celle des éléments insérés incidemment dans une proposition, à laquelle ils sont grammaticalement étrangers et dont ils interrompent le déroulement naturel. **L'élément incident** joue le même rôle qu'une proposition incidente ; ce peut être :

   a) Une proposition avec un verbe :
   *Cette entreprise coûtera, **on le devine**, beaucoup d'argent.*
   *Vous voulez, **je vous en félicite**, réparer votre erreur.*
   *C'était, **je pense**, un jour de fête.*

   b) Un adverbe, une interjection, une locution sans verbe :
   *Aucun de nous, **heureusement**, ne s'est obstiné dans l'erreur.*
   *Nous avons, **Dieu merci**, échappé au danger.*
   *Cette femme, **à mon avis**, se trompe.*

On notera que l'élément incident marque une intervention personnelle de celui qui parle ou qui écrit, destinée soit à apprécier, soit à appuyer, soit à atténuer, soit à rectifier, soit à exprimer une émotion, etc.

H. L'ORDRE DES MOTS

76 Construction habituelle

Selon l'ordre habituel de l'énonciation, les éléments de la proposition sont placés suivant un ordre réglé par leur fonction grammaticale : on met d'abord le *sujet*, point de départ de l'énoncé, puis le *verbe*, puis l'*attribut* ou le *complément*.

Ainsi cet ordre habituel peut présenter les types d'enchaînement suivants :

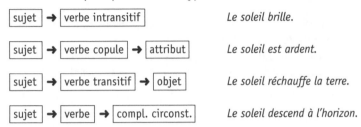

sujet	→	verbe intransitif			*Le soleil brille.*
sujet	→	verbe copule	→	attribut	*Le soleil est ardent.*
sujet	→	verbe transitif	→	objet	*Le soleil réchauffe la terre.*
sujet	→	verbe	→	compl. circonst.	*Le soleil descend à l'horizon.*

Si le verbe a plusieurs compléments, d'ordinaire l'harmonie demande que le plus long soit à la fin de la phrase :

> *Idriss s'enfonça avec quelques autres dans le dédale intérieur du bateau.* (M. Tournier)
> *La nuit tombait sur mon lit vide et sur l'écho de ces conversations.* (D. Pennac)

Pour la place du sujet, voir § 45 ; pour celle de l'attribut, voir § 62 ; pour celle du pronom personnel complément d'objet, voir § 236 ; pour celle de l'adjectif épithète, voir § 197 ; pour celle de l'adverbe, voir § 409.

77

L'ordre des mots n'est pas réglé uniquement par les fonctions grammaticales des éléments de la proposition. Souvent on ordonne les éléments de la phrase suivant un principe *logique*, qui tient compte des mouvements mêmes de la pensée, de l'ordre chronologique des faits, de leur importance relative.

En outre il y a un ordre *affectif*, qui suit les mouvements très variés des sentiments, et un ordre *esthétique*, qui produit des effets de surprise, d'emphase, de variété, etc.

78

Parmi les procédés dont dispose le langage pour mettre dans la phrase un ordre réglé par la logique, ou par l'harmonie, ou par le sentiment, il y a l'*inversion* et l'*anacoluthe*.

a) L'**inversion** est un renversement de l'ordre habituel des mots. Ainsi le sujet, l'attribut, le complément du verbe, peuvent occuper une autre place que celle qu'indiquerait la construction habituelle :

> *Tandis que la Princesse causait avec moi, faisaient précisément leur entrée le duc et la duchesse de Guermantes.* (M. Proust)
> *Grande fut ma surprise.*
> *Dans le plus petit village existe le sentier des amoureux.* (A. Chavée)
> *Pour cette seule raison, je vous pardonne.*

b) L'**anacoluthe** est une construction brisée : la phrase, commencée d'une manière, s'achève d'une autre manière :

> *Le nez de Cléopâtre, s'il eût été plus court, la face du monde aurait changé.* (B. Pascal)

79 **Mise en relief**

Pour mettre en relief un mot (sujet, attribut, complément):

– tantôt on le place en tête de la phrase et on le reprend par un pronom:

> *Ce chanteur, **il** est extraordinaire.*
>
> *Pacifiste convaincu, **il** l'avait toujours été.* (J. Sternberg)

– tantôt on l'annonce par un pronom, qui crée comme un état d'attente:

> ***Ils** arrivèrent, en effet, **ces fameux Comices**.* (G. Flaubert)

Souvent aussi, pour la mise en relief, on se sert des tours présentatifs *c'est ... qui* ou *c'est ... que* (§ 252, Rem. 1):

> ***C'est** moi **qui** suis le chef* [comparez: *Je suis le chef*].
>
> ***C'est** demain **que** je pars* [comparez: *Je pars demain*].

Partie 3

Les parties **du discours**

Chapitre 1 Le nom

A. DÉFINITIONS ET ESPÈCES

80 Le **nom** ou **substantif** est un mot qui sert à désigner les êtres, les choses, les idées :

> *Louis, livre, chien, gelée, bonté, néant.*

Une **locution substantive** est une réunion de mots équivalant à un nom :

> *Se moquer du **qu'en-dira-t-on**.*
>
> *Nous aurons beaucoup d'autres **1er janvier** pour échanger des vœux.* (É. Estaunié)

81 a) **Noms communs et noms propres**

Le nom **commun** est celui qui convient à tous les êtres ou objets d'une même espèce :

> *Tigre, menuisier, table.*

Le nom **propre** est celui qui ne convient qu'à un seul être ou objet ou à un groupe d'individus de même espèce :

> *Jean, Liège, les Québécois.*

Les noms propres prennent toujours une majuscule.

82 b) **Noms concrets et noms abstraits**

Le nom **concret** est celui qui désigne un être ou une chose réels, ayant une existence propre, perceptible par les sens :

> *Plume, fleuve, neige.*

Le nom **abstrait** est celui qui désigne une action, une qualité, une propriété considérée comme existant indépendamment du sujet qui l'exerce ou la possède :

> *Envol, patience, épaisseur, amour.*

83 c) **Noms individuels et noms collectifs**

Le nom **individuel** est celui qui désigne un individu, un objet particulier :

> *Jardin, ballon, pomme.*

Le nom **collectif** est celui qui, même au singulier, désigne un ensemble, une collection d'êtres ou d'objets :

Foule, tas, troupeau.

84   d)   **Noms simples et noms composés**

Le nom **simple** est formé d'un seul mot :
Ville, chef.

Le nom **composé** est formé par la réunion de plusieurs mots exprimant une idée unique et équivalant à un seul nom :
Chemin de fer, arc-en-ciel.

B. LE GENRE DU NOM

85   Le français a deux genres : le **masculin** et le **féminin**.

a) Les noms d'êtres animés sont, en général, du genre **masculin** quand ils désignent des hommes ou des animaux mâles ; on peut les faire précéder de *un, le (l')* :
Le père, un cerf.

Ils sont du genre **féminin** quand ils désignent des femmes ou des animaux femelles ; on peut les faire précéder de *une, la (l')* :
La mère, une brebis.

b) Les noms d'êtres inanimés ou de notions abstraites sont, sans variation, les uns masculins, les autres féminins ; leur genre s'explique par des raisons d'étymologie, d'analogie ou de forme.

1. Le féminin des noms

N.B.

Au point de vue orthographique, le féminin des noms d'êtres animés se marque :

1° en général, par *addition d'un* **e** à la forme masculine ;

2° par *modification* ou *addition de suffixe* ;

3° par une *forme spéciale,* de même radical cependant que celle du masculin – ou encore par un *terme spécial* dont le radical est entièrement différent de celui du masculin.

Il faut noter en outre que, pour certains noms d'êtres animés, il n'y a pas de variation de forme selon le genre[1].

---

1. Ces dernières années, différents pays francophones ont adopté des règles de féminisation des noms de fonctions, de grades ou de métiers. Nous les mentionnons plus loin (§ 512).

a)   Addition d'un e

Règle générale

86   On obtient le féminin de la plupart des noms d'êtres animés en écrivant à la fin de la forme masculine un **e,** qui souvent ne se prononce pas.

Ami, amie [ami].

Ours, ourse [uʀs].

N.B.

1. Dans les noms terminés par une *voyelle,* l'adjonction de l'*e* du féminin n'entraîne pas, quant à la prononciation, l'allongement de cette voyelle finale : l'*i,* l'*u* ont la même durée dans *amie, têtue* que dans *ami, têtu.*

2. Dans les noms terminés par une *consonne,* l'adjonction de l'*e* du féminin :

   a) tantôt ne modifie pas la prononciation du nom :

   Aïeul, aïeule [ajœl] ;

   b) tantôt fait reparaître, dans la prononciation, la consonne finale qui (sauf en liaison) ne se prononce pas au masculin :

   Marchand, marchande [maʀʃã]-[maʀʃãd].   *Parent, parente* [paʀã]-[paʀãt] ;

   c) tantôt, comme on va le constater, provoque un redoublement ou une modification de cette consonne finale, avec parfois une modification (phonétique ou même orthographique) de la voyelle qui précède.

Cas particuliers

87   Les noms en **-el** et en **-eau** (masc. ancien en *-el*) font leur féminin en **-elle** :

Intellectuel, intellectuelle.

Gabriel, Gabrielle.

Chameau, chamelle.

Mais à côté des féminins *Michelle* et *Danielle* existent aussi les formes *Michèle* et *Danièle.* Fou (autrefois *fol*) a pour féminin *folle.*

88   Les noms en **-en, -on** redoublent l'*n* devant l'*e* du féminin (et il y a dénasalisation) :

Gardien, gardienne [gaʀdjɛ̃], [gaʀdjɛn].

Baron, baronne [baʀɔ̃], [baʀɔn].

Pour *Lapon, Letton, Nippon, Simon,* l'usage hésite : *Une Lapone* ou *Laponne, une Lettone* ou *Lettonne, une Nippone* ou *Nipponne, Simone* ou *Simonne* mais le redoublement du *n* semble plus rare.

Les noms en **-in** *(-ain)* ou en **-an** – sauf *Jean, paysan, Valaisan* et *Veveysan* – ne redoublent pas l'*n* (et il y a dénasalisation) ;

Orphelin, orpheline. Châtelain, châtelaine. Gitan, gitane.

Mais : *Jean, Jeanne. Paysan, paysanne.*

Valaisan, Valaisanne. Veveysan, Veveysanne.

89   Les noms en **-et** – sauf *préfet, sous-préfet* – redoublent le *t* devant l'*e* du féminin :

Cadet, cadette. Coquet, coquette.

Mais : *Préfet, préfète,* avec un accent grave sur l'*e* qui précède le *t.*

Les noms en **-at, -ot,** – sauf *chat, linot, sot* – ne redoublent pas le *t*:

> *Avocat, avocate. Idiot, idiote.*
>
> Mais: *Chat, chatte. Linot, linotte. Sot, sotte.*

Favori fait au féminin *favorite*.

90 Les noms en **-er** forment leur féminin en **-ère** (l'[e] devient [ε], et s'écrit avec un accent grave):

> *Berger* [bɛʀʒe], *bergère* [bɛʀʒɛʀ].

91 La plupart des noms en **-s** (précédé d'une voyelle) ou en **-x** ont leur féminin en **-se** (s prononcé [z]):

> *Bourgeois* [buʀʒwa], *bourgeoise* [buʀʒwaz].
>
> *Époux, épouse. Ambitieux, ambitieuse.*

Andalou (anciennement *Andalous*) fait au féminin *Andalouse*.

Métis, vieux, roux font *métisse, vieille, rousse.*

92 Les noms en **-f** changent *f* en **v** devant l'*e* du féminin:

> *Captif, captive. Juif, juive. Veuf, veuve.*

93 *Franc, Frédéric, Turc* changent le **c** en **-que** au féminin:

> *Franc, Franque. Frédéric, Frédérique. Turc, Turque.*

Grec fait *Grecque* au féminin.

b) **Modification ou addition de suffixe**

94 **Les noms en *-eur***

a) Les noms en *-eur* auxquels on peut faire correspondre un participe présent en changeant *-eur* en *-ant* font leur féminin en ***-euse***[1] (*eu* devient fermé):

> *Menteur, menteuse. Porteur, porteuse.*

Exceptions: *Enchanteur, pécheur, vengeur* changent *-eur* en ***-eresse***: *Enchanteresse, pécheresse, vengeresse.*

Éditeur, exécuteur, inspecteur, inventeur, persécuteur changent *-teur* en ***-trice***: *Éditrice*, etc.

b) Les noms en *-teur* auxquels on ne peut faire correspondre un participe présent en changeant *-eur* en *-ant* font leur féminin en ***-trice***[2]:

> *Directeur, directrice.*

REMARQUES

1. *Inférieur, mineur, prieur, supérieur* (qui sont des comparatifs employés comme noms) forment leur féminin par simple addition d'un *-e*:

> *Inférieure, mineure, prieure, supérieure.*

---

1. Ces noms sont de formation populaire; leur finale se prononçait anciennement comme celle des noms en *-eux* (on prononçait, par exemple, *un menteux*; ainsi on comprend pourquoi leur féminin est en *-euse*).

2. Ces noms sont de formation savante. Leur féminin est emprunté ou imité du féminin latin en *-trix*; par exemple, *directrice* reproduit le féminin latin *directrix*.

2. *Ambassadeur* fait au féminin *ambassadrice*. *Empereur* fait *impératrice*. *Débiteur* fait *débiteuse* (qui débite) et *débitrice* (qui doit). *Chanteur* fait ordinairement *chanteuse*; *cantatrice* se dit d'une chanteuse professionnelle spécialisée dans l'opéra.

3. Les termes de la langue juridique *bailleur, défendeur, demandeur, vendeur* – ainsi que *charmeur, chasseur,* quand ils sont employés dans la langue poétique – font leur féminin en **-eresse**:

> *Bailleresse, défenderesse, venderesse, charmeresse, chasseresse.*

Dans l'usage courant, on a les féminins *demandeuse, vendeuse, charmeuse, chasseuse.*

4. La langue familière emploie *doctoresse* comme féminin de *docteur* (en médecine).

95 **Féminin en -esse**
Une trentaine de noms (presque tous en *-e*) ont leur féminin en **-esse**:

Abbé, abbesse	Faune, faunesse	Prêtre, prêtresse
Âne, ânesse	Hôte, hôtesse	Prince, princesse
Bougre, bougresse	Ivrogne, ivrognesse	Prophète, prophétesse
Chanoine, chanoinesse	Maître, maîtresse	Sauvage, sauvagesse
Comte, comtesse	Mulâtre, mulâtresse	Suisse, Suissesse
Devin, devineresse	Nègre, négresse	Tigre, tigresse
Diable, diablesse	Ogre, ogresse	Traître, traîtresse
Drôle, drôlesse	Pair, pairesse	Vicomte, vicomtesse
Druide, druidesse	Pauvre, pauvresse	
Duc, duchesse	Poète, poétesse	

c) Forme spéciale au féminin

96 Certains noms ont au féminin une **forme spéciale**, de même radical cependant que celle du masculin:

Canard, cane	Favori, favorite	Neveu, nièce
Chevreuil, chevrette	Fils, fille	Perroquet, perruche[2]
Compagnon, compagne	Gouverneur, gouvernante	Roi, reine
Daim, daine[1]	Héros, héroïne	Serviteur, servante
Diacre, diaconesse	Lévrier, levrette	Sylphe, sylphide
Dieu, déesse	Loup, louve	Tsar, tsarine
Dindon, dinde	Merle, merlette	
Empereur, impératrice	Mulet, mule	

---

1. Les chasseurs disent aussi *dine*.
2. *Perruche* se dit de la femelle du perroquet; il désigne aussi, sans distinction de sexe, un oiseau de la même famille que le perroquet, mais de taille plus petite.

97 Certains noms marquent la distinction des genres par **deux mots de radical différent** :

Bélier, brebis	Homme, femme	Oncle, tante
Bouc, chèvre	Jars, oie	Papa, maman
Cerf, biche	Lièvre, hase	Parrain, marraine
Coq, poule	Mâle, femelle	Père, mère
Étalon, jument	Mari, femme	Sanglier, laie
Frère, sœur	Matou, chatte	Singe, guenon
Garçon, fille	Monsieur, madame,	Taureau, vache
Gendre, bru	ou mademoiselle	Verrat, truie

d) Noms ne variant pas en genre

98 Certains noms de personnes, terminés pour la plupart en -*e*, ont la **même forme pour les deux genres** :

> *Un artiste, une artiste. Un élève, une élève.*
> *Un bel enfant, une charmante enfant.*

REMARQUE

Un grand nombre de noms d'animaux ne désignent que l'espèce et n'ont qu'une forme pour les deux genres. Pour indiquer le sexe, on ajoute un mot déterminant :

> *Un éléphant* **femelle**. *Une souris* **mâle**.
> *La* **femelle** *du moustique.*

99 Certains noms de personnes ne s'appliquant anciennement qu'à des hommes, ou pour lesquels le sexe de la personne n'a pas d'intérêt, n'ont **pas reçu de forme féminine** : *Auteur, bourreau, charlatan, cocher, déserteur, échevin, écrivain, filou, médecin, possesseur, professeur, successeur, vainqueur,* etc. (cf. § 512).

REMARQUES

1. Appliqués à des femmes, ces noms veulent au masculin les articles, adjectifs ou pronoms qui s'y rapportent :

> *Madame de Sévigné est* **un grand** *écrivain.*
> *Cette femme est* **un excellent** *professeur.*

2. Pour indiquer le féminin, on fait parfois précéder ces noms du mot *femme* :

> *Une* **femme** *auteur.* (ordinairement sans trait d'union)
> *Ce siècle est riche en* **femmes** *écrivains.*

De la même manière, certains noms ne s'appliquant qu'à des femmes n'ont **pas de forme masculine** : *Lavandière, sage-femme, nonne, matrone,* etc.

2. Les noms à double genre

100   **Aigle** est du masculin quand il désigne l'oiseau de proie ou, au figuré, un homme de génie; de même quand il désigne un pupitre d'église ou une décoration portant un aigle:

> L'aire d'**un** aigle. (Académie)
> Cet homme-là est **un** aigle. (Id.)
> Il y a dans le chœur de cette église **un** aigle de cuivre.
> L'aigle **blanc** de Pologne.

Il est du féminin quand il désigne expressément l'oiseau femelle ou dans le sens d'étendard, d'armoiries:

> L'aigle est **furieuse** quand on lui ravit ses aiglons. (Académie)
> Les aigles **romaines**. L'aigle **impériale**.

101   **Amour**, le plus souvent, est masculin:

> Amour **sacré** de la patrie. (Ch. Rouget de Lisle)
> Il y a des combats secrets et des amours **cachés**. (B. Clavel)

Il peut être féminin au pluriel, surtout en littérature, mais aussi dans l'usage courant:

> Mais le vert paradis des amours **enfantines**. (Ch. Baudelaire)
> De **folles** amours. (Académie)

REMARQUE
Amour est toujours masculin en termes de mythologie, de peinture ou de sculpture:

> Peindre, sculpter de **petits** Amours. (Académie)

102   **Délice**. Au pluriel, ce nom est du féminin:

> Il fait **toutes** ses délices de l'étude. (Académie)

Au singulier, *délice* est du masculin:

> Cette prose de Racine est **un** délice. (J. Lemaitre)
> Manger des mûres est **un** délice. (H. Bosco)

103   **Foudre** est féminin dans le sens de «feu du ciel» et aussi quand il désigne de manière figurée ce qui frappe d'un coup soudain:

> La foudre est **tombée**. (Académie)
> Les foudres de l'excommunication furent **lancées** contre Galilée.

Il est masculin dans les expressions *foudre de guerre, foudre d'éloquence,* ainsi que dans la langue du blason et quand il désigne le faisceau enflammé, attribut de Jupiter:

> Je suis donc **un** foudre de guerre. (J. de La Fontaine)
> Une aigle tenant **un** foudre dans ses serres. (Académie)

Foudre, grand tonneau (allem. *Fuder*), est masculin: *Un* foudre de vin.

104   **Gens**, nom pluriel signifiant *personnes,* est du masculin:

> **Tous** les gens **querelleurs**, jusqu'aux simples mâtins,
> Au dire de chacun étaient de petits saints. (J. de La Fontaine)

Cependant s'il est précédé *immédiatement* d'un adjectif ayant une terminaison différente pour chaque genre, il veut au féminin cet adjectif et tout adjectif placé avant
lui ; quant aux adjectifs (et pronoms) qui suivent *gens* et sont en rapport avec lui, on
les laisse au masculin :

> **Toutes** les **vieilles** gens. (Académie)
> **Quelles** honnêtes et **bonnes** gens !
> Mais : **Quels bons** et honnêtes gens !
> Ce sont les **meilleures** gens que j'aie **connus**.

Les adjectifs qui ne précèdent *gens* que par inversion restent au masculin :

> **Instruits** par l'expérience, les vieilles gens sont soupçonneux. (Académie)

REMARQUES

1. *Gens,* dans certaines expressions telles que *gens de robe, gens de guerre, gens d'épée, gens de
   loi, gens de lettres,* etc., veut toujours au masculin l'adjectif ou le participe :
   > De **nombreux** gens de lettres. (Académie)
   > **Certains** gens d'affaires. (Id.)
2. *Gent* signifiant *nation, race,* est féminin :
   > **La** gent **marécageuse**. (J. de La Fontaine)
   > Une amende honorable, payée à **la** gent **canine**. (Colette)

105 **Hymne** est masculin dans l'acception ordinaire, mais ordinairement féminin dans le
sens de « cantique latin qui se chante à l'église » :

> La Marseillaise est l'hymne **national français**.
> **Toutes** les hymnes de cet admirable office. (F. Mauriac)

106 **Œuvre** est toujours féminin au pluriel ; il l'est généralement aussi au singulier :

> **Toute** œuvre **humaine** est **imparfaite**.
> Les Pensées de Pascal sont les fragments d'**une** œuvre **inachevée**. (Académie)

Il est masculin quand il désigne, soit l'ensemble de la bâtisse, soit l'ensemble des
œuvres d'un artiste, soit la transmutation des métaux en or, dans l'expression *le grand
œuvre* :

> **Le gros** œuvre est **achevé**.
> L'œuvre **entier** de Rembrandt. (Académie)
> Travailler **au grand** œuvre. (Id.)

107 **Orge** est féminin, sauf dans les deux expressions *orge mondé, orge perlé.*

108 **Orgue**, au singulier, est du masculin :

> L'orgue de cette église est **excellent**.

Le pluriel *orgues* est également du masculin quand il désigne plusieurs instruments :

> Les deux orgues de cette église sont **excellents**.

Le pluriel *orgues* est du féminin lorsqu'il désigne un instrument unique :

> Les **grandes** orgues. (Académie)
> Des orgues **portatives**. (Id.)

109 **Pâques** (avec *s* final), désignant la fête catholique, est masculin et singulier; il prend la majuscule et rejette l'article :

> *Quand Pâques sera **venu**.* (Académie)
> *Je vous paierai à Pâques **prochain**.* (Id.)

Pâques est féminin pluriel dans les expressions *faire ses pâques* (remarquez la minuscule) ou *Joyeuses Pâques,* et quand il est accompagné d'un article :

> *Depuis les Pâques **précédentes**.* (J. Malègue)

Pâque (sans s), désignant la fête juive ou orthodoxe, est féminin singulier; il prend la minuscule et l'article, mais certains auteurs emploient la majuscule :

> *Les Juifs célébraient tous les ans **la pâque** en mémoire de leur sortie d'Égypte.*
> *Des gâteaux de la Pâque **juive**.* (A. Maurois)
> *Durant cette semaine de la Pâque **grecque**.* (M. Barrès)

110 **Période**, féminin dans les acceptions ordinaires, est masculin quand il désigne le point où une chose, une personne est arrivée :

> *Démosthène et Cicéron ont porté l'éloquence à **son** plus **haut** période.* (Académie)
> *Cet homme est **au dernier** période de sa vie.* (Id.)

C. LE NOMBRE DU NOM

111 Le français distingue deux nombres :

le **singulier,** qui désigne un seul être ou un seul ensemble d'êtres :

> *Un livre, un essaim.*

et le **pluriel,** qui désigne plusieurs êtres ou plusieurs ensembles d'êtres :

> *Des livres, des essaims.*

1. Le pluriel des noms

a) Pluriel en -s

112 On forme le pluriel des noms en écrivant à la fin de la forme du singulier un **s**[1] (muet, sauf en liaison) :

> *Un homme. Des hommes.*
> (en liaison : *des hommes avides* [dezɔmzavid]).

---

1. **Origine de l'*s* du pluriel.** Des six *cas* du latin (formes diverses par lesquelles se marquaient, au moyen de désinences particulières, les fonctions du nom dans la proposition), l'ancien français n'avait gardé que le *nominatif* (cas sujet) et l'*accusatif* (cas régime ou cas du complément), par exemple :
   Singulier : suj. : *murs* (du lat., *murus*); compl. : *mur* (du lat., *murum*).
   Pluriel : suj. : *mur* (du lat. *murī*); compl. : *murs* (du lat. *muros*).
   Au XIIIe siècle, le cas sujet disparut, et l'on n'eut plus que les formes-types *mur* pour le singulier et *murs* pour le pluriel. Ainsi s'explique que l'*s* est devenu le signe caractéristique du pluriel.

N.B.

Le pluriel au point de vue phonétique. Jusqu'à la fin du XVIe siècle, l's du pluriel s'est prononcé. Aujourd'hui, en général, il n'y a plus, pour l'oreille, de différence entre la forme du pluriel et celle du singulier: *l'ami, les amis.* Toutefois il subsiste deux prononciations différentes selon le nombre:

1° quand on fait la liaison;

2° dans la plupart des noms en *-al*: *un animal, des animaux;*

3° dans quelques noms en *-ail*: *un émail, des émaux,* etc.;

4° dans quelques autres noms: *un os, des os* [œ̃nɔs], [dezo]; *un œuf, des œufs* [œ̃nœf], [dezø]; *un œil, des yeux* [œnœj], [dezjø], etc.

En général, c'est par l'article ou par l'adjectif accompagnant le nom que l'oreille peut distinguer si ce nom est au singulier ou au pluriel.

113   Les noms terminés par **-s, -x** ou **-z** ne changent pas au pluriel:

> *Un pois, des pois.   Une croix, des croix.   Un nez, des nez.*

b)   Pluriel en -x[1]

114   Les noms en **-al** changent *-al* en **-aux** au pluriel:

> *Un cheval. Des chevaux.*

Exceptions: *Bal, cal, carnaval, chacal, festival, récital, régal* prennent simplement *s* au pluriel. De même quelques noms moins usités: *aval, bancal, cérémonial, choral, narval, pal,* etc.

115   Les noms en **-au, -eu,** prennent un **x** au pluriel:

> *Un tuyau, des tuyaux.*
> *Un cheveu, des cheveux.*

Exceptions: *Landau, sarrau, bleu, pneu* prennent un *s*:

> *Des landaus, des sarraus, des bleus,* des pneus.

116   Les noms en **-ail** prennent un **s** au pluriel:

> *Un éventail, des éventails.*

Excepté les neuf noms: *bail, corail, émail, fermail, soupirail, travail, vantail, ventail, vitrail,* qui changent *-ail* en **-aux**:

> *Un bail, des baux.   Un corail, des coraux,* etc.

Bétail n'a pas de pluriel (*bestiaux* est le pluriel de l'ancien nom *bestial*). Le pluriel *bercails* est peu usité.

117   Les noms en **-ou** prennent un **s** au pluriel:

> *Un clou, des clous.*

Excepté les sept noms: *bijou, caillou, chou, genou, hibou, joujou* et *pou,* qui prennent un **x**:

> *Un bijou, des bijoux. Un caillou, des cailloux,* etc.

---

1. **Origine de ce pluriel en -x.** Dans l'ancienne langue, *l* se vocalisait en *u* (prononcé *ou*) devant l's du pluriel: *un cheval, des chevaus.* Or, au moyen âge, le groupe *-us* se notait ordinairement par un signe abréviatif ressemblant à la lettre *x* et qui finit par se confondre avec cette lettre; tout en prononçant *chevaus* (pron. [ʃəvaws]), on écrivait *chevax.* Plus tard, on oublia la fonction du signe abréviatif *x* et on rétablit *u* dans l'écriture, tout en maintenant l'*x: des chevaux.*

c)   Noms à double forme au pluriel

118   1° **Aïeul** fait au pluriel *aïeuls* quand on désigne précisément le grand-père paternel et le grand-père maternel ou encore le grand-père et la grand-mère :

> *Ses deux **aïeuls** assistaient à son mariage.* (Académie)
> *Ses **aïeuls** paternels ont célébré leurs noces d'or.*

Il fait *aïeux,* au sens d'*ancêtres* :

> *Qui sert bien son pays n'a pas besoin d'**aïeux**.* (Voltaire)

REMARQUE

Régulièrement on dit : *les bisaïeuls* (É. Littré), *les trisaïeuls* (Id.). Cependant les pluriels *bisaïeux, trisaïeux* sont aussi en usage :

> *Nos **bisaïeux**.* (A. Maurois) *Jusqu'à nos **trisaïeux**.* (Destouches)

2° **Ail** fait au pluriel *aulx*.

> *Il y a des **aulx** cultivés et des **aulx** sauvages.* (Académie)

Les botanistes disent également *ails* au pluriel :

> *Il cultive des **ails** de plusieurs espèces.* (Académie)

3° **Ciel** fait au pluriel *cieux* quand il désigne l'espace indéfini où se meuvent les astres, le séjour des dieux ou le paradis :

> *L'immensité des **cieux**.* (Académie)
> *Celui qui règne dans les **cieux**.* (J.B. Bossuet)

Il fait *ciels* quand il signifie :
a) Baldaquin au-dessus d'un lit :

> *Des **ciels** de lit.*

b) Partie d'un tableau qui représente le ciel :

> *Ce peintre fait bien les **ciels**.* (Académie)

c) Climat :

> *Un de ces **ciels** perfides qui caressent et brûlent la peau tendre des citadins.* (A. France)

4° **Œil** fait au pluriel *yeux* :

> *Des **yeux** bleus.*
> *Les **yeux** du pain, du fromage, du bouillon.*
> *Tailler à deux **yeux**.*

Le pluriel *œils* appartient à certains noms composés :

> *Des **œils**-de-bœuf (fenêtres rondes ou ovales).*
> *Des **œils**-de-perdrix (cors).*
> *Des **œils**-de-chat (pierres précieuses), etc.*

2. **Le pluriel des noms propres**

119 Les noms propres **prennent** la marque du pluriel:

1° Quand ils désignent des peuples ou certaines familles illustres:
> *Les Espagnols. Les Césars, les Bourbons, les Stuarts.*

2° Quand ils désignent des personnes possédant les talents, le caractère, etc. des personnages nommés ou plus généralement quand ils désignent des types:
> *Existe-t-il encore des **Mécènes**?* (c.-à-d. des hommes généreux comme Mécène).
> *Les **Pasteurs** sont rares.*

La marque du pluriel n'apparaît cependant pas chez tous les auteurs.

120 Les noms propres **ne prennent pas** la marque du pluriel:

1° Quand ils désignent des familles entières (hors le cas signalé au § 119, 1°):
> *Les **Gagnon**. Les **Dupont** sont en voyage.*

2° Quand ils désignent, non des familles entières, mais des *individus* qui ont porté le même nom:
> *Les deux **Corneille** ont composé des tragédies.*

3° Quand, par emphase, on leur donne l'article pluriel, quoiqu'on n'ait en vue qu'un seul individu:
> *Les **Racine**, les **Boileau**, les **Molière**, les **La Fontaine** ont illustré le règne de Louis XIV.*

4° Quand ils désignent des titres d'ouvrages, de revues, etc.:
> *J'ai acheté deux **Iliade**.*
> *Un paquet de «**Nouvel Observateur**».*

REMARQUE
Les noms propres désignant des œuvres par le nom de leur auteur peuvent prendre la marque du pluriel:
> *Aux **Breughels** du Musée d'Art Ancien.* (M.Yourcenar)
> *Les **Raphaëls** du Vatican.*
> *J'ai emprunté deux **Simenons**.*

Mais on peut aussi les laisser invariables:
> *Ils se risquaient à acheter des **Matisse**.* (F. Mauriac)
> *J'ai acheté deux **Simenon**.*

Les noms de marques entrés dans l'usage restent le plus souvent invariables:
> *Deux **Renault**. Trois **Martini**.*

121 Les noms propres géographiques désignant plusieurs pays, provinces, cours d'eau, etc., prennent la marque du pluriel:
> *Les **Amériques**, les **Guyanes**, les deux **Sèvres**, les **Pyrénées**.*

Mais on écrira: *Il n'y a pas deux **France**. Il y a plusieurs **Montréal**.*

3. Le pluriel des noms composés[1]

a) Les éléments soudés

122 Les noms composés dont les éléments sont soudés en un mot simple forment leur pluriel comme les noms simples :

> *Des bonjours. Des entresols. Des passeports.*
> *Des pourboires. Des portemanteaux.*

Exceptions : *Bonhomme, gentilhomme, madame, mademoiselle, monseigneur, monsieur* font au pluriel : *bonshommes, gentilshommes, **mes**dames, **mes**demoiselles, **mes**seigneurs (**nos**seigneurs), **mes**sieurs* [mesjø].
On dit parfois familièrement : *des madames, des monseigneurs, des monsieurs.*

b) Les éléments non soudés

Dans les noms composés dont les éléments ne sont pas soudés en un mot simple, on met au pluriel les éléments (*noms* et *adjectifs* seulement) qui, selon le bon sens, doivent prendre la marque du pluriel.

123 **Nom + nom en apposition. Nom + adjectif**

Quand le nom composé est formé de deux noms dont l'un est apposé à l'autre, ou d'un nom et d'un adjectif, les deux éléments prennent la marque du pluriel :

> *Des chefs-lieux, des oiseaux-mouches, des avocats-conseils.*
> *Des coffres-forts, des arcs-boutants, des allers-retours.*

Mais on trouve aussi la forme invariable *des aller-retour.*
L'Académie écrit : *des porcs-épics* [pɔʀkepik]*, des reines-claudes, des pique-niques, des chauves-souris, des sauf-conduits, des guets-apens* [gɛtapã].
On écrit : *des grand-mères, des grand-tantes,* etc. (§ 192).

124 **Nom + nom complément**

Quand le nom composé est formé de deux noms dont le second (avec ou sans préposition) est complément du premier, le premier nom seul prend la marque du pluriel :

> *Des arcs-en-ciel* [aʀkãsjɛl]*. Des chefs-d'œuvre. Des timbres-poste.*

125 **Mot invariable + nom**

Quand le nom composé est formé d'un mot invariable et d'un nom, évidemment le nom seul prend la marque du pluriel :

> *Des arrière-gardes. Des haut-parleurs. Des non-lieux.*
> *Des en-têtes. Des contre-attaques.*

On écrit : *des après-midi.*

---

1. Les rectifications de l'orthographe française autorisées depuis 1990 (cf. § 511) modifient sensiblement les règles d'écriture et les marques du pluriel pour les noms composés. On pourra s'y référer si souhaité, pour les étudier et les appliquer.

126   Verbe + complément

Quand le nom composé est formé d'un verbe et d'un nom complément d'objet direct, le nom seul varie au pluriel, à moins que le sens ne s'y oppose :

>*Des bouche-trous. Des couvre-lits.*
>
>Mais : *Des abat-jour. Des perce-neige.*

REMARQUES

1. Dans certains noms composés, même au singulier, le complément d'objet direct a toujours la marque du pluriel : *Un casse-noisettes, un compte-gouttes, un porte-bagages, un presse-papiers,* etc.
2. Dans les noms composés à l'aide du mot *garde,* ce mot varie au pluriel quand le composé désigne une personne : *Des gardes-chasse, des gardes-malades;* il reste invariable quand le composé désigne une chose : *Des garde-robes.*

Selon un ancien usage (§ 362, Rem.), on écrit : *des ayants droit, des ayants cause.*

127   Expressions toutes faites ou elliptiques

Quand le nom composé est formé d'une expression toute faite ou d'une expression elliptique, aucun élément ne varie au pluriel :

>*Des meurt-de-faim. Des pince-sans-rire.*
>
>*Des on-dit. Des coq-à-l'âne. Des pur sang.*

On écrit : *des terre-pleins* [lieux pleins de terre].

128   Mots étrangers

Dans les noms composés, les mots étrangers restent invariables :

>*Des **mea-culpa**. Des **post-scriptum**. Des **vice**-rois. Les **mass-media**.*

Cependant on écrit : *des fac-similés, des orangs-outangs, des best-sellers.*
Quand le premier élément présente la terminaison *-o,* il reste invariable : *Les Gallo-Romains, des électro-aimants.*
On écrit : *des tragi-comédies.*

4. Le pluriel des noms étrangers

129   Les noms empruntés aux langues étrangères admettent la marque du pluriel français quand un fréquent usage les a vraiment francisés[1] :

>*Des accessits.* (Académie)   *Des autodafés.* (Id.)
>
>*Des intérims, des salamis, des quotas.*

130   a) Certains mots latins restent invariables, et notamment des mots de la langue liturgique :

>*Des duplicata, des errata, des Avé, des Gloria, des Pater, des Te Deum.*

L'Académie écrit toutefois :

>*Des Alléluias. Des bénédicités.*

---

1. Des rectifications orthographiques (cf. § 511) portent également sur le pluriel des noms étrangers.

b) Les noms italiens tels que *soprano, impresario* faisaient anciennement leur pluriel en
-*i* : *des soprani, des impresarii*. Mais le pluriel francais s'est progressivement imposé.
On écrit : *des sopranos, des imprésarios, des scénarios, des bravos, des lazzis* (ou *des
lazzi*), *des confettis, des sphaghettis*.

c) Les noms anglais en -*man* font ordinairement leur pluriel en changeant -*man* en
-*men* :

> *Un gentleman, des gentle**men** ; un barman, des bar**men** (ou bar**mans**) ; un cameraman,
> des camera**men***, etc.

Les noms anglais en -*y* changent parfois -*y* en -*ies* au pluriel :

> *Une lady, des lad**ies** ; un whisky, des whisk**ies** ; un dandy, des dand**ies*** (ou *des ladys,
> des whiskys, des dandys*).

Mais on écrit toujours des jur**ys**.

Les noms anglais terminés par une ou deux consonnes font leur pluriel par l'addition
de -*es* (non prononcé) :

> *Un box, des box**es** ; un match, des match**es** ; un sandwich, des sandwich**es***, etc.

Mais les pluriels à la française sont aussi acceptés :

> *Des box, des matchs, des sandwichs*.

5. Le pluriel des noms accidentels

131 Les mots invariables pris comme noms, les mots employés occasionnellement comme
noms (pronoms...) ainsi que les noms des lettres de l'alphabet, des chiffres, des notes
de musique, ne changent pas au pluriel :

> *Les **si**, les **car**, les contrats sont la porte
> Par où la noise entre dans l'univers.* (J. de La Fontaine)
> *Les **moi** divers qui meurent successivement en nous.* (M. Proust)
> *Deux **mi**. Deux **a**.*

Cependant les infinitifs et les mots qui sont devenus des noms dans l'usage courant,
ainsi que *avant, devant, arrière, derrière*, employés substantivement, prennent *s* au
pluriel :

> *Les **rires**. Prendre les **devants**.
> Les **bonjours** qu'il nous lançait chaque matin.
> Les **avants** (au football). Les **arrières** de l'ennemi.*

On écrit : *les **attendus**, les **considérants** d'un jugement.*

6. Cas particuliers

132 Certains noms ne s'emploient qu'au pluriel :

> *Des agissements, les alentours, des annales, des armoiries, les bonnes grâces, les
> confins, les décombres, les frais, les funérailles, des menottes, des obsèques, des
> pierreries*, etc.

D'autres ne se trouvent ordinairement qu'au singulier:
- noms de sciences ou d'arts: *La botanique, la sculpture,* etc.;
- noms de matières: *L'or, le plâtre,* etc.;
- noms abstraits: *La haine, la soif,* etc.;
- noms des sens, des points cardinaux: *L'odorat, le nord.*

REMARQUE

La plupart de ces noms admettent le pluriel quand on les emploie au figuré ou dans des acceptions particulières:

> *Je vous remercie de vos **bontés**. Des **peintures** abstraites.*

133   Certains noms changent de sens en changeant de nombre. Comparez:

Un ***ciseau*** *de sculpteur.*	*Mettre les **ciseaux** dans une étoffe.*
*Une **lunette** d'approche.*	*Mettez vos **lunettes**.*
*Écrire une **lettre**.*	*Des études de **lettres**.*
*La **vacance** du pouvoir.*	*Être en **vacances**.*

Chapitre 2 L'article

134 L'**article** est un mot que l'on place devant le nom pour marquer que ce nom est pris dans un sens complètement ou incomplètement déterminé; il sert aussi à indiquer le genre et le nombre du nom qu'il précède.

135 On distingue deux espèces d'articles : l'article *défini* et l'article *indéfini*.

A. L'ARTICLE DÉFINI

1. Définition

136 L'article **défini** est celui qui se met devant un nom dont le sens est complètement déterminé :

> *Le livre de Grégoire.*
> *La semaine prochaine.*
> *Donnez-moi la clef* (la clef que l'on sait).

137 L'article défini est :

le pour le masculin singulier ;
la pour le féminin singulier ;
les pour le pluriel des deux genres.

138 L'article **élidé** est l'article *le, la,* dont la voyelle est remplacée par une apostrophe devant les mots commençant par une voyelle ou un *h* muet :

> *L'or, l'avion, l'habit, l'heure, l'horrible vision.*

139 L'article **contracté** est le résultat de la fusion des prépositions *à, de,* avec les articles *le, les* :

à le se contracte en **au** ;
à les se contracte en **aux** ;
de le se contracte en **du** ;
de les se contracte en **des**.

2. **Emploi**

140 a) **Emploi général**

D'une manière générale, l'article défini se met devant les noms communs pris dans un sens complètement déterminé.

b) **Emplois particuliers**

En particulier, il s'emploie :

1º Parfois comme démonstratif :

> *Ah! **le** détour* (= ce détour) *est bon.* (Molière)
> *Nous partons à **l'**instant.   Oh! **le** beau papillon!*

2º Parfois comme possessif, surtout devant des noms désignant des parties du corps ou du vêtement, ou les facultés intellectuelles, quand l'idée de possession est suffisamment marquée par le sens général de la phrase :

> ***Les** yeux lui sortent de **la** tête.*
> *Il m'a saisi à **la** gorge.*
> *Elle me prend par **la** manche.*
> *Elle perd **la** mémoire.*

3º Devant le nom complément du collectif général (désignant tous les êtres d'une espèce ou d'un groupe) :

> *La multitude **des** étoiles étonne l'imagination.*

4º Parfois devant les noms propres de personnes :
 – Quand ils sont employés soit dans un sens emphatique (alors l'article est au pluriel), soit dans un sens méprisant :

> ***Les** Corneille, **les** Racine, **les** Molière ont illustré la scène française.*
> ***La** Brinvilliers.*

 L'article se rencontre devant des noms de famille italiens ou devant des noms de cantatrices ou d'actrices célèbres :

> ***Le** Tasse, **le** Corrège, **la** Callas.*

 – Quand ces noms propres sont accompagnés d'une épithète ou déterminés par un complément :

> ***Le** grand Corneille. **Le** Racine des «Plaideurs».*

 – Quand ils désignent soit plusieurs individus de même nom, soit des types, des familles entières, des peuples :

> ***Les** deux Corneille. **Les** Cicérons sont rares.*
> ***Les** Gagné. **Les** Belges.*

 – Quand ils désignent des œuvres produites :

> ***Les** Raphaëls du Vatican.*
> ***Le** Simenon que je préfère est «Pedigree».*

5º Devant les noms propres de continents, de pays, de provinces, de montagnes, de mers, de cours d'eau, d'îles :

> ***L'**Amérique, **la** France, **le** Manitoba, **les** Vosges, **la** Méditerranée, **le** Zambèze, **la** Sardaigne.*

Les noms des petites îles et les noms masculins d'îles lointaines ne prennent pas l'article : *Malte, Madagascar, Bornéo.*

Les noms de villes rejettent l'article : *Dakar, Rome ;* sauf s'ils sont accompagnés d'une épithète ou d'un complément, ou encore s'ils étaient originairement des noms communs :

> **Le** *vieux Québec,* **le** *Paris d'autrefois,* **Le** *Havre,* **La** *Haye.*

On dit cependant : *Paris entier, tout Paris.*

141   Devant **plus**, **moins**, **mieux**, suivis d'un adjectif ou d'un participe, l'article *le* reste invariable et forme avec ces adverbes des locutions adverbiales, quand il y a comparaison entre les différents degrés d'une qualité :

> *C'est au milieu de ses enfants qu'une mère est* **le** *plus heureuse* (heureuse au plus haut degré).

Mais l'article s'accorde lorsqu'on fait la comparaison entre des êtres ou des objets différents :

> *Cette femme est* **la** *plus heureuse des mères, la mère* **la** *plus heureuse* (elle est comparée aux autres mères).

REMARQUE

Moyen pratique : Quand on peut placer après l'adjectif les expressions *au plus haut (bas) degré, le plus (moins, mieux) possible,* on laisse l'article invariable. Quand on peut placer après l'adjectif les mots *de tous, de toutes,* on fait accorder l'article.

B. L'ARTICLE INDÉFINI

1. Définition

142   L'article **indéfini** indique que l'être ou l'objet nommé est présenté comme non précisé, non déterminé, non encore connu :

> *Je ne sais presque rien. (...)* **Un** *voyageur venu des sources du Nil nous annonce* **une** *comète.* (M. Tournier)
> *Je vois venir* **une** *femme.*
> *Donnez-moi* **un** *chocolat,* **des** *oranges.*

143   L'article indéfini est :

un   pour le masculin singulier ;
une pour le féminin singulier ;
des pour le pluriel des deux genres.

2. Emploi

144   Outre les valeurs qu'il a dans l'emploi général (c.-à-d. la valeur numérale affaiblie ou celle de «un certain»), l'article indéfini peut avoir, dans des emplois particuliers, certaines valeurs expressives; ainsi il s'emploie:

1° Avec une valeur de généralisation, devant un nom désignant un type (c.-à-d. considéré comme représentant tous les individus de l'espèce):

> *Un artiste se doit à son œuvre.*

2° Avec une valeur emphatique, dans des phrases exclamatives:

> *Il fait **une** chaleur! Il a **des** oreilles!*

Devant un nom propre, soit par mépris, soit par emphase, soit pour donner au nom propre la valeur d'un nom commun:

> *On a vu **un** Néron comploter contre sa mère.*
>
> *Un Alexandre, un César, un Napoléon ont bouleversé le monde: ont-ils mieux mérité de l'humanité qu'un Pasteur ou qu'un Fleming?*
>
> *Un Auguste aisément peut faire des Virgiles.* (N. Boileau)

3. L'article partitif

145   L'article **partitif** est celui qui se place devant le nom des choses qui ne peuvent se compter, pour indiquer qu'il s'agit d'une *partie* seulement ou d'une certaine *quantité* de ce qui est désigné par le nom:

> *Prendre **du** sel, **de la** farine, **de** l'eau; manger **des** épinards.*

146   L'article partitif est:

du *(de l')*   pour le masculin singulier;
de la *(de l')*   pour le féminin singulier;
des   pour le pluriel des deux genres.

REMARQUES

1. L'article partitif résulte de la combinaison ou de la fusion de la préposition *de* (qui abandonne sa valeur ordinaire) avec l'article défini *le, la, l', les.*

2. *Des* est un article partitif quand il correspond au singulier *du, de la, de l'*:

> *J'ai mangé **des** épinards.*

C'est un article indéfini quand il correspond au singulier *un* ou *une* (il désigne alors des choses nombrables):

> *J'ai mangé **des** noix.*

3. La préposition *de* employée seule peut servir d'article partitif ou indéfini:

> *Il n'a pas **de** pain. J'ai mangé **de** bons épinards, **de** bonnes noix.*

4. De l'article partitif, qui se place devant des sujets ou des compléments d'objet directs, on distinguera *du, de la, de l', des* introduisant des compléments d'objet indirects, des compléments déterminatifs ou circonstanciels:

> *La paix **du** cœur, une corbeille **de** fruits, douter **de la** vie, tomber **des** nues.*

147 Devant les noms précédés d'un adjectif, au lieu de *du, de la, de l', des,* on met *de*, dans la langue soignée :

> *Pour entendre **de** bonne musique.* (J.-P. Sartre)
> *Il partit en campagne avec **de** grandes espérances.* (A. France)

REMARQUE

La langue familière, au lieu du simple *de*, emploie toujours *du, de la, de l', des* :

> *J'ai **du** bon tabac, manger **de la** bonne soupe.*

La langue littéraire aussi met souvent *du, de la, de l', des,* là où la règle traditionnelle demanderait *de* :

> *Il y a aussi une affluence de mendiants qui nous offrent **des** petits bouquets de roses.*
> (P. Loti)

Cependant on met *du, de la, de l', des* :

1° Quand l'adjectif sert à former un nom composé :

> ***Des** grands-pères.*

2° Quand l'adjectif fait corps avec le nom :

> ***De la** bonne volonté, **des** jeunes gens, **des** petits pois.*

148 Devant un nom complément d'objet direct du sujet réel pris partitivement dans une phrase négative, on emploie le simple *de* si la négation est absolue, c'est-à-dire si le nom peut être précédé de l'expression « aucune quantité de » :

> *Je n'ai pas **d'**argent, N'avez-vous pas **d'**amis ?*
> *Je ne bois jamais **de** vin.*

Mais on emploie *du, de la, de l', des,* si la phrase, malgré le tour négatif, implique, quant au nom, une idée affirmative :

> *Elle ne boit que **de** l'eau.*
> *N'avez-vous pas **des** amis pour vous aider ?* (tour négatif, mais sens positif).

De même quand on veut insister sur le nom :

> *Vous n'avez pas demandé **du** vin, mais de la bière.*

C. LA RÉPÉTITION DE L'ARTICLE

149 Si l'article est employé devant le premier nom d'une série, il doit l'être aussi devant chacun des autres :

> *Au fur et à mesure, **des** frissons, **des** élans réfrénés,*
> ***des** exclamations étouffées agitaient la foule.* (J. Zobel)

Mais l'article ne se répète pas quand le second nom est l'explication du premier, ou qu'il désigne le même être ou objet, ou encore quand les noms forment un tout étroitement uni dans la pensée :

> *L'onagre ou âne sauvage. Un collègue et ami.*
> *Les arts et métiers.*

150 L'article se répète devant deux adjectifs unis par *et* ou par *ou* lorsque ces adjectifs qualifient des êtres ou des objets différents, quoique désignés par un seul nom :

> Il y a *de* bons et *de* mauvais moments. (J. Renard)
>
> Il y a donc *un* bon et *un* mauvais goût. (J. de La Bruyère)

Mais on ne répète pas l'article si les deux adjectifs qualifient un seul et même être ou objet, un seul groupe d'êtres ou d'objets :

> Un pitoyable et insupportable raisonnement. (J.B. Bossuet)
>
> Les plus urgentes et confidentielles missions lui sont confiées.

REMARQUES

1. Si les deux adjectifs ne sont pas unis par *et* ou par *ou*, on doit répéter l'article :

> *Une* magnifique, *une* sublime artiste nous est révélée aujourd'hui.

2. Si le nom précède les deux adjectifs coordonnés, on peut avoir les tours suivants :

   1° *La* langue latine et *la* langue grecque (c'est le tour ordinaire) ;
   2° *La* langue latine et grecque ;
   3° *La* langue latine et *la* grecque ;
   4° *Les* langues latine et grecque (surtout dans le langage technique).

3. Dans une série de superlatifs relatifs se rapportant à un même nom, l'article doit être répété chaque fois :

> Il a perdu *la* plus tendre, *la* plus douce, *la* plus charmante des compagnes.

D. L'OMISSION DE L'ARTICLE

151 On omet l'article :

1° Devant des compléments déterminatifs n'ayant qu'une simple valeur qualificative, ou désignant la destination d'un récipient.

> Un adverbe de lieu, une statue de marbre, une boîte à bijoux, une corbeille à papier.

2° Dans certains proverbes, dans certaines comparaisons ou certaines expressions sentencieuses :

> Noblesse oblige. Blanc comme neige.
>
> Il y a anguille sous roche.
>
> Pierre qui roule n'amasse pas mousse.

3° Dans certaines énumérations rapides :

> Vieillards, hommes, femmes, enfants, tous voulaient me voir. (Ch. de Montesquieu)

4° Devant le nom apposé ou attribué exprimant simplement une qualité :

> Le lion, terreur des forêts. (J. de La Fontaine)
>
> Vous êtes musicien ?

Mais on met l'article si le nom apposé ou attribut garde toute sa valeur substantive et marque une identification nettement soulignée :

> Rome, *l'*unique objet de mon ressentiment. (P. Corneille)
>
> Vous êtes *le* professeur ?

5° Devant le nom mis en apostrophe :

> *Cieux, écoutez ma voix ; terre, prête l'oreille.* (J. Racine)
> *Vous êtes trop bon, docteur.* (J. Romains)

6° Dans un grand nombre d'expressions où le complément est intimement lié au verbe ou à la préposition :

> *Avoir peur, donner congé, rendre justice, imposer silence, perdre patience, avoir à cœur, aller à cheval, avec soin, sans gêne, par hasard, sous clef,* etc.

Notons encore les deux cas suivants (moins importants) :

1° Souvent devant les noms unis au moyen de *soit... ou, tant... que, (ni) ... ni, (et) ... et* :

> *Il n'avait apporté avec lui ni livres, ni cahiers.*
> *Soit terreur, soit courage, Cosette n'avait pas soufflé.* (V. Hugo)

2° Dans les inscriptions, les titres d'ouvrages, les adresses, etc. :

> *Maison à vendre.*
> *Dictionnaire alphabétique et analogique de la langue française.*
> *Monsieur X., 20, rue du Commerce.*

Chapitre 3 L'adjectif

152 **L'adjectif** est un mot que l'on joint au nom pour le qualifier ou pour le déterminer.

> Un film **magnifique**. Des souliers **bruns**.

Une **locution adjective** est une réunion de mots équivalant à un adjectif:

> Une personne **soupe au lait**.
> Des étoffes **lie de vin**.

153 On distingue:

a) les adjectifs **qualificatifs**;

b) les adjectifs **non qualificatifs**: *numéraux, possessifs, démonstratifs, relatifs, interrogatifs, exclamatifs* et *indéfinis*.

Il y a aussi l'*adjectif verbal*: on appelle ainsi le participe présent employé adjectivement (§ 373): *La brise **errante**. Les bois **jaunissants**.*

A. LES ADJECTIFS QUALIFICATIFS

154 L'adjectif **qualificatif** exprime une manière d'être, une qualité de l'être ou de l'objet désigné par le nom auquel il est joint:

> Un livre **utile**. Un cinéaste **créatif**.

1. Le féminin des adjectifs qualificatifs

155 N.B.

Au point de vue orthographique, le féminin des adjectifs qualificatifs se marque:

1° en général, par *addition d'un* **e** à la forme masculine;

2° par *modification du suffixe*, dans les adjectifs en *-eur*.

a) **Addition d'un** *e*

Règle générale

156 On obtient le féminin des adjectifs en écrivant à la fin de la forme masculine un **e**, qui souvent ne se prononce pas :

> *Un haut mur. La haute mer* [la'ot(ə)mɛʀ].
> *Un ciel bleu. Une robe bleue* [yn(ə)ʀɔbəblø].

Évidemment les adjectifs déjà terminés par un *e* au masculin ne changent pas au féminin :

> *Un sol **fertile**. Une époque **fertile** en événements.*

Toutefois *maître* et *traître*, adjectifs, font au féminin *maîtresse, traîtresse* :

> *La **maîtresse** branche. Une nappe d'eau **traîtresse**.*

N.B.

1. Dans les adjectifs terminés au masculin par une *voyelle*, l'adjonction de l'*e* du féminin n'entraîne pas, quant à la prononciation, l'allongement de cette voyelle finale : l'*i*, l'*u* ont la même durée dans *jolie* [ʒɔli], *menue* que dans *joli* [ʒɔli], *menu*.

2. Dans les adjectifs terminés au masculin par une *consonne*, l'adjonction de l'*e* du féminin :
   a) tantôt ne modifie pas la prononciation de l'adjectif : *Banal, banale ;*
   b) tantôt fait reparaître, dans la prononciation, la consonne finale qui (sauf en liaison) ne se prononce pas au masculin : *Petit, petite* [pəti], [pətit]. *Lourd, lourde ;*
   c) tantôt, comme on va le constater, provoque un redoublement ou une modification de cette consonne finale, avec parfois une modification (phonétique ou même orthographique) de la voyelle qui précède.

Cas particuliers

157 Les adjectifs en **-el, -eil**, ainsi que **nul** et **gentil**, redoublent l'*l* devant l'*e* du féminin :

> *Cruel, cruelle. Pareil, pareille.*
> *Nul, nulle. Gentil, gentille.*

Jumeau (autrefois *jumel*) fait *jumelle* au féminin.

REMARQUE

Beau, nouveau, fou, mou, vieux font au féminin **belle, nouvelle, folle, molle, vieille**. Ces formes féminines sont tirées des masculins anciens : *bel, nouvel, fol, mol, vieil,* qui sont encore d'usage devant un nom masculin singulier commençant par une voyelle ou un *h* muet :

> *Un **bel** ouvrage, un **nouvel** habit, un **fol** espoir, un **mol** oreiller, un **vieil** avare.*

158 ## Adjectifs en -*n*

Les adjectifs en **-en, -on** redoublent l'*n* devant l'*e* du féminin (et il y a dénasalisation) :

> *Ancien, ancienne* [ãsjɛ̃], [ãsjɛn]. *Bon, bonne* [bɔ̃], [bɔn].

Pour *lapon, letton, nippon*, l'usage hésite : *Une famille lapone* ou *laponne. La langue lettone* ou *lettonne. La flotte nippone* ou *nipponne*, mais le redoublement du *n* semble plus rare.

Les adjectifs en *-in (-ain, -ein)*, **un, -an** (sauf *paysan, valaisan* et *veveysan*), ne redoublent pas l'*n* (et il y a dénasalisation) :

> *Voisin, voisine* [vwazɛ̃], [vwazin].
> *Hautain, hautaine* [otɛ̃], [otɛn].
> *Plein, pleine. Commun, commune.*
> *Persan, persane* [pɛʀsɑ̃], [pɛʀsan].
> Mais : *paysan, paysanne ; valaisan, valaisanne ; veveysan, veveysanne.*

Bénin, malin font au féminin *bénigne* [beniɲ], *maligne* [maliɲ] (lat. *benigna, maligna*).

159 Adjectifs en -*t*

Les adjectifs en **-et** redoublent le *t* devant l'*e* du féminin :

> *Muet, muette.*

Exceptions : Les neuf adjectifs *complet, incomplet, concret, désuet, discret, indiscret, inquiet, replet, secret* ne redoublent pas le *t* au féminin et prennent un accent grave sur l'*e* qui précède (lat. *completa*, etc.) :

> *Complet, complète. Concret, concrète.*

Mais les adjectifs en **-at, -ot**, sauf *boulot, maigriot, pâlot, sot, vieillot,* ne redoublent pas le *t* :

> *Délicat, délicate. Idiot, idiote.*
> Mais : *boulotte, maigriotte, pâlotte, sotte, vieillotte.*

Favori fait au féminin *favorite.*

160 La plupart des adjectifs en -s (précédé d'une voyelle) ou en **-x** ont leur féminin en **-se** (prononcé [z]) :

> *Gris, grise* [ɡʀi], [ɡʀiz]. *Mauvais, mauvaise.*
> *Heureux, heureuse. Jaloux, jalouse.*

Mais *bas, gras, las, épais, gros, métis, faux* (anciennement *faus*), *roux* (anciennement *rous*), ont leur féminin en **-sse** :

> *Basse, grasse, lasse, épaisse, grosse, métisse, fausse, rousse.*

REMARQUE
Andalou (anciennement *andalous*) fait *andalouse.*
Doux fait *douce.*
Tiers fait *tierce.*
Frais fait *fraîche.*

Exceptions : *Exprès* fait **expresse** (sans accent grave), quand l'adjectif signifie « qui exprime formellement la volonté de quelqu'un ». *Une **lettre exprès*** reste donc invariable.

161 Les adjectifs en -er (*r* muet ou non) forment leur féminin en **-ère**, avec un accent grave sur l'*e* qui précède l'*r* :

> *Léger, légère* [leʒe], [leʒɛʀ]. *Fier, fière.*

162 Les adjectifs en **-f** changent *f* en **v** devant l'*e* du féminin :
> *Naïf, naïve.*

Bref fait *br**è**ve.*

163 *Ammoniac, caduc, franc* (peuple), *public, turc* changent *-c* en **-que** au féminin :
> *Ammonia**que**, cadu**que**, la nation fran**que**, publi**que**, tur**que**.*

Grec fait *grec**que**.*
Blanc, franc (qui a de la franchise), *sec* font : *blan**che**, fran**che**, sè**che**.*

164 *Long, oblong* prennent entre le *g* et l'*e* du féminin un *u,* qui garde au *g* sa prononciation gutturale [g] :
> *Long, long**ue** [lɔ̃], [lɔ̃g]. Oblong, oblong**ue**.*

165 Les adjectifs en **-gu** prennent sur l'*e* du féminin un tréma, indiquant que l'*u* doit se prononcer :
> *Aigu, aigu**ë** [ɛgy], [ɛgy :] ; ambigu, ambigu**ë**.*

Depuis 1975, l'Académie française a décidé que le tréma serait sur le *u* : **aigüe**. Mais les deux graphies coexistent et sont toutes deux correctes.

b) Modification du suffixe

166 **Adjectifs en** *-eur*

a) Les adjectifs en *-eur* auxquels on peut faire correspondre un participe présent en changeant *-eur* en *-ant* font leur féminin en **-euse**[1] (le *eu* se prononce [ø]) :
> *Menteur, ment**euse** [mɑ̃tœr], [mɑ̃tøz].*
> *Trompeur, tromp**euse**.*

Exceptions : *Enchanteur, pécheur, vengeur* changent *-eur* en **-eresse** : *Enchant**eresse**, péch**eresse**, veng**eresse**.*

Émetteur, exécuteur, inspecteur, persécuteur changent *-teur* en **-trice** : *Émet**trice**,* etc.

Pour le féminin de *sauveur,* on emploie *salvatrice.*
Pour le féminin de *vainqueur,* on emprunte à *victorieux* le féminin *victorieuse.*

b) Les adjectifs en *-teur* auxquels on ne peut faire correspondre un participe présent en changeant *-eur* en *-ant* font leur féminin en **-trice**[2] :
> *Consolateur, consola**trice**. Protecteur, protec**trice**.*

REMARQUE
Onze comparatifs en *-eur* (certains l'étaient en latin mais sont utilisés comme des adjectifs en français) font leur féminin par simple addition d'un *e* ; ce sont : *antérieur, postérieur ; citérieur ; ultérieur ; extérieur, intérieur ; majeur, mineur ; supérieur, inférieur ; meilleur.*

---

1. Dans ces adjectifs, qui sont de formation populaire, *-eur* se prononçait autrefois *eux :* on prononçait, par exemple : *un homme menteux.* Ainsi s'explique leur féminin en *-euse.*
2. Le féminin de ces adjectifs, qui sont de formation savante, est emprunté ou imité du féminin latin en *-trix :* par exemple, *consolatrice* reproduit le féminin latin *consolatrix.*

c) Cas spéciaux

167 *Coi* fait au féminin *coite*.

Pour le féminin de *hébreu*, on emploie *juive* ou *israélite* en parlant de *personnes*: *Le peuple hébreu, une famille **juive**, une personne de confession **israélite***; pour les choses, on emploie *hébraïque*, adjectif des deux genres, mais rare au masculin: *Un texte hébreu, la langue **hébraïque**.*

Angora, capot, chic (familier), *kaki, pop, rock, rococo, snob* n'ont qu'une forme pour les deux genres:

> *Une chèvre **angora**.* (Académie) *Elle est demeurée **capot**.* (Id.)
> *Une toilette **chic**.* (Id.) *De la musique **pop**. Une chanteuse **rock**.*
> *Une sculpture **rococo**. Une vareuse **kaki**. Elle est un peu **snob**.*

Sont inusités au masculin: (bouche) *bée*, (ignorance) *crasse*, (rose) *trémière*.

Sont inusités au féminin: (nez) *aquilin, benêt,* (pied) *bot,* (vent) *coulis, fat,* (feu) *grégeois,* (yeux) *pers, preux,* (hareng) *saur,* (papier) *vélin*.

Châtain, considéré comme n'ayant pas de féminin, varie cependant depuis longtemps:

> *Chevelure **châtaine**.* (Colette)

Sterling est invariable et ne s'emploie plus aujourd'hui qu'avec le nom *livre* (unité monétaire anglaise): *Cinquante livres **sterling**.*

2. Le pluriel des adjectifs qualificatifs

a) Pluriel en -s

168 On forme le pluriel des adjectifs en écrivant à la fin de la forme du singulier un **s** (muet, sauf en liaison):

> *Un vin pur. Des vins purs.*
> *L'eau pure. Les eaux pures.*

Tous les adjectifs *féminins* prennent un *s* au pluriel. Ce qui va suivre ne concerne que le pluriel des adjectifs *masculins*.

169 Les adjectifs en **-s** ou **-x** ne changent pas au pluriel:

> *Un argument bas et haineux. Des arguments bas et haineux.*

b) Pluriel en -x

170 La plupart des adjectifs en **-al** changent au pluriel masculin cette finale en **-*aux***:

> *Un homme loyal. Des hommes loy**aux**.*

Exceptions: *Bancal, fatal, final, naval* ont leur pluriel en **-als**:

> *Des enfants bancals. Les rocs fatals.* (A. de Vigny)
> *Sons finals.* (É. Littré) *Combats navals.* (Académie)

Pour un certain nombre d'autres adjectifs en -*al,* le pluriel masculin est peu employé ou mal fixé. Ainsi font parfois leur pluriel en **-als**: *austral, boréal, glacial, initial, jovial, martial, matinal, natal, pascal, théâtral,* etc. :

> *De glacia**ls** coups de vent.* (Alain-Fournier)

Mais rien n'empêche de donner à ces adjectifs un pluriel en -*aux*:

> *Sarcasmes glaci**aux**.* (F. Vandérem)
> *Propos initi**aux**.* (G. Duhamel)
> *Critiques théâtr**aux**.* (J. Giraudoux)
> *Hommages matin**aux**.* (J. Romains)

REMARQUE

Banal, terme de droit féodal, fait au pluriel masculin *ban**aux**:*

> *Des fours ban**aux**.*

Dans l'emploi ordinaire, il fait *ban**aux*** ou *ban**als***:

> *Des compliments ban**als**.* (Académie)
> *Quelques mots ban**aux**.* (R. Rolland)

171 *Beau, nouveau, jumeau, hébreu* prennent un **x** au pluriel:

> *De beaux sentiments. Des textes hébreux.*

3. Les degrés des adjectifs qualificatifs

172 On exprime le degré plus ou moins élevé d'une qualité par le *positif,* le *comparatif* et le *superlatif* des adjectifs qualificatifs.

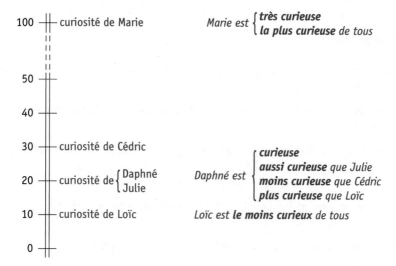

173 a) **Le positif**

Le *positif* exprime simplement la qualité, sans aucune idée de comparaison:

> *Daphné est **curieuse**.*

174 b) **Le comparatif**

Le *comparatif* exprime la qualité avec comparaison :

1° Le complément **d'égalité** se forme au moyen de l'adverbe *aussi* précédant l'adjectif :

> Daphné est **aussi** *curieuse* que Julie.

2° Le comparatif **de supériorité** se forme au moyen de l'adverbe *plus* précédant l'adjectif :

> Daphné est **plus** *curieuse* que Loïc.

3° Le comparatif **d'infériorité** se forme au moyen de l'adverbe *moins* précédant l'adjectif :

> Daphné est **moins** *curieuse* que Cédric.

REMARQUE

Meilleur, moindre, pire, comparatifs de *bon, petit, mauvais,* sont issus des comparatifs latins *meliorem, minorem, pejorem.*

Moindre s'emploie au sens abstrait :

> Son mal n'est pas **moindre** que le vôtre. (Académie)

Au sens concret, on dit *plus petit* :

> Cette chambre-là est **plus petite** que celle-ci.

Dans la plupart des cas, on peut employer l'un pour l'autre *pire* ou *plus mauvais,* mais, en général, on se sert de *plus mauvais* quand *mauvais* a le sens de « détestable » ou de « qui ne fonctionne pas bien » :

> Sa vue est **plus mauvaise** que jamais.

175 c) **Le superlatif**

Le *superlatif* exprime une qualité portée à un très haut degré ou au plus haut degré. Il peut être *absolu* ou *relatif.*

Le superlatif **absolu** exprime une qualité portée à un très haut degré sans aucune idée de comparaison.

Il se forme habituellement au moyen d'un des adverbes *très, fort, bien, extrêmement, infiniment,* etc., précédant l'adjectif :

> Marie est **très savante, fort savante, extrêmement savante.**

Le superlatif se marque parfois aussi, soit au moyen de certains préfixes :

> *extra-fin, surfin, superfin, ultra-comique, archifou.*

soit au moyen du suffixe *-issime,* qui forme des termes d'étiquette :

> *excellentissime, importantissime, illustrissime, éminentissime.*

ou de superlatifs plaisants ou familiers :

> *grandissime, richissime, rarissime,* etc.

Le superlatif **relatif** exprime une qualité portée au degré le plus élevé ou le plus bas, par comparaison, soit avec l'être ou l'objet dont il s'agit considéré dans des circonstances différentes, soit avec un ou plusieurs autres êtres ou objets.

Il est formé du comparatif de supériorité ou d'infériorité précédé soit de l'article défini:

> *Le plus aimable* des hommes. L'homme *le moins aimable.*

soit d'un adjectif possessif:

> *Votre plus grand* désir.

soit de la préposition *de*:

> Ce qu'il y a *de plus honorable.*

176 Certains adjectifs n'admettent pas de degrés, parce qu'ils expriment des idées absolues ou encore parce qu'ils expriment par eux-mêmes le comparatif ou le superlatif.

Tels sont: *aîné, cadet, carré, circulaire, double, triple, équestre, principal, majeur, mineur, ultime,* etc.

4. L'accord des adjectifs qualificatifs

a) Règles générales

177 L'adjectif qualificatif s'accorde en genre et en nombre avec le nom ou le pronom auquel il se rapporte:

> Une *bonne* affaire. De *beaux* discours. Ils sont *forts.*

178 L'adjectif qualificatif qui se rapporte à **plusieurs noms ou pronoms** se met au pluriel et prend le genre des mots qualifiés:

> *Un livre et un cahier neufs.*
>
> *J'appelle barbarie le retournement et l'exaspération de soi, aussi inconcevables que leurs conséquences de cruauté.* (É. Glissant)

Si les mots qualifiés sont de **genres différents,** l'adjectif se met au masculin pluriel:

> *Une veste et un pantalon neufs.*

REMARQUES

1. Quand l'adjectif a pour les deux genres des prononciations fort différentes, l'harmonie demande que le nom masculin soit rapproché de l'adjectif:

   > *Les gloires et les deuils nationaux*
   >
   > (plutôt que: *Les deuils et les gloires nationaux*).

2. Parfois l'adjectif, quoique se rapportant à plusieurs noms, ne s'accorde qu'avec le plus rapproché:

   > *Ses moindres actions étaient d'une correction et d'une gravité admirable.* (H. Taine)

3. Le sens exige parfois que l'accord n'ait lieu qu'avec le dernier nom:

   > *Venez avec votre père et votre frère aîné.*

b) **Règles particulières**

179 Quand l'adjectif est en rapport avec plusieurs **noms joints par une conjonction de comparaison** (comme, ainsi que, etc.), il s'accorde avec le premier terme de la comparaison si la conjonction garde sa valeur comparative :

> *L'aigle a le bec, ainsi que les serres, **puissant et acéré**.*

Mais on fait l'accord simultané si la conjonction a le sens de *et* :

> *Elle a la main ainsi que l'avant-bras tout **noirs** de poussière.*

180 Quand l'adjectif est en rapport avec des **noms synonymes** ou placés par **gradation**, il s'accorde avec le dernier, qui exprime l'idée dominante :

> *Il entra dans une colère, une fureur **terrible**.*

181 Quand l'adjectif est en rapport avec deux **noms joints par** *ou*, il s'accorde le plus souvent avec le dernier :

> *Il faudrait, pour réussir dans cette entreprise, un talent ou une habileté **rare**.*

Cet accord est obligatoire si l'adjectif ne qualifie évidemment que le dernier nom :

> *Une statue de marbre ou de bronze **doré**.*

L'adjectif s'accorde avec les deux noms quand on veut marquer qu'il qualifie chacun d'eux :

> *On recherche un homme ou une femme **âgés**.*

182 Quand l'adjectif suit un complément déterminatif, il s'accorde avec le nom complément ou avec le nom complété, selon le sens :

> *Du poisson de mer **frais**.*
> *Un groupe de marins **italiens**.*

183 Quand un adjectif est en rapport avec **avoir l'air**, on a, en général, la faculté d'accorder cet adjectif avec *air* ou avec le sujet :

> *Ils ont l'air **hardi** ou **hardis**.*

Quand on fait l'accord avec *air*, c'est qu'on donne à ce nom le sens d'« aspect », de « mine » :

> *Elle a l'air **faux**.* (Académie)

Quand on fait l'accord avec le sujet, *avoir l'air* est synonyme de « paraître » :

> *Ils ont l'air **malades**.*

N.B.
Quand le sujet est un nom de chose, c'est le plus souvent avec lui que l'adjectif s'accorde :

> *Ces propositions ont l'air **sérieuses**.* (Académie)

184 L'adjectif précédé de **des plus, des moins, des mieux** se met presque toujours au pluriel, même s'il est question d'une seule personne ou d'une seule chose : ces expressions équivalent à « parmi les plus, les moins, les mieux » :

> *Notre souper fut des plus **simples**.* (Th. Gautier)
> *Chose (...) des moins **faciles** à expliquer.* (L. Bloy)
> *Le docteur est des plus **intelligents**, des mieux **cultivés**, des plus **instruits**.* (A. Gide)

Toutefois quand l'adjectif se rapporte à un pronom neutre, on met le singulier :

> *Il s'est vraiment voué à ne rien faire, ce qui n'est pas des plus **aisé**.* (E. Jaloux)

Même en dehors de ce cas, on met parfois le singulier, qui s'explique par le fait que la comparaison est établie, non entre différents êtres ou objets, mais entre les différents degrés d'une qualité :

> *La situation était des plus **embarrassante**.* (G. Duhamel)

185 Mots désignant une couleur

a) Si l'adjectif désignant la couleur est **simple,** il s'accorde avec le nom qu'il qualifie :

> *Des cheveux **noirs**. Des étoffes **vertes**.*

Si l'adjectif désignant la couleur est **composé** (c'est-à-dire qualifié par un autre adjectif ou complété de façon quelconque), l'ensemble reste invariable :

> *Des cheveux **brun clair** (= d'un brun clair).*
>
> *Des robes **bleu [de] ciel**.*
>
> *Des broderies **blanc et or**.*

b) Le nom (simple ou composé) employé pour désigner la couleur reste invariable :

> *Des rubans **orange**. Des yeux **noisette**. Des cheveux **poivre et sel**.*

REMARQUE

Écarlate, mauve, pourpre, rose, devenus adjectifs, varient :

> *Des rubans **mauves**.* (Académie)
>
> *Ses joues étaient **pourpres**.* (E. Jaloux)

186 Adjectifs composés

a) Quand un adjectif composé est formé de deux adjectifs qualifiant l'un et l'autre le même nom, les deux éléments sont variables :

> *Des paroles **aigres-douces**.* (Académie)
>
> *Des femmes **sourdes-muettes**.*

Dans *grand-ducal* et dans les adjectifs composés dont le premier élément présente la désinence *-o* ou *-i,* le premier élément est invariable :

> *La cour **grand**-ducale.*
>
> *Les officiers **grand**-ducaux.*
>
> *Les populations **anglo**-saxonnes.*
>
> *Des poèmes **héroï**-comiques.*

b) Dans les adjectifs composés formés d'un mot invariable et d'un adjectif, évidemment l'adjectif seul est variable :

> *L'**avant-dernière** page.*

c) Dans les adjectifs composés formés de deux adjectifs, si le premier a la valeur adverbiale, il est invariable :

> *Une fille **nouveau-née**.*
>
> *Des personnes **haut** placées.* (É. Littré)
>
> *Légère et **court**-vêtue.* (J. de La Fontaine)
>
> *Une brebis **mort-née**.* (Académie)

REMARQUE

Nouveau, devant un participe passé pris substantivement, s'accorde, sauf dans *nouveau-né* :

>Des **nouveaux** mariés. (Académie)
>Les **nouveaux** convertis. (Id.)
>Les **nouveaux** venus.
>Mais : Des **nouveau**-nés.

d) Dans certains cas, le premier adjectif, bien qu'employé adverbialement, s'accorde, suivant un ancien usage, comme l'adjectif (ou le participe) qui le suit :

>Des roses **fraîches** cueillies. (Académie)
>Une fleur **fraîche** éclose. (Id.)
>Fenêtres **larges** ouvertes, **grandes** ouvertes.
>Ils arrivent **bons** premiers.
>Ils tombent **raides** morts.
>Sa petite fille **dernière** née. (G. Duhamel)

REMARQUE

Dans *tout-puissant, tout* varie au féminin seulement.

>Vos charmes **tout**-puissants. (J. Racine)
>Des personnes **toutes**-puissantes.

187 L'**adjectif pris adverbialement** après certains verbes, comme dans les expressions : *voler bas, sentir bon, coûter cher, voir clair, marcher droit, chanter faux, parler franc, viser juste,* etc., reste invariable :

>Ces chemises coûtent **cher**.
>Ces personnes voient **clair**.

c)   **Cas particuliers**

188   a) **Demi**, placé devant le nom, est invariable et s'y joint par un trait d'union :

>Une **demi**-heure. Deux **demi**-douzaines.

Placé après le nom, il s'accorde en genre seulement et s'y joint par *et* :

>Deux heures et **demie**.

REMARQUE

Semi, devant un nom, est invariable et s'y joint par un trait d'union : *Les **semi**-voyelles.*
Demi et *demie* peuvent s'employer comme noms et varier :

>Quatre **demis** valent deux unités. (Académie)
>Cette montre sonne les heures et les **demies**. (Id.)

b) **Demi, semi,** placés devant un adjectif, s'y joignent par un trait d'union, et sont invariables comme adverbes :

>Des paupières **demi**-closes.
>Des armes **semi**-automatiques.

À demi s'emploie de même, mais rejette le trait d'union :

>La statue était à **demi** voilée. (Académie)

À demi, placé devant un nom, veut le trait d'union : *à demi-mot, à demi-corps.*

c) **Mi** est invariable et se joint par un trait d'union au mot qu'il précède :

> *Pour corriger une indifférence naturelle, je fus placé à **mi**-distance de la misère et du soleil. (A. Camus)*
> *Les yeux **mi**-clos.*

189 **Feu,** signifiant « défunt », varie s'il est précédé de l'article défini ou d'un adjectif possessif :

> *La **feue** reine. (Académie)*
> *Ma **feue** mère. (Id.)*
> *Les **feus** rois de Suède et de Danemark. (Id.)*

Dans les autres cas, il reste invariable :

> ***Feu** la reine. (Académie)*
> ***Feu** Bélise, sa mère. (Molière)*
> ***Feu** mes oncles.*

190 **Fort** ne varie pas dans les expressions *se faire fort de, se porter fort pour* :

> *Elle se fait **fort** d'obtenir la signature de son mari. (Académie)*
> *Elles se font **fort** de réussir.*
> *Elles se portent **fort** pour lui.*

191 **Franc de port** est invariable comme locution adverbiale, quand on le rapporte au verbe :

> *Recevoir **franc de port** une lettre et un paquet. (Académie)*

Mais *franc* varie quand l'expression est rapportée au nom :

> *Recevoir une caisse **franche** de port. (Académie)*

192 **Grand** ne varie pas dans certaines expressions anciennes où il se trouve devant un nom féminin, auquel il se joint par un trait d'union :

> *Des **grand**-mères, des **grand**-mamans, des **grand**-tantes, des **grand**-messes[1].*

Grand est employé de même dans les expressions suivantes (dont la plupart d'ailleurs ne se disent pas au pluriel) :

> *grand-chambre, grand-chose, grand-croix, grand-faim, grand-peine, grand-peur, grand-pitié, grand-route, grand-rue, grand-salle, grand-soif.*

193 **Haut** s'emploie adverbialement dans *haut la main* :

> *J'en viendrai à bout **haut** la main. (Académie)*

Haut et *bas* s'emploient de même dans certaines exclamations elliptiques :

> ***Haut** les mains! **Haut** les cœurs! **Bas** les armes!*

194 **Nu** est invariable devant *tête, bras, jambes, pieds,* employés sans article ; il se joint à ces noms par un trait d'union :

> *Aller **nu**-tête, **nu**-bras, **nu**-jambes, **nu**-pieds.*

---

1. Les dictionnaires et l'usage acceptent cependant de plus en plus fréquemment le pluriel **grands**-mères, .

Il varie quand il est placé aprés le nom :

> *Aller la tête **nue**, les bras **nus**, les jambes **nues**, les pieds **nus**.*

On écrit : *la **nue**-propriété, les **nus**-propriétaires.*

195 **Plein**, devant un nom précédé de l'article ou d'un déterminatif est préposition et reste invariable :

> *J'avais des fleurs **plein** mes corbeilles.* (V. Hugo)
> *Avoir de l'argent **plein** les poches.*

196 **Possible** est invariable après *le plus, le moins, le meilleur,* etc., s'il se rapporte au pronom impersonnel *il* sous-entendu :

> *Faites le moins d'erreurs **possible*** (= qu'il sera possible de faire).

Il est variable s'il se rapporte à un nom :

> *Vous pouvez tirer sur tous les gibiers **possibles**.* (P. Mérimée)

5. La place de l'adjectif épithète

a) Règles générales

197 1° En principe, on place en dernier lieu les mots ou les groupes de mots les plus longs.

2° Pour des raisons d'euphonie, on évitera que l'adjectif forme avec le nom un concours de sons peu agréables à l'oreille :

> *Un feu vif, un cœur sec* (et non : *un vif feu, un sec cœur*).

3° L'adjectif inséré entre l'article et le nom se trouve intimement uni à ce nom pour former un tout. Placé après le nom, l'adjectif joue plutôt le rôle d'attribut et exprime quelque chose d'accidentel ou une qualité qu'on veut mettre en relief.

4° Dans les textes littéraires, les auteurs peuvent changer la place ordinaire de l'épithète pour produire des effets de style.

5° Dans certaines expressions, l'adjectif a une place fixe :

> *L'amour-propre. Un cousin germain.*

b) Remarques particulières

198 On place **avant** le nom :

1° En général, l'adjectif monosyllabique qualifiant un nom polysyllabique :

> *Un bel appartement.*

2° En général, l'adjectif ordinal :

> *Le vingtième siècle.*

3° Certains adjectifs qui s'unissent au nom en dépouillant leur valeur ordinaire pour prendre une signification figurée :

> *Un simple soldat, un triste personnage, un grand homme.*
>
> **Comparez :** *Un soldat simple, un personnage triste, un homme grand.*

On place **après** le nom :

1° En général, l'adjectif polysyllabique qualifiant un nom monosyllabique :

> *Des tons harmonieux.*

2° Beaucoup d'adjectifs exprimant des qualités physiques, occasionnelles, accidentelles :

> *Un front haut.*

3° Les adjectifs indiquant la forme ou la couleur :

> *Une ligne courbe. Un champ carré.*
>
> *Le drapeau blanc.*

4° Les adjectifs dérivés d'un nom propre et ceux qui marquent une catégorie religieuse, sociale, administrative, technique, etc. :

> *Une tragédie cornélienne. Le peuple juif.*
>
> *Les prérogatives royales. L'électricité statique.*
>
> *Le principe démocratique.*

5° Les participes passés pris adjectivement et beaucoup d'adjectifs verbaux en *-ant* :

> *Un directeur redouté. Des sables mouvants.*

B. LES ADJECTIFS NUMÉRAUX

199 Les adjectifs **numéraux** sont *cardinaux* ou *ordinaux*.

a) Les adjectifs numéraux **cardinaux** (ou *noms de nombre*) sont ceux qui indiquent le nombre précis des êtres ou des objets désignés par le nom :

> ***Deux*** *livres,* ***vingt*** *hommes.*

b) Les adjectifs numéraux **ordinaux** sont ceux qui indiquent l'ordre, le rang des êtres ou des objets dont on parle :

> *Le* ***huitième*** *jour. Le* ***vingt et unième*** *siècle.*

REMARQUE

Les adjectifs numéraux perdent quelquefois leur valeur précise et marquent un nombre ou un rang approximatifs, indéterminés :

> *J'ai* ***deux*** *mots à vous dire. On vous l'a dit* ***cent*** *fois.*
>
> *Être dans le* ***trente-sixième*** *dessous.*

1. Les adjectifs numéraux cardinaux

200 Parmi les adjectifs numéraux cardinaux, les uns sont **simples**: *un, deux, trois, quatre, cinq, six, sept, huit, neuf, dix, onze, douze, treize, quatorze, quinze, seize, vingt, trente, quarante, cinquante, soixante, cent, mille*[1].

Les autres sont **composés**:

soit par addition: *dix-sept, soixante-dix, trente et un,* etc.:
soit par multiplication: *quatre-vingts, six cents,* etc.

Dans *quatre-vingt-dix,* il y a à la fois multiplication et addition.

REMARQUES

1. *Et* ne se met que pour joindre *un* aux dizaines (sauf *quatre-vingt-un*) et dans *soixante et onze*. On dira donc: *cent deux, ... mille un, mille deux,* etc.
   Toutefois on dit *cent et un, mille et un,* pour exprimer indéterminément un grand nombre: *À peine trouve-t-on quelques renseignements exacts dans les mille **et** une brochures écrites sur cet événement.* (Académie)
   Remarquez aussi: *Les mille **et** une nuits, Les mille **et** un jours* (titres de deux recueils de contes orientaux).

2. Dans les adjectifs numéraux composés, on met le **trait d'union** entre les éléments qui sont l'un et l'autre moindres que cent, sauf s'ils sont joints par *et*[2]:
   Trente-huit mille six cent vingt-cinq. Trente et un.

201 **Vingt** et **cent** prennent un *s* quand ils sont multipliés et qu'ils terminent l'adjectif numéral:
   *Quatre-**vingts** euros. Nous étions cinq **cents**.*
   Mais: *Quatre-**vingt**-deux dollars; six **cent vingt** hommes.*

REMARQUES

1. *Vingt* et *cent,* mis pour *vingtième* et *centième,* ne varient pas:
   *Page quatre-**vingt**.* (Académie)   *L'an huit **cent**.*

2. *Cent* employé pour *centaine* est un nom et varie au pluriel:
   *Deux **cents** d'huîtres.*

3. Quand *cent* désigne la centième partie d'une unité monétaire (du dollar, de l'euro dans certains pays...), c'est un nom et il varie au pluriel:
   *Douze dollars et cinquante **cents*** (prononcé [sɛnt]).

---

1. *Septante* (70) et *nonante* (90) sont courants, et officiels en Belgique et en Suisse romande. *Huitante* (80) est également employé en Suisse romande, ainsi que *octante* (80).
2. Les rectifications orthographiques introduites en 1990 proposent la généralisation de l'emploi des traits d'union dans les numéraux composés, même lorsqu'ils sont unis par *et* (cf. § 511).

202 **Mille,** adjectif numéral, est invariable:

> *Deux **mille** ans.*
> *Trois dizaines de **mille**.*

Dans la date des années de l'ère chrétienne, quand *mille* commence la date et est suivi d'un ou de plusieurs autres nombres, on met de préférence *mil*:

> *L'an **mil** sept cent.* (Académie)
> Mais: *Les terreurs de l'an **mille**[1].*
> *L'an deux **mille**. L'an **mille** cinq cent avant J.-C.*

REMARQUES

1. *Mille*, nom de mesure itinéraire[2], varie au pluriel:

> *Quatre cent **milles,** en plein hiver, sans changer de cheval.* (A. Hébert)

2. Dans l'expression *Des **mille** et des **cents***, le nom n'est pas exprimé, et *cent* s'écrit avec un *-s*.

3. *Millier, million, milliard, billion, trillion*, etc., sont des noms, qui varient au pluriel (ils n'empêchent pas l'accord de *vingt* et *cent*):

> *Trois cents **millions** d'hommes.*
> *Quatre-vingts **milliards** de francs.*

203 Les adjectifs cardinaux s'emploient souvent pour les adjectifs ordinaux dans l'indication du rang d'un souverain dans une dynastie, du quantième du mois, etc.:

> *Louis **quatorze**. Le **quatre** août.*
> *Chapitre **cinq**, page **dix**.*

On dit: *François **premier**, le **premier** août.*

2. Les adjectifs numéraux ordinaux

204 Sauf *premier* et *second,* les adjectifs numéraux ordinaux se forment par l'addition du suffixe *-ième* aux adjectifs cardinaux correspondants: *deux**ième**, trois**ième**, ... ving-t**ième**, vingt et un**ième**, ... cent**ième**,* etc.

Avant d'ajouter *-ième*, on supprime l'*e* final dans *quatre, trente, quarante*, etc.; on ajoute *u* à *cinq*; on change *f* en *v* dans *neuf.*

REMARQUES

1. En dehors des adjectifs ordinaux composés, *second* et *deuxième* peuvent s'employer indifféremment. Aujourd'hui, *second* est plus utilisé dans la langue soignée.

> *Le **deuxième** jour, le **second** jour du mois.*

2. *Unième* ne s'emploie que dans les adjectifs ordinaux composés:

> *Vingt et un**ième**, trente et un**ième**, cent un**ième**,* etc.

---

1. Cependant on écrit aussi: «l'an *mil*»: *Aux approches de l'an **mil*** (Taine). *Depuis l'an **mil*** (P. Loti).

2. *Mille*, mesure itinéraire, est une francisation de l'anglais *mile* [maːjl], forme qui se trouve parfois en français: *Le record du monde du **mile**. Les cinq cents **miles** d'Indianopolis.*

205 Aux adjectifs numéraux on rattache :

1° Les mots **multiplicatifs** : *simple, double, triple, quadruple, quintuple, sextuple, septuple, octuple, nonuple, décuple, centuple.*

2° Les noms des **fractions.** Sauf *demi, tiers* et *quart,* ils se confondent, quant à la forme, avec les adjectifs ordinaux :
> Le **cinquième** de la somme. Les trois **huitièmes** du capital.

3° Des dérivés en **-ain, -aine, -aire** : *Quatrain, sixain,* etc. ; *dizaine, douzaine, vingtaine,* etc. ; *quadragénaire, quinquagénaire, sexagénaire,* etc.

4° Des expressions **distributives** : *Un à un, deux à deux, chacun dix.*

C. LES ADJECTIFS POSSESSIFS

1. Définition

206 Les adjectifs **possessifs** sont ceux qui déterminent le nom en indiquant, en général, une idée d'appartenance :
> Ce sont **mes** pierres, **mes** herbes, **mes** pâtures : des pierres, des herbes, des pâtures particulières. (J.-P. Otte)

Souvent l'adjectif dit «possessif» marque, non pas strictement l'appartenance, mais divers rapports :
> **Mon** bon monsieur. On s'élança à **sa** poursuite, etc.

207 Les adjectifs possessifs sont :

	Un seul possesseur			Plusieurs possesseurs	
	Un seul objet		Plus. obj.	Un seul obj.	Plus. obj.
	Masc.	Fém.	2 genres	2 genres	2 genres
1re personne	**mon**	**ma**	**mes**	**notre**	**nos**
2e personne	**ton**	**ta**	**tes**	**votre**	**vos**
3e personne	**son**	**sa**	**ses**	**leur**	**leurs**

Outre ces formes (qui sont *atones*), il y a les formes *toniques* : *mien, tien, sien, nôtre, vôtre, leur,* qui s'emploient, aux deux genres et aux deux nombres, comme épithètes ou comme attributs, surtout dans le style archaïque ou familier :
> On l'avait fiancée sur le tard à un **sien** cousin. (M. Yourcenar)
> Ce triomphe est **vôtre** et vous en êtes l'âme. (V. Hugo)

REMARQUE
Devant un mot féminin commençant par une voyelle ou un *h* muet, on emploie *mon, ton, son,* au lieu de *ma, ta, sa* :
> **Mon** erreur, **ton** habitude, **son** éclatante victoire.

2. **Emploi**

208   *Notre, nos, votre, vos* s'emploient au lieu de *mon, ma, mes, ton, ta, tes,* dans les phrases où l'on se sert du pluriel dit de majesté, de politesse ou de modestie :

> *Il y va, Seigneur, de **votre** vie.* (J. Racine)
> *Tel est **notre** bon plaisir* [disait le roi].

209   L'adjectif possessif peut prendre une valeur expressive et marquer relativement à l'être ou à la chose dont il s'agit l'intérêt, l'affection, le mépris, la soumission, l'ironie de la personne qui parle :

> ***Mon** cher papa, pardonne-moi, **mon** cher papa, la peine que j'ai pu te faire.* (M. Pagnol)
> *Vous voilà encore avec **vos** projets !*
> *Fermez **votre** porte !*
> *Oui, **mon** capitaine.*

210   En général, on remplace l'adjectif possessif par l'article défini quand le rapport de possession est assez nettement indiqué par le sens général de la phrase, notamment devant les noms désignant des parties du corps ou du vêtement, les facultés intellectuelles :

> *Ferme **les** yeux et tu verras.* (J. Joubert)
> *Prendre quelqu'un par **la** manche.*
> *Elle perd **la** mémoire. Il a **la** fièvre.*

Mais on met le possessif quand il faut éviter l'équivoque, ou quand on parle d'une chose habituelle, ou quand le nom est qualifié (non quand il est attribué) :

> *Donnez-moi **votre** bras* [dit le médecin].
> *Elle a **sa** migraine.*
> *Un Saxon étendu, **sa** tête blonde hors de l'eau.* (A. Daudet)

211   Quand **chacun** ne correspond pas dans la phrase à un pluriel qui précède, on emploie *son, sa, ses,* pour marquer la possession :

> *Chacun a **son** défaut.* (J. de La Fontaine)

Quand il renvoie à un pluriel de la 1re ou de la 2e personne, on emploie *notre, nos, votre, vos* :

> *Nous suivions chacun **notre** chemin.* (A. de Lamartine)
> *Vous vous retirerez (...) / Chacun dans **vos** États.* (V. Hugo)
> *Vous aurez chacun **vos** peines.*

Quand il renvoie à un pluriel de la 3e personne, on emploie tantôt *son, sa, ses,* tantôt *leur(s)* : l'usage est hésitant :

> *Ils sont partis chacun de **son** côté.*
> *Ces livres sont dérangés, mettez-les chacun à **sa** place.* (Académie)
> *Tous les domestiques avaient fui chacun de **leur** côté.* (Voltaire)
> *Ma mère et ma sœur déjeunaient chacune dans **leur** chambre.* (Fr.-R. de Chateaubriand)

212 Après un nom d'être inanimé, pour déterminer le nom de la chose possédée, on emploie ou bien l'adjectif possessif ou bien, plus fréquemment, l'article défini et le pronom *en* si les deux noms ne se trouvent pas dans la même proposition:

> *Quel était donc ce bonheur et en quoi consistait **sa** jouissance?* (J.-J. Rousseau)
> *J'aime beaucoup Paris et j'**en** admire les monuments.* (Académie)

Les deux constructions se trouvent réunies dans les vers suivants:

> *Mes chers amis, quand je mourrai,*
> *Plantez un saule au cimetière.*
> *J'aime **son** feuillage éploré.*
> *La pâleur m'**en** est douce et chère,*
> *Et **son** ombre sera légère*
> *À la terre où je dormirai.* (A. de Musset)

Toutefois, c'est toujours l'adjectif possessif que l'on emploie quand le nom de la chose est sujet d'un verbe d'action ou qu'il est précédé d'une préposition:

> *Le soleil se leva; **ses** rayons caressèrent la cime de la montagne.*
> *J'ai visité ce musée et j'ai admiré la richesse de **ses** collections.*

3. Accord

213 a) *Leur, notre, votre,* ainsi que les noms qu'ils accompagnent, restent **au singulier**:

    1° Devant les noms qui n'admettent pas le pluriel:

> *Avez-vous pensé à **votre** avenir?*

    2° Quand il n'y a qu'un seul objet possédé par l'ensemble des possesseurs:

> *Les Gaulois se réfugièrent dans **leur** citadelle.*

b) Ils prennent la forme du **pluriel**:

    1° Devant les noms qui n'ont pas de singulier:

> *Nous avons ri à **leurs** dépens.*
> *Ils ont cassé **leurs** lunettes.*

    2° Quand la phrase implique l'idée de réciprocité, de comparaison ou d'addition:

> *Nous avons échangé **nos** adresses pour rester en contact.*
> *Évaluons **leurs** qualités respectives.*
> *Unissons **nos** voix.*

    3° Quand il y a plusieurs objets possédés par chaque possesseur:

> *Les poules rassemblent **leurs** poussins sous **leurs** ailes.*

c) Lorsque chacun des possesseurs ne possède qu'un seul objet, selon le point de vue de l'esprit, on emploie:

    – le **singulier** si on envisage le type plutôt que la collection:

> *Les alouettes font **leur** nid dans les blés.*

    – le **pluriel** si on envisage la pluralité ou la variété du détail:

> *Les hirondelles ont fait **leurs** nids tout le long de cette corniche.*
> *Ils prirent **leurs** manteaux et **leurs** chapeaux.* (M. Brion)

D. LES ADJECTIFS DÉMONSTRATIFS

214 Les adjectifs **démonstratifs** sont ceux qui marquent, en général, que l'on *montre* (réellement ou par figure) les êtres ou les objets désignés par les noms auxquels ils sont joints:

> *Donnez-moi **ce** livre.*
>
> *Seul au milieu de **ces** pierres, avec pour unique appui **ces** liasses de papiers, **ces** cartes, **ces** cahiers où j'ai écrit ma vie!* (J.M.G. Le Clézio)

L'adjectif démonstratif s'emploie souvent avec une valeur atténuée, sans qu'il exprime précisément l'idée démonstrative:

> *À **cet** effet.*
>
> *Je l'ai vu **ce** matin.*
>
> *J'espère (...) que vous aurez obtenu **cette** place de bibliothécaire que vous convoitiez, dans **ce** lieu qui vous rappelle votre enfance.* (P. Modiano)

215 L'adjectif démonstratif se présente sous les formes suivantes:

	Masculin	Féminin
Singulier	ce, cet	cette
Pluriel	ces	

REMARQUES

1. Au masculin, on emploie la forme réduite *ce* devant un mot commençant par une consonne ou un *h* muet:

   > *Ce garçon, ce héros.*

   Cet s'emploie devant un mot commençant par une voyelle ou un *h* muet:

   > *Cet arbre, cet hôpital, cet autre garçon.*

2. L'adjectif démonstratif est souvent renforcé à l'aide des adverbes *ci, là,* qui se placent après le nom, auquel ils se joignent par un trait d'union:

   > *Ce livre-**ci*** (démonstr. prochain); *ces gens-**là*** (démonstr. lointain).

E. LES ADJECTIFS RELATIFS, INTERROGATIFS ET EXCLAMATIFS

216 a) Les adjectifs **relatifs** sont ceux qui se placent devant un nom pour indiquer que l'on met en relation avec ce même nom déjà exprimé (ou suggéré) précédemment la proposition qu'ils introduisent.

Ce sont :

– pour le **singulier**
- Masc. : **lequel, duquel, auquel**
- Fém. : **laquelle, de laquelle, à laquelle**

– pour le **pluriel**
- Masc. : **lesquels, desquels, auxquels**
- Fém. : **lesquelles, desquelles, auxquelles**

Les adjectifs relatifs sont d'un emploi vieilli et ne sont guère d'usage que dans la langue juridique ou administrative :

> Il versera deux cents euros, **laquelle** somme lui sera remboursée dans un an.

b) Les adjectifs **interrogatifs** : **quel, quelle, quels, quelles,** indiquent que l'être désigné par le nom fait l'objet d'une question relative à la qualité, à l'identité, au rang :

> Mais cet enfant (…)
> **Quel** est-il ? De **quel** sang ? Et de **quelle** tribu ? (J. Racine)
> **Quelle** heure est-il ?

c) Ces mêmes adjectifs **quel, quelle, quels, quelles,** sont **exclamatifs,** quand ils servent à exprimer l'admiration, l'étonnement, l'indignation :

> **Quelle** coïncidence, ah mon Dieu, **quelle** coïncidence ! (E. Ionesco)

F. LES ADJECTIFS INDÉFINIS

1. Définition

217 Les adjectifs **indéfinis** sont ceux qui se joignent au nom pour marquer, en général, une idée plus ou moins vague de quantité ou de qualité, ou une idée d'identité, de ressemblance, de différence :

> **Certain** renard gascon, d'autres disent normand. (J. de La Fontaine)
> **Plusieurs** personnes l'ont vu.
> Il faut lui redire souvent les **mêmes** choses.

218 Les adjectifs indéfinis sont :

aucun	divers	même	quel
autre	je ne sais quel[1]	nul	quelconque
certain	l'un et l'autre	pas un	quelque
chaque	n'importe quel	plus d'un	tel
différents	maint	plusieurs	tout

---

1. De même : *On ne sait quel, Dieu sait quel, nous ne savons quel,* etc. : *Les frais monteront à **Dieu sait quelle** somme !*

REMARQUES

1. Certains adverbes de quantité: *assez, beaucoup, bien, combien, peu, pas mal, tant, trop*, etc., construits avec *de* ou *des* et un nom, peuvent être comptés au nombre des adjectifs indéfinis[1]:

> *Il leur devait **beaucoup** d'argent.*
> ***Peu de** gens.*

Il en est de même des expressions *nombre de, quantité de, force, la plupart*, et autres semblables:

> ***Nombre de** gens, **la plupart des** gens ne connaissent pas leurs véritables intérêts.*

2. Certains adjectifs indéfinis marquent une détermination plus ou moins vague et expriment:
   - **soit la qualité**: *certains, je ne sais quel, n'importe quel, quelque, quel (que), quelconque*;
   - **soit la quantité**: *chacun, chaque, différents, divers, l'un et l'autre, maint, nul, pas un, plus d'un, plusieurs, quelques, tout.*

D'autres (auxquels l'appellation d'*indéfinis* ne devrait pas s'appliquer) expriment l'**identité,** la **ressemblance,** la **différence**: *même, tel, autre.*

2. Emploi

219   **Aucun** et **nul,** marquant la quantité zéro, ne s'emploient généralement qu'au singulier:

> *Le dessin semble indélébile. Il ne conserve **aucun** relief, **aucune** épaisseur de souillure séchée qui se détacherait sous l'ongle.* (A. Robbe-Grillet)
> ***Nulle** malignité: **aucun** signe d'intelligence à l'homme.* (F. Ponge)

Ils s'emploient au pluriel devant des noms qui n'ont pas de singulier ou qui prennent au pluriel un sens particulier:

> *Aucuns frais, **nulles** funérailles.*
> *La république n'avait (...) **aucunes** troupes régulières aguerries.* (Voltaire)

Même en dehors de ces cas, ils se trouvent parfois au pluriel:

> ***Aucunes** choses ne méritent de détourner notre route.* (A. Gide)
> *L'on n'entendait plus **aucunes** rumeurs.* (A. de Villiers de l'Isle-Adam)
> ***Nulles** paroles n'égaleront jamais la douceur d'un tel langage.* (A. de Musset)

Aucun a signifié primitivement *quelque, quelqu'un.* Cette valeur positive, il l'a conservée dans certains cas:

> *Cet ouvrage est le meilleur qu'on ait fait dans **aucun** pays sur ce sujet.* (Académie)

Le plus souvent *aucun* est accompagné de la négation *ne*; c'est pourquoi il a pris, par contagion, la valeur de *nul*:

> ***Aucun** chemin de fleurs ne conduit à la gloire.* (J. de La Fontaine)

---

1. Mais on pourrait aussi, dans des expressions telles que: *assez de gens, beaucoup de fautes, combien d'hommes*, etc., considérer *assez, beaucoup, combien*, etc., comme des adverbes nominaux suivis de leur complément; cela est admissible surtout pour les adverbes qui tirent leur origine de la catégorie des noms: *beaucoup* (beau + coup), *trop* (du francique *throp*, entassement, qui a pris en latin médiéval, *troppus*, le sens de «troupeau»), et aussi pour des expressions encore assez nettement nominales comme *nombre de, quantité de, la plupart.*

220   a) **Quel que** s'écrit en deux mots quand il est suivi du verbe *être* ou d'un verbe similaire (parfois précédés de *devoir, pouvoir*), soit immédiatement, soit avec l'intermédiaire d'un pronom ; *quel* est alors attribut et s'accorde avec le sujet du verbe :

> *Quel que* soit le cauchemar qu'on fait, on y joue un rôle. (E.M. Cioran)
> *Quelle* qu'en soit la difficulté, j'accomplirai cette tâche.
> *Quelles* que doivent être les conséquences de ma décision, je ne veux pas renoncer.

REMARQUES

1. S'il y a des sujets synonymes, l'accord se fait avec le plus rapproché :

> *Quelle* que soit votre valeur, votre mérite, patientez encore quelques mois.

2. S'il y a deux sujets joints par *ou*, l'accord se fait avec les deux sujets ou avec le plus rapproché seulement, selon que c'est l'idée de conjonction ou l'idée de disjonction qui domine :

> *Quels* que soient leur qualité ou leur mérite. (H. de Montherlant)
> *Quel* que fût le poil de la bête ou la plume. (J. Barbey d'Aurevilly)

b) **Quelque**, dans l'expression *quelque... que,* s'écrit en un mot :

1° Devant un nom, il est adjectif et variable :

> *Quelques* raisons que vous donniez, vous ne convaincrez personne.

2° Devant un simple adjectif, il est adverbe et invariable :

> *Quelque* bonnes que soient vos raisons, vous ne convaincrez personne.

3° Devant un adverbe, il est lui-même adverbe et invariable :

> *Quelque* habilement que vous raisonniez, vous ne convaincrez personne.

4° Devant un adjectif suivi d'un nom, il est adverbe et invariable quand le nom est *attribut* (le verbe de la subordonnée est alors *être* ou un verbe similaire) :

> *Quelque* bonnes raisons que présentent ces témoignages, vous ne convaincrez personne.

Sinon, il est adjectif et variable :

> *Quelques* bonnes raisons que vous donniez, vous ne convaincrez personne.

c) **Quelque**, en dehors de l'expression *quelque... que,* est adjectif et variable quand il se rapporte à un nom :

> J'ai reçu *quelques* amis.
> Jacques s'attend bien à *quelque* boutade. (M. Thiry)

Il est adverbe et invariable quand, devant un nom de nombre, il signifie « environ », ou encore dans l'expression *quelque peu* :

> Cependant Falcone marcha *quelque* deux cents pas dans le sentier. (P. Mérimée)
> Il hésita *quelque* peu avant de continuer.

221   **Chaque** est exclusivement adjectif singulier :

> À *chaque* jour suffit sa peine.

La langue commerciale emploie fréquemment *chaque* au sens de *chacun*: *Ces fleurs coûtent un euro **chaque***. Cet emploi sera évité dans la langue littéraire: *Ces fleurs coûtent un euro chacune..., chacune un euro..., un euro l'une..., un euro (la) pièce.*

222 **Différents, divers,** sont adjectifs indéfinis lorsque, placés devant le nom, ils marquent la pluralité de personnes, de choses qui ne sont pas les mêmes:

> *Je l'ai entendu dire à **différents** témoins de l'accident.* (Académie)
> *Il a parlé à **diverses** personnes.* (Id.)

Certain est adjectif indéfini lorsqu'il est placé devant le nom; il est parfois précédé de l'article *un(e)* au singulier, ou de la préposition *de,* sans article, au pluriel:

> *Certain renard gascon.* (J. de La Fontaine)
> *Je me suis permis de lire **une certaine** lettre que tu as toujours avec toi.* (P. Claudel)
> *La bête scélérate*
> *À de **certains** cordons se tenait par la patte.* (J. de La Fontaine)

223 **Tout** peut être adjectif, pronom, nom ou adverbe.

Adjectif

a) *Tout* est adjectif qualificatif quand il signifie «entier» ou «unique»:

> *Veiller **toute** la nuit.*
> ***Toute** cette eau.*
> *Cette enfant est **toute** ma joie.*
> *Pour **toute** boisson, il prend de l'eau.*

1. *Tout* est invariable devant un nom propre de personne désignant l'ensemble des œuvres de la personne nommée:

> *Elle a lu **tout** Flaubert.*

2. *Tout* devant un nom propre de ville reste invariable, qu'il s'agisse des habitants ou qu'il s'agisse de la ville au sens matériel:

> ***Tout** Rome remarquait qu'il semblait heureux.* (A. Maurois)
> ***Tout** Thèbes sait ce qu'elle a fait.* (J. Anouilh)
> *Dans **tout** Venise.*

Cependant, devant un nom de ville féminin pris au sens matériel, on met parfois le féminin *toute*:

> ***Toute** Rome, par ses monuments, excite notre admiration.*

b) *Tout* est adjectif indéfini et fait *tous* au masculin pluriel:

1° Quand il signifie «les uns et les autres sans exception»:

> ***Tous** les hommes sont mortels.*

2° Quand il signifie «chaque»:

> *Le mythe de Prométhée est un de ceux qui nous rappelleront que **toute** mutilation de l'homme ne peut être que provisoire.* (A. Camus)

3° Quand il précise un nom ou un pronom exprimé dans la même proposition (au masculin pluriel, l's se prononce):

> *Ils ne mouraient pas **tous*** [tus]. (J. de La Fontaine)
> *Les journées se passèrent **toutes** ainsi* [tut(ə)zɛ̃si]. (Académie)
> *Nous **tous*** [tus].

Pronom

Tout est pronom indéfini et fait *tous* au masculin pluriel (s se prononce) lorsqu'il représente un ou plusieurs noms ou pronoms précédemment exprimés, ou encore lorsque, employé sans rapport avec aucun nom ou pronom exprimé, il signifie «toute chose, tout le monde, tous les hommes»:

> *Il fut fêté par ses concitoyens, **tous** vinrent au-devant de lui.* (Académie)
> ***Tout** passe, **tout** casse, **tout** lasse, **tout** s'efface.* (L. Chedid)
> *On forcera l'avenir à **tout** reprendre, à **tout** refaire.* (P. Vadeboncœur)

Nom

Tout est nom quand il signifie «la chose entière»: il est alors précédé de l'article ou d'un déterminatif et s'écrit *touts* au pluriel:

> *Le **tout** est plus grand qu'une de ses parties.*
> *Plusieurs **touts** distincts les uns des autres.* (Académie)

Adverbe

Tout est adverbe et invariable quand il signifie «entièrement, tout à fait»; il modifie alors un adjectif, une locution adjective, un participe, un adverbe:

> *Le livre est cet inconnu toujours à même de lire au plus profond de moi et d'accueillir ma singularité **tout** entière.* (P. Drevet)
> *Ils sont **tout** seuls.*
> *Elles sont **tout** en larmes, **tout** étonnées, **tout** hébétées.*
> *Allons **tout** doucement.*

Tout est encore adverbe dans la locution *tout ... que* signifiant «quelque... que»[1], et aussi devant un gérondif:

> ***Tout** habiles qu'ils sont, ils ne réussiront pas.*
> ***Tout** fatigués qu'ils soient, ils marchent vite.*
> ***Tout** en parlant ainsi, elle se mit à pleurer.*

N.B.

Tout, adverbe, varie en genre et en nombre devant un mot féminin commençant par une consonne ou un *h* aspiré:

> *La flamme est **toute** prête.* (J. Racine)
> *Elles sont **toutes** confuses, **toutes** honteuses.*
> ***Toutes** raisonnables qu'elles sont, elles ont fort mal jugé.*
> *Les idées traînent **toutes** faites dans les journaux, les livres, les conversations.* (Ch.-F. Ramuz)

---

1. *Tout* est suivi, dans ce cas, d'un attribut, qui est, soit un adjectif, soit un participe, soit un nom faisant fonction d'adjectif.

REMARQUES

1. *Tout* peut servir à renforcer un nom. Dans *être tout yeux, tout oreilles; être tout feu, tout flamme,* et dans les expressions commerciales *tout laine, tout soie,* etc., il est invariable comme adverbe.

   Dans les autres cas, on peut le considérer, soit comme un adverbe signifiant «entièrement»:

   > *Un front **tout** innocence et des yeux **tout** azur.* (V. Hugo)
   > *Elle avait été à Venise **tout** force et **tout** orgueil.* (Ch. Maurras)

   soit comme un adjectif s'accordant avec le nom qui suit:

   > *Cet homme était **toute** sagesse et **toute** prudence.* (H. de Montherlant)

2. *Tout* suivi de *autre* est adjectif et variable s'il se rapporte au nom qui suit *autre*; il peut alors être rapproché immédiatement de ce nom:

   > ***Toute** autre vue* (= toute vue autre) *eût été mesquine.* (J. Bainville)

   Il est adverbe et invariable s'il modifie *autre*; il signifie alors «entièrement», et on ne peut le séparer de *autre*:

   > *Les villes et les villages ont ici une **tout** autre apparence*
   > (= une apparence entièrement autre). (Fr.–R. de Chateaubriand)

3. Il importe parfois de consulter le sens pour reconnaître la valeur de *tout*:

   > *Elles exprimaient **toute** leur joie* (= leur joie entière).
   > *Elles exprimaient **toutes** leur joie* (= toutes exprimaient leur joie).
   > *Demandez-moi **toute** autre chose* (= toute chose autre que celle-là).
   > *Vous demandez **tout** autre chose* (= tout à fait autre chose).

224 **Même** peut être adjectif ou adverbe.

- Il est **adjectif** indéfini et variable:

1° Lorsque, placé devant le nom, il marque l'identité, la ressemblance:

> *Tu as les **mêmes** bandes dessinées que les miennes.*
> *Mais elle écoutait avec la **même** attention grave qu'elle mettait à vendanger.*
> (C. Bille)

2° Lorsque, placé immédiatement après un nom ou un pronom qu'il souligne, il indique que l'on désigne exactement la personne ou la chose dont il s'agit, ou que la qualité exprimée par le nom est considérée dans toute sa plénitude:

> *Ce sont ces exemples **mêmes** que je cherchais.*
> *Elles aimaient les baisers pour les baisers **mêmes**, et non à cause de ceux qui les leur donnaient.* (V. Larbaud)
> *Il fallait que l'étude ne représentât pas un à-côté de ma vie mais ma vie **même**.*
> (S. de Beauvoir)

REMARQUES

1. *Même,* placé après un pronom personnel, s'y joint par un trait d'union:

   > *Nous-mêmes. Eux-mêmes.*

   Mais on écrit *cela même, ici même,* etc., sans trait d'union.

2. On écrit *nous-même, vous-même* (sans *s*), dans le cas du pluriel de politesse ou de majesté:

   > *Nous-**même**, officier de police soussigné, avons constaté le fait.*

– *Même* est **adverbe** et invariable quand il marque l'extension ; il signifie alors « aussi, jusqu'à, de plus » :

> *Il lit les petits livres, les volumes ordinaires, les gros dictionnaires **même**.*
> *Sa femme, ses enfants, ses amis **même** se sont dévoués pour lui.* (Académie)
> *Les fenêtres, les toits **même**, étaient chargés de monde.* (J. Michelet)

REMARQUE

Après un nom ou après un pronom démonstratif, *même* peut, dans bien des cas, être considéré comme adjectif ou comme adverbe selon le point de vue où l'on se place :

> *Ces murs **même(s)** ont des oreilles* (= ces murs eux-mêmes... ou bien : ces murs aussi...)
> *Ceux-là **même(s)** l'ont trahi.*

225 **Tel** peut être adjectif ou pronom :

Adjectif

a) *Tel* est adjectif qualificatif quand il signifie « semblable » ou « si grand, si fort » :

> *La pauvreté vaut mieux qu'une **telle** richesse.* (J. de La Fontaine)
> *Il ne faut pas manquer à de **telles** grâces.* (J.B. Bossuet)

REMARQUES

1. *Tel* est souvent employé, sans *que*, comme conjonction de comparaison ; il s'accorde alors tantôt avec le premier terme de la comparaison, tantôt avec le second ; l'usage hésite :

> *Il bandait ses muscles, **tel** une bête qui va sauter.* (A. de Saint-Exupéry)
> *La brûlure au centre de la poitrine rayonne **tel** un soleil.* (J.M.G. Le Clézio)

2. *Tel*, suivi de *que*, peut annoncer une énumération développant un terme synthétique ; il s'accorde avec ce terme synthétique :

> *Plusieurs langues, **telles** que le grec, le latin, l'allemand, etc., divisent les noms en trois genres.* (Académie)

b) *Tel*, placé devant le nom, est adjectif indéfini dans des phrases où l'on parle de personnes ou de choses qu'on ne veut ou ne peut désigner précisément :

> *Il y a **tel** hôtel à Mons, où, le samedi, les gens des petites villes voisines viennent exprès dîner, pour faire un repas délicat.* (H. Taine)

Pronom

Tel est pronom indéfini quand il désigne une personne indéterminée ; il ne s'emploie guère qu'au singulier :

> ***Tel** est pris qui croyait prendre.*

REMARQUE

Un tel s'emploie au lieu d'un nom propre pour désigner une personne qu'on ne veut ou ne peut nommer plus précisément :

> *En l'an 1600 ou en l'an 1500, **un tel**, de tel village, a bâti cette maison pour y vivre avec **une telle** son épouse.* (P. Loti)

Chapitre 4 Le pronom

226 Le **pronom** est un mot qui, en général, représente un nom, un adjectif, une idée, une proposition:

> *Ma mère était trop fine pour ne pas s'émouvoir de l'infidélité qui **lui** fut ainsi faite.*
> (Y. Kateb)
> ***Ils** ont fui, mes beaux jours.*
> *Intelligente, elle **l'**est.*
> *Cette rivière est dangereuse, croyez-**le**.*

Une **locution pronominale** est une réunion de mots équivalant à un pronom:

> *Il s'est adressé à **je ne sais qui**.*

REMARQUES

1. Souvent le pronom ne représente aucun nom, aucun adjectif, aucune idée, aucune proposition déjà exprimés: il joue alors le rôle d'un nom indéterminé:

> ***Tout** est dit. **Rien** ne l'effraie. **Cela** va mieux.*

2. Le pronom peut servir, dans la conjugaison, simplement à indiquer la personne grammaticale:

> ***Je** lis, **tu** écoutes.*

3. Quand le pronom représente un nom, il est masculin ou féminin; quand il représente autre chose qu'un nom ou quand il exprime une notion vague, il est *neutre*:

> *– **Je** suis **heureux**, dit Jérôme. – **Je** suis **heureuse** aussi, répond Sophie.*
> *Vous êtes fort aujourd'hui: **le** serez-vous encore demain?*
> ***Que** dois-je faire?*
> *Vous **le** prenez de haut.*
> ***Il** faut du courage.*

4. Il arrive que le pronom représentant un nom collectif singulier s'accorde en nombre non avec ce collectif, mais avec le nom pluriel qu'on a dans la pensée (il y a alors accord par *syllepse*[1]):

> *Jamais il n'eût tourmenté un chat inutilement. Il **les** respectait.* (H. Troyat)
> *Beaucoup de monde. Comme d'habitude, **ils** ne quittaient pas leurs pardessus.*
> (P. Modiano)

---

1. La **syllepse** consiste à régler l'accord d'un mot non avec le terme auquel il se rapporte selon les règles grammaticales, mais avec un autre terme que le *sens* éveille dans la pensée.

227 Pour qu'un nom puisse être représenté par un pronom, il faut, en principe, que ce nom soit *déterminé*, c'est-à-dire précédé d'un article ou d'un adjectif possessif, démonstratif, etc. :

> On cherche les rieurs, et moi je **les** évite. (J. de La Fontaine)
> Je vous ai donné ce conseil ; suivez-**le**.

On ne dit donc pas :

> Vous avez tort et je ne l'ai pas.
> Il a agi par jalousie, **qui** est un sentiment dangereux[1].

228 On distingue six espèces de pronoms : les pronoms *personnels*, les *possessifs*, les *démonstratifs*, les *relatifs*, les *interrogatifs* et les *indéfinis*.

A. LES PRONOMS PERSONNELS

1. Définition

229 Les pronoms **personnels** désignent les êtres en marquant la personne grammaticale, donc en indiquant qu'il s'agit :

– soit de l'être *qui parle* (1re personne) : *Je lis. Nous lisons.*
– soit de l'être *à qui l'on parle* (2e personne) : *Tu lis. Vous lisez.*
– soit de l'être *de qui l'on parle* (3e personne) : *Il lit. Ils lisent.*

C'est seulement à la 3e personne que le pronom personnel *représente, remplace* un nom déjà exprimé.

230 Les pronoms personnels sont :

			1re pers.	2e pers.	3e pers.	Pr. réfl.
Sing.	Atones	Sujet Obj. direct Obj. indirect sans prép.	je me me	tu te te	il, elle le, la lui	se se
	Toniques		moi	toi	lui, elle	soi
Plur.	Atones	Sujet Obj. direct Obj. indirect sans prép.	nous nous nous	vous vous vous	ils, elles les leur	se se
	Toniques		nous	vous	eux, elles	soi

Outre ces formes il y a **en** et **y,** qui sont pronoms personnels quand ils représentent un nom, une proposition, une idée.

---

1. Autrefois le pronom pouvait représenter un nom indéterminé : *Si vous êtes si touchés de curiosité, exercez-**la** du moins en un sujet noble.* (J. de La Bruyère)

REMARQUES

1. *Me, te, se,* sont toujours, dans la prononciation, **atones,** c'est-à-dire dépourvus d'accent d'intensité ; ils précèdent un verbe (ou un pronom), sur lequel ils s'appuient intimement :

> *Qu'on **me** pardonne. Qui **te** l'a dit ?*
>
> *Quand on lui demande ce qu'il fait pour le moment, il répond qu'il **se** raconte des histoires.* (F. Dannemark)

Moi, toi, soi, eux sont toujours **toniques** :

> *Crois-**moi**. C'est à **toi** que je parle, non à **eux**.*
>
> *Chacun pour **soi**, dit-il lâchement.*

Les autres pronoms personnels sont toniques ou atones selon leur fonction et leur place par rapport au verbe :

> *On **nous** parle* (atone).
>
> *Parle-**nous*** (tonique).

2. Les formes toniques peuvent être renforcées par l'adjonction de *même* :

> *Moi-même, toi-même,* etc.

Nous, vous peuvent être renforcés par *autres* :

> *Nous autres, vous autres.*

3. Dans les formes atones, *je, me, te, se, le, la,* la voyelle s'élide devant un verbe commençant par une voyelle ou un *h* muet, et devant *en, y* :

> *J'ouvre, il **m'**appelle, il **s'**humecte les lèvres, tu **t'**en vas, je **l'**y envoie.*

4. Le pronom personnel est dit **réfléchi** lorsqu'il sert à former les verbes pronominaux ; il reflète alors le sujet (tantôt il est complément d'objet : *je **me** blesse ; je **me** lave les mains ; ils **se** réconcilient ;* tantôt il n'a aucune fonction logique : *je **m'**évanouis.* Voir § 287).

Le pronom réfléchi est :

– pour la 1re personne : **me, nous** : *Je **me** blesse ; nous **nous** blessons.*

– pour la 2e personne : **te, vous** : *Tu **te** blesses ; vous **vous** blessez.*

Il n'a de forme spéciale qu'à la 3e personne : **se, soi** : *Il **se** blesse. Chacun pense à **soi**.*

2. Emploi

231 Les pronoms personnels peuvent remplir, dans la phrase, les mêmes fonctions que les noms. Ils peuvent être :

1° **Sujets** : *je, tu, il, elle, nous, vous, ils, elles,* et dans certains cas : *moi, toi, lui, eux.*

2° **Compléments d'objet directs** : *me* (après impératif : *moi*), *te* (après impératif : *toi*), *le, la, se, nous, vous, les.*

3° **Compléments d'objet indirects sans préposition** : *me, te, lui, se, nous, vous, leur.*

4° **Compléments précédés d'une préposition** : *moi, toi, lui, elle, soi, nous, vous, eux, elles.*

Ces dernières formes s'emploient aussi comme attributs et comme mots renforçant le sujet, le complément d'objet direct ou indirect.

REMARQUE

On voit que le pronom personnel peut présenter des formes différentes selon sa fonction ; il a donc gardé une certaine déclinaison : il a un *cas sujet* (nominatif) et un *cas régime* [= cas du complément, qui comprend le cas du complément d'objet direct, le cas du complément d'objet indirect, le cas prépositionnel].

a) Le pronom personnel sujet

232 Le pronom personnel sujet est le plus souvent une forme atone : *je, tu, il, elle, nous, vous, ils, elles.*

Les formes toniques *moi, toi, lui, elle, nous, vous, eux, elles,* s'emploient comme sujets :

1° Quand le pronom sujet est suivi d'une apposition ou d'une proposition relative :

> **Toi** *aussi, mon fils, tu vas dormir...* (D. Pennac)
> **Lui** *qui ne savait où aller a trouvé un abri.*
> Exception : *Je soussigné, Marc Lebon, déclare que...*

2° Quand le pronom sujet s'oppose à un autre sujet ou le renforce :

> **Eux** *aussi savaient que c'était son dernier discours.* (G. Simenon)
> *Je le sais bien,* **moi.**

3° Dans les propositions où il y a ellipse du verbe :

> *Qui vient ? –* **Moi.**

4° Quand le pronom sujet est joint à un ou plusieurs autres sujets :

> *Ma fille et* **moi** *attendions votre venue avec impatience.*

5° Avec l'infinitif exclamatif ou interrogatif, avec l'infinitif de narration et avec le participe absolu (§ 392) :

> **Moi,** *ne plus t'aimer, pourquoi ?...*
> *Je me moque de ton passé.* (É. Zola)
> **Eux** *de recommencer la dispute à l'envi.* (J. de La Fontaine)
> **Lui** *parti, la fête peut reprendre.*

6° Comme sujets réels et avec le gallicisme *c'est ... qui* :

> *Il n'y eut qu'***elle** *de cet avis.*
> *C'est* **moi** *l'enfant de la lande, c'est toujours* **moi,** *qui rôde entre les rivières du crépuscule.* (Ch. Le Quintrec)

233 Le pronom *il* s'emploie comme neutre sujet avec les verbes de forme impersonnelle et suivis du sujet réel :

> **Il** *neige.* **Il** *est arrivé un malheur.*

b) Le pronom personnel complément

234 Le pronom personnel complément est le plus souvent une forme atone : *me, te, se, le, la, lui, nous, vous, les, leur* :

> *On* **me** *voit, on* **lui** *nuit.*

Les formes toniques *moi, toi, soi, lui, elle, nous, vous, eux, elles* s'emploient comme compléments :

1° Pour renforcer un complément :
> Je te salue **toi** la plus belle et je chante. (G. Miron)

2° Quand le pronom personnel complément est joint à un ou plusieurs autres compléments de même espèce que lui :
> Il contemplait la foule sans distinguer ni **moi** ni personne.

3° Dans les propositions où il y a ellipse du sujet et du verbe :
> Qui blâme-t-on ? – **Toi**.

4° Après un impératif affirmatif – sauf devant *en* et y :
> Racontez-**moi** la jeunesse des rivières. (J. Mansour)
> Mais : Donnez-**m'**en, menez-**m'**y.

5° Après une préposition :
> Je t'aimerai sans **toi**. (A.-M. Kegels)
> À **toi** tout ce qui tisse nuit et jour à travers **moi**.
> À **toi** la lagune où nous nous sommes connus. (A. Jouffroy)

6° Après *ne ... que* et avec le gallicisme *c'est ... que* :
> On n'admire qu'**elle**.
> C'est **toi** que je cherche.

REMARQUES

1. Dans des phrases comme les suivantes, on utilise la forme tonique du pronom personnel complément, précédée de *à* :
> Ces ruines (...) **à moi** signalées. (P. Loti)
> Cet héritage **à lui** légué. (M. Tournier)
On n'écrira pas : *Ces ruines me signalées ; les choses lui destinées ; la lettre vous envoyée*, etc.

2. Pour le pronom personnel explétif *(goûtez-**moi** cela)*, voir § 68, 3°.

235   **Le** s'emploie comme pronom neutre complément :

1° Pour représenter ou annoncer une idée, une proposition :
> Tu te justifieras après, si tu **le** peux. (P. Corneille)
> Nous **le** souhaitons tous, tu réussiras !

2° Dans certains gallicismes où il exprime une notion vague :
> Vous **le** prenez de haut.
> Je vous **le** donne en cent, etc.

3° Facultativement dans les propositions comparatives après *autre, plus, moins, mieux,* etc. :
> Il est autre que je ne croyais, que je ne **le** croyais. (Académie)

Place du pronom personnel complément d'objet

236 Le pronom personnel complément d'objet d'un impératif sans négation se place après le verbe :

> Regarde-**moi**, obéissez-**lui**.

Avec un impératif négatif, il se place avant le verbe :

> Ne **me** livrez pas. Ne **leur** obéissez pas.

Si un impératif sans négation a deux pronoms compléments d'objet, l'un direct, l'autre indirect, on place le complément d'objet direct le premier :

> Dites-**le**-moi.

Toutefois, il arrive qu'on ait l'ordre inverse :

> Rends-nous-**les**. (V. Hugo)

Mais si l'impératif est négatif, le pronom complément d'objet indirect se place le premier :

> Ne **me** le répétez pas.

Toutefois *lui* et *leur* font exception :

> Ne le **lui** dites pas. Ne le **leur** dites pas.

237 Avec un mode autre que l'impératif, les formes atones compléments d'objet *me, te, se, le, la, lui, nous, vous, les, leur* se placent avant le verbe (avant l'auxiliaire dans les temps composés) :

> Je **te** conduirai. On **leur** nuit. Tu **lui** as parlé.

Quand le verbe a deux compléments d'objet, l'un direct, l'autre indirect, celui-ci se place le premier (sauf avec *lui* et *leur*) :

> Tu **me** le dis. Nous **le** lui dirons.

Les formes toniques compléments *moi, toi, soi, lui, elle, nous, vous, eux, elles* se placent généralement après le verbe :

> Nous les blâmons, **eux**. On m'obéira, à **moi**.

Elles précèdent parfois le verbe, par effet de style :

> À **moi** ils devront obéir.

Avec un infinitif complément d'un verbe principal, le pronom personnel complément de cet infinitif se place immédiatement avant ce dernier :

> Je veux **le** voir.

Toutefois si l'infinitif est complément de *voir, entendre, sentir, laisser, faire, regarder, envoyer*, le pronom personnel complément de cet infinitif se place avant le verbe principal :

> Ce paquet, je **le** ferai prendre.
> Ne **le** faites pas prendre.
> Cette maison, je **l'**ai vu bâtir.

à moins que le verbe principal ne soit à l'impératif sans négation :

> Faites-**le** prendre.

c)   Le pronom personnel attribut

238   Les formes toniques *moi, toi, lui, elle, soi, nous, vous, eux, elles* s'emploient comme attributs après le verbe *être* (surtout avec le sujet *ce*) :

>   *Mon meilleur ami, c'est **toi**.*
>   *Est-ce votre mère ? – Oui, c'est **elle**.*
>   *Pourquoi suis-je **moi** ?*
>   *Si j'étais **vous**, je me méfierais davantage.*

239   Pour représenter un *nom déterminé* (c'est-à-dire précédé d'un article défini ou d'un adjectif possessif, démonstratif, etc.), on emploie comme pronom attribut un des pronoms *le, la, les,* accordé avec ce nom :

>   *J'ai été cette pauvre chose-là. Tu **la** seras toi aussi.* (H. de Montherlant)
>   *Êtes-vous les juges (mes juges, ces juges) ? – Nous **les** sommes.*

Pour représenter un *adjectif* ou un *nom indéterminé* (c'est-à-dire sans article ou précédé de l'article indéfini ou de l'article partitif), on emploie comme pronom attribut le neutre *le*, invariable :

>   *Êtes-vous prête ? – Je **le** suis.*
>   *Ils étaient juges, ils ne **le** sont plus.*
>   *Est-ce une infirmière ? – Elle **le** fut.*

240   **Le**, neutre, peut représenter comme attribut un participe passif :

>   *Sans vous, je serais haï et digne de l'être.* (F. de Fénelon)

Il peut aussi représenter, en le faisant sous-entendre au passif, un verbe qui précède, à l'actif : cet usage est condamné par Littré et par beaucoup de grammairiens, mais il est attesté par nombre d'auteurs :

>   *On ne peut bien déclamer que ce qui mérite de l'être.* (Voltaire)
>   *Ne vous laissez pas troubler (...). J'avoue que je l'ai été moi-même au début.*
>   (A. Maurois)

d)   Cas particuliers

Le pronom réfléchi (voir définition : § 230, Rem. 4)

241   À la 1re personne, on emploie comme réfléchis les pronoms **me, nous** :

>   *Je **me** blesse, nous **nous** blessons.*

À la 2e personne, **te, vous** :

>   *Tu **te** blesses, vous **vous** blessez.*

À la 3e personne, le pronom réfléchi a deux formes spéciales : une forme atone : **se** (toujours devant le verbe) ; une forme tonique : **soi** (après le verbe) :

>   *Il(s) **se** blesse(nt) ; chacun pense à **soi**.*

REMARQUE

Au point de vue de sa valeur logique, le pronom de forme réfléchie a tantôt un sens réfléchi, tantôt un sens non réfléchi :

a) Au *sens réfléchi*, il indique, comme complément d'objet direct ou indirect, que l'action revient sur le sujet :

> Je *me* blesse. Tu *te* nuis.

Au pluriel, il peut marquer un sens réciproque :

> Nous *nous* querellons.
>
> Ces deux hommes *se* disent des injures.

b) Au *sens non réfléchi*, il ne marque aucunement que l'action revient sur le sujet ; il n'est pas alors analysable séparément et fait corps avec le verbe. Il s'emploie ainsi, soit comme pronom sans fonction logique :

> Je *m'*évanouis, il *se* meurt ;

soit comme pronom auxiliaire de conjugaison servant à faire exprimer au verbe l'idée du passif :

> Le blé *se* vend bien.

242 **Soi**, seul ou renforcé par *même,* ne se rapporte, en général, qu'à un sujet *indéterminé* et singulier :

> On est maintenu à l'intérieur de *soi,* entre les murs de la voix noire. (...) Il n'y a plus que *soi.* (Ch. Bobin)

REMARQUES

1. Avec un sujet *déterminé*, on emploie généralement *lui, elle(s), eux* :

> M. Thiboust-Gouron était dur pour *lui-même* comme pour autrui. (J.-P. Sartre)

Mais il ne serait pas incorrect de mettre *soi,* comme à l'époque classique :

> Le feu s'était de *soi-*même éteint. (G. Flaubert)
>
> Elle hochait la tête, regardant droit devant *soi.* (Alain-Fournier)

En particulier on met *soi* pour éviter une équivoque et ordinairement aussi quand le sujet désigne un type, un caractère :

> Doña Manuela, laissant comme toujours sa fille s'occuper de *soi.* (O. Aubry)
>
> L'égoïste ne vit que pour *soi.*

2. *Soi-disant* s'applique à des personnes ou à des choses :

> De *soi-disant* docteurs. (Académie)
>
> Une promesse ou *soi-disant* promesse. (H. de Montherlant)

Il peut se dire au sens adverbial de « censément » :

> Vous m'avez consulté *soi-disant* au sujet de votre femme de chambre. (M. Prévost)

Les pronoms *en* et *y*

243 **En** et **y** sont pronoms personnels quand, représentant, soit un nom de chose ou d'animal, soit une idée, ils équivalent, le premier à un complément construit avec *de,* le second à un complément construit avec *à* ou *dans* :

> J'aime cette maison et j'*en* apprécie l'aménagement.
>
> Ce cheval est vicieux : défiez-vous-*en.*
>
> Vous chantiez ? J'*en* suis fort aise. (J. de La Fontaine)
>
> Voici une lettre : vous *y* répondrez.

*Ce chat est affectueux: je m'**y** suis attaché.*
*On meurt comme on a vécu: pensez-**y** bien.*
*Elle a un jardin; elle **y** cultive toutes sortes de légumes.*

REMARQUES

1. Il est parfois difficile de décider si *en* (du lat. *inde,* de là) et *y* (du lat. *ibi,* là) sont adverbes de lieu ou pronoms personnels. On pourra observer, en particulier:

a) qu'ils sont pronoms personnels quand ils représentent un nom ou une proposition:

*Viens-tu de la ville? Oui, j'**en** viens.*
*Vous risquez gros: pensez-**y** bien.*

b) qu'ils sont adverbes de lieu lorsque, ne représentant ni un nom, ni une proposition, ils équivalent à «de là», «là»:

*Sors-tu d'ici? Oui, j'**en** sors.   N'allez pas là: il **y** fait trop chaud.*

2. *En* et *y* ont une valeur imprécise dans un grand nombre d'expressions, telles que: *s'en aller, s'en tirer, en vouloir à quelqu'un, c'en est fait, il y va de l'honneur, il n'y paraît pas, n'y voir goutte, il s'y prend mal, s'en tenir à quelque chose, y regarder à deux fois,* etc.

244 **En** et **y** représentent parfois des noms de personnes:

*C'est un véritable ami, je ne pourrai jamais oublier les services que j'**en** ai reçus.*
(Académie)
*C'est un homme équivoque, ne vous **y** fiez pas. (Acad.)*

B. LES PRONOMS POSSESSIFS

245 Les pronoms **possessifs** représentent le nom en ajoutant à l'idée de ce nom une idée de possession:

*Cette voiture est plus confortable que **la mienne**.*

Le pronom dit «possessif» marque souvent, non la possession au sens strict, mais divers rapports:

*Ma chute entraînera **la tienne**.*
*Les funérailles de son père avaient été simples; **les siennes** furent solennelles.*

246 Les pronoms possessifs sont:

	Un seul objet		Plusieurs objets	
	Masculin	Féminin	Masculin	Féminin
Un seul possesseur	**le mien** **le tien** **le sien**	**la mienne** **la tienne** **la sienne**	**les miens** **les tiens** **les siens**	**les miennes** **les tiennes** **les siennes**
Plusieurs possesseurs	**le nôtre** **le vôtre** **le leur**	**la nôtre** **la vôtre** **la leur**	**les nôtres** **les vôtres** **les leurs**	

247   Le pronom possessif s'emploie parfois d'une manière absolue, sans représenter aucun nom exprimé:

1° Au masculin pluriel pour désigner les proches, les partisans:

> Il est plein d'égards pour **les miens**. (Académie)

2° Dans certaines locutions:

> Y mettre **du sien**. Faire **des siennes**.

C. LES PRONOMS DÉMONSTRATIFS

1. Définition

248   Les pronoms **démonstratifs** désignent, sans les nommer, les êtres ou les objets que l'on montre, ou dont on va parler, ou dont on vient de parler:

> Prenez **ceci**. **Cela** étonne, un si grand immeuble.
>
> Voilà deux excellents chanteurs, mais je préfère **celui-ci** à **celui-là**.

Le pronom démonstratif n'implique pas toujours l'idée démonstrative: cette idée est effacée dans *celui, ceux, celle(s), ce*:

> **Ceux** (= les personnes, non *ces* personnes) *qui vivent, ce sont* **ceux** *qui luttent.*
> (V. Hugo)

249   Les pronoms démonstratifs sont:

	SINGULIER			PLURIEL	
	Masculin	Féminin	Neutre	Masculin	Féminin
Formes simples	**celui**	**celle**	**ce**	**ceux**	**celles**
Formes composées	**celui-ci** **celui-là**	**celle-ci** **celle-là**	**ceci** **cela, ça**	**ceux-ci** **ceux-là**	**celles-ci** **celles-là**

2. Emploi

250   **Celui, celle(s), ceux** demandent toujours après eux, soit un participe, soit un complément introduit par une préposition, soit une proposition relative:

> Je joins à ma lettre **celle** écrite par le prince. (J. Racine)
>
> La seule bonne invention des hommes est **celle** du point d'interrogation. (L. Scutenaire)
>
> **Ceux** qui vivent, ce sont **ceux** qui luttent. (V. Hugo)

REMARQUE

L'emploi après *celui, celle(s), ceux*, d'un participe ou d'un complément introduit par une préposition autre que *de* est autorisé par l'usage:

> Un autre univers que **celui décrit** par le marxisme. (V. Giscard d'Estaing)
>
> La distinction (...) est aussi confuse que **celle entre** forme et contenu. (A. Malraux)

On trouve aussi *celui, celle(s), ceux,* suivis d'un adjectif, lorsque celui-ci est accompagné d'un complément :

> *Tout ceci se passa dans un temps moins long que **celui nécessaire** pour l'écrire.*
> (Th. Gautier)

251 **Ce** s'emploie comme **sujet** :

1° Devant un pronom relatif :

> ***Ce** que l'on conçoit bien s'énonce clairement.* (N. Boileau)

2° Devant le verbe *être* (parfois précédé de *devoir* ou de *pouvoir*) :

> ***Ce** fut une grande joie.*
> ***Ce** doit être un beau spectacle.*

252 **Ce,** devant le verbe *être,* peut reprendre un sujet :

> *Le premier arrivé, **ce** fut mon frère.*
> *Que l'on y perde beaucoup d'argent, **c'**est un risque à courir.*

Il peut aussi annoncer un sujet, qui est :

– soit un nom ou un pronom introduits par *que* :

> ***C'**est un trésor que la santé.*

– soit un infinitif introduit par *de* ou *que de* :

> ***C'**est une folie (que) d'entreprendre cela.*

– soit une proposition introduite par *que,* parfois par *comme, quand, lorsque, si* :

> ***C'**est une honte qu'il ait fait cela.*
> ***C'**est étonnant comme elle grandit.*
> ***C'**est rare quand elle se trompe.*
> ***Ce** fut miracle si cet imprudent ne se rompit pas le cou.*

REMARQUES

1. *C'est* forme avec *qui* ou *que* un gallicisme qui permet de mettre en relief n'importe quel élément de la pensée, sauf le verbe :

> ***C'est** moi **qui** ai gagné.*
> ***C'est** l'erreur **que** je fuis.* (N. Boileau)
> ***Ce** n'**est** donc pas des hommes **qu'**il est ennemi.* (J.-J. Rousseau)
> ***C'est** demain **que** nous partirons.*

2. Si le complément mis en vedette au moyen de *c'est ... que* est précédé d'une préposition, on doit mettre en tête avec lui cette préposition :

> ***C'est à** vous que je parle. C'est **d'**elle que je parle.*

253 *Ce* s'emploie comme **attribut** ou comme **complément** immédiatement devant un pronom relatif :

> *Cette affaire n'est pas **ce** qui me préoccupe, **ce** à quoi je m'intéresse.*
> *Prenez **ce** qui vous convient, **ce** dont vous avez besoin.*

Ce, non suivi d'un pronom relatif, est complément dans certains tours anciens : *et ce, ce disant, ce faisant, pour ce faire, sur ce, de ce non content* :

> *Le prix de l'essence augmentera, **et ce**, dès demain.*

254 Les démonstratifs prochains **ceci, celui-ci, celle(s)-ci, ceux-ci** s'emploient en opposition avec les démonstratifs lointains *cela, celui-là, celle(s)-là, ceux-là*, pour distinguer nettement l'un de l'autre deux êtres ou objets, deux groupes d'êtres ou d'objets qu'on a devant soi :

> *Ceci est bon marché, **cela** est nettement plus cher.*
> *Voici deux tableaux, préférez-vous **celui-ci** ou **celui-là** ?* (Acad.)

255 Le plus souvent, quand il y a opposition, les démonstratifs prochains désignent l'être ou l'objet, les êtres ou les objets les plus rapprochés ou nommés en dernier lieu ; les démonstratifs lointains désignent l'être ou l'objet, les êtres ou les objets éloignés ou nommés en premier lieu :

> *Île de la Grande-Jatte, une discussion des ouvriers Werck et Pigot, a fini par trois balles que tira **celui-ci** et que reçut **celui-là**.* (F. Fénéon)

S'il n'y a pas opposition, les démonstratifs prochains s'appliquent à ce qui va être dit, à l'être ou à l'objet, aux êtres ou aux objets, qu'on a devant soi, ou dont on parle, ou dont on va parler ; les démonstratifs lointains représentent ce qui a été dit, l'être ou l'objet, les êtres ou les objets dont on a parlé :

> *Dites **ceci** de ma part à votre ami : qu'il se tienne tranquille.* (Académie)
> *Il m'a demandé une devise ; je lui ai proposé **celle-ci** : «Toujours plus haut.»*
> *Que votre ami se tienne tranquille : dites-lui **cela** de ma part.* (Académie)
> *Ils montèrent dans la Ford de Pellemont. **Celui-ci** était citoyen suisse et il avait obtenu un permis de circuler.* (P. Modiano)

REMARQUES
1. *Celui-là, ceux-là* s'emploie au lieu de *celui, ceux*, lorsque la relative qui les détermine est rejetée après la principale :

> ***Ceux-là** font bien qui font ce qu'ils doivent.* (J. de La Bruyère)

2. *Ça* est une forme réduite de *cela*. Au XVIIe siècle, il était de la langue populaire ; c'est au XIXe et au XXe siècle qu'il s'est imposé dans l'usage général, tout en restant cependant moins «soigné» que *cela* :

> *Je suis roi. **Ça** suffit.* (V. Hugo)
> ***Ça** pourrait devenir dangereux pour elle.* (A. Maurois)

3. *Cela, ça,* dans la langue familière, désignent parfois des personnes :

> *Un juge, **ça** a des hauts et des bas.* (A. Camus)

D. LES PRONOMS RELATIFS

1. Définition

256 Les pronoms **relatifs** servent à joindre à un nom ou à un pronom qu'ils représentent une proposition dite *relative*, qui explique ou détermine ce nom ou ce pronom :

> *Un loup survient à jeun **qui** cherchait aventure.* (J. de La Fontaine)
> *Le premier pas, mon fils, **que** l'on fait dans le monde*
> *Est celui **dont** dépend le reste de nos jours.* (Voltaire)

Le nom ou le pronom représenté par le pronom relatif s'appelle **antécédent**.

257   Les pronoms relatifs ont des formes simples et des formes composées :

Formes simples	qui que } des deux genres et des deux nombres.				
	quoi : ordinairement neutre.				
	dont où } des deux genres et des deux nombres.				
Formes composées	SINGULIER		PLURIEL	
	Masculin	Féminin	Masculin	Féminin
	lequel **duquel** **auquel**	**laquelle** **de laquelle** **à laquelle**	**lesquels** **desquels** **auxquels**	**lesquelles** **desquelles** **auxquelles**

N.B.

Outre les formes signalées dans ce tableau, il y a les pronoms relatifs composés *quiconque, qui que, quoi que, qui que ce soit qui, qui que ce soit que, quoi que ce soit qui, quoi que ce soit que*, qui sont des **relatifs indéfinis** :

> *Quiconque est loup agisse en loup.* (J. de La Fontaine)
>
> *Qui que tu sois, ne t'enfle pas d'orgueil.*
>
> *Quoi que vous puissiez dire, vous ne le convaincrez pas.*
>
> *Sur quoi que ce soit qu'on l'interroge, il a réponse prête.* (A. Gide)

Dans l'analyse des mots de la subordonnée, on peut considérer globalement chacun des relatifs composés *qui que, quoi que*, etc., mais strictement parlant, c'est le premier élément qui a une fonction particulière de sujet, d'attribut, etc.

REMARQUES

1. S'emploient sans antécédent : 1° *qui, que, quoi, où,* pris comme relatifs indéfinis ; 2° les relatifs indéfinis *quiconque, qui que, quoi que, qui que ce soit qui* (ou *que*), *quoi que ce soit qui* (ou *que*) :

> *Qui n'a pas connu l'absence ne sait rien de l'amour.* (Ch. Bobin)
>
> *Advienne que pourra.*
>
> *Elle a de quoi vivre.*
>
> *Elle n'a pas où reposer sa tête.*
>
> *Quiconque veut intervenir a la parole.*

2. Le pronom relatif est du même genre, du même nombre et de la même personne que son antécédent :

> *Vous que j'ai aidés* (2e pers. masc. plur.).

3. Les formes composées *lequel, duquel*, etc., ne sont que des formes variées du même pronom *lequel*, composé de l'article défini et du pronom interrogatif *quel*, et qui peut se combiner avec *à* ou *de*.

2. **Emploi**

258   **Qui** est sujet ou complément:

a) Comme **sujet,** il s'applique à des personnes ou à des choses:

*Un jeune homme, **qui** n'avait pas l'air très intelligent, parla quelques instants avec un monsieur **qui** se trouvait à côté de lui.* (R. Queneau)
*L'arbre **qui** ne porte pas de bons fruits sera coupé.*

Il s'emploie sans antécédent comme relatif indéfini, dans certains proverbes ou dans certaines expressions sentencieuses:

***Qui** chante dans le noir avant l'aube fait se lever le jour, surtout si c'était l'heure du lever du soleil.* (Cl. Roy)

De même dans *qui plus est, qui mieux est, qui pis est,* et après *voici, voilà:*

*Elle est compétente et, **qui** mieux est, trilingue.*
*Voilà **qui** est fait.*

REMARQUE

Qui répété s'emploie comme sujet au sens distributif de «celui-ci... celui-là, ceux-ci... ceux-là»:

*L'auditoire gémit, en voyant dans l'enfer tout ouvert **qui** son père et **qui** sa mère, **qui** sa grand-mère et **qui** sa sœur.* (A. Daudet)

b) Comme **complément,** *qui* est précédé d'une préposition et s'applique à des personnes ou à des choses personnifiées, parfois aussi à des animaux:

*La femme à **qui** je parle.*
*Ceux de **qui** je me plains, pour **qui** je travaille.*
*Rochers à **qui** je me plains.* (Académie)
*Un chien à **qui** elle fait mille caresses.* (Id.)

Dans les phrases telles que les suivantes, *qui,* relatif indéfini, a sa fonction (sujet ou complément) dans la proposition relative, et cette proposition tout entière est complément du verbe principal ou d'un autre mot de la principale:

*Aimez **qui** vous aime.*
*Il le raconte à **qui** veut l'entendre.*
*Mais malheur à **qui** aura un sursaut.* (H. Michaux)

259   **Que,** relatif, s'applique à des personnes ou à des choses. Il peut être sujet, attribut ou complément.

a) Il est **sujet** dans quelques expressions figées ou dans les propositions infinitives (§ 461, 4°):

*Fais ce **que** bon te semblera.*
*Advienne **que** pourra.*
*Coûte **que** coûte.*
*Vaille **que** vaille.*
*Le train **que** j'entends arriver.*

Avec les verbes impersonnels, *que* introduisant la proposition relative est sujet réel:

> *Les chaleurs **qu'**il a fait ont été torrides.*

b) *Que*, neutre, peut être **attribut**:

> *Vous êtes aujourd'hui ce **qu'**autrefois je fus.* (P. Corneille)
> *Malheureux **que** je suis!*

c) Le relatif *que* est le plus souvent **complément d'objet direct**:

> *Je me sentis étreint d'une sorte de regret absurde pour les enfants **que** cette femme aurait pu mettre au monde.* (M. Yourcenar)

Il est **complément circonstanciel** quand il a la valeur de *où, dont, duquel, durant lequel*, etc.:

> *Et, rose, elle a vécu ce **que** vivent les roses.* (F. de Malherbe)
> *Du temps **que** j'étais écolier.* (A. de Musset)
> *L'hiver **qu'**il fit si froid.*

260 **Quiconque** ne se rapporte à aucun antécédent. Il signifie «celui, quel qu'il soit, qui»: il est donc de la 3ᵉ personne du masculin singulier et est normalement sujet:

> ***Quiconque** m'a fait voir cette route a bien fait.* (A. de Musset)
> *Et l'on crevait les yeux à **quiconque** passait.* (V. Hugo)

REMARQUES
1) Lorsque *quiconque* a nettement rapport à une femme, il veut au féminin l'adjectif dont il commande l'accord:

> *Mesdames, quiconque de vous sera assez **hardie** pour médire de moi, je l'en ferai repentir.* (Académie)

2) *Quiconque* est aussi employé au sens de «n'importe qui» (ou de «personne»):

> *Pourquoi ne les invite-t-il pas à souper, comme ferait **quiconque** à sa place?* (H. de Montherlant)
> *Il est impossible à **quiconque** de se procurer quoi que ce soit touchant cet ouvrage.* (G. Duhamel)

261 **Quoi que**, en deux mots, doit être distingué de la conjonction *quoique*, en un mot:

Quoi que signifie «quelque chose que»:

> ***Quoi que** vous fassiez, faites-le avec soin.*

Quoique signifie «bien que»:

> ***Quoique** vous fassiez de grands efforts, vous ne réussirez pas.*

262 **Quoi**, relatif, ne s'applique qu'à des choses. Il s'emploie uniquement comme complément et est presque toujours précédé d'une préposition; il se rapporte généralement à un antécédent de sens vague (*ce, rien, chose*, etc.) ou à toute une proposition:

> *Il n'y a rien sur **quoi** l'on ait tant disputé.* (Académie)
> *Vous avez cité Cicéron, en **quoi** vous vous êtes trompé.* (Id.)

REMARQUES

1) *Quoi* s'emploie parfois sans antécédent :

> *Elle a de **quoi** vivre.*
>
> *Voici de **quoi** il s'agit.*

2) La langue littéraire, reprenant un vieil usage, emploie assez fréquemment *quoi* dans le sens de *lequel* :

> *Il se tue pour une chose à **quoi** il tient.* (A. Malraux)

263 **Lequel** s'applique à des personnes ou à des choses et s'emploie comme sujet ou comme complément :

a) Comme **sujet**, il se rencontre dans la langue juridique ou administrative, et parfois aussi dans la langue courante quand il permet d'éviter l'équivoque :

> *On a entendu trois témoins, **lesquels** ont dit...* (Académie)
>
> *Il reconnut ainsi la justesse d'un des mots favoris du maire, gros industriel de notre ville, **lequel** affirmait avec force que (...).* (A. Camus)

b) Comme **complément**, *lequel,* toujours précédé d'une préposition, renvoie le plus souvent à un nom de chose ou d'animal :

> *Entre le lit et la porte, il y a une petite commode en bois fruitier sur **laquelle** est posée une bouteille de whisky.* (G. Perec)

Après *parmi, qui* est exclu :

> *Les candidats parmi **lesquels** il fallait choisir.*

264 **Dont** s'applique à des personnes ou à des choses ; comme complément du sujet, du verbe, de l'attribut ou du complément d'objet direct, il marque, comme ferait le relatif ordinaire introduit par *de,* la possession, la cause, la manière, etc. :

> *La nature, **dont** nous ignorons les secrets.* (Académie)
>
> *La maladie **dont** il est mort.* (Id.)

REMARQUES

1. *Dont* ne peut, en principe, dépendre d'un complément introduit par une préposition. On ne dirait pas, d'ordinaire :

> *Une amie **dont** on se console de la mort.*

2. *Dont* est parfois, simultanément, complément du sujet et du complément d'objet direct (ou de l'attribut) :

> *Il plaignit les pauvres femmes **dont** les époux gaspillent la fortune.* (G. Flaubert)
>
> *C'était un vieillard **dont** la barbe blanche couvrait la poitrine.* (A. France)

3. C'est une règle traditionnelle qu'avec les verbes indiquant sortie ou extraction, on emploie comme conjonctif, pour marquer l'origine :

1° **d'où**, quand il s'agit de choses :

> *La ville **d'où** elle vient.*

2° **dont**, quand il s'agit de personnes, de descendance :

> *La famille **dont** je proviens.*

Cependant on met parfois *dont* dans des phrases où il s'agit de choses :

> *Le jardin **dont** vous venez de sortir.* (E. Jaloux)
>
> *La séance **dont** il sortait.* (A. Malraux)

Quand la phrase est interrogative ou qu'il n'y a pas d'antécédent exprimé, on met toujours d'*où*:

> Cet importun, ***d'où*** vient-il?
>
> Rappelez-vous ***d'où*** vous êtes venue.

265 **Où**, relatif, ne peut s'appliquer qu'à des choses et est toujours complément circonstanciel de lieu ou de temps:

> La ville ***où*** vous habitez, d'***où*** vous venez.
>
> Le temps ***où*** nous sommes. Dans l'état ***où*** vous êtes.

Il s'emploie parfois sans antécédent:

> Les Fleuves m'ont laissé descendre ***où*** je voulais. (A. Rimbaud)

E. LES PRONOMS INTERROGATIFS

1. Définition

266 Les pronoms **interrogatifs** servent à interroger sur la personne ou la chose dont ils expriment, ou représentent, ou annoncent l'idée:

> ***Qui*** donc es-tu, morne et pâle visage (...)?
>
> ***Que*** me veux-tu, triste oiseau de passage? (A. de Musset)
>
> De ces deux chemins ***lequel*** devons-nous prendre?

267 Les formes des pronoms interrogatifs ne sont autres que celles des pronoms relatifs (*dont* et *où* étant exclus).

Où, dans l'interrogation, est toujours adverbe:

> ***Où*** allez-vous?

REMARQUE

On emploie très souvent comme formes d'insistance les périphrases formées par l'adjonction de *est-ce qui, est-ce que,* aux diverses formes du pronom interrogatif:

> Mais ***qui est-ce que*** tu entends par là? (Molière)
>
> Alors votre plat national, ***qu'est-ce que*** c'est? (M. Tournier)

2. Emploi

268 **Qui** interrogatif est ordinairement du masculin singulier. Il sert à interroger sur des personnes, tant dans l'interrogation indirecte que dans l'interrogation directe, et peut être sujet, attribut ou complément:

> ***Qui*** vient?   ***Qui*** es-tu?
>
> ***Qui*** cherches-tu?   À ***qui*** parles-tu?
>
> Je demande ***qui*** vient, ***qui*** tu es, ***qui*** tu cherches, à ***qui*** tu parles.

269 **Que** interrogatif est du neutre singulier.

Dans l'interrogation directe, il s'emploie comme sujet (devant certains verbes impersonnels), comme attribut ou comme complément :

> *Que reste-t-il ?*
> *Que deviendrai-je ?*
> *Que ferai-je ?*
> *Que nous chantez-vous ?* (N. Boni)

Dans l'interrogation indirecte, il s'emploie comme attribut ou comme complément d'objet direct après *avoir, savoir, pouvoir,* pris négativement et suivis d'un infinitif :

> *Je ne sais que devenir.*
> *Je ne savais que répondre.* (Fr.-R. de Chateaubriand)
> *Il ne pouvait que dire.* (J. de La Fontaine)
> *Je n'ai que faire de vos dons.* (Molière)

270 **Quoi** interrogatif est du neutre singulier.

Dans l'interrogation directe, il peut être sujet (phrases elliptiques) ou complément :

> *Quoi de plus beau ?*
> *Ah bon. Ils font quoi, par exemple ?* (J.-L. Benoziglio)
> *À quoi vous divertissez-vous ?*

Dans l'interrogation indirecte, il est toujours complément :

> *Je n'aurais pas su quoi répondre.* (H. Bosco)
> *Dites-moi de quoi elle se plaint.*

271 **Lequel** interrogatif varie en genre et en nombre ; il se dit des personnes et des choses et peut remplir toutes les fonctions, tant dans l'interrogation indirecte que dans l'interrogation directe :

> *De ton cœur ou de toi lequel est le poète ?* (A. de Musset)
> *Lequel es-tu ?*
> *Laquelle de ces étoffes choisissez-vous ?*
> *Dites-moi laquelle vous plaît, laquelle vous choisissez,*
> *sur laquelle vous fixez votre choix.*

F. LES PRONOMS INDÉFINIS

1. Définition

272 Les pronoms **indéfinis** servent à désigner d'une manière vague, indéterminée, des personnes ou des choses dont l'idée est exprimée ou non, avant ou après eux :

> *Chacun est responsable de son destin.*
> *Voici deux livres : l'un est agréable, l'autre est utile.*

273 Les pronoms indéfinis sont:

1°	autre chose grand-chose peu de chose	quelque chose autrui chacun(e)	je ne sais qui je ne sais quoi quelqu'un(e)
2°	on personne } rien	anciens noms ayant pris un sens indéterminé.	
3°	aucun(e) d'aucun(e)s certain(e)s	l'un(e) l'autre l'un(e) et l'autre	nul(le) pas un(e) plus d'un(e)	plusieurs [un(e)] tel(le) tout

Ils passent de la catégorie des *adjectifs* (ou articles) indéfinis dans celle des *pronoms* indéfinis quand ils ne sont pas joints à un nom.

REMARQUE
Certains adverbes de quantité: *assez, beaucoup, combien, peu, trop,* etc., désignant une quantité indéterminée d'êtres ou d'objets, peuvent être mis au nombre des pronoms indéfinis:
> ***Combien** ont disparu!* (V. Hugo)

De même certaines expressions, comme: *n'importe qui, n'importe quoi, tout le monde, un autre, le même,* peuvent avoir la valeur de pronoms indéfinis.

2. Emploi

274 **Aucun** a signifié autrefois «quelque, quelqu'un». Il a conservé une valeur positive dans certains emplois:
> ***D'aucuns** la critiqueront. Je doute qu'**aucun** d'eux réussisse.*
> *Il travaille mieux qu'**aucun** de ses frères.*

Mais étant le plus souvent accompagné de la négation, *aucun* a pris, par contagion, la valeur négative de «pas un»:
> *De toutes vos raisons, **aucune** ne me convainc.*
> *A-t-elle des ennuis? **Aucun**.*

275 **Nul** se construit toujours avec une négation; il est toujours au singulier et ne s'emploie que comme sujet.

Quand il ne renvoie à aucun nom (ou pronom) exprimé, il ne se dit que des personnes et ne peut être que masculin:
> ***Nul** ne pouvait s'approcher vraiment de Tirésia.* (P. Fleutiaux)

Quand il renvoie à un nom (ou pronom) exprimé, il se dit des personnes et des choses et s'emploie aux deux genres:
> *Plusieurs explorateurs sont allés dans ces régions; **nul** n'en est revenu.*
> *De toutes vos erreurs, **nulle** n'est irrémédiable.*

276 **Autrui** ne se dit que des personnes et s'emploie comme complément prépositionnel, parfois aussi comme sujet ou comme objet direct:
> *Ne désirez pas le bien d'**autrui**.*

> *Autrui nous est indifférent.* (M. Proust)
> *Il ne faut jamais traiter **autrui** comme un objet.* (A. Maurois)

277   **On** (du lat. *homo,* homme) est régulièrement de la 3e personne du masculin singulier et ne s'emploie que comme sujet :

> **On** *a souvent besoin d'un plus petit que soi.* (J. de La Fontaine)

REMARQUES

1. *On* prend parfois un sens bien déterminé et se substitue à *je, tu, nous, vous, il(s), elle(s),* en marquant la modestie, la discrétion, l'ironie, le mépris, etc :

> *Un couplet qu'**on*** (= vous) *s'en va chantant*
> *Efface-t-il la trace altière*
> *Du pied de nos chevaux marqué dans votre sang ?* (A. de Musset)
> *A-t-**on*** (= tu) *été sage aujourd'hui ?*

2. Quand les circonstances marquent précisément qu'on parle d'une femme, l'attribut de *on* se met au féminin par syllepse :

> *Eh bien, petite, est-on **fâchée** ?* (G. de Maupassant)

3. Il arrive que *on* soit suivi d'un attribut au pluriel :

> *On n'est pas **des esclaves** pour endurer de si mauvais traitements.* (Académie)

4. Comme *on* était originairement un nom, il a gardé la faculté de prendre l'article *l',* surtout quand l'euphonie le demande, principalement après *et, ou, où, que, si,* et parfois après *lorsque* (cet *l'* est regardé aujourd'hui comme simple *consonne euphonique*) :

> *Il faut que **l'on** consente.* (Académie)
> *Puisque **l'on** vieillit tout entier, **l'on** ne vieillit point par rapport à soi-même.*
> (L. Scutenaire)

278   **Personne**, originairement nom féminin, a pu servir ensuite de pronom indéfini masculin singulier. Il a gardé son sens positif dans certains emplois :

> *Y a-t-il **personne** d'assez hardi ?* (Académie)
> *Je doute que **personne** y réussisse.* (Id.)

Mais *personne,* étant souvent accompagné d'une négation, a pris, par contagion, la valeur négative de « nul homme » :

> *Non, l'avenir n'est à **personne**.* (V. Hugo)
> *Qui vient ? Qui m'appelle ? **Personne**.* (A. de Musset)

REMARQUE
Quand *personne* désigne évidemment une femme, on lui donne le genre féminin, mais cet usage est assez rare :

> *Personne n'est plus que moi votre **servante**, votre **obligée**.* (É. Littré)

279   **Quelqu'un**, employé d'une façon absolue, ne se dit que des personnes et uniquement au masculin :

> **Quelqu'un** *est venu.*

Son pluriel *quelques-uns* marque l'indétermination quant au nombre et non plus quant à l'individu :

> **Quelques-uns** *l'affirment.*

Quelqu'un, en rapport avec *en* ou avec un mot pluriel ou collectif, se dit des personnes et des choses et s'emploie aux deux genres et aux deux nombres :

> *J'en connais* **quelques-uns** *à qui ceci conviendrait bien.*
>
> *Parmi vos paroissiens (...), en voyez-vous* **quelqu'un** *ou*
> **quelqu'une** *que je puisse inviter aussi.* (G. de Maupassant)
>
> *Elle a fait de multiples découvertes, mais* **quelques-unes** *seulement sont connues ; elle n'en a révélé que* **quelques-unes**.

280 **Rien** a signifié originairement « chose ». Il vient du latin *rem,* accusatif de *res,* chose. Il a gardé une valeur positive dans certains emplois :

> *Y a-t-il* **rien** *de plus beau ?*
>
> *Je désespère d'y* **rien** *comprendre.*
>
> *Elle est partie sans* **rien** *dire.*

Mais étant le plus souvent accompagné d'une négation, *rien* a pris, par contagion, la valeur négative de « nulle chose » :

> *Qui ne risque* **rien** *n'a* **rien**.
>
> *Et comptez-vous pour* **rien** *Dieu qui combat pour nous ?* (J. Racine)

281 **L'un(e)... l'autre,** *les un(e)s... les autres, l'un(e)... un(e) autre, les un(e)s... d'autres* servent à marquer l'opposition :

> *Une porte s'ouvrit et trois Martiens apparurent.* **L'un** *d'eux était en civil,* **les autres** *en uniforme.* (J. Sternberg)

L'un l'autre, les uns les autres, l'un à l'autre, l'un de l'autre, etc., marquent la réciprocité :

> *Nous sommes une famille où l'on se tient* **les uns les autres**. (F. Mauriac)
>
> *Comment font certaines jumelles pour se distinguer elles-mêmes* **l'une de l'autre**. (L. Scutenaire)

Chapitre 5 Le verbe

282 Le **verbe** est un mot qui exprime, soit l'action faite ou subie par le sujet, soit l'existence ou l'état du sujet, soit l'union de l'attribut au sujet:

> *Ma sœur* **chante.**
> *Le chêne* **est abattu** *par le bûcheron.*
> *Que la lumière* **soit** *!*
> *L'homme* **est mortel.**

283 Une **locution verbale** est une réunion de mots qui exprime une idée unique et joue le rôle d'un verbe:

> *Avoir besoin, avoir peur, avoir raison, avoir envie, ajouter foi, donner lieu, faire défaut, prendre garde, savoir gré, tenir tête, avoir beau, se faire fort, faire savoir,* etc.

A. LES ESPÈCES DE VERBES

1. Le verbe copule

284 Le *verbe copule* est le verbe *être* joignant l'attribut au sujet (§ 58):

Certains verbes d'état ou d'action sont aussi verbes copules quand ils joignent l'attribut au sujet: à l'idée qu'ils expriment par eux-mêmes l'esprit associe alors l'idée du verbe *être* (§ 59):

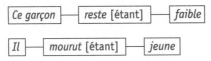

2. Les verbes transitifs et intransitifs

285 Au point de vue de leur *objet,* les verbes se divisent en verbes *transitifs* et verbes *intransitifs.*

Dans l'une et dans l'autre catégorie se rencontrent les verbes *pronominaux*; dans la catégorie des intransitifs, on rencontre les verbes *impersonnels*.

a) Les verbes transitifs

286 Les verbes *transitifs* sont ceux qui expriment une action *passant* (latin *transire,* passer) du sujet sur une personne ou sur une chose; ils appellent un complément d'objet (sans lequel ils auraient un sens incomplet et resteraient comme en l'air).

Ils supposent donc une relation nécessaire entre:

– un être ou une chose qui fait l'action;
– un être ou une chose qui la reçoit.

1° Ils sont transitifs **directs** quand leur complément d'objet est *direct* (c'est-à-dire sans préposition: § 48):

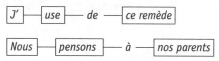

2° Ils sont transitifs **indirects** quand leur complément d'objet est *indirect* (c'est-à-dire introduit par une préposition: § 51):

REMARQUE
Certains verbes transitifs ont ou peuvent avoir à la fois deux compléments d'objet, l'un direct, l'autre indirect:

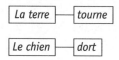

b) Les verbes intransitifs

Les verbes *intransitifs* sont ceux qui expriment une action ne passant pas du sujet sur une personne ou sur une chose; ils n'appellent pas de complément d'objet et suffisent avec leur sujet à exprimer l'idée complète de l'action:

La terre ——— tourne

Le chien ——— dort

REMARQUE
Pour déterminer, dans une phrase donnée, si un verbe est *transitif* ou *intransitif,* il faut consi-dérer la structure réelle de la proposition: il n'y a pas lieu d'attribuer au verbe une *nature*

transitive ou intransitive; ce qu'il s'agit d'observer, c'est l'*emploi* transitif ou intransitif qui est fait de ce verbe. Ainsi:

a) Il arrive que l'objet de l'action soit si nettement indiqué par les circonstances qu'il devient inutile de l'exprimer: le verbe est alors *intransitif*:
> *Cet homme **boit**. Attention, ce chien **mord**.*

b) Un même verbe peut parfois être transitif direct ou transitif indirect, mais généralement avec des sens plus ou moins différents:

*Elle **manque** son but.*	*Elle **manque à** sa parole.*
*Elle **use** sa santé.*	*Elle **use de** patience.*

c) Certains verbes transitifs peuvent devenir intransitifs et vice versa, mais généralement le sens change plus ou moins:

*Je **ferme** la porte.*	*La porte **ferme** mal.*
*Tout **passe**.*	*Je **passe** la frontière.*
*Il **vit** dans l'angoisse.*	*Il **vit** des jours d'angoisse.*

d) Quelques verbes intransitifs peuvent, en devenant transitifs, avoir pour complément d'objet direct un nom qui, par sa forme ou par son sens, rappelle leur radical:

***Vivre** sa vie.*	***Dormez** votre sommeil.* (J.B. Bossuet)

3. Les verbes pronominaux

287   Les *verbes pronominaux* sont ceux qui sont accompagnés des pronoms *me, te, se, nous, vous,* désignant le même être ou objet, les mêmes êtres ou objets que le sujet:
> *Je me cache, tu t'habilles, elle se tait.*

Au point de vue du sens, les verbes pronominaux présentent différentes valeurs:

Sens réfléchi:
> *Il s'aperçoit dans la glace.*

Sens réciproque:
> *Les deux amis s'aperçoivent.*

Pronom sans fonction logique:
> *Mon frère s'aperçoit de son erreur.*

Sens passif:
> *Le clocher s'aperçoit de loin.*

1° Ils sont **réfléchis** lorsque l'action revient, se réfléchit sur le sujet; le pronom est alors complément d'objet direct ou indirect:
> *Il **s'aperçoit** dans la glace. Elle **se blesse**.*
> *Tu **te nuis**.*

2° Ils sont **réciproques** lorsque deux ou plusieurs sujets agissent l'un sur l'autre ou les uns sur les autres:
> *Quand ces deux amis **s'aperçoivent**, ils **se sourient**.*

*Ils **se querellent**, ils **se battent**, ils **se réconcilient**.*

Le sens réciproque est parfois indiqué par le préfixe *entre* :

> *Ils s'**entr**aident.   Ils s'**entre**-tuent.*

Souvent le sens réciproque est renforcé par une des expressions *l'un l'autre, l'un à l'autre, mutuellement, réciproquement, entre eux* :

> *Ils se félicitent **l'un l'autre**.*
> *Ils se nuisent **l'un à l'autre**.*
> *Ils se gênent **mutuellement**.*
> *Ils se rendent **réciproquement** service.*
> *Ils s'aident **entre eux**.*

3° Certains verbes pronominaux ont un **pronom sans fonction logique,** qui reflète simplement le sujet, sans jouer aucun rôle de complément d'objet direct ou indirect[1] :

s'en aller	s'endormir	se jouer de	se moquer
s'ensuivre	se pâmer	s'emparer de	s'enfuir
s'écrier	se douter de	s'envoler	se rire de
s'évanouir	s'en revenir	se mourir	se prévaloir de
s'en retourner	se taire	se connaître à	se repentir, etc.

> *Mon frère **s'aperçoit** de son erreur. Tu **te repens** de ta faute.*
> *Le malade **s'évanouit**.*

4° On emploie fréquemment la forme pronominale dans le **sens passif**, toujours sans indication d'agent[2] :

> *Le clocher **s'aperçoit** de loin. Ce disque **se vend** bien.*

4. Les verbes impersonnels

288   Les verbes *impersonnels* sont ceux qui ne s'emploient qu'à la troisième personne du singulier ; ils ont pour sujet *apparent* le pronom neutre *il* (§ 44).

a) Les verbes impersonnels **proprement dits** expriment des phénomènes de la nature :

> *Il pleut, il tonne, il gèle, il neige, il grêle, il vente,* etc.

On y joint *falloir, y avoir,* et aussi *faire* dans des expressions telles que : *il fait froid, il fait du vent, il fait nuit noire,* etc.

> *Il **faut** du courage. Il le **faut**.*
> *Il **y a** de l'électricité dans l'air.*

REMARQUE

Certains de ces verbes s'emploient parfois figurément avec un sujet personnel :

> *Boulets, mitraille, obus, mêlés aux flocons blancs, **pleuvaient**.* (V. Hugo)
> *Des pétales **neigent** sur le tapis.* (A. Gide)

---

1. Ce pronom conjoint s'incorpore en quelque sorte au verbe à la manière d'un préfixe, sans toutefois se souder avec lui. On ne saurait l'analyser à part : il est un élément constitutif de la forme verbale.

2. Ici non plus le pronom conjoint ne s'analyse pas à part.

b) Un grand nombre de verbes personnels peuvent être **pris impersonnellement** :

> Il *est arrivé* un malheur. Il *convient* de partir.

REMARQUES

1. Le verbe *être* se combine avec des adjectifs pour former de nombreuses locutions impersonnelles : *Il est possible, douteux, nécessaire, utile, bon, juste, heureux, faux, rare,* etc.
2. On peut employer comme *impersonnels* les verbes pronominaux de sens passif :

> Il *se vend* beaucoup d'eau en cette saison.
> Il *se débite* bien des sottises.

B. LES FORMES DU VERBE

289 Dans une forme verbale, on distingue :

1° Le **radical**, généralement invariable, qui porte le sens que le verbe garde à travers toutes ses formes :

> **Chant**er, nous **chant**ons, **gém**ir.

2° La **désinence** (ou **terminaison**), essentiellement variable, qui marque les modifications de personne, de nombre, de mode et de temps :

> Je chant**e**, nous chant**ons**, que je chant**asse**.

290 Les formes du verbe varient non seulement d'après le *nombre* et d'après la *personne,* mais encore d'après le *mode* et d'après le *temps.*

1. Les nombres

291 Le verbe varie en **nombre,** c'est-à-dire suivant que le sujet est au *singulier* ou au *pluriel* :

> Je travaill**e**, nous travaill**ons**.

2. Les personnes

292 Le verbe varie aussi en **personne**, c'est-à-dire suivant que le sujet désigne :

1° La personne ou les personnes qui parlent (1re personne) :

> Je travaill**e**, nous travaill**ons**.

2° La personne ou les personnes à qui l'on parle (2e personne) :

> Tu travaill**es**, vous travaill**ez**.

3° La personne ou les personnes de qui l'on parle, la chose ou les choses dont on parle (3e personne) :

> Elle travaill**e**, elles travaill**ent**.

3. Les voix

293 On appelle **voix** les formes que prend le verbe pour exprimer le rôle du sujet dans l'action, le sens du déroulement de l'action. On distingue :

1° La voix **active**, indiquant que le sujet *fait* l'action ; celle-ci est considérée à partir de l'agent qui la déclenche :

> Le chien **conduit** l'aveugle.

2° La voix **passive**, indiquant que le sujet *subit* l'action ; celle-ci est considérée à partir de l'être ou de l'objet qui l'éprouve.

> L'aveugle **est conduit** par le chien.

N.B.

Des grammairiens distinguent en outre la voix *réfléchie* ou *pronominale,* indiquant que l'action, faite par le sujet, se réfléchit, revient sur lui : *Je me blesse ;* mais on n'a là qu'un cas particulier de la voix active.

Pour les différentes valeurs de la forme pronominale, voir le § 287.

REMARQUES

1. En principe, on peut tourner par le passif un verbe transitif ayant un complément d'objet direct : le complément d'objet direct du verbe actif devient le sujet du verbe passif, et le sujet du verbe actif devient le complément d'agent du verbe passif :

> Le juge interroge l'accusé. L'accusé est interrogé par le juge.

Toutefois quand le sujet du verbe actif est *on,* ce pronom disparaît dans la phrase mise au passif, qui dès lors ne comporte pas de complément d'agent :

> On a interrogé l'accusé. L'accusé a été interrogé.

2. Les verbes intransitifs ne peuvent être mis au passif. Toutefois *obéir, désobéir, pardonner* font exception :

> Vous **serez obéi**. (J. Racine)
>
> Vous **êtes pardonnée**.

On notera aussi que certains verbes intransitifs peuvent avoir un passif impersonnel :

> Il en **sera parlé**.

3. Les verbes pronominaux ne peuvent se mettre au passif :

> Il se vante.

4. Les modes

294 Les **modes** sont les diverses manières de concevoir et de présenter l'action[1] exprimée par le verbe.

Ils sont *personnels* ou *impersonnels*.

---

1. Strictement parlant : *l'action, l'existence ou l'état*. Nous allégeons l'expression.

a) Les modes personnels

Il y a quatre modes **personnels**, qui admettent la distinction des personnes grammaticales :

1° L'**indicatif**, qui présente l'action comme réelle :
> Mon frère **mange**.

2° Le **conditionnel**, qui présente l'action comme éventuelle ou comme dépendant d'une condition [2] :
> Mon frère **mangerait** toute la journée !
> Je **mangerais** si j'en avais le temps.

3° L'**impératif**, qui présente l'action sous la forme d'un ordre, d'une exhortation, d'une prière :
> Mangez.

4° Le **subjonctif**, qui présente l'action comme simplement envisagée dans la pensée ou avec un sentiment particulier (comme dans le désir, le souhait, la volonté, etc.) :
> Vivement que je **mange** ! Je veux que tu **manges**.

b) Les modes impersonnels

Il y a deux modes **impersonnels**, qui ne varient pas selon les personnes grammaticales :

1° L'**infinitif**, forme nominale du verbe, exprimant simplement le nom de l'action :
> Manger. Courir.

2° Le **participe**, forme adjective du verbe, exprimant l'action à la manière d'un adjectif :
> Mon frère **mangeant** sans arrêt, il ne cesse de grossir.
> Son manteau **mangé** des mites lui donnait un curieux air.

REMARQUE
Outre ces deux modes impersonnels, on peut distinguer le **gérondif**, dont la forme est celle du participe présent, généralement précédé de *en*. Cette forme adverbiale du verbe exprime, par rapport à un verbe principal, une action simultanée en indiquant une circonstance :
> En **mangeant** sainement, vous resterez mince.

---

2. De nombreux grammairiens placent désormais le conditionnel à l'intérieur du mode indicatif. Ils le considèrent, dans son emploi général, comme un futur particulier (futur dans le passé ou futur hypothétique). Ils s'appuient entre autres sur le fait que le conditionnel est exclu dans les propositions circonstancielles de condition introduites par *si*. L'emploi du conditionnel pour marquer une volonté adoucie, un désir ou un conseil est alors considéré comme particulier.

5. Les temps

a) Passé, présent et futur

295 Les **temps** sont les formes que prend le verbe pour indiquer à quel moment de la durée on situe l'action dans l'une des trois époques: *présent, passé, futur.*

```
                           Présent
---------------------- Passé ------ ------ Futur --------------
_____|_____
```

On distingue les temps suivants:

- *Par rapport au moment présent:*

a) Pendant:

> **Présent**: *Il chante en ce moment.*

b) Avant:

> **Imparfait**: *Elle chantait quand je suis entré.*
> **Passé simple**: *Elle chanta alors sa dernière composition.*
> **Passé composé**: *Elle a chanté ce matin.*

c) Après:

> **Futur simple**: *Il chantera demain.*

> Après le moment présent, mais action terminée avant tel moment à venir:
> **Futur antérieur**: *Dès qu'il aura chanté, il partira.*

- *Par rapport à tel moment du passé:*

a) Avant:

> **Passé antérieur**: *Dès qu'elle eut chanté, elle partit.*
> **Plus-que-parfait**: *Il avait chanté quand vous êtes entré.*

b) Après:

> **Futur du passé**: *Je croyais qu'elle chanterait.*

> Après tel moment du passé, mais action terminée avant tel moment à venir:
> **Futur antérieur du passé**: *Je croyais qu'il aurait chanté avant votre départ.*

Le *futur du passé* et le *futur antérieur du passé* présentent les formes du *mode* conditionnel, mais ces formes servent alors à situer un fait dans la durée: elles ont donc une valeur de *temps*.

N.B.
Pour des précisions sur le sens de chacun de ces temps, voir §§ 351 et suivants.

296 b) Les temps dans chaque mode

1. L'*indicatif* possède dix temps: le présent, l'imparfait, le passé simple, le passé composé, le plus-que-parfait, le passé antérieur, le futur simple, le futur antérieur,

le futur du passé (qui a les mêmes formes que le conditionnel présent) et le futur antérieur du passé (qui a les mêmes formes que le conditionnel passé).

2. Le *conditionnel* possède deux temps : le présent (dont les formes marquent aussi le futur) et le passé. Le plus-que-parfait du subjonctif *(j'eusse aimé)* a parfois le sens du conditionnel passé.

3. L'*impératif* possède deux temps : le présent (dont les formes marquent aussi le futur) et le passé.

4. Le *subjonctif* possède quatre temps : le présent (dont les formes marquent aussi le futur), l'imparfait, le passé et le plus-que-parfait.

5. L'*infinitif* possède trois temps : le présent (dont la forme peut marquer aussi le futur), le passé et le futur (rare : *devoir aimer*).

6. Le *participe* possède trois temps : le présent, le passé et le futur (rare : *devant aimer*).

297 c) Les temps simples et composés

Les temps **simples** sont ceux dans lesquels le verbe ne présente, à chaque personne, qu'un seul mot. Ils se trouvent dans la conjugaison active et dans la conjugaison pronominale (dans la conjugaison passive, uniquement au participe passé employé seul) :

> *Je chante, je chantais, je me lève, chassé,* etc.

Les temps **composés** sont ceux dans lesquels le participe passé (simple) est joint à différentes formes des verbes *avoir* ou *être* : ils se trouvent dans la conjugaison active, dans la conjugaison passive et dans la conjugaison pronominale (dans la conjugaison passive, à tous les temps, sauf le participe passé employé seul) :

> *J'ai chanté, que j'eusse chanté, je suis félicité, j'avais été félicité, je suis venue.*

REMARQUE

Il y a des temps *surcomposés,* dans lesquels le participe passé (simple) est joint à un temps composé d'*avoir* (parfois d'*être*) :

> *Après que vous **avez eu parlé,** il s'est retiré.* (Académie)
> *Quand j'**ai été partie.***

298 d) L'aspect du verbe

L'**aspect** du verbe est le caractère de l'action envisagée dans son développement, c'est-à-dire dans la durée et dans les parties de la durée où elle se déroule ; les aspects se marquent souvent par des locutions verbales formées d'un *auxiliaire d'aspect* et d'un infinitif (§ 300).

En représentant sur la ligne du temps :

– par P l'instant présent ;
– par une ligne ondulée le déroulement de l'action ;

et en enfermant entre deux parenthèses ( ) le segment de la durée où se tient la pensée, on peut figurer de la manière suivante les principaux aspects:

1° Aspect instantané (action instantanée):

*Un orage **éclate**.*

2° Aspect duratif (action qui dure):

*Je **suis en train de manger**.*

3° Aspect inchoatif ou ingressif (action qui commence):

*Il **s'endort**.*

4° Aspect itératif (action qui se répète):

*Elle **buvote** son vin.*

5° Aspect accompli (action achevée):

*Je **finis d'écrire**.*

6° Aspect imperfectif (action non achevée):

*J'**écrivais**.*

7° Proximité soit dans le passé, soit dans le futur:

*Je **viens d'écrire** ; je **vais partir**.*

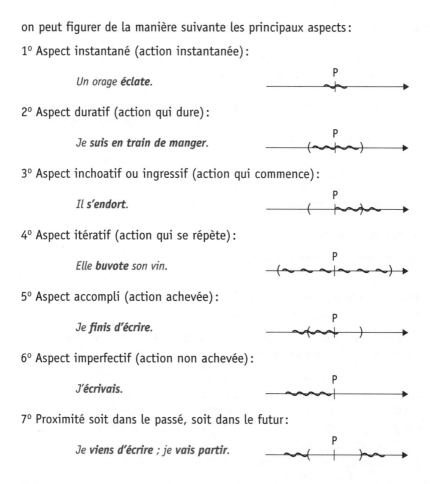

N.B.

Il va de soi qu'un aspect donné peut se rencontrer à d'autres personnes, à d'autres temps et à d'autres modes que ceux qu'on observe dans les exemples donnés ci-dessus; par exemple: *Nous étions en train de manger; tu seras en train de manger; qu'il soit en train de manger.*

C. LES VERBES AUXILIAIRES

299 Les verbes **auxiliaires** sont des verbes qui, dépouillant leur signification propre, servent à former les temps composés.

Les verbes auxiliaires par excellence sont **avoir** et **être**:

*J'**ai** chanté, il **avait** parlé, je **suis** venu, tu **étais** parti.*

REMARQUE

Le verbe *être* n'est pas auxiliaire:

1° Quand il relie l'attribut au sujet:

*L'homme **est** mortel.*

2° Quand il signifie «exister, se trouver, aller, appartenir»; dans ces divers sens, il peut avoir un complément:

> *Je pense, donc je **suis**.   Ma mère **est** au bureau.*
> *J'**ai été** à Rome.   Cette maison **est** à moi.*

300 À côté des auxiliaires *avoir* et *être*, il faut mentionner quelques verbes qui sont auxiliaires lorsque, suivis d'un infinitif, ils servent à marquer certains aspects du développement de l'action (§ 298) ou à exprimer certaines nuances de mode:

> *Je **vais** partir* (futur proche).
> *Il **vient de** partir* (passé récent).
> *Une femme **vint à** passer* (fait fortuit).
> *C'est lui qui **doit** avoir commis ce crime* (fait probable), etc.

301 Se conjuguent avec **être**:

1° Tous les temps des verbes **passifs**[1]:

> *Je **suis** félicitée. Ils **ont été** reçus.*

2° Les temps composés de tous les verbes **pronominaux**:

> *Il s'**est** trompé. Ils se **sont** évanouis.*

3° Les temps composés de quelques verbes **intransitifs** exprimant, pour la plupart, un mouvement ou un changement d'état:

aller	échoir	naître	rester	venir
arriver	éclore	partir	retourner	revenir
décéder	entrer	repartir	sortir	parvenir
devenir	mourir	rentrer	tomber	survenir

> *Je **suis** arrivée hier.*
> *Elles **sont** rentrées depuis peu.*
> *Ils **sont** tombés de haut.*

302 Se conjuguent avec **avoir**:

1° Les verbes **avoir** et **être**:

> *J'**ai** eu, j'**ai** été.*

2° Tous les verbes **transitifs** (directs ou indirects):

> *Mais j'**ai** fait un pas, un seul pas en avant. Et cette fois, sans se soulever, l'Arabe **a** tiré son couteau qu'il m'**a** présenté dans le soleil.* (A. Camus)
> *Ils **ont** obéi à leurs parents.*

3° La plupart des verbes **intransitifs**:

> *Elle **a** parlé. J'**ai** couru. J'**ai** tremblé.*

4° Tous les verbes **impersonnels** proprement dits:

> *Il **a** plu, il **a** neigé.*

---

1. Strictement parlant, dans les formes passives, *être* n'est pas un auxiliaire, car il n'abandonne pas sa valeur ordinaire de verbe servant à joindre l'attribut au sujet; d'autre part, il ne perd pas sa valeur temporelle. Comparez: *Je **suis** félicité, je **suis** parti.* Dans la première phrase, *suis* joint *félicité* au sujet et marque un présent: ce n'est pas un auxiliaire. Dans la seconde, *suis* ne joint plus l'attribut au sujet et n'a plus sa valeur de présent: c'est un auxiliaire qui sert à marquer un passé.

REMARQUE

Avec les verbes pris impersonnellement (§ 288, b), on emploie le même auxiliaire que dans la conjugaison personnelle de ces verbes:

> *Il **est** arrivé un malheur. Il **aurait** convenu de partir.*

303 C'est une règle traditionnelle que certains verbes intransitifs ou pris intransitivement se conjuguent avec *avoir* quand ils expriment l'action – et avec *être* quand ils expriment l'état résultant de l'action accomplie:

aborder	cesser	déménager	empirer	passer
accourir	changer	descendre	expirer	ressusciter
accroître	déborder	diminuer	grandir	vieillir, etc.
apparaître	déchoir	disparaître	monter	
baisser	dégénérer	embellir	paraître	

> *La voiture **a** passé à six heures.*
> *La voiture **est** passée depuis dix minutes.*
> *Depuis lors elle **a** déchu de jour en jour.*
> *Il y a longtemps qu'il **est** déchu de ce droit.*

N.B.

En fait, la plupart de ces verbes ne se conjuguent qu'avec *avoir*: *Il **a** changé, déchu, embelli, grandi, vieilli...;* quand ils prennent *être*, c'est que le participe passé est employé comme un simple adjectif: *Il **est** changé, déchu, embelli, grandi, vieilli...*

D'autre part, pour plusieurs de ces verbes (*descendre, monter, passer, ressusciter...*), l'usage, sans distinguer l'action d'avec l'état, a fait prévaloir l'auxiliaire *être*: *Je **suis** passé, monté, descendu à six heures,* sauf s'ils sont construits transitivement (*J'**ai** descendu vos valises*).

D. LA CONJUGAISON

1. Les conjugaisons principales

304 C'est une tradition de diviser les verbes en quatre classes ou **conjugaisons**, d'après les terminaisons **-er**, **-ir**, **-oir**, **-re**, de l'infinitif présent.

Parmi les verbes en *-ir,* les uns allongent leur radical par l'insertion de la syllabe *-iss-*:
au présent (plur.) de l'indicatif: *Nous fin-**iss**-ons,* etc.;
à l'imparfait de l'indicatif: *Je fin-**iss**-ais,* etc.;
au présent (plur.) de l'impératif: *Fin-**iss**-ons, fin-**iss**-ez;*
au présent du subjonctif: *Que je fin-**iss**-e,* etc.,
au présent du participe: *Fin-**iss**-ant.*

Les autres verbes en *-ir* ne présentent pas cet allongement:

> *Nous sent-ons, je sent-ais,* etc.

Ainsi, en dédoublant la conjugaison en *-ir,* on a cinq classes:

Conjugaison	Type
1re	**aimer**
2e A	**finir**
2e B	**sentir**
3^e	**recevoir**
4^e	**rendre**

305 Les verbes en *-er* constituent la vraie conjugaison régulière en français; ce sont de beaucoup les plus nombreux: on en compte plus de 5.000, c'est-à-dire à peu près les neuf dixièmes des verbes que possède le français.

Les verbes en *-ir* dont le participe présent est en *-issant* ne dépassent guère le nombre de 300.

Le reste comprend: une trentaine de verbes en *-ir* dont le participe présent n'est pas en *-issant,* une trentaine en *-oir* et une centaine en *-re.*

Les verbes de création nouvelle sont plus formés sur la conjugaison en *-er: formater, vampiriser, doper, informatiser, squatter, flipper,* etc.; rarement sur la conjugaison en *-ir (-issant): amerrir, alunir;* c'est pourquoi ces deux conjugaisons sont dites **vivantes.** Quant à la conjugaison en *-ir* (sans *-iss-*), en *-oir* ou en *-re,* non seulement elle ne s'enrichit plus d'aucun verbe nouveau, mais elle s'appauvrit peu à peu; c'est pourquoi elle est appelée conjugaison **morte** [1].

---

1. D'après cela, il paraîtrait logique de ne présenter comme tableaux de conjugaison (les tableaux des verbes *avoir* et *être* mis à part) que celui des verbes en *-er* (type: **aimer**) et celui des verbes en *-ir,* avec insertion de *-iss-* à certaines formes (type: **finir**).

Pour les autres verbes, dont beaucoup subissent des modifications de radical à certaines personnes, à certains temps, à certains modes, on pourrait admettre des groupements selon certaines particularités communes, mais cela ne présenterait, au point de vue pédagogique, qu'une utilité discutable. Le plus pratique serait encore, semble-t-il, de faire observer les similitudes existant, dans la conjugaison de ces verbes, entre certaines formes (§§ 321 et suiv.).

N.B.

C'est une vieille tradition que celle qui répartit les verbes en quatre conjugaisons (en *-er,* en *-ir,* en *-oir,* en *-re*), d'après la désinence de l'infinitif. Sans doute on peut préférer d'autres principes de classement. Mais, suivant l'opinion de certains, ils peuvent prêter, eux aussi, à bien des critiques et l'on voit les grammairiens hésiter entre plusieurs critères: la désinence de la première ou de la troisième personne de l'indicatif présent, le passé simple ou le participe passé passif, la fixité ou la modification du radical, etc. Devant une telle complication, devant la confusion et le désaccord qui en résultent, beaucoup préfèrent s'en tenir, pour des raisons de commodité, à la division qui fut longtemps en vigueur.

a) Les tableaux

306 Verbe AVOIR

Indicatif		Impératif	
Présent	*Passé composé*	*Présent*	*Passé* (rare)
J'ai	J'ai eu	Aie	Aie eu
Tu as	Tu as eu	Ayons	Ayons eu
Il a	Il a eu	Ayez	Ayez eu
Nous avons	Nous avons eu		
Vous avez	Vous avez eu		
Ils ont	Ils ont eu		

Indicatif		Subjonctif	
Imparfait	*Plus-que-parfait*	*Présent*	*Passé*
J'avais	J'avais eu	Que	Que
Tu avais	Tu avais eu	j'aie	j'aie eu
Il avait	Il avait eu	tu aies	tu aies eu
Nous avions	Nous avions eu	il ait	il ait eu
Vous aviez	Vous aviez eu	nous ayons	nous ayons eu
Ils avaient	Ils avaient eu	vous ayez	vous ayez eu
		ils aient	ils aient eu

		Imparfait	*Plus-que-parfait*
Passé simple	*Passé antérieur*	Que	Que
J'eus	J'eus eu	j'eusse	j'eusse eu
Tu eus	Tu eus eu	tu eusses	tu eusses eu
Il eut	Il eut eu	il eût	il eût eu
Nous eûmes	Nous eûmes eu	nous eussions	nous eussions eu
Vous eûtes	Vous eûtes eu	vous eussiez	vous eussiez eu
Ils eurent	Ils eurent eu	ils eussent	ils eussent eu

Futur simple	*Futur antérieur*	Infinitif	
J'aurai	J'aurai eu	*Présent*	*Passé*
Tu auras	Tu auras eu	Avoir	Avoir eu
Il aura	Il aura eu		
Nous aurons	Nous aurons eu		
Vous aurez	Vous aurez eu		
Ils auront	Ils auront eu		

Conditionnel		Participe	
		Présent	*Passé*
Présent [1]	*Passé* [2]	Ayant	Eu, eue
J'aurais	J'aurais eu		Ayant eu
Tu aurais	Tu aurais eu		
Il aurait	Il aurait eu		
Nous aurions	Nous aurions eu		
Vous auriez	Vous auriez eu		
Ils auraient	Ils auraient eu		

1. Ces formes sont aussi celles du *futur du passé* de l'indicatif.
2. Mêmes formes au *futur antérieur du passé* de l'indicatif. Une 2e forme du conditionnel passé *J'eusse eu* n'est autre que celle du plus-que-parfait du subjonctif.

307 Verbe ÊTRE

Indicatif

Présent	Passé composé
Je suis	J'ai été
Tu es	Tu as été
Il est	Il a été
Nous sommes	Nous avons été
Vous êtes	Vous avez été
Ils sont	Ils ont été

Imparfait	Plus-que-parfait
J'étais	J'avais été
Tu étais	Tu avais été
Il était	Il avait été
Nous étions	Nous avions été
Vous étiez	Vous aviez été
Ils étaient	Ils avaient été

Passé simple	Passé antérieur
Je fus	J'eus été
Tu fus	Tu eus été
Il fut	Il eut été
Nous fûmes	Nous eûmes été
Vous fûtes	Vous eûtes été
Ils furent	Ils eurent été

Futur simple	Futur antérieur
Je serai	J'aurai été
Tu seras	Tu auras été
Il sera	Il aura été
Nous serons	Nous aurons été
Vous serez	Vous aurez été
Ils seront	Ils auront été

Conditionnel

Présent [1]	Passé [2]
Je serais	J'aurais été
Tu serais	Tu aurais été
Il serait	Il aurait été
Nous serions	Nous aurions été
Vous seriez	Vous auriez été
Ils seraient	Ils auraient été

Impératif

Présent	Passé (rare)
Sois	Aie été
Soyons	Ayons été
Soyez	Ayez été

Subjonctif

Présent	Passé
Que	Que
je sois	j'aie été
tu sois	tu aies été
il soit	il ait été
nous soyons	nous ayons été
vous soyez	vous ayez été
ils soient	ils aient été

Imparfait	Plus-que-parfait
Que	Que
je fusse	j'eusse été
tu fusses	tu eusses été
il fût	il eût été
nous fussions	nous eussions été
vous fussiez	vous eussiez été
ils fussent	ils eussent été

Infinitif

Présent	Passé
Être	Avoir été

Participe

Présent	Passé
Étant	Été
	Ayant été

1. Ces formes sont aussi celles du *futur du passé* de l'indicatif.
2. Mêmes formes au *futur antérieur du passé* de l'indicatif. Une 2e forme du conditionnel passé *J'eusse été* n'est autre que celle du plus-que-parfait du subjonctif.

308 **Conjugaison active**

Verbes en -*er* :

Type : **AIMER**			

Indicatif

Présent	*Passé composé*
J'aime	J'ai aimé
Tu aimes	Tu as aimé
Il aime	Il a aimé
Nous aimons	Nous avons aimé
Vous aimez	Vouz avez aimé
Ils aiment	Ils ont aimé

Imparfait	*Plus-que-parfait*
J'aimais	J'avais aimé
Tu aimais	Tu avais aimé
Il aimait	Il avait aimé
Nous aimions	Nous avions aimé
Vous aimiez	Vous aviez aimé
Ils aimaient	Ils avaient aimé

Passé simple	*Passé antérieur*
J'aimai	J'eus aimé
Tu aimas	Tu eus aimé
Il aima	Il eut aimé
Nous aimâmes	Nous eûmes aimé
Vous aimâtes	Vous eûtes aimé
Ils aimèrent	Ils eurent aimé

Futur simple	*Futur antérieur*
J'aimerai	J'aurai aimé
Tu aimeras	Tu auras aimé
Il aimera	Il aura aimé
Nous aimerons	Nous aurons aimé
Vous aimerez	Vous aurez aimé
Ils aimeront	Ils auront aimé

Conditionnel

Présent [1]	*Passé* [2]
J'aimerais	J'aurais aimé
Tu aimerais	Tu aurais aimé
Il aimerait	Il aurait aimé
Nous aimerions	Nous aurions aimé
Vous aimeriez	Vous auriez aimé
Ils aimeraient	Ils auraient aimé

Impératif

Présent	*Passé* (rare)
Aime	Aie aimé
Aimons	Ayons aimé
Aimez	Ayez aimé

Subjonctif

Présent	*Passé*
Que	Que
j'aime	j'aie aimé
tu aimes	tu aies aimé
il aime	il ait aimé
nous aimions	nous ayons aimé
vous aimiez	vous ayez aimé
ils aiment	ils aient aimé

Imparfait	*Plus-que-parfait*
Que	Que
j'aimasse	j'eusse aimé
tu aimasses	tu eusses aimé
il aimât	il eût aimé
nous aimassions	nous eussions aimé
vous aimassiez	vous eussiez aimé
ils aimassent	ils eussent aimé

Infinitif

Présent	*Passé*
Aimer	Avoir aimé

Participe

Présent	*Passé*
Aimant	Aimé, -ée
	Ayant aimé

1. Ces formes sont aussi celles du *futur du passé* de l'indicatif.
2. Mêmes formes au *futur antérieur du passé* de l'indicatif. Une 2e forme du conditionnel passé *J'eusse aimé* n'est autre que celle du plus-que-parfait du subjonctif.

309 **Verbes en** -*ir*

(avec participe présent en **-issant**) :

Type : **FINIR**

Indicatif

Présent	*Passé composé*
Je finis	J'ai fini
Tu finis	Tu as fini
Il finit	Il a fini
Nous fin-**iss**-ons	Nous avons fini
Vous fin-**iss**-ez	Vous avez fini
Ils fin-**iss**-ent	Ils ont fini

Imparfait	*Plus-que-parfait*
Je fin-**iss**-ais	J'avais fini
Tu fin-**iss**-ais	Tu avais fini
Il fin-**iss**-ait	Il avait fini
Nous fin-**iss**-ions	Nous avions fini
Vous fin-**iss**-iez	Vous aviez fini
Ils fin-**iss**-aient	Ils avaient fini

Passé simple	*Passé antérieur*
Je finis	J'eus fini
Tu finis	Tu eus fini
Il finit	Il eut fini
Nous finîmes	Nous eûmes fini
Vous finîtes	Vous eûtes fini
Ils finirent	Ils eurent fini

Futur simple	*Futur antérieur*
Je finirai	J'aurai fini
Tu finiras	Tu auras fini
Il finira	Il aura fini
Nous finirons	Nous aurons fini
Vous finirez	Vous aurez fini
Ils finiront	Ils auront fini

Conditionnel

Présent[1]	*Passé*[2]
Je finirais	J'aurais fini
Tu finirais	Tu aurais fini
Il finirait	Il aurait fini
Nous finirions	Nous aurions fini
Vous finiriez	Vous auriez fini
Ils finiraient	Ils auraient fini

Impératif

Présent	*Passé* (rare)
Finis	Aie fini
Fin-**iss**-ons	Ayons fini
Fin-**iss**-ez	Ayez fini

Subjonctif

Présent	*Passé*
Que	Que
je fin-**iss**-e	j'aie fini
tu fin-**iss**-es	tu aies fini
il fin-**iss**-e	il ait fini
nous fin-**iss**-ions	nous ayons fini
vous fin-**iss**-iez	vous ayez fini
ils fin-**iss**-ent	ils aient fini

Imparfait	*Plus-que-parfait*
Que	Que
je finisse	j'eusse fini
tu finisses	tu eusses fini
il finît	il eût fini
nous finissions	nous eussions fini
vous finissiez	vous eussiez fini
ils finissent	ils eussent fini

Infinitif

Présent	*Passé*
Finir	Avoir fini

Participe

Présent	*Passé*
Fin-**iss**ant	Fini, -ie
	Ayant fini

1. Ces formes sont aussi celles du *futur du passé* de l'indicatif.
2. Mêmes formes au *futur antérieur du passé* de l'indicatif. Une 2ᵉ forme du conditionnel passé *J'eusse fini* n'est autre que celle du plus-que-parfait du subjonctif.

310 **Verbes en** -*ir*

(dont le part. prés. n'est pas en **-issant**):

Type: **SENTIR**	

Indicatif

Présent	*Passé composé*
Je sens	J'ai senti
Tu sens	Tu as senti
Il sent	Il a senti
Nous sentons	Nous avons senti
Vous sentez	Vous avez senti
Ils sentent	Ils ont senti

Imparfait	*Plus-que-parfait*
Je sentais	J'avais senti
Tu sentais	Tu avais senti
Il sentait	Il avait senti
Nous sentions	Nous avions senti
Vous sentiez	Vous aviez senti
Ils sentaient	Ils avaient senti

Passé simple	*Passé antérieur*
Je sentis	J'eus senti
Tu sentis	Tu eus senti
Il sentit	Il eut senti
Nous sentîmes	Nous eûmes senti
Vous sentîtes	Vous eûtes senti
Ils sentirent	Ils eurent senti

Futur simple	*Futur antérieur*
Je sentirai	J'aurai senti
Tu sentiras	Tu auras senti
Il sentira	Il aura senti
Nous sentirons	Nous aurons senti
Vous sentirez	Vous aurez senti
Ils sentiront	Ils auront senti

Conditionnel

Présent[1]	*Passé*[2]
Je sentirais	J'aurais senti
Tu sentirais	Tu aurais senti
Il sentirait	Il aurait senti
Nous sentirions	Nous aurions senti
Vous sentiriez	Vous auriez senti
Ils sentiraient	Ils auraient senti

Impératif

Présent	*Passé* (rare)
Sens	Aie senti
Sentons	Ayons senti
Sentez	Ayez senti

Subjonctif

Présent	*Passé*
Que	Que
je sente	j'aie senti
tu sentes	tu aies senti
il sente	il ait senti
nous sentions	nous ayons senti
vous sentiez	vous ayez senti
ils sentent	ils aient senti

Imparfait	*Plus-que-parfait*
Que	Que
je sentisse	j'eusse senti
tu sentisses	tu eusses senti
il sentît	il eût senti
nous sentissions	nous eussions senti
vous sentissiez	vous eussiez senti
ils sentissent	ils eussent senti

Infinitif

Présent	*Passé*
Sentir	Avoir senti

Participe

Présent	*Passé*
Sentant	Senti, -ie
	Ayant senti

1. Ces formes sont aussi celles du *futur du passé* de l'indicatif.
2. Mêmes formes au *futur antérieur du passé* de l'indicatif. Une 2e forme du conditionnel passé *J'eusse senti* n'est autre que celle du plus-que-parfait du subjonctif.

311 **Verbes en *-oir***

Type: **RECEVOIR**

Indicatif

Présent

Je reçois
Tu reçois
Il reçoit
Nous recevons
Vous recevez
Ils reçoivent

Passé composé

J'ai reçu
Tu as reçu
Il a reçu
Nous avons reçu
Vous avez reçu
Ils ont reçu

Imparfait

Je recevais
Tu recevais
Il recevait
Nous recevions
Vous receviez
Ils recevaient

Plus-que-parfait

J'avais reçu
Tu avais reçu
Il avait reçu
Nous avions reçu
Vous aviez reçu
Ils avaient reçu

Passé simple

Je reçus
Tu reçus
Il reçut
Nous reçûmes
Vous reçûtes
Ils reçurent

Passé antérieur

J'eus reçu
Tu eus reçu
Il eut reçu
Nous eûmes reçu
Vous eûtes reçu
Ils eurent reçu

Futur simple

Je recevrai
Tu recevras
Il recevra
Nous recevrons
Vous recevrez
Ils recevront

Futur antérieur

J'aurai reçu
Tu auras reçu
Il aura reçu
Nous aurons reçu
Vous aurez reçu
Ils auront reçu

Conditionnel

Présent[1]

Je recevrais
Tu recevrais
Il recevrait
Nous recevrions
Vous recevriez
Ils recevraient

Passé[2]

J'aurais reçu
Tu aurais reçu
Il aurait reçu
Nous aurions reçu
Vous auriez reçu
Ils auraient reçu

Impératif

Présent

Reçois
Recevons
Recevez

Passé (rare)

Aie reçu
Ayons reçu
Ayez reçu

Subjonctif

Présent

Que
je reçoive
tu reçoives
il reçoive
nous recevions
vous receviez
ils reçoivent

Passé

Que
j'aie reçu
tu aies reçu
il ait reçu
nous ayons reçu
vous ayez reçu
ils aient reçu

Imparfait

Que
je reçusse
tu reçusses
il reçût
nous reçussions
vous reçussiez
ils reçussent

Plus-que-parfait

Que
j'eusse reçu
tu eusses reçu
il eût reçu
nous eussions reçu
vous eussiez reçu
ils eussent reçu

Infinitif

Présent

Recevoir

Passé

Avoir reçu

Participe

Présent

Recevant

Passé

Reçu, -ue
Ayant reçu

1. Ces formes sont aussi celles du *futur du passé* de l'indicatif.
2. Mêmes formes au *futur antérieur du passé* de l'indicatif. Une 2ᵉ forme du conditionnel passé *J'eusse reçu* n'est autre que celle du plus-que-parfait du subjonctif.

312 Verbes en *-re*

Type : **RENDRE**	

Indicatif		Impératif	
Présent	*Passé composé*	*Présent*	*Passé* (rare)
Je rends	J'ai rendu	Rends	Aie rendu
Tu rends	Tu as rendu	Rendons	Ayons rendu
Il rend	Il a rendu	Rendez	Ayez rendu
Nous rendons	Nous avons rendu		
Vous rendez	Vous avez rendu	**Subjonctif**	
Ils rendent	Ils ont rendu		
		Présent	*Passé*
Imparfait	*Plus-que-parfait*	Que	Que
Je rendais	J'avais rendu	je rende	j'aie rendu
Tu rendais	Tu avais rendu	tu rendes	tu aies rendu
Il rendait	Il avait rendu	il rende	il ait rendu
Nous rendions	Nous avions rendu	nous rendions	nous ayons rendu
Vous rendiez	Vous aviez rendu	vous rendiez	vous ayez rendu
Ils rendaient	Ils avaient rendu	ils rendent	ils aient rendu
Passé simple	*Passé antérieur*	*Imparfait*	*Plus-que-parfait*
Je rendis	J'eus rendu	Que	Que
Tu rendis	Tu eus rendu	je rendisse	j'eusse rendu
Il rendit	Il eut rendu	tu rendisses	tu eusses rendu
Nous rendîmes	Nous eûmes rendu	il rendît	il eût rendu
Vous rendîtes	Vous eûtes rendu	nous rendissions	nous eussions rendu
Ils rendirent	Ils eurent rendu	vous rendissiez	vous eussiez rendu
		ils rendissent	ils eussent rendu
Futur simple	*Futur antérieur*	**Infinitif**	
Je rendrai	J'aurai rendu		
Tu rendras	Tu auras rendu	*Présent*	*Passé*
Il rendra	Il aura rendu	Rendre	Avoir rendu
Nous rendrons	Nous aurons rendu		
Vous rendrez	Vous aurez rendu	**Participe**	
Ils rendront	Ils auront rendu		
		Présent	*Passé*
Conditionnel		Rendant	Rendu, -ue
			Ayant rendu
Présent[1]	*Passé*[2]		
Je rendrais	J'aurais rendu		
Tu rendrais	Tu aurais rendu		
Il rendrait	Il aurait rendu		
Nous rendrions	Nous aurions rendu		
Vous rendriez	Vous auriez rendu		
Ils rendraient	Ils auraient rendu		

1. Ces formes sont aussi celles du *futur du passé* de l'indicatif.
2. Mêmes formes au *futur antérieur du passé* de l'indicatif. Une 2e forme du conditionnel passé *J'eusse rendu* n'est autre que celle du plus-que-parfait du subjonctif.

313 Conjugaison des verbes intransitifs qui prennent l'auxiliaire *être*

N.B.

Les verbes dont il s'agit ici comprennent:

1° quelques verbes intransitifs exprimant pour la plupart un mouvement ou un changement d'état (§ 301, 3°);

2° certains verbes intransitifs exprimant l'état résultant de l'action accomplie (voir des précisions: § 303).

Type: **TOMBER**		
TEMPS SIMPLES	TEMPS COMPOSÉS	
Indicatif		
Présent: Je tombe	*Passé composé:* Je suis tombé	
Imparfait: Je tombais	*Plus-que-parfait:* J'étais tombé	
Passé simple: Je tombai	*Passé antérieur:* Je fus tombé	
Futur simple: Je tomberai	*Futur antérieur:* Je serai tombé	
Conditionnel		
Présent[1]: Je tomberais	*Passé*[2]: Je serais tombé	
Impératif		
Présent: Tombe	*Passé:* Sois tombé	
Subjonctif		
Présent: Que je tombe	*Passé:* Que je sois tombé	
Imparfait: Que je tombasse	*Plus-que-parf.:* Que je fusse tombé	
Infinitif		
Présent: Tomber	*Passé:* Être tombé	
Participe		
Présent: Tombant	*Passé:* Tombé, -ée / Étant tombé	
	Futur (rare): Devant tomber	

1. Ces formes sont aussi celles du *futur du passé de l'indicatif.*
2. Mêmes formes au *futur antérieur du passé.* Une seconde forme du conditionnel passé *Je fusse tombé* n'est autre que celle du plus-que-parfait du subjonctif.

b) **Remarques orthographiques**

314 La **1re personne du singulier** se termine :

– Par **-e** à l'indicatif présent de tous les verbes en *-er* et des verbes *assaillir, couvrir* (et ses composés), *cueillir* (et ses composés), *défaillir, offrir, ouvrir* (et ses composés), *souffrir, tressaillir*; ainsi qu'aux temps simples du subjonctif de tous les verbes (sauf *que je sois*) :

> *Je marche, j'ouvre, que je cède, que je vinsse.*

– Par **-s** à l'indicatif présent et au passé simple de tous les verbes autres que les verbes en *-er,* ainsi qu'à l'imparfait de l'indicatif et au conditionnel de tous les verbes :

> *Je finis, je reçois, je rends; je dormis, je reçus, je sentis;*
> *je pensais, je disais, je chanterais, je croirais.*

REMARQUE

Dans *je peux, je vaux* (et composés), *je veux,* on a un *x.*

– Par **-ai** dans *j'ai,* ainsi qu'au futur simple de tous les verbes et au passé simple de tous les verbes en *-er* :

> *J'aimerai, je prendrai, j'aimai.*

315 La **2e personne du singulier** se termine par **-s** :

> *Tu chantes, tu fus, tu lirais.*

Excepté : Dans *tu peux, tu vaux* (et composés), *tu veux,* où l'on a un *-x,* et à l'impératif des verbes en *-er* (sauf *aller*) et des verbes *assaillir, couvrir* (et ses composés), *cueillir* (et ses composés), *défaillir, offrir, ouvrir* (et ses composés), *souffrir, tressaillir, savoir, vouloir,* où l'on a un *e* :

> *Plante, couvre, sache.*

La 2e personne de l'impératif de *aller* est *va.*

REMARQUE

La 2e personne du singulier de l'impératif de tous les verbes en *-er,* et des verbes *assaillir, couvrir,* etc., prend un *s* final devant les pronoms *en, y,* non suivis d'un infinitif :

> *Plantes-en, penses-y, vas-y.* (Remarquez le trait d'union.)

Mais devant les pronoms *en, y,* suivis d'un infinitif et devant la préposition *en,* on n'a ni *s* final ni trait d'union :

> ***Ose*** *en dire du bien.* ***Va*** *y mettre ordre.*
> ***Va*** *en savoir des nouvelles.* (Académie)
> ***Laisse*** *y porter remède.* ***Parle*** *en maître.*

Dans *va-t'en, retourne-t'en,* etc., on remarquera l'apostrophe : le *t,* en effet, n'est pas une consonne euphonique, comme dans *aime-t-il* (§ 345, Rem. 3), c'est le pronom *te* dont l'*e* est élidé (comparez : *allez-vous-en*). Vu l'apostrophe, on se dispense de mettre le second trait d'union.

316   La **3e personne du singulier** se termine par **-t**:

> *Il finit, il part, il venait, il ferait.*

Excepté

1° Dans *il a, il va, il vainc, il convainc.*

2° À l'indicatif présent des verbes en *-er* (sauf *aller*) et des verbes *assaillir, couvrir,* etc. (§ 314, 1°):

> *Elle envoie, elle couvre, elle offre.*

3° Au subjonctif présent de tous les verbes (sauf *qu'il ait, qu'il soit*):

> *Qu'il plante, qu'il tienne, qu'il reçoive, qu'il rende.*

4° Au futur simple de tous les verbes:

> *Elle chantera, elle finira, elle rendra.*

5° Au passé simple de tous les verbes en *-er*:

> *Il chanta, il alla.*

6° À l'indicatif présent des verbes en *-dre* (sauf *-indre, -soudre*):

> *Elle rend, elle fond, elle mord.* Mais: *Elle plaint, elle résout,* etc.

317   La **1re personne du pluriel** se termine par **-ons**:

> *Nous plantons, nous suivrons, nous rendrions;*

sauf au passé simple de tous les verbes et à l'indicatif présent du verbe *être*, où la finale est **-mes**:

> *Nous eûmes, nous planâmes, nous sommes.*

318   La **2e personne du pluriel** se termine par **-ez**:

> *Vous avez, vous chantez, vous lisiez, que vous veniez;*

sauf au passé simple de tous les verbes et à l'indicatif présent de *être, dire, redire, faire* (et composés), où la finale est **-tes**:

> *Vous êtes, vous dites, vous faites.*

319   La **3e personne du pluriel** se termine par **-ent**:

> *Ils chantent, ils finissaient, ils suivraient;*

sauf au futur simple de tous les verbes et à l'indicatif présent de *avoir, être, faire* (et ses composés), *aller*, où la finale est **-ont**:

> *Ils planteront, ils recevront, ils ont, ils sont, ils font, ils contrefont, ils vont.*

c)   Les finales des temps

320   En général, les finales des temps sont semblables dans la conjugaison des verbes en -er et dans celle des autres verbes ; elles ne diffèrent qu'au singulier de l'indicatif présent, du passé simple et de l'impératif présent, comme le fait voir le tableau suivant :

		SINGULIER			PLURIEL		
		1re pers.	2e pers.	3e pers.	1re pers.	2e pers.	3e pers.
Indicatif *Présent*	verbes en -er	e	es	e	ons	ez	ent
	autres verbes	s	s	t (ou d)	ons	ez	ent
Imparfait	tous les verbes	ais	ais	ait	ions	iez	aient
Passé s.	verbes en -er	ai	as	a	âmes	âtes	èrent
	autres verbes	is us	is us	it ut	îmes ûmes	îtes ûtes	irent urent
Futur s.	tous les verbes	rai	ras	ra	rons	rez	ront
Conditionnel *Présent*	tous les verbes	rais	rais	rait	rions	riez	raient
Impératif *Présent*	verbes en -er	–	e	–	ons	ez	–
	autres verbes	–	s	–	ons	ez	–
Subjonctif *Présent*	tous les verbes	e	es	e	ions	iez	ent
Imparfait	verbes en -er	asse	asses	ât	assions	assiez	assent
	autres verbes	isse usse	isses usses	ît ût	issions ussions	issiez ussiez	issent ussent

Infinitif *Présent*				er	ir	oir	re
Participe							
Présent (et gér.)	tous les verbes			ant			
Passé	verbes en -er			é			
	autres verbes			i, u, s, t			

d)   Similitudes entre certaines formes verbales

321   Il y a entre certaines formes verbales des similitudes bonnes à remarquer, dans l'étude du mécanisme de la conjugaison.

322   À la 2e personne du singulier de l'**indicatif présent** et de l'**impératif présent**, on a des formes semblables. Toutefois, dans les verbes en -er et dans certains verbes en -ir (*assaillir, couvrir, cueillir*, etc. : § 314, 1°), la 2e personne du singulier a un *s* final à l'indicatif présent, et elle n'en a pas à l'impératif présent (à moins que ce ne soit devant les pronoms *en, y,* non suivis d'un infinitif: § 315, Rem.):

> *Tu finis. Finis. Tu reçois. Reçois. Tu rends. Rends.*
> Mais: *Tu aimes. Aime.*

323 À la 1re et à la 2e personne du pluriel de l'**indicatif présent** et de l'**impératif présent**, on a des formes semblables; excepté *avoir* et *être* (qui empruntent au subjonctif présent les deux personnes du pluriel de leur impératif présent), *savoir* et *vouloir*:

> *Nous aimons. Aimons. Vous aimez. Aimez.*
> Mais: *Que nous ayons. Ayons. Que vous ayez. Ayez.*
> *Que nous soyons. Soyons. Que vous soyez. Soyez.*
> *Nous savons, que nous sachions, sachons. Vous voulez, que vous vouliez, voulez* ou
> *veuillez.*

324 Le pluriel de l'**indicatif présent**, de l'**impératif présent**, du **subjonctif présent**, ainsi que l'**indicatif imparfait** et le **participe présent** ont le même radical (il n'y a que quelques exceptions: *faire, savoir, vouloir, pouvoir...*):

> *Nous **recev**ons. **Recev**ons. Que nous **recev**ions. Nous **recev**ions. **Recev**ant.*
> *Nous **plaign**ons. **Plaign**ons. Que nous **plaign**ions. Nous **plaign**ions. **Plaign**ant.*

325 La 1re personne du singulier du **subjonctif imparfait** présente la forme de la 2e personne du singulier du **passé simple** augmentée de *-se*:

> *Tu aimas. Que j'aimas-se.*   *Tu pris. Que je pris-se.*
> *Tu reçus. Que je reçus-se.*   *Tu vins. Que je vins-se.*

326 Dans le **futur simple** et dans le **conditionnel présent**, généralement on retrouve la forme de l'**infinitif**, à laquelle se sont ajoutées les désinences *-ai, -as, -a, -ons, -ez, -ont,* pour le futur simple, et *-ais, -ais, -ait, -ions, -iez, -aient,* pour le conditionnel présent:

> *J'aimer-ai, tu aimer-as...*   *J'aimer-ais, tu aimer-ais...*
> *Je finir-ai, tu finir-as...*   *Je finir-ais, tu finir-ais...*

REMARQUES

1. Dans les verbes autres que les verbes en *-er*, on observe de fréquentes altérations du radical: *Ten-ir, je tiendr-ai, je tiendr-ais. Sav-oir, je saur-ai, je saur-ais. Pouv-oir, je pourr-ai, je pourr-ais.*

2. Dans les verbes en *-re*, l'*e* final de l'infinitif a disparu devant les désinences *-ai, as...* ou *-ais, -ais...*: *Rendre, je rendr-ai, je rendr-ais.*

3. Les désinences du futur simple et du conditionnel présent ne sont autres que les formes du présent ou de l'imparfait de l'indicatif du verbe *avoir* (*avons, avez, avais, avait, avions, aviez, avaient, ont* été réduits, à *ons, ez, ais, ait, ions, iez, aient*); ainsi *j'aimerai, j'aimerais,* étaient, à l'origine: *aimer ai* (c.-à-d. j'ai à aimer), *aimer ais* (c.-à-d. j'avais à aimer).

e) **Remarques sur la conjugaison de certains verbes**

Verbes en *-er*

327 Les verbes en **-cer** prennent une cédille sous le *c* devant *a* et *o*, afin de conserver au *c* la même prononciation [s] qu'à l'infinitif :

> *Nous avançons, je plaçais, il acquiesça.*

328 Les verbes en **-ger** prennent un *e* après le *g* devant *a* et *o*, afin de conserver au *g* la même pronociation [ʒ] qu'à l'infinitif :

> *Je partageais, songeant, nous mangeons.*

329 Les verbes qui ont un **e muet** [ə] à l'avant-dernière syllabe de l'infinitif changent cet [ə] en [ɛ] (écrit è) devant une syllabe muette :

> *Semer, je sème, je sèmerai.*

Le plus grand nombre des verbes en **-eler** et en **-eter** redoublent la consonne *l* ou *t* devant un *e* muet [ə] :

> *Appeler, j'appelle.*   *Harceler, je harcelle.*
> *Caqueter, je caquette.*   *Jeter, je jette.*
> *Colleter, je collette.*   *Souffleter, je soufflette.*
> *Épousseter, j'époussette.*   *Voleter, je volette.*
> *Étiqueter, j'étiquette.*

Au lieu de redoubler *l* ou *t*, les verbes suivants, selon l'Académie, changent le [ə] écrit *e* en [ɛ] (écrit è) devant une syllabe muette[1] :

acheter	receler	démanteler	congeler	marteler
racheter	ciseler	écarteler	dégeler	modeler
celer	corseter	fureter	regeler	peler
déceler	crocheter	geler	haleter	épeler

> *J'achète. Elle cisèle. Tu furètes. Nous crochèterons. Il halète.*

330 Les verbes qui ont un [e] (écrit é) à l'avant-dernière syllabe de l'infinitif changent cet [e] en [ɛ] (écrit è) devant une syllabe muette *finale*. Au futur et au conditionnel, ils gardent donc, dans l'écriture, l'é avec accent aigu, mais cet *é* se prononce [ɛ][2] :

> *Altérer, j'altère, j'altérerai.*
> *Révéler, je révèle, je révélerais.*

REMARQUE
Les verbes en **-éer** conservent l'*é* dans toute leur conjugaison :

> *Créer, je crée, je créerai.*

---

1. Les propositions de rectification orthographique avancées en 1990 étendent cette règle à l'ensemble des verbes en *-eler* et en *-eter*, à l'exception d'*appeler* et de *jeter* et des verbes de leur famille (§ 511).
2. Ces mêmes propositions suggèrent d'aligner l'écriture sur la prononciation, et donc d'écrire *-è* ce qui se prononce [ɛ]. Cet usage est d'ailleurs adopté par l'Académie depuis 1992, qui ne donne plus que les formes avec *è*.

331 Les verbes en **-yer** changent l'*y* en *i* devant un *e* muet :

> *Employer, j'emploie, j'emploierai.*
> *Ennuyer, tu ennuies, il ennuiera.*

Les verbes en **-ayer** *peuvent* conserver l'*y* dans toute leur conjugaison :

> *Payer, je paye* (prononcé [pɛj]) *ou je paie* (prononcé [pɛ]).

REMARQUE
Les verbes en **-eyer** conservent toujours l'*y* : *Je grasseye.*

332 Dans les verbes qui se terminent au participe présent par **-iant, -yant, -llant** (*l* mouillés), **-gnant**, – sauf *avoir* – on a, aux deux premières personnes du pluriel de l'indicatif imparfait et du subjonctif présent un **i** après l'*i*, ou après l'*y*, ou après l'*l* mouillé, ou après l'*n* mouillé du radical :

Crier, cri-ant.	*Nous criions, vous criiez, que nous criions, que vous criiez.*
Rire, ri-ant.	*Nous riions, vous riiez, que nous riions, que vous riiez.*
Envoyer, envoy-ant.	*Nous envoyions, vous envoyiez, que nous envoyions, que vous envoyiez.*
Travailler, travaill-ant.	*Nous travaillions, vous travailliez, que nous travaillions, que vous travailliez.*
Régner, régn-ant.	*Nous régnions, vous régniez, que nous régnions, que vous régniez.*

Verbes en -ir

333 **Bénir** a deux participes passés :

a) **Bénit, bénite**, se dit de certaines *choses* consacrées par une bénédiction rituelle, mais s'emploie uniquement comme *adjectif* (épithète ou attribut) :

> *De l'eau **bénite**. Du pain **bénit**.*
> *Je veux qu'une branche **bénite** orne ma chambre.* (Fr. Jammes)

b) **Béni, bénie,** s'emploie :

1° Dans tous les cas où le mot n'indique pas une bénédiction rituelle :

> *C'était le jour **béni** de ton premier baiser.* (S. Mallarmé)
> *J'ai ressenti au contraire un sentiment de force et d'accomplissement. Le même qu'hier, quand elle a affronté et **béni** sa sœur. Pourquoi **béni** ? C'est le mot qui jaillit de ses entrailles.* (H. Bauchau)
> *Ce roi est **béni** par son peuple.* (É. Littré)

2° Même dans les cas où il s'agit d'une bénédiction rituelle, chaque fois que le mot est appliqué à des *personnes* et chaque fois qu'il est pris, non pas comme adjectif, mais comme *verbe*[1] :

> *Le prêtre a **béni** les cierges. Le mariage a été **béni**.*
> *Un chapelet **béni** par le pape.* (M. Barrès)

334 **Fleurir**, au sens propre, fait à l'imparfait de l'indicatif *fleurissais*, et au participe présent ou adjectif verbal *fleurissant :*

> *Les pommiers **fleurissaient**.*
> *Un pré plein d'herbe et **fleurissant**.* (J. de La Fontaine)

Dans le sens figuré de «prospérer», il fait souvent *florissait* à l'imparfait de l'indicatif, et presque toujours *florissant* au participe présent ; l'adjectif verbal est toujours *florissant :*

> *Les sciences et les beaux-arts **fleurissaient** ou **florissaient** sous le règne de ce prince.* (Académie)
> *Dans le cours d'un règne **florissant**.* (J. Racine)
> *Un santé **florissante**.*

335 **Haïr** perd le tréma au singulier de l'indicatif présent et de l'impératif présent :

> *Je hais* [ʒəɛ]*, tu hais, il hait. Hais.*

Au passé simple et à l'imparfait du subjonctif, à cause du tréma, on écrit sans accent circonflexe : *nous haïmes, vous haïtes, qu'il haït* [ai] (formes d'ailleurs à peu près inusitées).

Verbes en *-oir* et en *-re*

336 Les participes passés **dû, redû, mû, crû** (de *croître*), **recrû** (de *recroître*) ont l'accent circonflexe au masculin singulier seulement :

> *L'honneur **dû**. **Mû** par l'intérêt. La rivière a **crû**.*
> Mais : *La somme **due**. Ils sont **mus** par l'intérêt.*

REMARQUE

Dû comme nom prend l'accent circonflexe : *Je réclame mon **dû**.*

On écrit sans accent circonflexe : *accru, décru, ému, indu, promu, recru* (au sens de «très fatigué, harassé»).

337 Les verbes en **-indre** et en **-soudre** ne gardent le *d* que devant un *r*, c'est-à-dire au futur simple et au conditionnel présent (donc en particulier, pas de *d* au singulier du présent de l'indicatif ou de l'impératif) :

> *Peindre, je peins, tu peins, il peint ; peins ; je peindrai ; je peindrais.*
> *Résoudre, je résous, tu résous, il résout ; résous ; je résoudrai ; je résoudrais.*

Dans les verbes en *-indre,* les consonnes *-nd-* se changent en *-gn-* (c'est-à-dire [ɲ]) devant une voyelle :

> *Peindre, nous **peig**nons, je **peig**nais, **peig**nant,* etc.

338 **Battre, mettre** et leurs composés ne gardent qu'un *t* au singulier du présent de l'indicatif et de l'impératif :

> *Mettre, je mets, tu mets, il met ; mets.*

---

1. Dans des cas où il s'agit d'une bénédiction rituelle, on trouve parfois, il est vrai, *bénit* employé comme *verbe,* mais seulement au sens passif : *Les drapeaux ont été bénits.* (Académie)

339 Au singulier du présent de l'indicatif et de l'impératif, la consonne finale du radical de l'indicatif se maintient :

1° Dans les verbes en **-dre** (autres que les verbes en *-indre* et en *-soudre*) :
> *Prendre, je prends, tu prends, il prend ; prends.*
> *Répondre, je réponds, tu réponds, il répond ; réponds.*
> *Répandre, je répands, tu répands, il répand ; répands.*
> *Mordre, je mords, tu mords, il mord ; mords.*
> *Moudre, je mouds, tu mouds, il moud ; mouds.*

2° Dans **vaincre, rompre** et dans les composés de ces verbes :
> *Vaincre, je vaincs, tu vaincs, il vainc ; vaincs.*
> *Rompre, je romps, tu romps, il rompt ; romps.*

340 Les verbes en **-aître** et en **-oître** ont l'accent circonflexe sur l'*i* du radical chaque fois que cette voyelle est suivie d'un *t*[1] :
> *Il paraît, je paraîtrai, tu paraîtras,* etc.
> *Il accroît, j'accroîtrai,* etc.

Mais sans accent circonflexe :
> *Je parais, tu parais,* etc. ; *j'accrois, tu accrois,* etc. ; *je décrois, tu décrois,* etc.

REMARQUE

Croître a l'accent circonflexe non seulement quand *i* est suivi d'un *t,* mais chaque fois qu'une confusion serait possible avec une forme correspondante de *croire.*
> *Je croîs, tu croîs, il croît en sagesse.*
> *Je crûs, tu crûs, il crût, nous crûmes, vous crûtes, ils crûrent en science.*

On écrit au passé simple : *J'accrus, tu accrus, il accrut, nous accrûmes, vous accrûtes, ils accrurent.* De même : *Je décrus, tu décrus,* etc. ; *je recrus, tu recrus,* etc. Et au participe passé : *accru, décru* (§ 336, Rem.)

341 En général, dans les verbes en **-ire** (sauf *rire, sourire* et *écrire*), le pluriel du présent de l'indicatif, l'imparfait de l'indicatif, le présent du subjonctif, le passé simple, l'imparfait du subjonctif, ont un *s* sonore [z] entre le radical et la terminaison :
> *Conduire, condui-s-ant, nous condui-s-ons, je condui-s-ais,*
> *que je condui-s-e, je condui-s-is, que je condui-s-isse.*

Rire, sourire ne prennent aucune consonne entre le radical et la désinence :
> *Ri-ant, nous ri-ons, que nous ri-ions,* etc.

Écrire et ses composés ont un *v* entre le radical et la désinence aux temps indiqués ci-dessus :
> *Nous écri-v-ons, que je décri-v-e, il souscri-v-ait.*

---

1. Sauf si l'on choisit d'appliquer les rectifications orthographiques (§ 511).

f) La conjugaison passive

342 Pour conjuguer un verbe au passif, on fait suivre du participe passé simple de ce verbe tous les temps du verbe *être*.

Verbe type: **ÊTRE AIMÉ**			
Indicatif			
Présent:	Je suis aimé	*Passé composé:*	J'ai été aimé
Imparfait:	J'étais aimé	*Plus-que-parfait:*	J'avais été aimé
Passé simple:	Je fus aimé	*Passé antérieur:*	J'eus été aimé
Futur simple:	Je serai aimé	*Futur antérieur:*	J'aurai été aimé
Conditionnel			
Présent[1]:	Je serais aimé	*Passé*[2]:	J'aurais été aimé
Impératif			
Présent:	Sois aimé		
Subjonctif			
Présent:	Que je sois aimé	*Passé:*	Que j'aie été aimé
Imparfait:	Que je fusse aimé	*Plus-que-parfait:*	Que j'eusse été aimé
Infinitif			
Présent:	Être aimé	*Passé:*	Avoir été aimé
		Futur (rare):	Devoir être aimé
Participe			
Présent:	Étant aimé	*Passé:*	Aimé -e
			Ayant été aimé
		Futur (rare):	Devant être aimé

1. Ces formes sont aussi celles du *futur du passé de l'indicatif.*
2. Mêmes formes au *futur antérieur du passé.* Une seconde forme du conditionnel passé *J'eusse été aimé* n'est autre que celle du plus-que-parfait du subjonctif.

343 g) **La conjugaison pronominale**

Verbe type : **S'ENVOLER**			
Indicatif			
Présent:	Je m'envole	*Passé composé:*	Je me suis envolé
Imparfait:	Je m'envolais	*Plus-que-parfait:*	Je m'étais envolé
Passé simple:	Je m'envolai	*Passé antérieur:*	Je me fus envolé
Futur simple:	Je m'envolerai	*Futur antérieur:*	Je me serai envolé
Conditionnel			
Présent[1]:	Je m'envolerais	*Passé*[2]:	Je me serais envolé
Impératif			
Présent:	Envole-toi		
Subjonctif			
Présent:	Que je m'envole	*Passé:*	Que je me sois envolé
Imparfait:	Que je m'envolasse	*Plus-que-parfait:*	Que je me fusse envolé
Infinitif			
Présent:	S'envoler	*Passé:*	S'être envolé
		Futur (rare):	Devoir s'envoler
Participe			
Présent:	S'envolant	*Passé:*	Envolé, -e
			S'étant envolé
		Futur (rare):	Devant s'envoler

1. Ces formes sont aussi celles du *futur du passé de l'indicatif*.
2. Mêmes formes au *futur antérieur du passé*. Une seconde forme du conditionnel passé *Je me fusse envolé* n'est autre que celle du plus-que-parfait du subjonctif.

REMARQUES

1. Pour les différentes valeurs des verbes pronominaux, voir § 287.

2. Les verbes pronominaux prennent toujours, aux temps composés, l'auxiliaire *être* (§ 301, 2º) :
   Je me **suis** trompé. Ils se **sont** battus. Elle s'**est** évanouie.

3. Le pronom représentant le sujet du verbe pronominal se place avant le verbe ; aux temps composés, il se place avant l'auxiliaire. Ce pronom est atone.

   À l'impératif, ce pronom se place après le verbe : *Souviens-**toi**, Envolons-**nous**.* Il est alors tonique (sauf s'il perd son accent tonique au profit d'un monosyllabe faisant corps avec la forme verbale : *Souviens-toi bien. Envolons-nous donc !*).

344 h) **La conjugaison impersonnelle**

Verbe type : **NEIGER**			
Indicatif			
Présent :	Il neige	*Passé composé :*	Il a neigé
Imparfait :	Il neigeait	*Plus-que-parfait :*	Il avait neigé
Passé simple :	Il neigea	*Passé antérieur :*	Il eut neigé
Futur simple :	Il neigera	*Futur antérieur :*	Il aura neigé
Conditionnel			
Présent[1] *:*	Il neigerait	*Passé*[2] *:*	Il aurait neigé
Subjonctif			
Présent :	Qu'il neige	*Passé :*	Qu'il ait neigé
Imparfait :	Qu'il neigeât	*Plus-que-parfait :*	Qu'il eût neigé
Infinitif			
Présent :	Neiger	*Passé :*	Avoir neigé
Participe			
Présent[3] *:*	Neigeant	*Passé :*	Neigé
			Ayant neigé

1. Ces formes sont aussi celles du *futur du passé de l'indicatif.*
2. Mêmes formes au *futur antérieur du passé.* Une seconde forme du conditionnel passé *Il eût neigé* n'est autre que celle du plus-que-parfait du subjonctif.
3. Usité seulement lorsque le verbe impersonnel est pris figurément. (Voir § 288, a, Rem.)

i) **La conjugaison interrogative**

345 Seuls le mode *indicatif* et le mode *conditionnel* peuvent prendre la forme interrogative.

REMARQUES
1. Devant le pronom sujet en inversion, à la 1re personne du singulier, l'*e* s'écrit *é* et se prononce [ɛ][1] :
> *Aimé-je ? Cueillé-je ? Puissé-je.*

2. On n'admet pas, en général, l'inversion du sujet *je* à la 1re personne du singulier de l'indicatif présent, dans la conjugaison interrogative des verbes autres que les verbes en *-er*, sauf pour quelques verbes très usités :
> *Ai-je ? Dis-je ? Dois-je ? Fais-je ? Puis-je ? Suis-je ?*
> *Sais-je ? Vais-je ? Vois-je ? Veux-je ?*
> ***Tiens-je*** *tellement à laisser un poème, un piège ?* (F. Ponge)
> Au lieu de *cours-je ? mens-je ?* etc., on dira : *Est-ce que je cours ?* etc.

---

1. Les rectifications orthographiques de 1990 proposent d'écrire *aimè-je* (§ 511).

3. Devant les sujets, *il, elle, on,* en inversion, lorsque le verbe se termine par *e* ou *a,* on intercale la consonne euphonique[1] *t* (entre traits d'union) :

> *Chante-**t**-il ? Ira-**t**-elle ? Viendra-**t**-on ?*

346   Verbe AIMER conjugué interrogativement

Indicatif :			
Présent :	Aimé-je ? aimes-tu, ...	ou :	Est-ce que j'aime ?
Imparfait :	Aimais-je ?		Est ce que j'aimais ?
Passé simple :	Aimai-je ?		Est-ce que j'aimai ?
Futur simple :	Aimerai-je ?		Est-ce que j'aimerai ?
Passé composé :	Ai-je aimé ?		Est-ce que j'ai aimé ?
Plus-que-parfait :	Avais-je aimé ?		Est-ce que j'avais aimé ?
Passé antér. :	Eus-je aimé ?		Est-ce que j'eus aimé ?
Futur antér. :	Aurai-je aimé ?		Est-ce que j'aurai aimé ?
Conditionnel :			
Présent :	Aimerais-je ?	ou :	Est-ce que j'aimerais ?
Passé :	Aurais-je aimé ?		Est-ce que j'aurais aimé
	Eussé-je aimé ?		(... j'eusse aimé) ?

2. La conjugaison des verbes irréguliers et des verbes défectifs

347   a)   Les verbes irréguliers

On appelle verbes **irréguliers** :

1° Ceux qui, tout en gardant le même radical à tous les temps, présentent à certaines formes des particularités de terminaisons, par exemple :

> *Cueill-ir.* Ind. pr. *Je cueill-**e*** (comme *j'aim-**e***).

2° Ceux dont le radical ne reste pas le même à tous les temps, par exemple : *tenir* :

a) Radic. **tien-** : Indic. pr. :   *Je tiens, tu tiens, il tient, ils tiennent.*

    Impér. pr. :   *Tiens.*

    Subj. pr. :   *Que je tienne, que tu tiennes, qu'il tienne, qu'ils tiennent.*

b) Radic. **ten-** : Indic. pr. :   *Nous tenons, vous tenez.*

    Imparf. :   *Je tenais, tu tenais,* etc.

    Impér. pr. :   *Tenons, tenez.*

    Subj. pr. :   *Que nous tenions, que vous teniez.*

    Part. pr. :   *Tenant.*

    Part. pas. :   *Tenu.*

---

1. « Euphonique », du moins selon le sentiment de l'usager ordinaire. La grammaire historique enseigne que ce *t* est dû à l'analogie avec des formes telles que *dit-il, sort-il, aimait-il.*

c) Radic. **tiend-** : Futur s. :   *Je tiendrai, tu tiendras,* etc.

                   Cond. pr. :   *Je tiendrais, tu tiendrais,* etc.

d) Radic. **tin-** :   Passé s. :   *Je tins, tu tins,* etc.

                   Subj. imparf. :   *Que je tinsse, que tu tinsses,* etc.

348   b)   Les verbes défectifs

On appelle verbes *défectifs* ceux qui ne sont pas usités à certains temps ou à certaines personnes ; par exemple :

– *Absoudre* n'a ni passé simple ni subjonctif imparfait.

– *S'ensuivre* n'est usité qu'à l'infinitif et aux troisièmes personnes de chaque temps.

– *Gésir* ne s'emploie plus qu'au présent et à l'imparfait de l'indicatif et au participe présent.

349   c)   Liste alphabétique des verbes irréguliers et des verbes défectifs

N.B.

On se dispense d'indiquer ici le *conditionnel :* chaque fois que le futur simple existe, le conditionnel existe aussi.

Abattre

Comme *battre.*

Absoudre

Ind. pr. : *J'absous, tu absous, il absout, nous absolvons, vous absolvez, ils absolvent.* • Imparf. : *J'absolvais.* • Passé s. (manque). • Fut. : *J'absoudrai.* • Impér. : *Absous, absolvons, absolvez.* • Subj. pr. : *Que j'absolve.* • Subjonct. imparf. (manque). • Part. pr. : *Absolvant.* • Part. pas. : *Absous, absoute.*

Abstenir (s')

Comme *tenir,* mais les temps composés prennent *être.*

Abstraire

Comme *traire.*

Accourir

Comme *courir.*

Accroire

N'est usité qu'à l'infin., précédé du verbe *faire : Il m'en fait accroire.*

Accroître

Ind. pr. : *J'accrois, tu accrois, il accroît, nous accroissons, vous accroissez, ils accroissent.* • Imparf. : *J'accroissais.* • Passé s. : *J'accrus, tu accrus, il accrut, nous accrûmes, vous accrûtes, ils accrurent.* • Fut. : *J'accroîtrai.* • Impér. : *Accrois, accroissons, accroissez.* • Subj. pr. : *Que j'accroisse.* • Subj. imp. : *Que j'accrusse.* • Part. pr. : *Accroissant.* • Part. pas. : *Accru, accrue* (§ 340, Rem.). • Aux temps composés, il prend *avoir* ou *être* selon la nuance de la pensée (§ 303).

Accueillir

Comme *cueillir.*

Acquérir

Ind. pr. : *J'acquiers, tu acquiers, il acquiert, nous acquérons, vous acquérez, ils acquièrent.* • Imparf. : *J'acquérais.* • Passé s. : *J'acquis.* • Fut. : *J'acquerrai.* • Impér. : *Acquiers, acquérons, acquérez.* • Subj. pr. : *Que j'acquière, que tu acquières, qu'il acquière, que nous acquérions, que vous acquériez, qu'ils acquièrent.* • Subj. imp. : *Que j'acquisse.* • Part. pr. : *Acquérant.* • Part. pas. : *Acquis, acquise.*

Adjoindre

Comme *craindre*.

Admettre

Comme *mettre*.

Advenir

Comme *tenir*, mais n'est usité qu'à l'infinitif et aux troisièmes personnes, et prend *être* aux temps composés. • *Advenant* s'emploie dans les contrats, etc. au sens de «s'il arrive».

Aller

Ind. pr.: *Je vais, tu vas, il va, nous allons, vous allez, ils vont.* • Imparf.: *J'allais.* • Passé s.: *J'allai.* • Fut.: *J'irai.* • Impér.: *Va* (pour *vas-y*, voir § 315, Rem.), *allons, allez.* • Subj. pr.: *Que j'aille, que tu ailles, qu'il aille, que nous allions, que vous alliez, qu'ils aillent.* • Subj. imp.: *Que j'allasse.* • Part. pr.: *Allant.* • Part. pas.: *Allé, allée.* • Les temps composés prennent *être*.

S'en aller. • Comme *aller*: *Je m'en vais*, etc. • Remarquez: Impér.: *Va-t'en, allons-nous-en, allez-vous-en.* • Aux temps comp., l'auxil. *être* se place entre *en* et *allé*: *Je m'en suis allé*, etc.

Apercevoir

Comme *recevoir*.

Apparaître

Comme *paraître*.

Apparoir

(= être évident, être manifeste). Terme de justice usité seulement à l'infin., et impersonnellement, à la 3e pers. de l'ind. pr.: *Il a fait apparoir de son bon droit.* • Ainsi *qu'il appert de tel acte*.

Appartenir

Comme *tenir*.

Appendre

Comme *rendre*.

Apprendre

Comme *prendre*.

Assaillir

Ind. pr.: *J'assaille, tu assailles, il assaille, nous assaillons, vous assaillez, ils assaillent.* • Imparf.: *J'assaillais, nous assaillions.* • Passé s.: *J'assaillis.*

• Fut.: *J'assaillirai.* • Impér.: *Assaille, assaillons, assaillez.* • Subj. pr.: *Que j'assaille, que nous assaillions, que vous assailliez, qu'ils assaillent.* • Subj. imp.: *Que j'assaillisse.* • Part. pr.: *Assaillant.* • Part. pas.: *Assailli, assaillie.*

Asseoir

Ind. pr.: *J'assieds, tu assieds, il assied, nous asseyons, vous asseyez, ils asseyent* (ou: *J'assois, tu assois, il assoit, nous assoyons, vous assoyez, ils assoient*). • Imparf.: *J'asseyais, nous asseyions* (ou: *J'assoyais, nous assoyions*). • Passé s.: *J'assis.* • Fut.: *J'assiérai* (ou: *J'assoirai*). • Impér.: *Assieds, asseyons, asseyez* (ou: *Assois, assoyons, assoyez*). • Subj. pr.: *Que j'asseye, que nous asseyions, qu'ils asseyent* (ou: *Que j'assoie, que nous assoyions, qu'ils assoient*). • Subj. imp.: *Que j'assisse.* • Part. pr.: *Asseyant* (ou: *Assoyant*). • Part. pas.: *Assis, assise.*

Astreindre

Comme *craindre*.

Atteindre

Comme *craindre*.

Attendre

Comme *rendre*.

Attraire

Comme *traire*, mais ne s'emploie plus guère qu'à l'infinitif.

Battre

Ind. pr.: *Je bats, tu bats, il bat, nous battons, vous battez, ils battent.* • Imparf.: *Je battais.* • Passé s.: *Je battis.* • Fut.: *Je battrai.* • Impér.: *Bats, battons, battez.* • Subj. pr.: *Que je batte.* • Subj. imp.: *Que je battisse.* • Part. pr.: *Battant.* • Part. pas.: *Battu, battue.*

Boire

Ind. pr.: *Je bois, tu bois, il boit, nous buvons, vous buvez, ils boivent.* • Imparf.: *Je buvais.* • Passé s.: *Je bus.* • Fut.: *Je boirai.* • Impér.: *Bois, buvons, buvez.* • Subj. pr.: *Que je boive, que tu boives, qu'il boive, que nous buvions, que vous buviez, qu'ils boivent.* • Subj. imp.: *Que je busse.* • Part. pr.: *Buvant.* • Part. pas.: *Bu, bue.*

Bouillir

Ind. pr.: *Je bous, tu bous, il bout, nous bouillons, vous bouillez, ils bouillent.* • Imparf.: *Je bouillais, nous bouillions.* • Passé s.: *Je bouillis.* • Fut.: *Je bouillirai.* • Impér.: *Bous, bouillons, bouillez.* • Subj. pr.: *Que je bouille, que nous bouillions, que vous bouilliez, qu'ils bouillent.* • Subj. imp.: *Que je bouillisse.* • Part. pr.: *Bouillant.* • Part. pas.: *Bouilli, bouillie.*

Braire

Ne s'emploie guère qu'à l'infin. et aux troisièmes personnes du prés. de l'indic., du fut. et du condit.: *Il brait, ils braient.* • *Il braira, ils brairont.* • *Il brairait, ils brairaient.* • Les formes suivantes sont rares: Imparf.: *Il brayait, ils brayaient.* • Part. pr.: *Brayant.* • Part. pas.: *Brait* (dans les temps composés: *Il a brait,* etc.) (sans fém. ni plur.).

Bruire

N'est guère utilisé qu'à l'infin., à la 3ᵉ p. du sg. de l'ind. pr.: *Il bruit* • aux 3ᵉˢ pers. de l'imparf.: *Il bruissait, ils bruissaient* (*il bruyait, ils bruyaient* sont archaïques) • et au part. pr.: *Bruissant* (*bruyant* ne s'emploie plus que comme adjectif).

Ceindre

Comme *craindre.*

Chaloir

(= importer). • Ne s'emploie plus qu'impersonnellement, dans les expressions: *il ne m'en chaut, il ne m'en chaut guère, peu me chaut.*

Choir

Ne s'emploie plus qu'en poésie ou par plaisanterie, à l'infin., au fut.: *Je cherrai* • et au part. pas.: *Chu, chue.*

Circoncire

Comme *suffire,* mais le part. pas. est en *-s*: *Circoncis, circoncise.*

Circonscrire

Comme *écrire.*

Circonvenir

Comme *tenir.*

Clore

N'est usité qu'à l'infin. et aux formes suivantes: Ind. pr.: *Je clos, tu clos, il clôt,* (rare: *ils closent*). • Fut. (rare): *Je clorai, tu cloras,* etc. • Impér.: *Clos.* • Subj. pr. (rare): *Que je close,* etc. • Part. pas.: *Clos, close.*

Combattre

Comme *battre.*

Commettre

Comme *mettre.*

Comparaître

Comme *connaître.*

Comparoir

Terme de procédure usité seulement à l'infin. (mot archaïque, remplacé par *comparaître*). • *Comparant* s'emploie comme adjectif ou comme nom.

Complaire

Comme *plaire.*

Comprendre

Comme *prendre.*

Compromettre

Comme *mettre.*

Concevoir

Comme *recevoir.*

Conclure

Ind. prés.: *Je conclus, tu conclus, il conclut, nous concluons, vous concluez, ils concluent.* • Imparf.: *Je concluais, nous concluions.* • Passé s.: *Je conclus.* • Fut.: *Je conclurai.* • Impér.: *Conclus, concluons, concluez.* • Subj. pr.: *Que je conclue, que nous concluions.* • Subj. imp.: *Que je conclusse.* • Part. pr.: *Concluant.* • Part. pas.: *Conclu, conclue.*

Concourir

Comme *courir.*

Condescendre

Comme *rendre.*

Conduire

Ind. pr.: *Je conduis, tu conduis, il conduit, nous conduisons, vous conduisez, ils conduisent.* • Imparf.: *Je conduisais.* • Passé s.: *Je conduisis.* • Fut.: *Je conduirai.* • Impér.: *Conduis, conduisons, conduisez.* • Subj. imp.: *Que je conduisisse.* • Part. pr.: *Conduisant.* • Part. pas.: *Conduit, conduite.*

Confire

Comme *suffire*, sauf le part. pas.: *Confit, confite.*

Confondre

Comme *rendre.*

Conjoindre

Comme *craindre.*

Connaître

Ind. pr.: *Je connais, tu connais, il connaît, nous connaissons, vous connaissez, ils connaissent.* • Imparf.: *Je connaissais.* • Passé s.: *Je connus.* • Fut.: *Je connaîtrai.* • Imp.: *Connais, connaissons, connaissez.* • Subj. pr.: *Que je connaisse.* • Subj. imp.: *Que je connusse.* • Part. pr.: *Connaissant.* • Part. pas.: *Connu, connue.*

Conquérir

Comme *acquérir.*

Consentir

Comme *mentir.*

Construire

Comme *conduire.*

Contenir

Comme *tenir.*

Contraindre

Comme *craindre.*

Contredire

Comme *dire*, sauf à la 2ᵉ pers. du plur. de l'ind. pr. et de l'impér., où l'on a: *contredisez.*

Contrefaire

Comme *faire.*

Contrevenir

Comme *tenir.*

Convaincre

Comme *vaincre.*

Convenir

Comme *tenir.* • Dans le sens de «être approprié à, plaire, être à propos», il se conjugue avec *avoir* aux temps composés. Dans le sens de «tomber d'accord, faire un accord», il se conjugue avec *être.*

Correspondre

Comme *rendre.*

Corrompre

Comme *rompre.*

Coudre

Ind. pr.: *Je couds, tu couds, il coud, nous cousons, vous cousez, ils cousent.* • Imparf.: *Je cousais.* • Passé s.: *Je cousis.* • Fut.: *Je coudrai.* • Impér.: *Couds, cousons, cousez.* • Subj. pr.: *Que je couse.* • Subj. imp.: *Que je cousisse.* • Part. pr.: *Cousant.* • Part. pas.: *Cousu, cousue.*

Courir

Ind. pr.: *Je cours, tu cours, il court, nous courons, vous courez, ils courent.* • Imparf.: *Je courais.* • Passé s.: *Je courus.* • Fut: *Je courrai.* • Impér.: *Cours, courons, courez.* • Subj. pr.: *Que je coure, que tu coures, qu'il coure, que nous courions, que vous couriez, qu'ils courent.* • Subj. imp.: *Que je courusse.* • Part. pr.: *Courant.* • Part. pas.: *Couru, courue.*

Couvrir

Ind. pr.: *Je couvre, tu couvres, il couvre, nous couvrons, vous couvrez, ils couvrent.* • Imparf.: *Je couvrais.* • Passé s.: *Je couvris.* • Fut.: *Je couvrirai.* • Impér.: *Couvre, couvrons, couvrez.* • Subj. pr.: *Que je couvre.* • Subj. imp.: *Que je couvrisse.* • Part. pr.: *Couvrant.* • Part. pas.: *Couvert, couverte.*

Craindre

Ind. pr.: *Je crains, tu crains, il craint, nous craignons, vous craignez, ils craignent.* • Imparf.: *Je craignais, nous craignions.* • Passé s.: *Je craignis.* • Fut.: *Je craindrai.* • Impér.: *Crains, craignons, craignez.* • Subj. pr.: *Que je craigne, que nous craignions.* • Subj. imp.: *Que je craignisse.* • Part. pr.: *Craignant.* • Part. pas.: *Craint, crainte.*

Croire

Ind. pr.: *Je crois, tu crois, il croit, nous croyons, vous croyez, ils croient.* • Imparf.: *Je croyais, nous croyions.* • Passé s.: *Je crus.* • Fut.: *Je croirai.* • Impér.: *Crois, croyons, croyez.* • Subj. pr.: *Que je croie, que tu croies, qu'il croie, que nous croyions, que vous croyiez, qu'ils croient.* • Subj. imp.: *Que je crusse.* • Part. pr.: *Croyant.* • Part. pas.: *Cru, crue.*

Croître

Ind. pr.: *Je croîs, tu croîs, il croît, nous croissons, vous croissez, ils croissent.* • Imparf.: *Je croissais.* • Passé s.: *Je crûs, tu crûs, il crût, nous crûmes, vous crûtes, ils crûrent.* • Fut.: *Je croîtrai.* • Impér.: *Croîs, croissons, croissez.* • Subj. pr.: *Que je croisse.* • Subj. imp.: *Que je crusse* (on ne voit pas pourquoi l'Académie écrit cette forme sans accent circonflexe). • Part. pr.: *Croissant.* • Part. pas.: *Crû.*

Cueillir

Ind. pr.: *Je cueille, tu cueilles, il cueille, nous cueillons, vous cueillez, ils cueillent.* • Imparf.: *Je cueillais, nous cueillions.* • Passé s.: *Je cueillis.* • Fut.: *Je cueillerai.* • Impér.: *Cueille, cueillons, cueillez.* • Subj. pr.: *Que je cueille, que nous cueillions.* • Subj. imp.: *Que je cueillisse.* • Part. pr.: *Cueillant.* • Part. pas.: *Cueilli, cueillie.*

Cuire

Comme *conduire.*

Débattre

Comme *battre.*

Décevoir

Comme *recevoir.*

Déchoir

Ind. pr.: *Je déchois, tu déchois, il déchoit, nous déchoyons, vous déchoyez, ils déchoient.* • Imparf.: (inusité). • Passé s.: *Je déchus.* • Fut.: *Je déchoirai.*

• Impér.: (inusité). • Subj. pr.: *Que je déchoie, que nous déchoyions, que vous déchoyiez, qu'ils déchoient.* • Subj. imp.: *Que je déchusse.* • Part. pr.: (inusité). • Part. pas.: *Déchu, déchue.* • Aux temps composés, il prend *avoir* ou *être* selon la nuance de la pensée (§ 303).

Déclore

Comme *clore.* N'est plus guère utilisé que dans la langue littéraire, à l'infinitif et au participe passé: *Déclos, déclose.*

Découdre

Comme *coudre.*

Découvrir

Comme *couvrir.*

Décrire

Comme *écrire.*

Décroître

Comme *accroître.*

Dédire (se)

Comme *dire,* sauf à la 2e pers. de l'ind. et de l'impér.: *Vous vous dédisez, dédisez-vous.* • Aux temps composés, il se conjugue avec *être.*

Déduire

Comme *conduire.*

Défaillir

Comme *assaillir.* • Selon l'Académie, *défaillir* n'est plus guère usité qu'au plur. du prés. de l'ind., à l'imparf., au passé s., au passé comp., à l'infin. et au part. pr.

Défaire

Comme *faire.*

Défendre

Comme *rendre.*

Démentir

Comme *mentir,* mais il a un part. pas. féminin: *démentie.*

Démettre

Comme *mettre.*

Démordre

Comme *rendre.*

Départir

Comme *mentir,* mais son part. pas.:
Départi a un féminin: *départie.*

Dépeindre

Comme *craindre.*

Dépendre

Comme *rendre.*

Déplaire

Comme *plaire.*

Désapprendre

Comme *prendre.*

Descendre

Comme *rendre.* • Aux temps composés,
il prend *avoir* ou *être* selon la nuance
de la pensée (§ 303).

Desservir

Comme *servir.*

Déteindre

Comme *craindre.*

Détendre

Comme *rendre.*

Détenir

Comme *tenir.*

Détordre

Comme *rendre.*

Détruire

Comme *conduire.*

Devenir

Comme *tenir,* mais aux temps composés,
il se conjugue avec *être.*

Dévêtir

Comme *vêtir.*

Devoir

Ind. pr.: *Je dois, tu dois, il doit, nous
devons, vous devez, ils doivent.* •
Imparf.: *Je devais.* • Passé s.: *Je dus.*
• Fut.: *Je devrai.* • Impér.* (très peu
usité): *Dois, devons, devez.* • Subj. pr.:
que je doive, que nous devions. • Subj.
imp.: *Que je dusse.* • Part. pr.: *Devant.*
• Part. pas.: *Dû* (plur.: *dus:* § 336),
due (plur.: *dues*).

Dire

Ind. pr.: *Je dis, tu dis, il dit, nous
disons, vous dites, ils disent.* • Imparf.:
Je disais. • Passé s.: *Je dis.* • Fut.:

Je dirai. • Impér.: *Dis, disons, dites.*
• Subj. pr.: *Que je dise.* • Subj. imp.:
Que je dise. • Part. pr.: *Disant.* • Part.
pas.: *Dit, dite.*

Disconvenir

Comme *tenir.* • Aux temps composés,
dans le sens de «ne pas convenir
d'une chose», il prend *être: Il n'est
pas disconvenu de cette vérité.* Dans le
sens de «ne pas convenir à», il prend
*avoir: Cette mesure a disconvenu à
beaucoup de gens.*

Discourir

Comme *courir.*

Disjoindre

Comme *craindre.*

Disparaître

Comme *connaître.*

Dissoudre

Comme *absoudre.*

Distendre

Comme *rendre.*

Distraire

Comme *traire.*

Dormir

Ind. pr.: *Je dors, tu dors, il dort, nous
dormons, vous dormez, ils dorment.* •
Imparf.: *Je dormais.* • Passé s.: *Je
dormis.* • Fut.: *Je dormirai.* • Impér.:
Dors, dormons, dormez. • Subj. pr.: *Que
je dorme.* • Subj. imp.: *Que je dormisse.*
• Part. pr.: *Dormant.* • Part. pas.:
Dormi [le fém. *dormie* est rare: *Trois
nuits mal dormies* (A. de Musset)].

Ébattre (s')

Comme *battre.* Les temps composés
prennent *être.*

Échoir

Usité seulement à l'infin. et aux formes
suivantes: Ind. pr.: *Il échoit* (il échet
est juridique), *ils échoient.* • Passé s.:
Il échut. • Fut.: *Il échoira, ils échoi-
ront* (il écherra, ils écherront: formes
archaïques). • Condit.: *Il échoirait,
ils échoiraient* (il écherrait, ils écher-
raient: formes archaïques). • Part. pr.:
Échéant. • Part. pas.: *Échu, échue.* •

Les temps composés se conjuguent avec *être*.

Éclore

N'est guère usité qu'à l'infin. et aux 3ᵉ pers. de quelques temps : *Il éclôt, ils éclosent. Il est éclos. Il éclora. Il éclorait. Qu'il éclose. Éclos.* • Selon Littré, *éclore* a les temps suivants : Ind. pr. : *J'éclos, tu éclos, il éclôt, nous éclosons, vous éclosez, ils éclosent.* • Imparf. : *J'éclosais.* • Fut. : *J'éclorai.* • Condit. : *J'éclorais.* • Subj. pr. : *Que j'éclose.* • Part. pas. : *Éclos, éclose.* • Les temps composés prennent *être* ou *avoir* (§ 303).

Éconduire

Comme *conduire*.

Écrire

Ind. pr. : *J'écris, tu écris, il écrit, nous écrivons, vous écrivez, ils écrivent.* • Imparf. : *J'écrivais.* • Passé s. : *J'écrivis.* • Fut. : *J'écrirai.* • Impér. : *Écris, écrivons, écrivez.* • Subj. pr. : *Que j'écrive.* • Subj. imp. : *Que j'écrivisse.* • Part. pr. : *Écrivant.* • Part. pas. : *Écrit, écrite.*

Élire

Comme *lire*.

Émettre

Comme *mettre*.

Émouvoir

Comme *mouvoir*, mais le part. pas. : *Ému* s'écrit sans circonflexe (§ 336, Rem.).

Empreindre

Comme *craindre*.

Enceindre

Comme *craindre*.

Enclore

Ind. pr. : *J'enclos, tu enclos, il enclôt, nous enclosons, vous enclosez, ils enclosent.* • Imparf. (rare) : *J'enclosais.* • Passé s. (manque). • Fut. : *J'enclorai.* • Impér. : *Enclos.* • Subj. pr. : *Que j'enclose.* • Subj. imp. : (manque). • Part. pr. (rare) : *Enclosant.* • Part. pas. : *Enclos, enclose.*

Encourir

Comme *courir*.

Endormir

Comme *dormir*.

Enduire

Comme *conduire*.

Enfreindre

Comme *craindre*.

Enfuir (s')

Comme *fuir*. • Aux temps composés, il prend *être*.

Enjoindre

Comme *craindre*.

Enquérir (s')

Comme *acquérir*. • Aux temps composés, il prend *être*.

Ensuivre (s')

Comme *suivre*, mais n'est usité qu'à l'infin. et aux 3ᵉˢ pers. de chaque temps. • Aux temps composés, il se conjugue avec *être*.

Entendre

Comme *rendre*.

Entremettre (s')

Comme *mettre*. • Aux temps composés, il se conjugue avec *être*.

Entreprendre

Comme *prendre*.

Entretenir

Comme *tenir*.

Entrevoir

Comme *voir*.

Entrouvrir

Comme *couvrir*.

Envoyer

Ind. pr. : *J'envoie, tu envoies, il envoie, nous envoyons, vous envoyez, ils envoient.* • Imparf. : *J'envoyais, nous envoyions.* • Passé s. : *J'envoyai.* • Fut. : *J'enverrai.* • Impér. : *Envoie, envoyons, envoyez.* • Subj. pr. : *Que j'envoie, que nous envoyions.* • Subj. imp. : *Que j'envoyasse.* • Part. pr. : *Envoyant.* • Part. pas. : *Envoyé, envoyée.*

Épandre

Comme *rendre*.

Éprendre (s')

Comme *prendre*. • Aux temps composés, il se conjugue avec *être*.

Équivaloir

Comme *valoir*, mais le part. pas.: *Équivalu* n'a ni féminin ni pluriel.

Éteindre

Comme *craindre*.

Étendre

Comme *tendre*.

Étreindre

Comme *craindre*.

Exclure

Comme *conclure*.

Extraire

Comme *traire*.

Faillir

N'est plus guère usité qu'à l'infin., au passé s., au fut., au condit. et aux temps composés. • Passé s.: *Je faillis*. • Fut.: *Je faillirai*. • Part. pas.: *Failli, faillie*. • Dans le sens de «faire faillite», *faillir* se conjugue sur *finir*.

Faire

Ind. pr.: *Je fais, tu fais, il fait, nous faisons, vous faites, ils font*. • Imparf.: *Je faisais*. • Passé s.: *Je fis*. • Fut.: *Je ferai*. • Impér.: *Fais, faisons, faites*. • Subj. pr.: *Que je fasse*. • Subj. imp.: *Que je fisse*. • Part. pr.: *Faisant*. • Part. pas.: *Fait, faite*.

Falloir

Verbe impersonnel. Ind. pr.: *Il faut*. • Imparf.: *Il fallait*. • Passé s.: *Il fallut*. • Fut.: *Il faudra*. • Subj. pr.: *Qu'il faille*. • Subj. imp.: *Qu'il fallût*. • Part. pas.: *Fallu* (sans fém. ni plur.).

Feindre

Comme *craindre*.

Fendre

Comme *rendre*.

Férir

(= frapper) • N'est plus usité qu'à l'infin. dans l'expression *sans coup férir*, et au part. pas.: *Féru, férue*, qui s'emploie comme adjectif et signifie au propre: «qui est blessé, frappé de qq. ch.» et au figuré: «qui est épris de».

Fleurir

Au sens propre, se conjugue régulièrement sur *finir*. • Au sens figuré de «prospérer», fait souvent *florissait* à l'imparf. de l'ind. et presque toujours *florissant* au part. pr. L'adj. verbal est toujours *florissant* (§ 334).

Fondre

Comme *rendre*.

Forfaire

N'est guère usité qu'à l'infin. et aux temps composés: *J'ai forfait à l'honneur*, etc.

Frire

N'est guère usité qu'à l'infin., au sing. de l'ind. pr.: *Je fris, tu fris, il frit*. • au part. pas.: *Frit, frite*. • et aux temps composés: *J'ai frit, j'avais frit*, etc. • Rares: Fut.: *Je frirai*. • Condit.: *Je frirais*. • Impér. sg.: *Fris*. • On supplée les autres formes au moyen des temps du verbe *faire* et de l'infinitif *frire*: *Nous faisons frire*, etc.

Fuir

Ind. pr.: *Je fuis, tu fuis, il fuit, nous fuyons, vous fuyez, ils fuient*. • Imparf.: *Je fuyais, nous fuyions*. • Passé s.: *Je fuis*. • Fut.: *Je fuirai*. • Impér.: *Fuis, fuyons, fuyez*. • Subj. pr.: *Que je fuie, que tu fuies, qu'il fuie, que nous fuyions, que vous fuyiez, qu'ils fuient*. • Subj. imp. (rare): *Que je fuisse*. • Part. pr.: *Fuyant*. • Part. pas.: *Fui, fuie*.

Geindre

Comme *craindre*.

Gésir

(= être couché). • Ne s'emploie plus qu'à l'ind. pr.: *Je gis, tu gis, il gît (ci-gît), nous gisons, vous gisez, ils gisent*. • à l'imparf.: *Je gisais*, etc. • au part. pr.: *Gisant*.

Haïr

Ind. pr.: *Je hais, tu hais, il hait, nous haïssons, vous haïssez, ils haïssent*. • Imparf.: *Je haïssais*. • Passé s. (rare):

Je haïs, nous haïmes, vous haïtes, ils haïrent. • Futur: *Je haïrai.* • Impér.: *Haïs, haïssons, haïssez.* • Subj. pr.: *Que je haïsse.* • Subj. imp. (rare): *Que je haïsse, que tu haïsses, qu'il haït.* • Part. pr.: *Haïssant.* • Part. pas.: *Haï, haïe.*

Inclure

Comme *conclure,* sauf part. pas.: *Inclus, incluse,* qui est le plus souvent précédé de *ci.*

Induire

Comme *conduire.*

Inscrire

Comme *écrire.*

Instruire

Comme *conduire.*

Interdire

Comme *dire,* sauf à la 2e p. du plur. de l'ind. pr. et de l'impér., où l'on a: *interdisez.*

Intervenir

Comme *venir.* Il prend l'auxiliaire *être.*

Introduire

Comme *conduire.*

Issir

(= sortir). • Ne subsiste plus qu'au part. pas.: *Issu, issue,* qui s'emploie seul ou avec *être*: *Un prince issu du sang des rois. Il est issu d'une famille noble.*

Joindre

Comme *craindre.*

Lire

Ind. pr.: *Je lis, tu lis, il lit, nous lisons, vous lisez, ils lisent.* • Imparf.: *Je lisais.* • Passé s.: *Je lus.* • Fut.: *Je lirai.* • Impér.: *Lis, lisons, lisez.* • Subj. pr.: *Que je lise.* • Subj. imp.: *Que je lusse.* • Part. pr.: *Lisant.* • Part. pas.: *Lu, lue.*

Luire

Ind. pr.: *Je luis, tu luis, il luit, nous luisons, vous luisez, ils luisent.* • Imparf.: *Je luisais.* • Passé s. (peu usité): *Je luisis.* • Fut.: *Je luirai.* • Impér.: *Luis, luisons, luisez.* • Subj. pr.: *Que je luise.* • Subj. imp. (peu usité):

Que je luisisse. • Part. pr.: *Luisant.* • Part. pas.: *Lui* (sans fém. ni plur.).

Maintenir

Comme *tenir.*

Maudire

Ind. pr.: *Je maudis, tu maudis, il maudit, nous maudissons, vous maudissez, ils maudissent.* • Imparf.: *Je maudissais.* • Passé s.: *Je maudis.* • Fut.: *Je maudirai.* • Impér.: *Maudis, maudissons, maudissez.* • Subj. pr.: *Que je maudisse.* • Subj. imp.: *Que je maudisse.* • Part. pr.: *Maudissant.* • Part. pas.: *Maudit, maudite.*

Méconnaître

Comme *connaître.*

Médire

Comme *dire,* sauf à la 2e p. du plur. de l'ind. pr. et de l'impér. où l'on a: *médisez.* Le part. pas. *médit* n'a ni fém. ni plur.

Mentir

Ind. pr.: *Je mens, tu mens, il ment, nous mentons, vous mentez, ils mentent.* • Imparf.: *Je mentais.* • Passé s.: *Je mentis.* • Fut.: *Je mentirai.* • Impér.: *Mens, mentons, mentez.* • Subj. pr.: *Que je mente.* • Subj. imp.: *Que je mentisse.* • Part. pr.: *Mentant.* • Part. pas.: *Menti* (sans fém., ni plur.).

Méprendre (se)

Comme *prendre.* • Aux temps composés, il se conjugue avec *être.*

Messeoir

N'est plus en usage à l'infin.; il s'emploie dans les mêmes temps que *seoir* (= convenir).

Mettre

Ind. pr.: *Je mets, tu mets, il met, nous mettons, vous mettez, ils mettent.* • Imparf.: *Je mettais.* • Passé s.: *Je mis.* • Fut.: *Je mettrai.* • Impér.: *Mets, mettons, mettez.* • Subj. pr.: *Que je mette.* • Subj. imp.: *Que je misse.* • Part. pr.: *Mettant.* • Part. pas.: *Mis, mise.*

Mordre

Comme *rendre*.

Morfondre (se)

Comme *rendre*. • Aux temps composés, il se conjugue avec *être*.

Moudre

Ind. pr.: *Je mouds, tu mouds, il moud, nous moulons, vous moulez, ils moulent.* • Imparf.: *Je moulais.* • Passé s.: *Je moulus.* • Fut.: *Je moudrai.* • Impér.: *Mouds, moulons, moulez.* • Subj. pr.: *Que je moule.* • Subj. imp.: *Que je moulusse.* • Part. pr.: *Moulant.* • Part. pas.: *Moulu, moulue.*

Mourir

Ind. pr.: *Je meurs, tu meurs, il meurt, nous mourons, vous mourez, ils meurent.* • Imparf.: *Je mourais.* • Passé s.: *Je mourus.* • Fut.: *Je mourrai.* • Impér.: *Meurs, mourons, mourez.* • Subj. pr.: *Que je meure, que tu meures, qu'il meure, que nous mourions, que vous mouriez, qu'ils meurent.* • Subj. imp.: *Que je mourusse* • Part. pr.: *Mourant.* • Part. pas.: *Mort, morte.* • Aux temps composés, il se conjugue avec *être*.

Mouvoir

Ind. pr.: *Je meus, tu meus, il meut, nous mouvons, vous mouvez, ils meuvent.* • Imparf.: *Je mouvais.* • Passé s. (rare): *Je mus.* • Fut.: *Je mouvrai.* • Impér.: *Meus, mouvons, mouvez.* • Subj. pr.: *Que je meuve.* • Subj. imp. (rare): *Que je musse.* • Part. pas.: *Mû* (plur.: *mus*: § 336), *mue* (plur. *mues*).

Naître

Ind. pr.: *Je nais, tu nais, il naît, nous naissons, vous naissez, ils naissent.* • Imparf.: *Je naissais.* • Passé s.: *Je naquis.* • Fut.: *Je naîtrai.* • Impér.: *Nais, naissons, naissez.* • Subj. pr.: *Que je naisse.* • Subj. imp.: *Que je naquisse.* • Part. pr.: *Naissant.* • Part. pas.: *Né, née.* • Aux temps composés, il se conjugue avec *être*.

Nuire

Comme *conduire,* mais le part. pas.: *Nui* s'écrit sans *t* et n'a pas de féminin.

Obtenir

Comme *tenir*.

Occire (= tuer)

Ne s'emploie plus que par plaisanterie à l'infin., au part. pas.: *Occis, occise* et aux temps composés.

Offrir

Comme *couvrir*.

Oindre

Comme *craindre,* mais ne s'emploie plus guère qu'à l'infin. et au part. pas.: *Oint, ointe.*

Omettre

Comme *mettre*.

Ouïr

N'est plus guère usité qu'à l'infinitif et au part. pas.: *Ouï, ouïe,* surtout dans: *J'ai ouï dire.*

Ouvrir

Comme *couvrir*.

Paître

Ind. pr.: *Je pais, tu pais, il paît, nous paissons, vous paissez, ils paissent.* • Imparf.: *Je paissais.* • Passé s. (manque). • Fut.: *Je paîtrai.* • Impér.: *Pais, paissons, paissez.* • Subj. pr.: *Que je paisse.* • Subj. imp. (manque). • Part. pr.: *Paissant.* • Part. pas. (manque).

Paraître

Comme *connaître*.

Parcourir

Comme *courir*.

Parfaire

Comme *faire*.

Partir

Comme *mentir,* mais son part. pas.: *Parti* a un féminin et un pluriel. • Aux temps composés, *partir* se conjugue avec l'auxiliaire *être. Partir,* employé anciennement au sens de «partager», ne s'emploie plus que dans l'expression *avoir maille à partir avec qqn (maille :*

petite pièce de monnaie qui valait la moitié du denier).

Parvenir

Comme *tenir,* mais les temps composés se conjuguent avec *être.*

Peindre

Comme *craindre.*

Pendre

Comme *rendre.*

Percevoir

Comme *recevoir.*

Perdre

Comme *rendre.*

Permettre

Comme *mettre.*

Plaindre

Comme *craindre.*

Plaire

Ind. pr.: *Je plais, tu plais, il plaît, nous plaisons, vous plaisez, ils plaisent.* • Imparf.: *Je plaisais.* • Passé s.: *Je plus.* • Fut.: *Je plairai.* • Impér.: *Plais, plaisons, plaisez.* • Subj. pr.: *Que je plaise.* • Subj. imp.: *Que je plusse.* • Part. pr.: *Plaisant.* • Part. pas.: *Plu* (sans fém. ni plur.).

Pleuvoir

Verbe impersonnel (voir pourtant § 288, a, Rem.). • Ind. pr.: *Il pleut.* • Imparf.: *Il pleuvait.* • Passé s.: *Il plut.* • Fut.: *Il pleuvra.* • Subj. pr.: *Qu'il pleuve.* • Subj. imp.: *Qu'il plût.* • Part. pr.: *Pleuvant.* • Part. pas.: *Plu* (sans fém. ni plur.).

Poindre

Dans le sens de «commencer à paraître», se conjugue comme *craindre,* mais ne s'emploie plus guère qu'à l'infin. et à la 3ᵉ p. du sing. de l'ind. pr. et du fut.: *Le jour point, poindra.*

Pondre

Comme *rendre.*

Pourfendre

Comme *rendre.*

Poursuivre

Comme *suivre.*

Pourvoir

Comme *voir,* sauf au passé s.: *Je pourvus.* • Au fut.: *Je pourvoirai.* • Au condit.: *Je pourvoirais.* • Et subj. imp.: *Que je pourvusse.*

Pouvoir

Ind. prés.: *Je peux* (ou *je puis*), *tu peux, il peut, nous pouvons, vous pouvez, ils peuvent.* • Imparf.: *Je pouvais.* • Passé s.: *Je pus.* • Fut.: *Je pourrai.* • Impér. (manque) • Subj. pr.: *Que je puisse.* • Subj. imp.: *Que je pusse.* • Part. pr.: *Pouvant.* • Part. pas.: *Pu* (sans fém. ni plur.).

Prédire

Comme *dire,* sauf à la 2ᵉ p. du plur. de l'ind. pr. et de l'impér., où l'on a: *prédisez.*

Prendre

Ind. pr.: *Je prends, tu prends, il prend, nous prenons, vous prenez, ils prennent.* • Imparf.: *Je prenais.* • Passé s.: *Je pris.* • Fut.: *Je prendrai.* • Impér.: *Prends, prenons, prenez.* • Subj. pr.: *Que je prenne, que tu prennes, qu'il prenne, que nous prenions, que vous preniez, qu'ils prennent.* • Subj. imp.: *Que je prisse.* • Part. pr.: *Prenant.* • Part. pas.: *Pris, prise.*

Prescrire

Comme *écrire.*

Pressentir

Comme *sentir.*

Prétendre

Comme *rendre.*

Prévaloir

Comme *valoir,* sauf au subj. pr.: *Que je prévale, que tu prévales, qu'il prévale, que nous prévalions, que vous prévaliez, qu'ils prévalent.* • Le part. pas.: *Prévalu* n'a ni fém. ni plur.

Prévenir

Comme *tenir.*

Prévoir

Comme *voir,* sauf au fut.: *Je prévoirai.* • et au condit.: *Je prévoirais.*

Produire
Comme *conduire.*

Promettre
Comme *mettre.*

Promouvoir
Ne s'emploie qu'à l'infin., au part. pr. :
Promouvant et aux temps composés. •
Le part. pas. : *Promu* s'écrit sans accent
circonflexe (§ 336, Rem.).

Proscrire
Comme *écrire.*

Provenir
Comme *tenir,* mais aux temps composés,
il se conjugue avec *être.*

Quérir (ou querir)
Ne s'emploie plus qu'à l'infin. après
aller, venir, envoyer.

Rabattre
Comme *battre.*

Rapprendre
Comme *prendre.*

Rasseoir
Comme *asseoir.*

Ravoir
N'est guère usité qu'à l'infin. Le fut. et
le condit. : *Je raurai, je raurais,* appartiennent à la langue familière.

Réapparaître
Comme *connaître.*

Rebattre
Comme *battre.*

Recevoir
Voir § 311.

Reclure
N'est usité qu'à l'infin. et au part. pas. :
Reclus, recluse.

Reconduire
Comme *conduire.*

Reconnaître
Comme *connaître.*

Reconquérir
Comme *acquérir.*

Reconstruire
Comme *conduire.*

Recoudre
Comme *coudre.*

Recourir
Comme *courir.*

Recouvrir
Comme *couvrir.*

Récrire
Comme *écrire.*

Recroître
Comme *accroître.*

Recueillir
Comme *cueillir.*

Recuire
Comme *conduire.*

Redescendre
Comme *rendre.* • Aux temps composés,
il prend *avoir* ou *être* selon la nuance
de la pensée (§ 303).

Redevenir
Comme *venir,* mais les temps composés
se conjuguent avec *être.*

Redevoir
Comme *devoir.*

Redire
Comme *dire.*

Réduire
Comme *conduire.*

Réélire
Comme *lire.*

Refaire
Comme *faire.*

Refendre
Comme *fendre.*

Refondre
Comme *rendre.*

Rejoindre
Comme *craindre.*

Relire
Comme *lire.*

Reluire
Comme *luire.*

Remettre
Comme *mettre.*

Remordre
Comme *rendre.*

Renaître

Comme *naître,* mais n'a pas de part. pas.: il ne peut donc avoir de temps composés.

Rendormir

Comme *dormir,* mais le féminin du part. pas. est courant: *Rendormi, rendormie.* • Aux temps composés, *se rendormir* se conjugue avec *être.*

Rendre

Voir § 312.

Renvoyer

Comme *envoyer.*

Repaître

Comme *paître,* mais il a un passé s.: *Je repus*; • un subj. imp.: *Que je repusse*; • et un part. pas.: *Repu, repue.*

Répandre

Comme *rendre.*

Reparaître

Comme *connaître.*

Repartir

(= partir de nouveau). Comme *partir.* Les temps composés prennent *être.*

Repartir

(= répondre). • Comme *partir,* mais les temps composés prennent *avoir.* • Ne pas confondre avec *répartir* (= partager), qui se conjugue régulièrement sur *finir.*

Repeindre

Comme *craindre.*

Rependre

Comme *rendre.*

Repentir (se)

Comme *sentir.* • Aux temps composés, se conjugue avec *être.*

Répondre

Comme *rendre.*

Reprendre

Comme *prendre.*

Reproduire

Comme *conduire.*

Requérir

Comme *acquérir.*

Résoudre

Ind. pr.: *Je résous, tu résous, il résout, nous résolvons, vous résolvez, ils résolvent.* • Imparf.: *Je résolvais.* • Passé s.: *Je résolus.* • Fut.: *Je résoudrai.* • Impér.: *Résous, résolvons, résolvez.* • Subj. pr.: *Que je résolve.* • Subj. imp.: *Que je résolusse.* • Part. pr.: *Résolvant.* • Part. pas.: *Résolu, résolue.* Une autre forme du part. pas.: *Résous,* signifiant *changé,* est rarement employée: son féminin *résoute* est même à peu près inusité.

Ressentir

Comme *mentir,* mais son part. pas.: *Ressenti* a un féminin: *ressentie.*

Resservir

Comme *servir.*

Ressortir

1. (= sortir d'un lieu où l'on vient d'entrer, former relief, résulter). • Comme *mentir,* mais les temps composés prennent *être.* • 2. Ne pas confondre avec *ressortir* (= être du ressort de), qui se conjugue régulièrement sur *finir*: *Ces affaires ressortissent, ressortissaient à tel tribunal.*

Ressouvenir (se)

Comme *tenir,* mais les temps composés prennent *être.*

Restreindre

Comme *craindre.*

Résulter

N'est usité qu'à l'infin. et à la 3e p. des autres temps. • Aux temps composés, il se conjugue avec *avoir* quand on veut marquer l'action: *Du mal en a résulté*; • avec *être* quand on veut marquer l'état: *Il en est résulté du mal* (§ 303).

Revenir

Comme *tenir,* mais les temps composés prennent *être.*

Revêtir

Comme *vêtir.*

Revivre

Comme *vivre.*

Revoir

Comme *voir*.

Rire

Ind. pr.: *Je ris, tu ris, il rit, nous rions, vous riez, ils rient.* • Imparf.: *Je riais, nous riions.* • Passé s.: *Je ris, nous rîmes, vous rîtes, ils rirent.* • Fut.: *Je rirai.* • Impér.: *Ris, rions, riez.* • Subj. pr.: *Que je rie, que nous riions.* • Subj. imp. (rare): *Que je risse.* • Part. pr.: *Riant.* • Part. pas.: *Ri* (sans fém. ni plur.).

Rompre

Ind. pr.: *Je romps, tu romps, il rompt, nous rompons, vous rompez, ils rompent.* • Imparf.: *Je rompais.* • Passé s.: *Je rompis.* • Fut.: *Je romprai* • Impér.: *Romps, rompons, rompez.* • Subj. pr.: *Que je rompe.* • Subj. imp.: *Que je rompisse.* • Part. pr.: *Rompant.* • Part. pas.: *Rompu, rompue.*

Rouvrir

Comme *couvrir*.

Saillir

1. (= jaillir). • Ne s'emploie guère qu'à l'infin. et aux 3es personnes: Ind. pr.: *Il saillit, ils saillissent.* • Imparf.: *Il saillissait, ils saillissaient.* • Passé s.: *Il saillit, ils saillirent.* • Fut.: *Il saillira, ils sailliront.* • Impér. (manque). • Subj. pr.: *Qu'il saillisse, qu'ils saillissent* • Subj. imp.: *Qu'il saillît, qu'ils saillissent.* • Part. pr.: *Saillissant.* • Part. pas.: *Sailli, saillie.*

Saillir

2. (= être en saillie). • Ne s'emploie qu'aux 3es personnes: Ind. pr.: *Il saille, ils saillent.* • Imparf.: *Il saillait, ils saillaient.* • Passé s.: *Il saillit, ils saillirent.* • Fut.: *Il saillera, ils sailleront.* • Impér. (manque). • Subj. pr.: *Qu'il saille, qu'ils saillent.* • Subj. imp.: *Qu'il saillît, qu'ils saillissent.* • Part. pr.: *Saillant.* • Part. pas.: *Sailli, saillie.*

Satisfaire

Comme *faire*.

Savoir

Ind. pr.: *Je sais, tu sais, il sait, nous savons, vous savez, ils savent* • Imparf.: *Je savais.* • Passé s.: *Je sus.* • Fut.: *Je saurai.* • Impér.: *Sache, sachons, sachez.* • Subj. pr.: *Que je sache.* • Subj. imp.: *Que je susse* • Part. pr.: *Sachant.* • Part. pas.: *Su, sue.*

Secourir

Comme *courir*.

Séduire

Comme *conduire*.

Sentir

Comme *mentir*, mais son part. pas.: *Senti* a un féminin: *sentie*.

Seoir

1. (= convenir). • N'est usité qu'au part. pr. et aux 3es pers.: il n'a pas de temps composés. Ind. pr.: *Il sied, ils siéent.* • Imparf.: *Il seyait, ils seyaient.* • Passé s. (manque). • Fut.: *Il siéra, ils siéront.* • Condit.: *Il siérait, ils siéraient.* • Impér. (manque). • Subj. pr. (rare): *Qu'il siée, qu'ils siéent.* • Subj. imp. (manque). • Part. pr.: *Seyant.* (*Séant* s'emploie comme adjectif: *Il n'est pas séant de faire cela.*)

Seoir

2. (= être assis, être situé, siéger). • Ne s'emploie plus guère qu'au part. pr.: *Séant.* • et au part. pas.: *Sis, sise.* • Pas de temps composés.

Servir

Ind. pr.: *Je sers, tu sers, il sert, nous servons, vous servez, ils servent.* • Imparf.: *Je servais.* • Passé s.: *Je servis.* • Fut.: *Je servirai.* • Impér.: *Sers, servons, servez.* • Subj. pr.: *Que je serve.* • Subj. imp.: *Que je servisse.* • Part. pr.: *Servant.* • Part. pas.: *Servi, servie.*

Sortir

1. Comme *mentir*, mais son part. pas.: *Sorti* a un fémin.: *sortie*. • Aux temps composés, *sortir*, transitif, se conjugue avec *avoir*: *J'ai sorti la voiture.* Dans le sens intransitif, il se conjugue avec

être. • 2. *Sortir*, terme de droit signifiant «produire», se conjugue comme *finir*, mais ne s'emploie qu'aux 3es personnes : Ind. pr. : *La sentence sortit son effet, les sentences sortissent leur effet*, etc. • Aux temps composés, ce verbe se conjugue avec *avoir*.

Souffrir
Comme *couvrir*.

Soumettre
Comme *mettre*.

Sourdre
N'est plus guère usité qu'à l'infin. et aux 3es pers. de l'ind. pr. : *Il sourd, ils sourdent* • Part. pr. : *Sourdant.*

Sourire
Comme *rire*.

Souscrire
Comme *écrire*.

Soustraire
Comme *traire*.

Soutenir
Comme *tenir*.

Souvenir (se)
Comme *tenir*. Aux temps composés, il se conjugue avec *être*.

Subvenir
Comme *tenir*.

Suffire
Ind. pr. : *Je suffis, tu suffis, il suffit, nous suffisons, vous suffisez, ils suffisent.* • Imparf. : *Je suffisais.* • Passé s. : *Je suffis.* • Fut. : *Je suffirai.* • Impér. : *Suffis, suffisons, suffisez.* • Subj. pr. : *Que je suffise.* • Subj. imp. : *Que je suffisse.* • Part. pr. : *Suffisant.* • Part. pas. : *Suffi* (sans fém. ni plur.).

Suivre
Ind. pr. : *Je suis, tu suis, il suit, nous suivons, vous suivez, ils suivent.* • Imparf. : *Je suivais.* • Passé s. : *Je suivis.* • Fut. : *Je suivrai.* • Impér. : *Suis, suivons, suivez.* • Subj. pr. : *Que je suive.* • Subj. imp. : *Que je suivisse.* • Part. pr. : *Suivant.* • Part. pas. : *Suivi. suivie.*

Surfaire
Comme *faire*.

Surprendre
Comme *prendre*.

Surseoir
Ind. pr. : *Je sursois, tu sursois. il sursoit, nous sursoyons, vous sursoyez, ils sursoient.* • Impér. : *Je sursoyais, nous sursoyions.* • Passé s. : *Je sursis.* • Fut. : *Je surseoirai.* • Condit. : *Je surseoirais.* • Impér. : *Sursois, sursoyons, sursoyez.* • Subj. pr. : *Que je sursoie, que nous sursoyions.* • Subj. imp. : *Que je sursisse.* • Part. pr. : *Sursoyant.* • Part. pas. : *Sursis*, fém. inusité.

Survenir
Comme *tenir*. • Aux temps composés, il se conjugue avec *être*.

Survivre
Comme *vivre*.

Suspendre
Comme *rendre*.

Taire
Ind. pr. : *Je tais, tu tais, il tait, nous taisons, vous taisez, ils taisent.* • Imparf. : *Je taisais.* • Passé s. : *Je tus.* • Fut. : *Je tairai.* • Impér. : *Tais, taisons, taisez.* • Subj. pr. : *Que je taise.* • Subj. imp. : *Que je tusse.* • Part. pr. : *Taisant.* • Part. pas. : *Tu, tue.*

Teindre
Comme *craindre*.

Tendre
Comme *rendre*.

Tenir
Ind. pr. : *Je tiens, tu tiens, il tient, nous tenons, vous tenez, ils tiennent* • Imparf. : *Je tenais.* • Passé s. : *Je tins, nous tînmes, vous tîntes, ils tinrent.* • Fut. : *Je tiendrai.* • Impér. : *Tiens, tenons, tenez.* • Subj. pr. : *Que je tienne, que nous tenions.* • Subj. imp. : *Que je tinsse.* • Part. pr. : *Tenant.* Part. pas. : *Tenu, tenue.*

Tistre ou titre (= tisser)
N'est usité qu'au part. pas. : *Tissu, tissue*, et aux temps composés. Il ne

s'emploie guère qu'au figuré : *C'est lui qui a tissu cette intrigue.*

Tondre

Comme *rendre.*

Tordre

Comme *rendre.*

Traduire

Comme *conduire.*

Traire

Ind. pr.: *Je trais, tu trais, il trait, nous trayons, vous trayez, ils traient.* • Imparf.: *Je trayais, nous trayions.* • Passé s. (manque). • Fut.: *Je trairai.* • Impér.: *Trais, trayons, trayez.* • Subj. pr.: *Que je traie, que nous trayions.* • Subj. imp. (manque). • Part. pr.: *Trayant.* • Part. pas.: *Trait, traite.*

Transcrire

Comme *écrire.*

Transmettre

Comme *mettre.*

Transparaître

Comme *connaître.*

Tressaillir

Comme *assaillir.*

Vaincre

Ind. pr.: *Je vaincs, tu vaincs, il vainc, nous vainquons, vous vainquez, ils vainquent.* • Imparf.: *Je vainquais.* • Passé s.: *Je vainquis.* • Fut.: *Je vaincrai.* • Impér.: *Vaincs, vainquons, vainquez.* • Subj. pr.: *Que je vainque.* • Subj. imp.: *Que je vainquisse.* • Part. pr.: *Vainquant.* • Part. pas.: *Vaincu, vaincue.*

Valoir

Ind. pr.: *Je vaux, tu vaux, il vaut, nous valons, vous valez, ils valent.* • Imparf.: *Je valais.* • Passé s.: *Je valus.* • Fut.: *Je vaudrai.* • Impér.: *Vaux* (rare), *valons, valez.* • Subj. pr.: *Que je vaille, que tu vailles, qu'il vaille, que nous valions, que vous valiez, qu'ils vaillent.* • Subj. imp.: *Que je valusse.* • Part. pr.: *Valant.* • Part. pas.: *valu, value.*

Vendre

Comme *rendre.*

Venir

Comme *tenir,* mais aux temps composés, il prend *être.*

Vêtir

Ind. pr.: *Je vêts, tu vêts, il vêt, nous vêtons, vous vêtez, ils vêtent.* • Imparf.: *Je vêtais.* • Passé s.: *Je vêtis.* • Fut.: *Je vêtirai.* • Impér.: *Vêts, vêtons, vêtez.* • Subj. pr.: *Que je vête, que nous vêtions.* • Subj. imp.: *Que je vêtisse.* • Part. pr.: *Vêtant.* • Part. pas.: *Vêtu, vêtue.*

Vivre

Ind. pr.: *Je vis, tu vis, il vit, nous vivons, vous vivez, ils vivent.* • Imparf.: *Je vivais.* • Passé s.: *Je vécus.* • Fut.: *Je vivrai.* • Impér.: *Vis, vivons, vivez.* • Subj. pr.: *Que je vive.* • Subj. imp.: *Que je vécusse.* • Part. pr.: *Vivant.* • Part. pas.: *Vécu, vécue.*

Voir

Ind. pr.: *Je vois, tu vois, il voit, nous voyons, vous voyez, ils voient.* • Imparf.: *Je voyais, nous voyions.* • Passé s.: *Je vis.* • Fut.: *Je verrai.* • Impér.: *Vois, voyons, voyez.* • Subj. pr.: *Que je voie, que tu voies, qu'il voie, que nous voyions, que vous voyiez, qu'ils voient.* • Subj. imp.: *Que je visse.* • Part. prés.: *Voyant.* • Part. pas.: *Vu, vue.*

Vouloir

Ind. pr.: *Je veux, tu veux, il veut, nous voulons, vous voulez, ils veulent.* • Imparf.: *Je voulais.* • Passé s.: *Je voulus.* • Fut.: *Je voudrai.* • Impér.: *Veuille, veuillons, veuillez* [*Veux, voulons, voulez* ne s'emploient que pour exhorter à s'armer d'une ferme volonté. • On dit: *n'en veuille* (*veuillons, veuillez*) *pas à…,* mais souvent aussi: *n'en veux* (*voulons, voulez*) *pas à…*]. • Subj. pr.: *Que je veuille, que tu veuilles, qu'il veuille, que nous voulions, que vous vouliez, qu'ils veuillent.* • Subj. imp.: *Que je voulusse.* • Part. pr.: *Voulant.* • Part. pas.: *Voulu, voulue.*

E. LA SYNTAXE DES MODES ET DES TEMPS

N.B.

Dans les pages qui vont suivre, on représentera, pour figurer la valeur des différents temps :

- par une ligne horizontale (ligne du temps) la succession des instants de la durée qui s'écoule ;
- par P l'instant présent ;
- par deux parenthèses les limites du segment de la durée où se tient la pensée ;
- par une ligne pointillée ce qui se passe non dans la réalité, mais dans le champ de la pensée.

1. L'indicatif

350 L'**indicatif** est le mode de l'action considérée dans sa réalité.

a) Le présent

351 **Emploi général**

Dans le sens strict, le présent indique que le fait a lieu au moment même de la parole :

*J'**écris** en ce moment.*

Emplois particuliers

Nous pouvons rendre mobile l'instant présent et le situer en un point quelconque de la ligne du temps. Nous pouvons aussi étendre en quelque sorte l'instant présent et le faire déborder plus ou moins sur le passé et sur l'avenir.

Ainsi, dans des emplois particuliers le présent peut exprimer :

1° Un fait permanent ou habituel, que nous pouvons, à quelque moment de la durée où nous nous plaçons, regarder comme présent :

*La terre **tourne**.*

*Je me **lève** chaque matin à six heures.*

2° Un fait situé dans un passé récent ou dans un futur proche :

Votre père ?
*Je le **quitte** à l'instant.*

*Un instant ! J'**arrrive**.*

3° Un fait futur présenté comme conséquence directe et infaillible d'un autre :

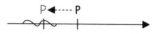

> *Un pas de plus, tu **es** morte !*

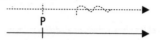

4° Un fait passé qu'on présente comme s'il était en train de se produire au moment où l'on parle : c'est le « présent historique » employé pour donner l'impression qu'on voit l'action se dérouler maintenant :

> *Nous marchions.*
> *Une fusillade **éclate**.*

5° Un fait futur après *si* conditionnel :

> *Si vous **partez** demain,*
> *je vous suivrai.*

b)   L'imparfait

352   Emploi général

En général, l'imparfait montre une action en train de se dérouler dans une portion du passé, mais sans faire voir le début ni la fin de cette action ; il la montre en partie accomplie, mais non achevée :

> *Le soir **tombait**.*

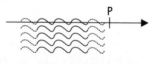

REMARQUE

L'imparfait permet de faire voir, dans le passé, comme dans un tableau continu, plusieurs actions se déroulant ensemble, ou plusieurs états existant ensemble : c'est pourquoi il convient à la *description* :

> *Je **suais** à grosses gouttes,*
> *et pourtant j'**étais** transi,*
> *j'**avais** le frisson.*
> *Mes cheveux se **dressaient**.*
> *Je **sentais** le brûlé.*   (A. Daudet)

Emplois particuliers

Dans des emplois particuliers, l'imparfait peut marquer :

1° Un fait permanent ou habituel dans le passé :

> *Les citoyens romains*
> ***dédaignaient** le commerce.*

> *Il **quittait** l'hôpital*
> *tous les jours vers*
> *cinq heures.*   (M. Thiry)

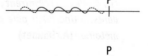

2° Un futur prochain ou un passé récent par rapport à tel moment du passé :

*Je pris courage : dans deux heures du renfort **arrivait.***

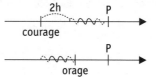

*Nous **sortions** à peine qu'un orage éclata.*

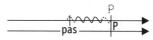

3° Un fait qui devait être la conséquence immédiate et infaillible d'un autre fait (qui ne s'est pas produit) :

*Un pas de plus, je **tombais** dans le précipice.*

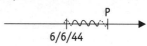

4° Un fait qui a eu lieu à un moment précis du passé :

*Le 6 juin 1944, les Américains **débarquaient** en Normandie.*

5° Une action présente que l'on semble se hâter de rejeter dans le passé, dans un souci d'atténuation :

*Je **venais** présenter ma note.*

6° Un fait présent ou futur après *si* marquant l'hypothèse (le verbe principal étant au conditionnel présent) :

*Si j'**avais** de l'argent (aujourd'hui, demain), je vous en donnerais.*

c) Le passé simple

353 Emploi général

Le passé simple exprime un fait passé considéré depuis son début et dont le déroulement a pris fin ; il ne marque aucunement le contact que ce fait, en lui-même ou par ses conséquences, peut avoir avec le présent :

*Le rat des villes **invita** le rat des champs.*

REMARQUES

1. Comme il montre le déroulement de l'action depuis son début jusqu'à sa fin, le passé simple permet de faire voir plusieurs actions dans leur succession et de faire apparaître la progression des événements : c'est pourquoi il convient particulièrement à la *narration* de faits passés :

    *Les étoiles **s'éteignirent**. Blanquette **redoubla** de coups de cornes, le loup de coups de dents... Une lueur pâle **parut** dans l'horizon. Le chant d'un coq enroué **monta** d'une métairie.* (A. Daudet)

Il arrive fréquemment que, dans un récit, on interrompe le déroulement des actions pour faire voir quelque chose qui n'appartient qu'au décor ; on passe donc du *passé simple* à l'*imparfait* :

> *Déjà !* **dit** *la petite chèvre ; et elle* ***s'arrêta*** *fort étonnée. En bas, des champs* étaient *noyés de brume. Le clos de M. Seguin* disparaissait *dans le brouillard, et de la maisonnette on ne* voyait *plus que le toit avec un peu de fumée. Elle* ***écouta*** *les clochettes d'un troupeau qu'on* ramenait *et se* ***sentit*** *l'âme toute triste.* (A. Daudet)

2. Le passé simple ne s'emploie que dans la langue écrite (sauf dans le sud de la France) ; depuis le XVIIe siècle, il a été peu à peu supplanté par le passé composé dans l'usage oral.

Emploi particulier

Le passé simple s'emploie parfois comme équivalent du présent pour exprimer une vérité générale ; il est alors accompagné d'un complément de temps :

> *Un bienfait reproché* ***tint***
> *toujours lieu d'offense.* (J. Racine)

d) Le passé composé

354 Emploi général

Le passé composé exprime un fait passé, achevé au moment où l'on parle, et que l'on considère comme relié au présent (parfois le fait a eu lieu dans une période non encore entièrement écoulée, parfois il a une suite ou des résultats dans le présent).

Cela se comprend mieux si l'on considère qu'une phrase comme « j'*ai lu* un livre » avait originairement la valeur de « j'ai [maintenant] un livre lu », « je suis [maintenant] dans la situation d'avoir lu un livre ».

> *J'****ai écrit*** *ce matin.*

> *Je vous* ***ai rencontré***
> *l'an dernier.*

Le passé composé peut aussi avoir, dans la langue parlée, la valeur qu'a le passé simple dans la langue écrite, puisque celle-ci ignore ce temps (§ 353.2) :

> *Jules César* ***est né*** *en 101 avant Jésus-Christ.*

Emplois particuliers

Dans des emplois particuliers, le passé composé sert à exprimer :

1° Une vérité générale ; il est alors accompagné d'un complément de temps :

> *Attention ! On a vite*
> ***fait*** *une erreur.*

2° Un fait répété ou habituel :

> *Quand elle a bien* ***travaillé***,
> *on la félicite.*

3° Avec la valeur du futur antérieur, un fait non encore accompli, mais présenté comme s'il l'était déjà :

J'ai fini
dans dix minutes.

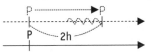

4° Avec la valeur du futur antérieur, un fait à venir, après *si* marquant l'hypothèse :

Si, dans deux heures,
la fièvre a monté,
vous me rappellerez.

e)   Le passé antérieur

355   Emploi général

Le passé antérieur est propre à la langue écrite. Il exprime un fait passé entièrement achevé au moment où un autre fait passé a commencé ; souvent les deux faits se suivent immédiatement, mais ils peuvent ne pas être contigus.

Le passé antérieur s'emploie généralement dans des propositions subordonnées, après une conjonction de temps et se trouve combiné avec un passé simple, dans la principale (parfois avec un passé composé, ou un imparfait, ou un plus-que-parfait) :

*Quand il **eut écrit**,*
il sortit.

Longtemps après qu'il
***eut écrit**, il sortit.*

Emploi particulier

Le passé antérieur se trouve parfois dans des propositions principales exprimant une action faite rapidement ; dans cet emploi, il est toujours accompagné d'un complément de temps : *bientôt, vite,* etc. :

*On **eut** bientôt **rejoint***
le fuyard.

f)   Le plus-que-parfait

356   Emploi général

Le plus-que-parfait exprime, comme le passé antérieur, un fait passé qui a eu lieu avant un autre fait passé, mais il ne montre pas le début de la situation dont il s'agit (tandis que le passé antérieur le montre) :

*Il **avait écrit** sa lettre*
quand sa mère entra.

Emplois particuliers

Dans des emplois particuliers, le plus-que-parfait peut exprimer:

1° Un fait répété ou habituel:

*Quand il **avait déjeuné**, il sortait.*

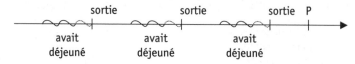

2° Avec la valeur d'un passé composé, un fait passé qu'on recule dans le passé, souvent par souci d'atténuation (§ 352.5):

*J'**étais venue** vous
présenter ma note.*

3° Un fait situé dans le passé, après *si* marquant l'hypothèse (le verbe principal étant au conditionnel passé):

*Si vous m'**aviez appelée**,
je serais venue.*

g) Le futur simple

357 **Emploi général**

Le futur simple sert, en général, à exprimer un fait à venir:

*Je vous **paierai** aujourd'hui, demain, plus tard.*

Emplois particuliers

Dans des emplois particuliers, le futur simple peut marquer:

1° Un fait présent que, par politesse, on présente comme s'il ne devait se produire que plus tard:

*Je vous **demanderai** une
bienveillante attention.
Vous m'**excuserez**, s'il vous plaît.*

2° Avec *avoir* ou *être*, un fait présent que l'on considère comme simplement probable: on se place, en pensée, dans l'avenir, à un moment où l'opinion qu'on a se trouvera vérifiée:

*Notre ami est absent : il
aura encore sa migraine.*

3º Un fait présent contre lequel on s'indigne en le considérant comme prolongé dans le futur :

> *Quoi ! les gens **se moqueront** de moi !* (J. de La Fontaine)

4º Un ordre, un souhait, une prière, dont on veut atténuer ou renforcer le caractère impératif :

> *Vous **reviendrez** demain.*
> *Tu ne le **feras** plus, n'est-ce pas ?*

5º Parfois (surtout dans les exposés historiques) un fait passé, mais postérieur à un présent que le narrateur a situé en imagination dans le passé :

> *L'œuvre de Van Gogh aura peu d'échos et il ne **vendra** qu'une seule toile de son vivant.*
>
> (Grand dict. encyclo. Larousse, article « Van Gogh »)

h)   Le futur antérieur

358   **Emploi général**

Le futur antérieur exprime un fait qui, à tel moment à venir par rapport à maintenant, sera accompli ; il marque l'antériorité à l'égard d'un fait futur :

> *Vous récolterez ce que vous **aurez semé**.*

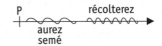

Emploi particulier

Le futur antérieur peut exprimer un fait passé, qu'on place en imagination dans l'avenir, à un moment antérieur à un autre moment à venir. En cet emploi, il sert à marquer soit la supposition, soit diverses nuances affectives :

> *J'**aurai laissé** mes lunettes au salon, va me les chercher.*
> *Vous vous **serez trompé**.*
> *Ainsi, j'**aurai peiné** en vain !*

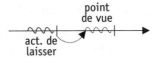

i)   Les deux futurs du passé

359   **Le futur du passé**

Le futur du passé exprime un fait futur par rapport à un moment du passé :

> *Elle déclara qu'elle **viendrait**.*

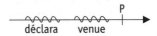

Le futur antérieur du passé

Le futur antérieur du passé exprime un fait qui, à tel moment du passé était à venir, avant un autre fait également à venir :

> *Elle déclara qu'elle viendrait, quand on l'**aurait appelée**.*

REMARQUE

Les formes du futur du passé et du futur antérieur du passé se confondent respectivement avec celles du conditionnel présent et du conditionnel passé. Mais, quant au sens, le futur du passé et le futur antérieur du passé n'ont rien du *mode* conditionnel : *Elle a déclaré qu'elle **viendrait*** n'est que la transcription au passé de *Elle déclare qu'elle **viendra**.*

2. Le conditionnel

360 **Emploi général**

Le **conditionnel** exprime un fait qu'on présente comme imaginaire et dont l'accomplissement dépend d'une condition énoncée ou non. Il peut marquer :

1° Un fait futur dont l'accomplissement dépend d'une condition présentée comme possible (sens potentiel) :

> *Si mes enfants avaient des difficultés* (cela sera peut-être, je n'en sais rien), *je les **aiderais**.*

2° Un fait présent ou passé soumis à une condition non réalisée (sens irréel) :

> *Si j'étais riche* (mais cela n'est pas), *je **ferais** des heureux.*
> *Si j'avais été riche* (mais cela n'a pas été), *j'**aurais fait** des heureux.*

Emplois particuliers

Le conditionnel n'exprime pas toujours un fait soumis à une condition. Il s'emploie encore :

1° Pour exprimer une affirmation atténuée :

> *Un accident **aurait eu** lieu à l'usine ; il y **aurait** dix morts.*

2° Pour exprimer une exclamation traduisant l'indignation, l'étonnement :

> *J'**ouvrirais** pour si peu le bec ! Aux dieux ne plaise !* (J. de La Fontaine)
> *Comment ! Vous **manqueriez** à votre parole !*

3° Pour indiquer un fait simplement imaginaire :

> *Jouons à la police et aux voleurs : tu **serais** un voleur.*

4° Pour marquer un désir atténué, une volonté adoucie :

> *Je **désirerais** vous parler.*
> ***Voudriez**-vous avancer ?*

5° Pour marquer la supposition, la concession, l'opposition :

> *Rien ne te sert d'être farine ;*
> *Car, quand tu **serais** sac, je n'approcherais pas.* (J. de La Fontaine)

REMARQUES

1. Le plus-que-parfait du subjonctif peut avoir le sens du conditionnel passé (2e forme) :
> *Rodrigue, qui l'**eût cru** ?* (P. Corneille)
2. Pour le *conditionnel-temps*, voir § 359, Rem.

3. L'impératif

361 **Emploi général**

L'**impératif** est, d'une façon générale, le mode du commandement, de l'exhortation, de la prière :

> – *Je lui parlerai, je le convaincrai.*
> – *Non, ne **faites** pas ça !* (A. Chedid)
> ***Ayez** pitié des enfants*
> *Ne **négligez** pas les enfants*
> ***Accordez** l'amour aux enfants.* (E. Blasse)

Emplois particuliers

Dans des emplois particuliers, l'impératif peut exprimer :

1° La supposition, la concession :
> ***Ôtez** leurs grands pieds, leurs godillots de plomb aux figurines de A. Giacometti, ce n'est plus rien.* (F. Ponge)

2° Un ordre, une exhortation que le sujet parlant s'adresse à lui-même :
> ***Dissimulons** encore, comme j'ai commencé.* (J. Racine)

REMARQUE

L'impératif passé est d'un emploi restreint ; il indique qu'un fait devra être accompli à tel moment du futur, par rapport auquel il sera passé :
> ***Aie terminé** ce travail demain à midi.*

4. Le subjonctif

362 Le **subjonctif** exprime, en général, un fait simplement envisagé dans la pensée, avec un sentiment particulier (comme dans le désir, le souhait, la volonté, etc.).

Il se trouve le plus souvent dans des propositions *subordonnées,* mais il s'emploie aussi dans des propositions *indépendantes* ou *principales.*

363 Le subjonctif indépendant

Le subjonctif, dans la proposition indépendante ou principale, peut exprimer:

1° À la 3e personne, un ordre ou une défense:

> Qu'elle **parte** et qu'elle ne **revienne** plus!

2° Un souhait (avec ou sans *que*):

> Que la chance vous **sourie**!
> Dieu me **garde** d'oublier vos bienfaits!
> **Puissiez**-vous revenir saine et sauve!

3° Une concession:

> Qu'il **ait agi** sans mauvaise intention: il n'en mérite pas moins une sanction.
> Vous le voulez? **Soit**!

4° Une supposition:

> Que je **vive**, et je ferai d'autres ouvrages sur mon travail et mes combats.
> (G. Duhamel)

5° Une exclamation traduisant l'indignation:

> Moi, Seigneur, que je **fuie** ! (J. Racine)

REMARQUES

1. *Que* introduisant les propositions indépendantes ou principales dont il vient d'être question est une particule conjonctionnelle, signe du subjonctif.

2. Le subjonctif exprime une affirmation atténuée dans les expressions négatives *je ne sache pas, je ne sache rien, je ne sache personne* (à la 1re personne du singulier, mais parfois aussi avec le sujet *on*) et dans les expressions *que je sache, qu'on sache, que nous sachions* (en phrase négative), *que tu saches, que vous sachiez* (en phrase interrogative, sans négation):

> Je ne **sache** pas que ce travail ait paru. (F. Brunot)
> On ne **sache** pas qu'elle ait jamais protesté autrement. (A. Billy)
> Il n'a point été à la campagne, que je **sache**. (É. Littré)
> Est-il venu quelqu'un que vous **sachiez**, que tu **saches**? (Id.)

364 Le subjonctif subordonné

N.B.
Les cas que nous allons signaler se retrouveront, mais dissociés, dans la quatrième partie (Propositions subordonnées).

Dans les propositions subordonnées, le subjonctif s'emploie:

1° Après les verbes de forme impersonnelle marquant soit la nécessité, la possibilité, le doute, l'obligation ou un sentiment personnel, soit la certitude ou la vraisemblance et exprimant un sens négatif, interrogatif ou conditionnel (§ 456, b, 1° et 2°).

2° Après les verbes d'opinion, de déclaration, de perception, quand le fait est envisagé simplement dans la pensée (§ 462, b, 1°).

3° Après les verbes exprimant la volonté, le doute ou quelque sentiment (§ 462, b).

4° Après *que* introduisant une subordonnée complément d'objet mise en tête de la phrase avant la principale (§ 462, b, 3°).

5° Dans la subordonnée attribut, ou en apposition, ou complément d'agent, ou complément d'adjectif, si elle exprime un fait envisagé simplement dans la pensée (§§ 458, b ; 460, b ; 483 ; 488, b).

6° Dans la subordonnée complément de nom ou de pronom (subord. *relative*) :
   a) marquant un but à atteindre, une conséquence (§ 486, b) ;
   b) ayant un antécédent accompagné d'un superlatif relatif ou de *le seul, l'unique,* etc. (§ 486, b, 2°) ;
   c) dépendant d'une principale négative, interrogative ou conditionnelle, si la subordonnée relative exprime un fait envisagé simplement dans la pensée (§ 486, Rem. 2).

7° Dans la subordonnée complément circonstanciel :
   a) marquant le temps et introduite par *avant que, en attendant que, jusqu'à ce que* (§ 467, b) ;
   b) marquant la fausse cause et introduite par *non que, non pas que, ce n'est pas que* (§ 469, Rem.) ;
   c) marquant le but (§ 471) ;
   d) marquant la conséquence après une principale négative ou interrogative, ou après *assez pour que, trop pour que, trop peu pour que, suffisamment pour que, sans que,* ou encore quand la subordonnée exprime un fait qui est à la fois une conséquence et un but à atteindre (§ 473, c et § 481, d) ;
   e) marquant la concession (ou l'opposition) (§ 475) ;
   f) marquant la condition (ou la supposition) et introduite par une locution conjonctive composée à l'aide de *que* (voir § 478 ; voir aussi § 477, 3°, Rem. 3).

5. L'infinitif

365 L'**infinitif** exprime purement et simplement l'idée de l'action, sans indication de personne ni de nombre ; il ne fait pas connaître si l'action est réelle ou non.
Outre la valeur purement *verbale,* il peut avoir la valeur d'un *nom.*

Comme verbe

366 C'est surtout dans la proposition infinitive (§ 461, 4°) que l'infinitif s'emploie comme verbe ; mais il se trouve aussi avec la valeur d'une forme personnelle dans certaines propositions indépendantes ou principales.

On distingue :

1° L'infinitif d'*interrogation* :
> Que **faire** ? Où **aller** ?

2° L'infinitif *exclamatif* :
> Hé quoi ! **charger** ainsi cette pauvre bourrique ! (J. de La Fontaine)

3° L'infinitif de *narration* :
> C'est une araignée, tiens bon, serre les jambes !
> Et de **rire** plus fort, de lâcher de vilains mots qui les faisaient se tordre. (É. Zola)

4° L'infinitif *impératif*:

> Bien **faire** et **laisser** dire.

Comme nom

367 Certains infinitifs peuvent être employés substantivement et prendre l'article:

> Un **parler** étrange.
>
> Nous devons prévoir le **boire** et le **manger**.

368 L'infinitif peut remplir toutes les fonctions du nom:

1° Sujet:

> **Promettre** n'est pas tenir. Il importe de **vérifier**.

2° Attribut:

> Mourir n'est pas **mourir**, mes amis, c'est **changer**. (A. de Lamartine)

3° Complément d'objet direct ou indirect:

> Il veut **parler**. Il craint de **parler**. Il renonce à **parler**.

4° Complément circonstanciel:

> Elle sème pour **récolter**.

5° Apposition ou complément déterminatif:

> Il n'y a pour l'homme que trois événements: **naître**, **vivre** et **mourir**. (J. de La Bruyère)
>
> La fureur de **vivre**.

6° Complément de l'adjectif:

> Elle est prête à **partir**.

6. Le participe

369 Le **participe** est la forme adjective du verbe: il tient à la fois de la nature du verbe et de celle de l'adjectif:

> Je l'ai trouvé **agonisant**.
>
> Des amours **cachées**.

a) Le participe présent

370 Le participe présent peut être regardé tantôt comme *forme verbale* tantôt comme *adjectif*.

Comme forme verbale

371 Comme forme verbale, le participe présent exprime généralement une action en train de s'accomplir à la même époque que l'action exprimée par le verbe qu'il accompagne. Il marque donc une action présente, passée ou future:

> Je le vois **souriant** (= qui sourit).
>
> Je l'ai vu **souriant** (= qui souriait).
>
> Je le verrai **souriant** (= qui sourira).

N.B.

Il peut se faire que l'indication de l'époque (présente, passée ou future) à laquelle se situe l'action exprimée par le participe présent soit donnée, non par le verbe principal, mais par un élément du contexte:

> Je vous parlerai de Pascal **s'adonnant**, dès son adolescence, à la recherche scientifique.
>
> Cet ingénieur se voit, **organisant** dans quelques années toute l'activité industrielle de sa région.

Le participe présent a toujours le sens actif:

> Une interprète **parlant** quatre langues (= une interprète qui parle quatre langues).

REMARQUE

Certains participes présents s'emploient comme noms:

> Un débutant, un combattant, un passant, un mourant, etc.

372 Le participe présent est invariable:

> Épaisses volutes de fumée **dégageant** une odeur âcre qui prenait à la gorge. (S. Bemba)

REMARQUE

Le participe présent est variable, selon l'usage d'autrefois, dans certaines expressions: *les **ayants** cause, les **ayants** droit, toute(s) affaire(s) **cessante(s)**.*

Comme adjectif

373 Comme adjectif, le participe présent a la valeur d'un simple qualificatif et s'accorde en genre et en nombre avec le nom auquel il se rapporte; il s'appelle alors **adjectif verbal**:

> Glissez, glissez, brises **errantes**,
> Changez en cordes **murmurantes**
> La feuille et la fibre des bois. (A. de Lamartine)

374 En général, l'adjectif verbal a le sens actif.

Il a parfois le sens passif ou réfléchi:

> Une couleur **voyante** (= qui est vue).
> Une personne bien **portante**.

Parfois il n'est ni actif ni passif:

> Une rue **passante**.

375 Un certain nombre d'adjectifs verbaux se distinguent, par l'orthographe, des participes présents correspondants :

ADJ. VERB.	PART. PRÉS.	ADJ. VERB.	PART. PRÉS.
1° -ent :	**-ant :**	précédent	précédant
adhérent	adhérant	somnolent	somnolant
affluent	affluant	violent	violant
coïncident	coïncidant		
compétent	compétant	**2° -cant :**	**-quant :**
confluent	confluant	communicant	communiquant
convergent	convergeant	convaincant	convainquant
déférent	déférant	provocant	provoquant
détergent	détergeant	suffocant	suffoquant
différent	différant	vacant	vaquant
divergent	divergeant		
émergent	émergeant	**3° -gant :**	**-guant :**
équivalent	équivalant	délégant	déléguant
excellent	excellant	extravagant	extravaguant
expédient	expédiant	intrigant	intriguant
influent	influant	fatigant	fatiguant
négligent	négligeant	navigant	naviguant
		zigzagant	zigzaguant

Distinction du participe présent d'avec l'adjectif verbal

376 Le participe présent exprime une *action* qui progresse, nettement délimitée dans la durée, simplement passagère.

L'adjectif verbal exprime un *état,* sans délimitation dans la durée, et indique, en général, une qualité plus ou moins permanente[1].

• La forme en *-ant* est **participe présent :**

1° Quand elle a un complément d'objet direct :

> *Imagine qu'un soir*
> *La lumière s'attarde sur la terre,*
> ***Ouvrant** ses mains d'orage et donatrices.* (Y. Bonnefoy)

---

1. Des théoriciens ont dit que, pour distinguer plus facilement le participe présent (invariable) d'avec l'adjectif verbal (variable), il était bon d'observer que la forme en *-ant* est participe présent quand on peut la remplacer par un temps du verbe précédé de « qui » : *J'observais ces enfants **riant** de toutes les plaisanteries* [c'est-à-dire : *qui riaient de toutes les plaisanteries*]. Le procédé n'est pas sûr : dans beaucoup de cas, l'adjectif verbal peut, lui aussi, être remplacé par un temps du verbe, précédé de « qui » : *On aime les enfants **riants*** [c'est-à-dire : *qui rient, qui expriment le rire et la gaieté*].

   Mieux vaudrait, semble-t-il, quand on hésite, essayer de faire prendre à la forme en *-ant* l'*e* du féminin (en substituant, s'il y a lieu, au nom masculin un nom féminin) : quand la transformation est possible, on déduit que la forme en *-ant* est un adjectif verbal ; dans le cas contraire, on a affaire à un participe présent. Mais le plus sûr, c'est encore de consulter le sens et d'appliquer avec discernement ce principe : le participe présent exprime une *action,* l'adjectif verbal, une *qualité,* un *état.*

2° Quand elle a un complément d'objet indirect ou un complément circonstanciel, pourvu qu'on exprime l'action:

> Des discours **plaisant** à chacun.
>
> Des chouettes **voletant** d'une tour à l'autre, **passant** et **repassant** entre la lune et moi, dessinaient sur mes rideaux l'ombre mobile de leurs ailes. (Fr.-R. de Chateaubriand)

3° Quand elle est précédée de la négation *ne* (§ 409, *a* Rem. 1):

> Ils restaient interdits, ne **protestant** que pour la forme.

4° Ordinairement quand elle est *suivie* d'un adverbe qui la modifie:

> Ce sont des enfants très agréables, **riant** et **chantant** toujours.

5° Quand elle appartient à un verbe pronominal:

> Au fond du couloir, elle aperçut des élèves **se bousculant** et **se battant** même.

6° Ordinairement quand elle est précédée de la préposition *en* (c'est alors le *gérondif*: § 294, Rem.):

> La voiture **en tournant** renversa le couple qui traversait.

À noter en particulier le tour avec *aller* suivi de la forme en *-ant*, précédée ou non de *en* (ce tour sert à marquer la continuité, la progression de l'action):

> L'inquiétude **va croissant**. (Académie)
>
> Son mal **va en empirant**.

7° Dans la proposition participe (§ 392):

> La nature **aidant,** nous le guérirons.

• La forme en *-ant* est **adjectif verbal** quand on peut la remplacer par un autre adjectif qualificatif, et notamment:

1° Quand elle est attribut ou simple épithète:

> La forêt était **riante**.
>
> Les bœufs **mugissants** et les brebis **bêlantes** venaient en foule. (F. de Fénelon)

2° Ordinairement quand elle est *précédée* d'un adverbe (autre que *ne*) qui la modifie (§ 409, b):

> Des gazons toujours **renaissants** et fleuris. (F. de Fénelon)

b) Le participe passé

Sens

377 Le participe passé peut être regardé tantôt comme *forme verbale*, tantôt comme *adjectif*.

Comme **forme verbale,** le participe passé se trouve dans tous les temps composés:

> J'ai **compris**.
>
> Ils sont **partis**.
>
> Le coupable sera **condamné**.

Il se trouve aussi employé seul:

> Cet ouvrage, **achevé** si hâtivement, ne saurait être bien fait.

Comme **adjectif,** le participe passé a la valeur d'un simple qualificatif:

> Un air **emprunté**.
>
> Ces enfants sont bien **élevés**.

REMARQUES

1. Le participe passé employé sans auxiliaire a généralement le sens passif:

> *Un directeur **respecté**.*

Il a parfois le sens actif:

> *Un homme **dissimulé*** (= qui dissimule).
> *Une femme **réfléchie*** (= qui réfléchit).

2. Le participe *dit* se soude avec l'article défini pour désigner, en termes de procédure et d'administration, les personnes ou les choses dont on a parlé:

> ***Ledit** preneur. **Ladite** maison. **Audit** lieu.*

Accord du participe passé

Règles générales

378 Le participe passé employé **sans auxiliaire** s'accorde en genre et en nombre avec le mot auquel il se rapporte:

> *On devrait recueillir tous les chiens **abandonnés**.*

379 Le participe passé conjugué avec **être** s'accorde en genre et en nombre avec le sujet du verbe:

> *Vos raisons seront **admises**.*

La même règle s'applique au participe passé employé soit comme attribut du sujet avec des verbes analogues au verbe *être* (§ 59, *b* et *c*), soit comme attribut du complément d'objet direct:

> *Ils paraissent **charmés**.*
> *Elles demeurent **déconcertées**.*
> *Certains hommes de génie meurent **ignorés**; la postérité les laisse parfois **ensevelis** dans l'oubli.*

380 Le participe passé conjugué avec **avoir** s'accorde en genre et en nombre avec son complément d'objet direct s'il en est précédé; il reste invariable s'il en est suivi ou s'il n'a pas de complément d'objet direct:

> *Les efforts que nous avons **faits** ont été inutiles.*
> *Toutes ces revendications, je les avais **prévues**.*
> *Nous avons **fait** des efforts.*
> *J'avais **prévu** ces demandes nouvelles.*
> *Elles ont toujours **espéré**; jamais elles n'ont **douté** du succès.*

REMARQUES

1. Dans les temps surcomposés, le dernier participe seul peut varier:

> *Ils sont partis dès que je les ai eu **avertis**.*

2. La règle d'accord du participe passé conjugué avec *avoir* reste applicable lorsque le complément d'objet direct a un attribut:

> *Certains musiciens que leurs contemporains avaient **crus** grands sont aujourd'hui tombés dans l'oubli.*
> *Ces fleurs, je les ai **trouvées** fanées.*

Règles particulières

381   Attendu, non compris, etc.

a) *Attendu, non compris, y compris, entendu, excepté, ôté, ouï, passé, supposé, vu,* placés devant le nom ou le pronom, s'emploient comme prépositions et restent invariables :

> Tout a été détruit, **excepté** cette maison.

b) Quand ces participes sont placés après le nom ou le pronom, ou qu'ils ne le précèdent que par inversion, ils varient :

> Tout a été détruit, cette maison **exceptée.**
> **Exceptée** de la destruction générale, cette maison reste debout.

REMARQUE

Étant donné, devant le nom, peut rester invariable ou s'accorder avec ce nom :

> **Étant donné** sa stupidité, on ne pouvait attendre autre chose de lui. (Académie)
> **Étant données** les circonstances, sa conversation pourra être instructive. (R. Martin du Gard)

382   Ci-annexé, ci-joint, ci-inclus

a) *Ci-annexé, ci-joint, ci-inclus* sont variables quand ils sont épithètes ou attributs :

> La lettre **ci-incluse** vous éclairera.
> Les pièces que vous trouverez **ci-jointes** sont importantes.
> Ces lettres, je vous les renvoie **ci-annexées.**

b) Ils restent invariables quand on leur donne la valeur adverbiale (comparez : *ci-contre, ci-après,* etc.) :

> Vous trouverez **ci-inclus** une lettre de votre père. (Académie)
> **Ci-joint** l'expédition du jugement. (Idem)
> Veuillez trouver **ci-joint** copie de la lettre.

REMARQUE

Dans beaucoup de cas, l'accord dépend de l'intention de celui qui parle ou qui écrit. Cependant l'usage est de donner à *ci-annexé, ci-joint, ci-inclus,* la valeur adverbiale :
– quand ils sont en tête de la phrase ;
– quand, dans le corps de la phrase, ils précèdent un nom sans article ni adjectif démonstratif ou possessif.

383   Participe passé de certains verbes intransitifs

a) Des verbes intransitifs comme *coûter, valoir, peser, mesurer, marcher, courir, vivre, dormir, régner,* etc. peuvent être accompagnés d'un complément circonstanciel qu'il faut se garder de prendre pour un complément d'objet direct ; le participe passé de ces verbes reste invariable :

> Les trois mille euros que ce meuble m'a **coûté.** (Académie)
> Ce cheval ne vaut plus la somme qu'il a **valu.** (Idem)
> Les vingt minutes que j'ai **marché, couru.**
> Les vingt ans qu'elle a **vécu, régné.**

b) Certains verbes intransitifs peuvent devenir transitifs; leur participe passé est alors variable. Tels sont notamment:

coûter au sens de: causer, occasionner;
valoir au sens de : procurer;
peser au sens de : constater le poids; examiner;
courir au sens de : poursuivre en courant; s'exposer à; parcourir, etc.

> *Les efforts que ce travail m'a **coûtés**.* (Académie)
> *La gloire que cette action lui a **value**.* (Id.)
> *Les paquets que j'ai **pesés**.*
> *Les dangers que nous avons **courus**.*

384 Participe passé des verbes impersonnels

Le participe passé des verbes impersonnels ou pris impersonnellement est toujours invariable:

> *Les sommes qu'il a **fallu** ont paru énormes.*
> *Les chaleurs qu'il a **fait** ont été torrides.*
> *Les inondations qu'il y a **eu** ont causé bien des dégâts.*

385 Dit, dû, cru, su, pu, etc.

Les participes *dit, dû, cru, su, pu, voulu,* et autres semblables restent invariables lorsqu'ils ont pour complément d'objet direct un infinitif ou une proposition à sous-entendre après eux:

> *J'ai fait tous les efforts que j'ai **pu** [faire].*
> *Elle m'a donné tous les renseignements qu'elle avait **dit** [sous-entendu: qu'elle me donnerait].*

REMARQUE

Le participe passé précédé du pronom relatif *que* est invariable lorsque ce pronom est complément d'objet direct d'un verbe placé après le participe; dans ce cas, le participe a pour complément la proposition qui vient après lui:

> *C'est une faveur qu'il a **espéré** qu'on lui accorderait.*

Semblablement le participe reste invariable quand il est précédé du relatif *que* et suivi d'une relative introduite par *qui*:

> *Nous subissons les chaleurs torrides qu'on avait **prévu** qui arriveraient.*

386 Participe passé précédé du pronom *l'*

Le participe passé est invariable lorsqu'il a pour complément d'objet direct le pronom neutre *l'* représentant une proposition et signifiant *cela*:

> *Cette intervention est moins difficile que je ne l'avais **estimé*** (= que je n'avais estimé cela, c.-à-d. qu'elle était difficile).

387 Participe passé précédé d'un collectif ou d'un adverbe de quantité

a) Lorsque le participe passé est précédé d'un complément d'objet direct renvoyant à un **collectif** suivi de son complément, l'accord est commandé par le collectif ou par son complément, selon le sens :

> Il y avait là une bande de voleurs que la police eut bientôt **cernée**.
> Il y avait là une bande de voleurs que la police eut bientôt **ligotés**.

REMARQUE

Lorsque le complément d'objet direct précédant le participe renvoie à *le peu* suivi de son complément, c'est *le peu* qui règle l'accord s'il domine dans la pensée (il marque *souvent* alors l'insuffisance) :

> Le peu de confiance que vous m'avez **témoigné** m'a découragé.

Si *le peu* n'attire pas particulièrement l'attention, c'est le complément de *peu* qui commande l'accord (on peut alors supprimer *peu* sans ruiner le sens ; *le peu* marque simplement la petite quantité) :

> Le peu de confiance que vous m'avez **témoignée** m'a encouragé.

b) Lorsque le complément d'objet direct précédant le participe est un **adverbe de quantité** suivi de son complément, c'est celui-ci qui commande l'accord :

> Autant de batailles il a **livrées**, autant de victoires il a **remportées**.
> Combien de fautes a-t-il **faites** ?

L'accord n'a pas lieu si le complément de l'adverbe de quantité suit le participe :

> Combien a-t-il **fait** de fautes ?

388 Participe passé suivi d'un infinitif

a) Le participe passé conjugué avec *avoir* et suivi d'un infinitif s'accorde avec le complément d'objet direct qui précède lorsque ce complément se rapporte au participe :

> Les violonistes que j'ai **entendus** jouer étaient habiles.
> (J'ai entendu qui ? – *que*, c.-à-d. les violonistes, qui jouaient.)

b) Mais le participe reste invariable si le complément d'objet direct se rapporte à l'infinitif :

> Les airs que j'ai **entendu** jouer étaient charmants.
> (J'ai entendu quoi ? – *jouer que*, c.-à-d. jouer les airs.)

Moyens pratiques

1. Intercaler le complément d'objet direct (ou le nom qu'il représente) entre le participe et l'infinitif, puis tourner l'infinitif par le participe présent ou par une proposition relative à l'imparfait, ou encore par l'expression *en train de* : si la phrase garde son sens, faire l'accord :

> Je les ai **vus** sortir : j'ai vu eux sortant... qui sortaient... en train de sortir.

2. Quand l'être ou l'objet désigné par le complément d'objet direct fait l'action exprimée par l'infinitif, le participe s'accorde :

> Les comédiens qu'on a **encouragés** à jouer cette pièce (ce sont les comédiens qui jouent cette pièce).

3. Si l'infinitif est suivi ou peut être suivi d'un complément d'agent introduit par la préposition *par*, le participe est invariable :

> *Ces arbres que j'avais **vus** grandir, je les ai **vu** abattre* (par le bûcheron).

REMARQUES

1. Le participe *fait* suivi d'un infinitif est invariable[1] :

> *Ces personnes, je les ai **fait** venir.*

2. *Eu* et *donné* suivis d'un infinitif introduit par *à* peuvent, dans la plupart des cas, s'accorder ou rester invariables, parce qu'il est indifférent de faire rapporter le complément d'objet direct au participe ou à l'infinitif :

> *Les affronts qu'il a **eu(s)** à subir* (il a eu des affronts à subir, ou : il a eu à subir des affronts).
> *Les problèmes qu'on m'a **donné(s)** à résoudre.*

389 Participe passé précédé de *en*

Le participe passé précédé du pronom *en* complément d'objet direct est généralement invariable, parce que *en* est neutre et partitif :

> *Voyez ces fleurs, en avez-vous **cueilli**?* (= avez-vous cueilli de cela?... une partie de ces fleurs?) (É. Littré)
> *Des difficultés, certes, j'en ai **éprouvé**!*

REMARQUES

1. Cette règle reste d'application lorsque le pronom *en* est accompagné d'un adverbe de quantité :

> *Tu m'as dit que les romans te choquent;*
> *j'en ai beaucoup **lu**.* (A. de Musset)
> *J'en ai tant **vu**, des rois.* (V. Hugo)

2. Dans des phrases comme la suivante, le pronom *en* (qui n'est pas complément d'objet direct et qui n'est d'ailleurs ni neutre ni partitif) n'a rien à voir avec l'accord du participe :

> *Ce sont de vrais amis; je n'oublierai pas les services que j'en ai reçus.*

390 Participe passé des verbes pronominaux

N.B.

1. Dans la question que l'on fait pour trouver le complément d'objet direct d'un verbe pronominal, on remplace l'auxiliaire *être* par l'auxiliaire *avoir* :

> *Ils se sont imposé des sacrifices* (Ils ont imposé quoi? des sacrifices).

2. Bien se rappeler la classification des verbes pronominaux : § 287.

a) Le participe passé des verbes pronominaux **réfléchis** ou **réciproques** s'accorde avec le pronom réfléchi quand celui-ci est complément d'objet direct :

> *Elle s'est **coupée** au doigt* (= elle a coupé soi...).
> *Pierre et Raphaël se sont **battus**.*
> *Elle s'est **coupé** le doigt* (= elle a coupé le doigt à soi).
> *Pierre et Raphaël se sont **dit** des injures* (= ils ont dit des injures à soi).

---

1. Les rectifications orthographiques proposées en 1990 suggèrent d'étendre cette règle à *laissé* (§ 511).

REMARQUES

1. À côté du pronom réfléchi complément d'objet indirect, on peut avoir un pronom complément d'objet direct qui commande l'accord:

> *Les sacrifices qu'elle s'est **imposés*** (que = complément d'objet direct).

2. Le participe des verbes suivants est toujours invariable, parce que ces verbes ne peuvent jamais avoir de complément d'objet direct:

se convenir	se parler	se ressembler	se suffire
se nuire	se plaire	se rire	se survivre
se mentir	se déplaire	se sourire	
s'en vouloir	se complaire	se succéder	

> *Ils se sont **nui**.*
> *Les rois qui se sont **succédé**.*
> *Ils se sont **plu** l'un à l'autre.*

b) Le participe passé des verbes pronominaux dont le **pronom** est **sans fonction logique** (qui n'est pas complément d'objet, ni direct ni indirect) s'accorde avec le sujet:

> *Ils se sont **tus**.*
> *Elles se sont **évanouies**.*
> *Nous nous sommes **joués** de la difficulté.*

Exceptions: *se rire, se plaire* (se trouver bien, trouver du plaisir), *se déplaire* (ne pas se trouver bien), *se complaire* (trouver sa satisfaction):

> *Ils se sont **ri** de nos menaces.*
> *Ils se sont **plu** à me tourmenter.*
> *Elles se sont **plu** (**déplu**) dans ce lieu.*
> *Ils se sont **complu** dans leur erreur.*

c) Le participe passé des verbes pronominaux **passifs** s'accorde avec le sujet:

> *La bataille s'est **livrée** ici.*

Règle simplifiée

Du moment que le pronom de forme réfléchie n'est pas manifestement complément d'objet indirect, le participe passé du verbe pronominal est variable.

Quatre exceptions:

> *se rire,*
> *se plaire* (se trouver bien, trouver du plaisir),
> *se déplaire* (ne pas se trouver bien),
> *se complaire* (trouver sa satisfaction).

c) La construction du participe et du gérondif

391 La clarté demande que le participe (présent ou passé) placé au commencement d'une phrase ou d'un membre de phrase se rapporte au *sujet* du verbe base de la phrase :

> ***Connaissant*** *votre générosité, **j'**espère que vous ne repousserez pas ma demande.*
> ***Ayant*** *bien **récité** ma leçon, **j'**ai obtenu la meilleure note.*
> ***En attendant*** *votre réponse, **je** vous prie de croire à mes sentiments les meilleurs.*

On considère comme incorrectes les tournures suivantes :

> *Connaissant votre générosité, ma demande ne saurait être mal reçue.*
> *Ayant bien récité ma leçon, le professeur m'a attribué la meilleure note.*
> *En attendant votre réponse, veuillez croire à mes sentiments les meilleurs.*

REMARQUE
Dans quelques phrases toutes faites, on trouve le gérondif se rapportant à un élément autre que le sujet du verbe principal, selon un usage fréquent autrefois :

> *La fortune vient **en dormant**.*
> *L'appétit vient **en mangeant**.*

392 Le participe (présent ou passé) peut s'employer en construction absolue avec un sujet qui lui est propre et qui n'a aucune fonction dans la proposition principale ; il sert alors à former une **proposition participe**, complément circonstanciel du verbe base de la phrase :

> ***Le père mort***, *les fils vous retournent le champ.* (J. de La Fontaine)
> ***Le soir tombant***, *ils rentrèrent.*

F. L'ACCORD DU VERBE AVEC LE SUJET

a) Règles générales

393 Le verbe s'accorde en nombre et en personne avec son sujet exprimé ou sous-entendu :

> *Les meilleures actions **s'altèrent** et **s'affaiblissent** par la manière dont on les **fait**.*
> (J. de La Bruyère)
> *Cieux, **écoutez** ma voix ; terre, **prête** l'oreille.* (J. Racine)

394 Le verbe qui a plusieurs sujets se met au pluriel :

> *Le langage n'était pas mon bien. Et le raisonnement abstrait, la construction illusoire et délectable de l'imaginaire me **trahissaient** continuellement, sans que je m'en doute.*
> (J. M. G. Le Clézio)

Si les sujets ne sont pas de la même personne, le verbe s'accorde avec la personne qui a la priorité : la 1re personne l'emporte sur les deux autres, et la 2e sur la 3e :

> *Mes parents et moi **attendons** votre retour.*
> *J'ai gagé que cette dame et vous **étiez** du même âge.* (Ch. de Montesquieu)

Le plus souvent, quand les sujets sont de différentes personnes, on les résume par le pronom pluriel de la personne qui a la priorité :

> *Mes deux frères et moi, **nous** étions tout enfants.* (V. Hugo)

b) Règles particulières

Le cas d'un seul sujet

395 **Nom collectif ou adverbe de quantité sujet**

Le verbe qui a pour sujet un **collectif** suivi de son complément s'accorde avec celui des deux mots qui frappe le plus l'esprit :

avec le collectif si l'on considère *en bloc* (dans leur *totalité*) les êtres ou les objets dont il s'agit :

> *Une foule de malades **accourait**.* (G. de Maupassant)
> *La foule des vivants **rit** et **suit** sa folie.* (V. Hugo)

avec le complément si l'on considère *en détail* (dans leur *pluralité*) les êtres ou les objets dont il s'agit :

> *Une foule de gens **diront** qu'il n'en est rien.* (Académie)
> *Un troupeau de cerfs nous **croisent**.* (A. Camus)

REMARQUES
1. Après *la plupart*, le verbe s'accorde toujours avec le complément ; si ce complément est sous-entendu, il est censé être au pluriel :

> *La plupart des gens ne **font** réflexion sur rien.* (Académie)
> *La plupart **sont** persuadés que le bonheur est dans la richesse ; ils se trompent.* (Idem)

2. Après *le peu* suivi de son complément, le verbe s'accorde avec *le peu* quand ce mot domine dans la pensée (il marque *souvent* alors l'insuffisance) :

> *Le peu de qualités dont il a fait preuve l'**a** fait éconduire.* (Académie)

Si *le peu* n'attire pas particulièrement l'attention, c'est le complément de *peu* qui commande l'accord (on peut alors supprimer *peu* sans ruiner le sens ; *le peu* marque simplement la petite quantité) :

> *Le peu de services qu'il a rendus **ont** paru mériter une récompense.* (Académie)

Le verbe qui a pour sujet un **adverbe de quantité** s'accorde avec le complément de cet adverbe ; si ce complément n'est pas exprimé, il est censé être au pluriel :

> *Combien de gens s'**imaginent** qu'ils ont de l'expérience par cela seul qu'ils ont vieilli.* (É. Littré)
> *Beaucoup **surveillent** les miroirs pour retrouver les grimaces qu'ils faisaient il y a vingt ans.* (L. Scutenaire)

REMARQUES

1. Après *plus d'un,* le verbe se met presque toujours au singulier, à moins qu'on n'exprime la réciprocité ou que *plus d'un* ne soit répété :

> *Plus d'une Pénélope **honora** son pays.* (N. Boileau)
> *Plus d'un ami **se réconcilient** après s'être querellés.*
> *Plus d'un savant, plus d'un artiste **sont morts** dans la misère.*

2. Après *moins de deux,* le verbe se met au pluriel :

> *Moins de deux ans **sont** passés.*

396 *Il* sujet des verbes impersonnels

Le verbe impersonnel (ou employé impersonnellement) ayant pour sujet apparent le pronom *il* et accompagné d'un sujet réel s'accorde toujours avec le sujet apparent *il* :

> *Il **pleut** de grosses gouttes.*
> *Il **court** des bruits alarmants.*

397 Pronom *ce* sujet

Le verbe *être* ayant pour sujet le pronom *ce* se met ordinairement au pluriel quand l'attribut est un nom pluriel ou un pronom de la 3e personne du pluriel :

> *Ce **sont** de braves enfants.* (Académie)
> *Ceux qui vivent, ce **sont** ceux qui luttent.* (V. Hugo)

Le singulier s'emploie aussi, mais il est plus courant dans la langue familière que dans la langue littéraire :

> *Ce n'**était** pas des confidences qu'elle murmurait.* (M. Barrès)
> *C'**est** elles qui m'ont porté secours.* (Colette)
> *C'**est** eux qui l'auront voulu.* (J. Lemaître)

REMARQUES

1. Lors même que l'attribut est un nom pluriel ou un pronom de la 3e personne du pluriel, le verbe *être* ayant pour sujet le pronom *ce* se met au singulier :
a) Dans *si ce n'est* signifiant « excepté » :

> *Si ce n'**est** eux, quels hommes eussent osé l'entreprendre ?* (É. Littré)

b) Dans certaines tournures interrogatives où le pluriel serait désagréable à l'oreille : *sera-ce ? fut-ce,* etc. :

> ***Fut**-ce mes amis qui me l'aient demandé, je l'aurais refusé.*

On se gardera d'écrire ces formes *fusse* ou *fussent* qui sont incorrectes.

c) Dans l'indication des heures, d'une somme d'argent, etc., quand l'attribut de forme plurielle évoque l'idée d'un singulier, d'un tout, d'une quantité globale :

> *C'**est** quatre heures qui sonnent* (on indique l'heure, non *les* heures).
> *C'**est** deux cents euros que vous devez* (idée d'*une* somme).

2. Si le mot pluriel qui suit le verbe *être* ayant pour sujet *ce* n'est pas attribut, le verbe reste au singulier :

> *C'**est** des voisins que je veux parler.*

3. Lorsque l'attribut est formé de plusieurs noms dont le premier au moins est au singulier, le verbe *être* ayant pour sujet *ce* se met au singulier, ou, moins souvent, au pluriel :

> *C'est la gloire et les plaisirs qu'il a en vue.* (É. Littré)
>
> *Ce ne **sont** pas l'enfer et le ciel qui les sauveront.* (Fr.-R. de Chateaubriand)

Mais on met obligatoirement le pluriel quand l'attribut multiple développe un pluriel ou un collectif qui précède :

> *Il y a cinq parties du monde ; ce **sont** : l'Europe, l'Asie, etc.*

4. Dans les expressions *ce doit être, ce peut être,* suivies d'un nom pluriel ou d'un pronom de la 3e personne du pluriel, *devoir* et *pouvoir* se mettent au singulier ou au pluriel :

> *Ce **doit** être mes tantes et mon oncle.* (É. Littré)
>
> *Ce **pourrait** être deux amis.* (Ch. A. Sainte-Beuve)
>
> *Ce **devaient** être deux Orientaux.* (M. Proust)
>
> *Ce **devaient** être des vers.* (É. Henriot)

398 **Pronom relatif *qui* sujet**

Le verbe ayant pour sujet le pronom relatif *qui* se met au même nombre et à la même personne que l'antécédent de ce pronom :

> *C'est moi qui **irai**.*
>
> *Toi qui m'**écoutes**, suis mes conseils.*

REMARQUES

1. Puisque c'est l'antécédent qui commande l'accord, toutes les règles et remarques relatives à l'accord du verbe doivent s'appliquer comme si l'antécédent était le véritable sujet :

> *Le loup, le renard et la belette qui **sont chantés** par ce poète québécois.*
>
> *Toi et moi qui **savons**.*
>
> *Une meute de loups qui **suivait** les voyageurs.*
>
> *Le peu de meubles qui se **trouvent** dans les habitations espagnoles sont d'un goût affreux.* (Th. Gautier)

2. Lorsque le relatif est précédé d'un attribut se rapportant à un pronom personnel, cet attribut commande l'accord :

a) S'il est précédé de l'article défini :

> *Vous êtes l'élève qui **écrit** le mieux.*

b) S'il porte l'idée démonstrative :

> *Vous êtes cet élève qui **écrit** le mieux.*
>
> *Vous êtes celui qui **écrit** le mieux.*

c) Si la proposition principale est négative ou interrogative :

> *Vous n'êtes pas un élève qui **triche**.*
>
> *Êtes-vous un élève qui **triche** ?*

3. Lorsque l'attribut est un nom de nombre ou un mot indéfini indiquant une pluralité, c'est toujours le pronom personnel qui règle l'accord :

> *Vous êtes deux qui **briguez** cet emploi (ou **beaucoup**, ou **plusieurs**, ou **quelques-uns**).*

Il y a incertitude sur l'accord lorsque, dans une phrase affirmative :

a) L'attribut est précédé de l'article indéfini :

> *Je suis un étranger qui **viens** chercher un asile dans l'Égypte.* (Voltaire)
>
> *Je suis un homme qui ne **sait** que planter des choux.* (A. France)

b) L'attribut est *le seul, le premier, le dernier, l'unique*:

> *Vous êtes le seul qui* **connaisse** *ou qui* **connaissiez** *ce sujet.* (É. Littré)

4. Après **un(e) des, un(e) de,** le relatif *qui* se rapporte tantôt au nom pluriel, tantôt à *un(e),* selon que l'action ou l'état concerne, quant au sujet, plusieurs êtres ou objets ou bien un seul:

> *Observons une des étoiles qui* **brillent** *au firmament* [ce sont *les étoiles qui brillent*].
> *À un des examinateurs qui l'***interrogeait** *sur une question annexe, ce candidat a donné une réponse étonnante* [un seul *examinateur l'interrogeait*].

Après **un de ceux qui, une de celles qui,** le verbe se met au pluriel:

> *Un de ceux qui me* **regardaient** *se mit à rire.*

Quand *un(e) des... qui* contient un attribut, c'est presque toujours le nom pluriel qui commande l'accord:

> *L'astrophysique est une des sciences qui* **sont** *le plus passionnantes.*

Le cas de plusieurs sujets

399   **Accord avec le sujet le plus rapproché**

Le verbe qui a plusieurs sujets s'accorde avec le plus rapproché:
1° Lorsque ces sujets sont à peu près **synonymes**:

> *La douceur, la bonté de cette femme* **plaît** *à tous ceux qui la connaissent.*

2° Lorsque ces sujets forment une **gradation**:

> *Une parole, un geste, un regard en* **dit** *plus parfois qu'un long discours.*
> *Un aboiement, un souffle, une ombre* **fait** *trembler le lièvre.*

3° Lorsque ces sujets sont **résumés par un mot** comme *tout, rien, chacun, nul,* etc.:

> *Ses paroles, sa voix, son sourire, tout* **vint** *à lui déplaire.* (G. Flaubert)

REMARQUE
Parfois les mots *tout, rien,* etc., au lieu de résumer les sujets, les annoncent:

> *Mais rien, ni le rasoir douteux, le blaireau jaune, l'odeur, les propos du barbier, ne* **put** *me faire reculer.* (A. Gide)

400   **Infinitifs sujets**

Le verbe qui a pour sujets plusieurs infinitifs se met au pluriel:

> *Promettre et tenir* **sont** *deux.* (Académie)

Cependant, si les infinitifs expriment une idée unique, le verbe se met au singulier:

> *Recommencer et se corriger* **est** *la base de tout progrès, nous a dit l'entraîneur.*

401   **Sujets joints par *ainsi que, comme, avec,* etc.**

a) Lorsque deux sujets sont joints par une conjonction de comparaison: *ainsi que, comme, de même que, non moins que, non plus que,* etc., c'est le premier sujet qui règle l'accord si la conjonction garde toute sa valeur comparative:

> *Son visage, aussi bien que son cœur,* **avait** *rajeuni de dix ans.* (A. de Musset)
> *Leur beauté autant que leur fortune* **éblouit.** (M. Leblanc)
> *L'alouette, comme l'hirondelle, au besoin,* **nourrira** *ses sœurs.* (J. Michelet)

b) Mais le verbe s'accorde avec les deux sujets si la conjonction prend la valeur de *et*:

> *Le français ainsi que l'italien **dérivent** du latin.* (É. Littré)
>
> *Une condition où le corps non plus que l'âme ne **trouvent** ce qu'ils désirent.*
> (H. de Montherlant)
>
> *La santé comme la fortune **retirent** leurs faveurs à ceux qui en abusent.* (Ch. de Saint-Évremond)

c) Lorsque deux sujets sont joints par *moins que, plus que, non, et non, plutôt que,* etc., le verbe s'accorde avec le premier seulement, le second se rapportant à un verbe sous-entendu:

> *La misère, plutôt que l'amour, **apparaissait** dans toute son attitude.* (A. de Musset)

402 Sujets joints par *ou* ou par *ni*

a) Lorsque plusieurs sujets de la 3e personne sont joints par *ou* ou bien par *ni*, le verbe se met au pluriel si l'on peut rapporter simultanément l'action ou l'état à chacun des sujets:

> *Le pire ou le plus sot de nos patients nous **instruisent** encore.* (M. Yourcenar)
>
> *Ni l'or, ni la grandeur ne nous **rendent** heureux.* (J. de La Fontaine)
>
> *Ni l'un ni l'autre n'**ont** su ce qu'ils faisaient.* (A. de Vigny)

b) Mais si l'on ne peut pas rapporter l'action ou l'état simultanément à chacun des sujets, le verbe s'accorde avec le dernier sujet seulement:

> *La douceur ou la violence en **viendra** à bout.* (Académie)
>
> *Ni Grégoire ni Corentin ne **sera** délégué de la classe.*

REMARQUES

1. Même quand les sujets joints par *ni* ne s'excluent pas mutuellement, l'accord se fait parfois avec le dernier sujet seulement:

> *Ni l'un ni l'autre ne **viendra**. (*Académie)

2. Si les sujets joints par *ou* ou bien par *ni* ne sont pas de la même personne, le verbe se met au pluriel et à la personne qui a la priorité:

> *Marie ou moi **ferons** ce travail.*
>
> *Ni vous ni moi ne le **pouvons**.* (Académie)

3. **L'un ou l'autre,** pris pronominalement ou adjectivement, veut toujours le verbe au singulier:

> *L'un ou l'autre **fit**-il une tragique fin?* (N. Boileau)
>
> *L'un ou l'autre projet **sera sélectionné** pour la finale du concours.*

403 L'un(e) et l'autre

Après la locution pronominale **l'un(e) et l'autre**, le verbe se met au pluriel ou, beaucoup moins souvent, au singulier:

> *L'un et l'autre **sont** venus.* (Académie)
>
> *L'une et l'autre **est** bonne.* (Idem)

REMARQUE

L'un(e) et l'autre, adjectif, quoique précédant un nom singulier, admet le verbe au pluriel ou au singulier:

> *L'une et l'autre hypothèse **sont** également plausibles.* (A. Hermant)
>
> *L'un et l'autre cadeau **faisait** grand plaisir à Christophe.* (R. Rolland)

Chapitre 6 L'adverbe

1. Définitions et espèces

404 L'**adverbe** est un mot invariable que l'on joint à un verbe, à un adjectif ou à un autre adverbe, pour en modifier le sens :

> *Elle parle* **bien**. *Un poème* **très** *étrange.*
> *Elle écrit* **fort** *vite.*

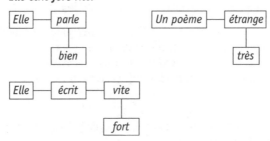

405 Une **locution adverbiale** est une réunion de mots équivalant à un adverbe :

> *D'ores et déjà, çà et là, en vain, ne pas, tout de suite,* etc.

REMARQUES

1. Il y a des **adverbes composés,** dont les éléments sont réunis par un trait d'union : *Au-delà, ci-dessus, avant-hier,* etc.

2. Certains adverbes peuvent avoir un complément (voir § 66, 1°).

406 On peut distinguer sept espèces d'averbes, marquant :

1° la manière ;	4° le lieu ;
2° la quantité	5° l'affirmation ;
(et l'intensité) ;	6° la négation ;
3° le temps ;	7° le doute.

a) Les adverbes de manière

ainsi	debout	gratis	pis	vite
bien	ensemble	incognito	plutôt	volontiers
comme	exprès	mal	quasi	etc.
comment	franco	mieux	recta	

Il faut y ajouter un très grand nombre d'adverbes en -*ment,* quantité de locutions adverbiales : *à l'envi, à dessein, à tort, à loisir, à propos, cahin-caha,* etc., certains adjectifs neutres pris adverbialement avec des verbes : *bon, bas, haut, cher, clair,* etc. (§ 187).

b)   Les adverbes de quantité et d'intensité

assez	fort	presque
aussi	guère	que (*vous êtes fort !*)
autant	mais (*n'en pouvoir -*)	quelque (*dix ans*)
beaucoup	moins	si
bien (*aise*)	moitié (*mort*)	tant
combien	par (*trop*)	tout (*fier*)
comme... !	(ne) pas autrement (= guère)	tout à fait
comment (= à quel point)	pas mal	tellement
davantage	peu	très
environ (*un an*)	plus	trop

Il faut y ajouter certains adverbes en -*ment* exprimant la quantité, l'intensité : *abondamment, énormément, grandement, extrêmement, immensément, complètement,* etc.

c)   Les adverbes de temps

alors	déjà	jadis	sitôt
après	demain	jamais	soudain
après-demain	depuis	longtemps	souvent
aujourd'hui	derechef	lors	subito
auparavant	désormais	maintenant	tantôt
aussitôt	dorénavant	naguère	tard
autrefois	encore	parfois	tôt
avant	enfin	puis	toujours
avant-hier	ensuite	quand ?	
bientôt	hier	quelquefois	

On y joint un certain nombre de locutions adverbiales, telles que : *tout de suite, de suite, par la suite, dans la suite, tout à coup, à l'instant, à jamais, à présent, de temps en temps, jusque-là, tout à l'heure,* etc.

d)   Les adverbes de lieu

ailleurs	çà	derrière	loin
alentour	céans (vieux)	dessous	où
arrière	ci	dessus	outre
attenant	contre	devant	partout
autour	dedans	ici	près
avant	dehors	là	proche (vieux)

À cette liste il faut ajouter un certain nombre de locutions adverbiales, comme : *au-dedans, au-dehors, ci-après, ci-contre, en arrière, en avant, quelque part, là-bas, là-dedans,* etc.

e) Les adverbes d'affirmation

assurément	certes	que si	soit
aussi	en vérité	sans doute	volontiers
certainement	oui	si	vraiment
bien	précisément	si fait (vieux)	etc.

f) Les adverbes de négation

Ce sont, à proprement dire : *non,* forme tonique, et *ne,* forme atone. Certains mots, comme *aucun, aucunement, nullement, guère, jamais, rien, personne,* qui accompagnent ordinairement la négation, sont devenus aptes à exprimer eux-mêmes l'idée négative.

g) Les adverbes de doute

Ce sont : *apparemment, peut-être, probablement, sans doute, vraisemblablement.*

REMARQUE

On peut ranger dans une catégorie à part, celle des **adverbes d'interrogation**, certains adverbes servant à interroger sur le temps, la manière, la cause, le lieu, la quantité :
> *Quand ? Comment ? Pourquoi ? Que (ne) ? Où ? D'où ? Par où ? Combien ?*

À cette même catégorie appartiennent l'expression *est-ce que ?* et *si* introduisant l'interrogation indirecte (mais *si* est plutôt alors conjonction) :
> **Est-ce que** tu pars ?
> Je demande **si** tu pars.

2. La formation des adverbes en *-ment*

407 ## a) Règle générale

On forme les adverbes en *-ment* en ajoutant ce suffixe *-ment* au féminin de l'adjectif :
> *Grand, grande, grande**ment** ; doux, douce, douce**ment**.*

Beaucoup d'adjectifs ne peuvent donner naissance à des adverbes en *-ment* : *charmant, fâché, content,* etc.

b)   Règles particulières

1° Dans les adverbes en -*ment* correspondant à des adjectifs terminés au masculin par une voyelle, l'*e* féminin de ces adverbes a disparu : *Vrai, vraiment, aisé, aisément, poli, poliment, éperdu, éperdument.*

REMARQUE

L'accent circonflexe marque la chute de l'*e* féminin dans : *assidûment, congrûment, continûment, crûment, goulûment, incongrûment, indûment*[1].

L'Académie écrit : *gaiement,* mais on écrit aussi : *gaîment.*

2° On a **-ément** au lieu de -*ement* dans certains adverbes tels que : *commodément, confusément, énormément, expressément, précisément, profondément,* etc.

3° *Gentil* donne *gentiment ; impuni, impunément.* À *traître* répond *traîtreusement,* formé sur *traîtreuse,* féminin de l'ancien adjectif *traîtreux.*

4° Aux adjectifs en -*ant* et -*ent* correspondent des adverbes en **-amment, -emment** : *Vaillant, vaillamment ; prudent, prudemment.*

Exceptions : *Lent, lentement ; présent, présentement ; véhément, véhémentement.*

5° Quelques adverbes en -*ment* sont tirés de noms, d'adjectifs indéfinis ou d'adverbes : *Bêtement, diablement, vachement* (très familier), *mêmement, tellement, comment, quasiment.*

3.   Les degrés des adverbes

408   Certains adverbes admettent, comme les adjectifs qualificatifs, divers degrés. Ce sont :

1° *Loin, longtemps, près, souvent, tôt, tard.*

2° Les adjectifs pris adverbialement et modifiant un verbe : *bas, bon, cher,* etc. (§ 187).

3° Certaines locutions adverbiales : *à regret, à propos,* etc.

4° La plupart des adverbes en -*ment.*

5° *Beaucoup, bien, mal, peu.*

> *Moins doucement, aussi doucement, plus doucement, très doucement, le plus doucement.*

REMARQUE

Beaucoup, bien, mal, peu ont pour comparatifs de supériorité *plus* (ou *davantage*), *mieux, pis* (ou *plus mal*), *moins* ; et pour superlatifs relatifs : *le plus, le mieux, le pis* (ou *le plus mal*), *le moins.*

---

1. Sauf si l'on applique les rectifications orthographiques de 1990 (§ 511).

4. La place de l'adverbe

409 La place de l'adverbe est assez variable ; assez souvent elle est réglée par des raisons de style.

a) Avec un verbe

Temps simple

Si le verbe est à un temps simple, l'adverbe qui le modifie se place généralement après lui :

> *Nous travaillons **assidûment**.*
> *Vous choisissez **toujours** les mêmes vêtements.*

Temps composé

Si le verbe est à un temps composé, l'adverbe se place à peu près indifféremment après le participe ou entre l'auxiliaire et le participe :

> *J'ai travaillé **assidûment**, j'ai **assidûment** travaillé.*
> *Il a **beaucoup** travaillé, il a souffert **beaucoup**.*

Cependant les adverbes de lieu se placent après le participe :

> *J'ai cherché **ailleurs**.*
> *Je vous ai attendu **ici**.*
> *On l'a jetée **dehors**.*

REMARQUES

1. L'adverbe *ne* précède toujours le verbe ; il en est de même des adverbes (ou pronoms) *en* et *y*, sauf à l'impératif affirmatif :

> *Je **ne** travaille pas, je **n'**ai pas trouvé.*
> *J'**en** viens, j'**en** suis ; j'**y** cours, j'**y** ai habité.*
> Mais : *Vas-**y**, va-t'**en**.*

2. Souvent, pour la mise en relief, l'adverbe, et surtout l'adverbe de lieu ou de temps, se place en tête de la phrase :

> ***Ici** s'est livrée la bataille.*
> ***Demain,** dès l'aube, à l'heure où blanchit la campagne,*
> *Je partirai.* (V. Hugo)
> ***Ainsi** finit la comédie.*
> ***Lentement** le soleil se plongeait dans les flots.*

3. En général, les adverbes interrogatifs et exclamatifs se placent en tête de la proposition :

> ***Où** sont-ils partis ?*
> ***Comme** il fait noir dans la vallée !* (A. de Musset)

4. L'adverbe modifiant un infinitif se place tantôt avant lui, tantôt après lui : en général, c'est l'euphonie et le rythme qui décident :

> ***Trop** parler est souvent nuisible ; il vaut mieux parler **peu** et parler **sagement**.*
> *Il fait bon vivre **ici**.*
> *Il cherche à vivre **ailleurs**.*
> *On ne peut pas **toujours** travailler.*

b) **Avec un adjectif, un participe ou un adverbe**

L'adverbe se place, en général, avant l'adjectif, le participe ou l'adverbe qu'il modifie :

> *Cette voiture demande une conduite* **très** *ferme,* **moyennement** *sportive,* **toujours** *prudente.*
> *Il agit* **très** *correctement,* **assez** *correctement.*
> *Cet article est* **très** *demandé.*
> *Voilà une personne* **très** *engageante,* **toujours** *souriante.*

5. Emploi de certains adverbes

a) Les adverbes de manière

410 **Pis,** comparatif archaïque de *mal,* ne s'emploie plus guère que dans des locutions toutes faites. Il peut être :

1° Adverbe :

> *Aller de mal en* **pis.**
> *Tant* **pis.**

2° Adjectif attribut ou complément d'un pronom neutre :

> *Il se portait mieux, mais aujourd'hui il est* **pis** *que jamais.* (Académie)
> *Il n'y a rien de* **pis** *que cela.* (Idem)

3° Pronom :

> *Il a fait* **pis** *que cela.*
> *Il est très désagréable, et qui* **pis** *est, malhonnête.*

4° Nom :

> *Voilà le* **pis** *de l'affaire* (vieux).

Dans l'expression *dire (écrire, penser) pis que pendre de quelqu'un,* **pis** est une forme nominalisée employée sans article.

REMARQUE
Pis se distingue de *pire* en ce qu'il ne se joint jamais à un nom et en ce qu'il peut être adverbe ou pronom.

411 **Plutôt,** en un mot, marque la préférence :

> **Plutôt** *souffrir que mourir.* (J. de La Fontaine)

Plus tôt, en deux mots, marque le temps et s'oppose à « plus tard » :

> *Un jour* **plus tôt,** *un jour* **plus tard,**
> *Ce n'est pas grande différence.* (J. de La Fontaine)

b) Les adverbes de quantité

412 • **Si, aussi** se joignent à des adjectifs, à des participes-adjectifs et à des adverbes :

> *Une femme* **si** *sage,* **si** *estimée, qui parle* **si** *bien.*
> *Une femme* **aussi** *sage,* **aussi** *estimée qu'elle, qui parle* **aussi** *bien que personne.*

Tant, autant se joignent à des noms et à des verbes :

> *Il a **tant** de courage, il travaille **tant**!*
> *Il a **autant** de courage que vous, il travaille **autant** que nous.*

- **Si, tant** marquent l'intensité :

> *Elle est **si** faible qu'elle peut à peine marcher.*
> *Elle a **tant** marché qu'elle est épuisée.*

Aussi, autant marquent la comparaison :

> *Il est **aussi** sportif que son frère.*
> *Il s'entraîne **autant** que son frère.*

REMARQUE

1. **Si, tant** peuvent remplacer *aussi, autant* dans les phrases négatives ou interrogatives :

> *Je ne connais rien de **si** précieux que l'honnêteté.*
> *Rien ne pèse **tant** qu'un secret.* (J. de La Fontaine)

2. **Aussi** signifiant « pareillement » se met dans le sens affirmatif :

> *Vous le voulez, et moi **aussi**;*

avec la négation, on doit dire *non plus* :

> *Vous ne le voulez pas, ni moi **non plus**;*

avec *ne ... que,* on met indifféremment *non plus* ou *aussi* :

> *Il lit sans cesse, je ne fais **non plus** que lire,*
> ou : *je ne fais **aussi** que lire.*

3. **Tant** s'emploie pour exprimer une quantité indéterminée qu'on ne veut ou ne peut préciser :

> *Cette employée gagne **tant** par jour.*

N.B.

L'emploi de *autant,* dans ce sens, est à éviter. Ne dites pas :

> *Ce mécanicien gagne autant par jour.*
> *Ceci vaut autant, cela autant.*

413   **Beaucoup**

a) Après un comparatif, ou après un verbe d'excellence, ou avec un superlatif, *beaucoup* doit être précédé de la préposition *de* :

> *Vous êtes plus savant **de beaucoup**.* (Académie)
> *L'emporter **de beaucoup** sur un autre.* (Idem)
> *Il est **de beaucoup** le plus savant.*

b) Avant un comparatif, il peut être précédé de la préposition *de* :

> *Il est **beaucoup** (ou : **de beaucoup**) plus savant que son frère.*

414   **Davantage** ne peut modifier un adjectif ni un adverbe.

Au lieu de : *Elle est davantage heureuse; marchons davantage lentement,* il faut dire : *Elle est plus heureuse, marchons plus lentement.*

REMARQUE

Davantage pouvait, à l'époque classique, se construire avec *de* et un nom, et aussi avec *que* :

> *Rien n'obligeait à en faire **davantage de** bruit.* (N. Bossuet)
>
> *Il n'y a rien que je déteste **davantage que** de blesser la vérité.* (B. Pascal)

Ces constructions se rencontrent encore dans l'usage moderne :

> *Ils n'en récoltèrent pas **davantage de** gratitude.* (J. Cocteau)
>
> *Cet homme de taille moyenne (...) me plaisait **davantage que** son frère aîné.*
> (M. Yourcenar)

415   **Plus, moins** introduisent par *que* le complément du comparatif :

> *L'envie est plus irréconciliable **que** la haine.* (F. de La Rochefoucauld)

Toutefois lorsque le complément du comparatif est ou renferme un nom de nombre, il s'introduit par *de* :

> *Cela coûtera moins **de** cent dollars.*

On dit : *plus **qu'**à demi..., plus **qu'**à moitié,* etc., mais on peut dire aussi, surtout dans la langue littéraire : *plus **d'**à demi..., plus **d'**à moitié,* etc.

c)   Les adverbes de temps

416   **De suite** signifie « sans interruption » :

> *Il ne saurait dire deux mots **de suite**.* (Académie)

Tout de suite signifie « sur-le-champ » :

> *Je voudrais **tout de suite** le dossier Latour.* (M. Thiry)

REMARQUE

On vient d'indiquer la distinction traditionnelle. Cependant l'usage courant a admis *de suite* au sens de « sur-le-champ » :

> *Allez **de suite** vous restaurer.* (A. Gide)
>
> *On ne comprend pas **de suite** un mot semblable.* (P. Loti)

417   **Tout à coup** signifie « soudainement » :

> *Son humeur a changé **tout à coup**.* (Académie)

Tout d'un coup signifie « tout en une fois » :

> *Il fit sa fortune **tout d'un coup**.* (Académie)

Tout d'un coup s'emploie aussi quelquefois dans le sens de *tout à coup* (Académie).

d)   Les adverbes de négation

418   La négation pure s'exprime par *non,* forme tonique, et par *ne,* forme atone.

419   a) **Non**, dans les réponses et ailleurs, a la valeur d'une proposition reprenant de façon négative une idée, une proposition ou un verbe antérieurs :

> *Viendrez-vous ? **Non**.*
>
> *Elle a menti ; prétendez-vous que **non** ?*

> *Venez-vous ou* **non** *?*
> *Mon père viendra, ma mère,* **non**.

b) **Non** peut nier un élément de phrase qu'il oppose à un autre élément de même fonction que le premier :

> *Mon avis,* **non** *le vôtre, doit prévaloir.*
> *Il est sévère,* **non** *injuste.*

REMARQUES

1. *Non* sert de préfixe négatif devant certains noms (avec un trait d'union) : *Non-intervention, non-lieu, non-sens*, etc. Il se trouve avec la même valeur devant un infinitif dans *fin de non-recevoir*.

Dans un emploi analogue, *non* se place devant des adjectifs qualificatifs, des participes, des adverbes, et devant certaines prépositions (sans trait d'union) :

> **Non** *solvable, leçon* **non** *sue,* **non** *loin de là,* **non** *sans frémir.*

2. Surtout dans les réponses directes, *non* est souvent renforcé par *pas, point, vraiment, certes, assurément, jamais, mais, oh ! ah !*, etc. :

> *Viendras-tu ? Non certes, non vraiment, non jamais, oh ! non.*

420 **Ne** est généralement accompagné d'un des mots *pas, point, aucun, aucunement, guère, jamais, nul, nullement, personne, plus, que, rien*, ou d'une des expressions *âme qui vive, qui que ce soit, quoi que ce soit, de ma vie, de longtemps, nulle part*, etc. :

> *Elle* **ne** *vient* **pas** *; elle* **ne** *fume* **jamais** *; elle* **ne** *sait* **rien** *; on* **ne** *voit* **âme qui vive**.

Ne ... que est une locution restrictive équivalant à *seulement* :

> *Qui* **n'**entend **qu'**une cloche **n'**entend **qu'**un son.

REMARQUE

Pour nier la locution restrictive *ne... que*, la langue moderne insère dans cette locution *pas* ou *point*. Cette construction *ne... pas* (ou *ne... point que*), quoique combattue par les puristes, est entrée dans l'usage :

> *Un discours* **ne** *se compose* **pas que** *d'idées générales.* (Fr. Mauriac)

NE employé seul

421 **Obligatoirement**

Ne s'emploie obligatoirement seul :

1° Dans certaines phrases proverbiales ou sentencieuses et dans certaines expressions toutes faites :

> *Il* **n'**est pire eau que l'eau qui dort.
> *À Dieu* **ne** *plaise !*
> **Ne** *vous déplaise.*
> *Si ce* **n'**est (= excepté).
> *Il* **ne** *dit mot.*
> *Elle* **n'**a garde.
> *Il* **n'**en a cure.
> *Qu'à cela* **ne** *tienne.*
> *Qui ce fut, il* **n'**importe.

2° Avec *ni* répété :

> L'homme *n'*est ni ange ni bête. (B. Pascal)
>
> Ni l'or ni la grandeur *ne* nous rendent heureux. (J. de La Fontaine)

3° Avec *que,* adverbe interrogatif ou exclamatif signifiant *pourquoi* :

> Que *ne* le disiez-vous plus tôt ?
>
> Que *ne* puis-je partir ?

4° Avec *savoir* ou *avoir,* suivis de *que* interrogatif et d'un infinitif :

> Je devais avoir l'air stupide avec, à la main, la chemise dont je *ne* savais que faire.
> (G. Simenon)

Facultativement

Ne s'emploie facultativement seul :

1° Dans les propositions relatives de conséquence dépendant d'une principale interrogative ou négative :

> Y a-t-il quelqu'un dont il *ne* médise ? (Académie)
>
> Il n'est pas d'homme qui *ne* désire être heureux. (Idem)

2° Avec *cesser, oser, pouvoir,* surtout aux temps simples et avec un infinitif complément :

> Il *ne* cesse de parler. (Académie)
>
> Je *n'*ose sortir. (G. Compère)
>
> Elle doit avoir peur : je *ne* peux expliquer autrement son immobilité.

REMARQUE

Pris négativement, *savoir* se construit le plus souvent avec le simple *ne* quand on veut exprimer l'idée de « être incertain » :

> Je *ne* sais, dit-il, si je devrais parler. (S.-A. Steeman)

Mais quand il signifie « connaître, avoir la science de », il demande la négation complète :

> Je *ne* sais **pas** l'endroit. (J. de La Fontaine)
>
> Cet enfant *ne* sait **pas** lire.

Au conditionnel, comme équivalent de « pouvoir », il veut le simple *ne* :

> Je *ne* saurais vous approuver.

3° Avec *si* conditionnel :

> Tu ne pourras l'emporter si tu *ne* te prépares sérieusement.

4° Devant *autre* suivi de *que* :

> Je *n'*ai d'autre désir que celui de vous être utile.

5° Après le pronom et l'adjectif interrogatif :

> Qui *ne* court après la Fortune ? (J. de La Fontaine)
>
> Quel plaisir *n'*a son amertume ?

6° Après *depuis que, il y a* (tel temps) *que, voici* ou *voilà* (tel temps) *que,* quand le verbe dépendant est à un temps composé :

> Elle a bien changé depuis que je *ne* l'ai vue.
>
> Il y a huit jours que je *ne* l'ai vu.

NE explétif

N.B.

Certaines propositions subordonnées de sens positif ont cependant la négation *ne*. L'emploi de ce *ne explétif* n'a jamais été bien fixé : dans l'usage littéraire, il est le plus souvent facultatif ; dans la langue parlée, il se perd de plus en plus. C'est pourquoi il serait vain de vouloir donner pour cet emploi des règles absolues.

422 Verbes de crainte

a) 1. Après les verbes de crainte pris affirmativement, on met ordinairement *ne* quand la subordonnée exprime un effet que l'on craint de voir se produire :

> *Je crains que l'ennemi **ne** vienne.*
> *Je redoute, j'ai peur, j'appréhende qu'un malheur **ne** vous arrive.*

2. Après ces verbes pris négativement, on ne met pas *ne* :

> *Je ne crains pas qu'il fasse cette faute.* (É. Littré)
> *Je n'ai pas peur qu'on me reproche ce que j'ai fait.*

3. Après ces verbes pris interrogativement ou bien à la fois interrogativement et négativement, le plus souvent on omet *ne* :

> *Craignez-vous qu'il vienne ?* (A. Hatzfeld)
> *Ne craignez-vous pas qu'il vienne ?* (É. Littré)

b) Dans tous ces cas, on met la négation complète s'il s'agit d'un effet que l'on craint de voir ne pas se produire :

> *Je crains que ma mère **ne** vienne **pas**.*
> *Aucun de nous ne craint que nos amis **ne** viennent **pas**.*
> *Craignez-vous, ne craignez-vous pas que le succès **ne** couronne **pas** vos efforts ?*

423 Verbes d'empêchement, de précaution, de défense

Après *éviter que, empêcher que,* l'emploi de *ne* est facultatif :

> *J'empêche qu'il **ne** bouge.*
> *Vous savez empêcher qu'il vous dévore.* (Voltaire)
> *Je n'empêche pas qu'il **ne** fasse ou qu'il fasse ce qu'il voudra.* (Académie)
> *Évitez qu'il **ne** vous parle.* (Idem)
> *J'évitais qu'il m'en parlât.* (É. Littré)

REMARQUES

1. Après *prendre garde que,* on met *ne* s'il s'agit d'un effet à éviter ; on ne met aucune négation s'il s'agit d'un résultat à obtenir :

> *Prenez garde qu'on **ne** vous trompe.* (Académie)
> *Prenez garde que vous entendiez tout ce que vous faites.* (J.B. Bossuet)

2. Après *défendre que,* on ne met pas *ne* :

> *Je défends que vous y participiez.*

424 **Verbes de doute, de négation**

a) Après *douter, mettre en doute, nier, disconvenir, désespérer, contester, méconnaître, dissimuler,* etc., employés affirmativement, l'infinitif complément ou la subordonnée ne prennent pas *ne*:

> *Je doute fort que tout cela soit.* (Académie)
> *Il nie qu'il se soit trouvé dans cette maison.* (É. Littré)

b) Mais dans l'emploi négatif ou interrogatif, ces verbes demandent ordinairement *ne* après eux:

> *Je ne doute pas qu'il **ne** vienne bientôt.* (Académie)
> *Doutez-vous que cela **ne** soit vrai?* (É. Littré)

425 **Propositions comparatives**

a) La proposition second terme d'une comparaison d'inégalité prend souvent *ne* si la principale est affirmative:

> *Il est autre que je **ne** croyais.* (Académie)
> *Le temps est meilleur qu'il **n'**était hier.* (Idem)

b) Quand la principale est négative ou interrogative, ordinairement on ne met pas *ne* dans la subordonnée:

> *Il n'agit pas autrement qu'il parle.* (Académie)
> *Quel mortel ne fut jamais plus heureux que vous l'êtes?* (Voltaire)

426 **Locutions conjonctives**

a) Après *avant que,* l'emploi de *ne* est facultatif:

> *Avant qu'il fasse froid* ou *Avant qu'il **ne** fasse froid.* (Académie)

b) Après *moins que,* on met ordinairement *ne*:

> *À moins qu'il **ne** connaisse son nom d'emprunt...* (M. Leblanc)

Après *que* mis pour *avant que, sans que, à moins que, de peur que,* on doit mettre *ne*:

> *Tu ne bougeras pas d'ici que tu **n'**aies demandé pardon.* (G. Sand)

c) Après *sans que* (qui implique déjà une négation), on ne met pas *ne*:

> *Il y a des choses dans la vie qui ne servent à rien, qu'on pourrait supprimer sans que j'en sois atteint.* (J. Cayrol)

427 Après *il s'en faut que* (affirmatif, négatif ou interrogatif), *ne* est facultatif:

> *Il s'en faut de beaucoup que la somme entière **n'**y soit.*
> *Il s'en faut de beaucoup que leur nombre soit complet.* (Académie)

Après *il tient à ... que, il dépend de ... que,* pris affirmativement, on ne met aucune négation ou on met la négation complète, selon le sens:

> *Il tient à moi que cela se fasse, que cela **ne** se fasse pas.* (É. Littré)

Dans l'emploi négatif ou interrogatif, ces expressions sont ordinairement suivies de *ne*:

> *Il ne tient pas à moi que cela **ne** se fasse.* (Académie)
> *À quoi tient-il donc que la vérité **ne** triomphe dans votre cœur?* (J.B. Massillon)

Chapitre 7 La préposition

1. Définition

428 La **préposition** est un mot invariable qui sert ordinairement à introduire un complément, qu'il unit, par un rapport déterminé, à un mot complété :

> *Elle habite **dans** un appartement* (rapport de lieu).
> *Elle était mariée **depuis** deux ans* (rapport de temps).
> *Le jardin **de** mon voisin* (rapport d'appartenance).
> *Je pêche **à** la ligne* (rapport de moyen).

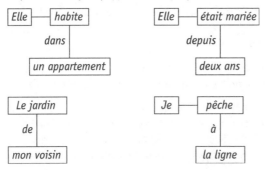

REMARQUE

La préposition est parfois une simple cheville syntaxique, notamment devant certaines épithètes, devant certains attributs, devant certaines appositions, devant certains infinitifs sujets ou compléments ; comme elle ne marque alors aucun rapport et qu'elle est vide de sens, on l'appelle **préposition vide** :

> *Rien **de** nouveau. Elle est tenue **pour** coupable.*
> *Je le traite **en** frère. La ville **de** Lyon.*
> ***De** le voir passer m'a suffi pour le juger.* (P. Bourget)
> *J'aime **à** lire. Mon but est **de** vaincre. Elle cesse **de** parler.*

429 Une **locution prépositive** est une réunion de mots équivalant à une préposition : *À cause de, auprès de, jusqu'à,* etc.

N.B.

Certaines prépositions et certaines locutions prépositives peuvent avoir un complément (voir § 66, 2°).

430 **Liste des principales prépositions**

À	De	Excepté	Passé	Sous
Après	Depuis	Hormis	Pendant	Suivant
Attendu	Derrière	Hors	Plein	Supposé
Avant	Dès	Jusque(s)	Pour	Sur
Avec	Devant	Malgré	Près	Touchant
Chez	Durant	Moyennant	Proche	Vers
Concernant	En	Outre	Sans	Vu
Contre	Entre	Par	Sauf	
Dans	Envers	Parmi	Selon	

431 *Voici* et *voilà* servent ordinairement à annoncer, à présenter : ce sont alors des **présentatifs** :

> *Voici* ma chambre, **voilà** la vôtre.

Ce sont proprement des prépositions quand ils introduisent une indication de temps :

> *Je l'ai connu* **voici** (ou **voilà**) *deux ans.*

Voici, voilà, sont formés de *voi,* impératif de *voir,* sans s, selon l'ancien usage, et des adverbes *ci, là.* Ces présentatifs renferment donc originairement un élément verbal, qui reste sensible quand *voici* est suivi d'un infinitif ou quand *voici, voilà* sont précédés d'un pronom personnel complément :

> *Voici* venir la foudre. (P. Corneille)
> Me *voici.*
> Te *voilà* encore !

N.B.

Dans l'analyse, on appelle *complément du présentatif* le mot ou groupe de mots exprimant ce qui est annoncé ou présenté par *voici* ou *voilà*.

432 **Liste des principales locutions prépositives**

À cause de	Au dehors de	De dessous	Hors de
À côté de	Au-delà de	De dessus	Jusqu'à, jusque
À défaut de	Au-dessous de	De devant	dans, etc.
Afin de	Au-dessus de	De façon à	Loin de
À fleur de	Au-devant de	De manière à	Par-dedans
À force de	Au lieu de	D'entre	Par-dehors
À l'abri de	Au milieu de	De par	Par-delà
À la faveur de	Au péril de	De peur de	Par-dessous
À la merci de	Auprès de	Du côté de	Par-dessus
À la mode de	Au prix de	En deçà de	Par-devant
À l'égard de	Autour de	En dedans de	Par-devers
À l'encontre de	Au travers de	En dehors de	Par rapport à
À l'envi de	Aux dépens de	En dépit de	Près de
À l'exception de	Aux environs de	En face de	Proche de
À l'exclusion de	Avant de	En faveur de	Quant à
À l'insu de	D'après	En sus de	Sauf à
À moins de	D'avec	Étant donné	Sus à
À raison de	De chez	Face à	Vis-à-vis de
Au-dedans de	De delà	Faute de	etc.
Au défaut de	De derrière	Grâce à	

433 Rapports exprimés

Les rapports marqués par la préposition sont extrêmement nombreux ; d'autre part, une même préposition (surtout *à* et *de*) peut servir à exprimer différents rapports.

La préposition peut marquer notamment :

Le lieu, la tendance : *en, dans, à, chez, de, vers, jusqu'à, sous,* etc.
Le temps : *à, de, vers, pour, avant, après, depuis, pendant,* etc.
L'attribution : *à, pour.*
La cause, l'origine : *attendu, vu, pour, à cause de, grâce à,* etc.
Le but, le motif : *pour, à, envers, touchant,* etc.
La manière, le moyen : *à, de, par, en, avec, sans, selon,* etc.
L'ordre, le rang : *après, devant, derrière, au-dessus de,* etc.
L'union, la conformité : *avec, selon, d'après, suivant,* etc.
L'appartenance : *de, à,* etc.
L'agent : *de, par.*
L'opposition : *contre, malgré, nonobstant,* etc.
La séparation, l'exception : *sans, sauf, excepté,* etc.

434

En principe, rien ne s'intercale entre la préposition et le mot qu'elle introduit. Pourtant des intercalations se font parfois :

> Soirées passées l'oreille au guet **pour**, dès la première sirène, **descendre** à la cave les enfants. (Fr. Mauriac)

435 2. Répétition des prépositions

a) Les prépositions **à, de, en** se répètent ordinairement devant chaque complément :

> Elle écrit **à** Pierre et **à** Nicolas.
> Elle a voyagé **en** Grèce et **en** Italie.
> La parole nous apparaît comme l'instrument majeur **de** la pensée, **de** l'émotion et **de** l'action. (L.S. Senghor)

b) **À, de, en** ne se répètent pas :

1° Quand les membres du complément forment une locution :

> École **des** arts et métiers.
> Il aime **à** aller et venir. (É. Littré)
> Il a perdu son temps **en** allées et venues. (Académie)

2° Quand ces membres représentent le même ou les mêmes êtres ou objets :

> J'en parlerai **à** M. Beauchemin, votre associé.
> J'ai reçu une lettre **de** ma collègue et amie.

3° Quand ces membres désignent un groupe ou une idée unique :

> Les adresses **des** amis et connaissances.
> Il importe **de** bien mâcher et broyer les aliments. (É. Littré)

c) D'une manière générale, les prépositions autres que *à, de, en* ne se répètent pas, surtout lorsque les différents membres du complément sont intimement unis par le sens ou lorsqu'ils sont à peu près synonymes :

> ***Dans*** *les peines et les douleurs, gardez l'espoir.*

REMARQUE

En répétant la préposition, on donne à chaque membre du complément un relief particulier :

> ***Sur*** *mes cahiers d'écolier*
> ***Sur*** *mon pupitre et les arbres*
> ***Sur*** *le sable* ***sur*** *la neige*
> *J'écris ton nom.* (P. Éluard)

3. Emploi de quelques prépositions

436   **À travers** ne se construit jamais avec *de* ; **au travers** veut toujours *de* :

> *Il sourit* ***à travers*** *ses larmes.* (A. Hermant)
> *Il avait longtemps marché* ***au travers de*** *la ville.* (A. Gide)

437   **Causer avec**

On dit : *causer avec quelqu'un* :

> *Je cause volontiers* ***avec*** *lui.* (Académie)

N.B.

Causer à quelqu'un est de la langue populaire, mais il tend à pénétrer dans la langue littéraire ; on évitera pourtant ce tour :

> *Il ne faut pas qu'on me cause de choses positives.* (H. Taine)
> *Il m'a causé très familièrement.* (R. Rolland)

438   **Durant. Pendant**

L'usage ne fait guère de distinction entre ces deux prépositions : on peut observer toutefois que *durant* exprime une période continue, et que *pendant* indique un moment, une portion limitée de la durée :

> ***Durant*** *la campagne, les ennemis se sont tenus enfermés dans leurs places.* (É. Littré)
> *C'est* ***pendant*** *cette campagne que s'est livrée la bataille dont vous parlez.* (Idem)

439   **Jusque** se construit avec une préposition : *à* (c'est le cas le plus fréquent), *vers, sur, chez,* etc. :

> *Le condamné court donc* ***jusqu'à*** *perdre le souffle, puis la vie.* (J. Sternberg)
> ***Jusqu'en*** *Afrique,* ***jusque*** *sur les toits.*

Il se construit aussi avec les adverbes *ici, là, où, alors,* et avec certains adverbes d'intensité modifiant un adverbe de temps ou de lieu :

> *Vertueux* ***jusqu'ici***, *vous pouvez toujours l'être.* (J. Racine)
> *Voyez* ***jusqu'où*** *va leur licence.* (Académie)
> *Je m'étais arrangé pour faire durer* ***jusqu'assez tard*** *ma soirée.* (J. Romains)

REMARQUES

1. Une faute fréquente est l'omission de *à* dans des expressions telles que : *jusqu'à Bruxelles, jusqu'à demain, jusqu'à hier, jusqu'à dix heures, jusqu'à maintenant,* etc.

2. On dit *jusqu'à aujourd'hui* ou *jusqu'aujourd'hui* :

> *J'ai différé jusqu'aujourd'hui* ou *jusqu'à aujourd'hui à vous donner de mes nouvelles.*
> (Académie)

440 Près de. Prêt à

Près de, suivi d'un infinitif, signifie « sur le point de » :

> *La lune est près de se lever.*

Prêt à signifie « préparé à, disposé à » :

> *La Mort ne surprend point le sage :*
> *Il est toujours prêt à partir.* (J. de La Fontaine)

Chapitre 8 La conjonction

1. **Définition**

441 La **conjonction** est un mot invariable qui sert à joindre et à mettre en rapport, soit deux propositions (de même nature ou de nature différente), soit deux mots de même fonction dans une proposition :

> *On a perdu bien peu* **quand** *on garde l'honneur.* (Voltaire)
> *La tempête s'éloigne* **et** *les vents sont calmés.* (A. de Musset)
> *Rien* **ni** *personne n'avait eu de prise sur lui.* (P. Modiano)

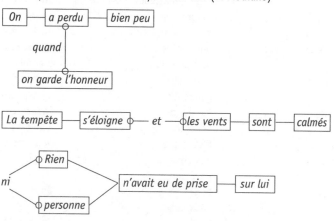

442 Une **locution conjonctive** est une réunion de mots équivalant à une conjonction :

> *Afin que, à moins que, pour que, c'est-à-dire,* etc.

443 **Liste des principales conjonctions**

N.B.
La présente liste comprend des mots qui peuvent appartenir aussi à d'autres parties du discours, notamment à la catégorie des adverbes.

Ainsi (*vous consentez*)	Comme	Lorsque
Aussi (*j'y tiens*)	Comment (interr. ind.)	Mais
Avec (*le père, avec le fils*)	Donc	Néanmoins
Bien (*je le fais bien, moi*)	Encore (*s'il travaillait*)	Ni
Car	Enfin (*c'est un vaurien*)	Or
Cependant	Ensuite	Ou
Combien (interr. ind.)	Et	Partant

Pourquoi (interr. ind.)	Que	Soit ... soit
Pourtant	Quoique	Soit (*dix dollars*)
Puis	Savoir (*ceci et cela*)	Tantôt... tantôt
Puisque	Si	Toutefois
Quand	Sinon	

444   Liste des principales locutions conjonctives

N.B.

Plusieurs locutions conjonctives, parmi celles qui ne sont pas formées à l'aide de *que,* peuvent aussi être considérées comme locutions adverbiales.

À condition que	Encore que	Tant que
Afin que	En sorte que	Vu que
Ainsi que	Étant donné que	À la vérité
Alors que	Excepté que	Après tout
À mesure que	Jusqu'à ce que	À savoir
À moins que	Loin que	Au cas où
Après que	Lors même que (littér.)	Au contraire
À proportion que	Maintenant que	Au moins
Attendu que	Malgré que	Au reste
Au cas que	Moins que	Aussi bien
Au fur et à mesure que	Non moins que	Au surplus
Au lieu que	Non plus que	Bien plus
Aussi bien que	Outre que	C'est-à-dire
Aussitôt que	Parce que	C'est pourquoi
Autant que	Par contre	Comme si
Avant que	Pendant que	D'ailleurs
Bien que	Plutôt que	Dans ces conditions
Cependant que	Posé que	De plus
D'autant que	Pour que	Du moins
D'autant plus que	Pourvu que	Du reste
De ce que	Sans que	En effet
De crainte que	Sauf que	En revanche
De façon que	Selon que	Et puis
De manière que	Si ce n'est que	Or donc
De même que	Si peu que	Ou bien
De peur que	Si tant est que	Par conséquent
Depuis que	Soit que	Quand même
De sorte que	Sitôt que	Sans quoi
Dès que	Suivant que	Etc.
En attendant que	Supposé que	
En cas que	Tandis que	

445   On distingue deux espèces de conjonctions :

– les conjonctions de *coordination* ;
– les conjonctions de *subordination*.

2. Les conjonctions de coordination

446 Les conjonctions de **coordination** sont celles qui servent à joindre soit deux propositions de même nature, soit deux éléments de même fonction dans une proposition :

> *Je pense, **donc** je suis.* (R. Descartes)
> *Je me souviens que j'avais commencé une collection de boîtes d'allumettes **et** de paquets de cigarettes.* (G. Perec)

Les principales sont : *et, ou, ni, mais, car, or, donc, cependant, toutefois, néanmoins.*

447 **Principaux rapports** indiqués par les conjonctions (et locutions conjonctives) de coordination :

1° **Addition, liaison** : *et, ni, puis, ensuite, alors, aussi, bien plus, jusqu'à, comme, ainsi que, aussi bien que, de même que, non moins que, avec.*

2° **Alternative, disjonction** : *ou, soit... soit, soit... ou, tantôt... tantôt, ou bien.*

3° **Cause** : *car, en effet, effectivement.*

4° **Conséquence** : *donc, aussi, partant, alors, ainsi, par conséquent, en conséquence, conséquemment, par suite, c'est pourquoi.*

5° **Explication** : *savoir, à savoir, c'est-à-dire, soit.*

6° **Opposition, restriction** : *mais, au contraire, cependant, toutefois, néanmoins, pourtant, d'ailleurs, aussi bien, au moins, du moins, au reste, du reste, en revanche, par contre, sinon.*

7° **Transition** : *or.*

3. Les conjonctions de subordination

448 Les conjonctions de **subordination** sont celles qui servent à joindre une proposition subordonnée à la proposition dont elle dépend :

> *La nuit était claire et sonore **quand** je sortis du palais désert.* (J. Gracq)

N.B.
Certaines conjonctions de subordination peuvent avoir un complément (voir § 66, 3°).

449 **Principaux rapports** indiqués par les conjonctions (et locutions conjonctives) de subordination :

1° **But** : *afin que, pour que, de peur que,* etc.

2° **Cause** : *comme, parce que, puisque, attendu que, vu que, étant donné que,* etc.

3° **Comparaison** : *comme, de même que, ainsi que, autant que, plus que, moins que, non moins que, selon que, suivant que, comme si,* etc.

4° **Concession, opposition** : *bien que, quoique, alors que, tandis que,* etc.

5° Condition, supposition : *si, au cas où, à condition que, pourvu que, à moins que,* etc.

6° Conséquence : *que, de sorte que, en sorte que, de façon que, de manière que,* etc.

7° Temps : *quand, lorsque, comme, avant que, alors que, dès lors que, tandis que, depuis que,* etc.

Chapitre 9 L'interjection

450 L'**interjection** est un mot invariable qui marque l'irruption dans le discours d'une sensation ou d'un sentiment personnel exprimés avec vivacité:

> *Ah!* vous arrivez! *Allons,* vous dis-je. *Gare!*

Ah !		vous		arrivez

L'interjection ne joue dans la phrase aucun rôle grammatical. Ordinairement elle est,
dans l'écriture, suivie du point d'exclamation.

451 Une **locution interjective** est une réunion de mots équivalant à une interjection:

> *Hé quoi! Hé bien! Par exemple! Bon sang!*

452 On emploie comme interjections:

1° De simples cris ou des onomatopées:

> *Ah! Eh! Ho! Hue! Ouf! Fi! Chut!*
> *Holà! Crac! Paf! Patatras!*

2° Des noms employés seuls ou associés à d'autres mots:

> *Attention! Courage! Ciel! Bonté divine!*
> *Ma parole! Par exemple!*

3° Des adjectifs employés seuls ou accompagnés d'un adverbe:

> *Bon! Ferme! Tout doux! Tout beau! Bravo!*

4° Des adverbes ou des locutions adverbiales:

> *Bien! Comment! Eh bien! Or çà!*

5° Des formes verbales et spécialement des impératifs:

> *Allons! Gare! Tiens! Suffit! Dis donc!*

6° Des phrases entières:

> *Fouette cocher! Va comme je te pousse!*
> *Vogue la galère!*

REMARQUE
Certaines interjections peuvent avoir un complément:

> *Adieu **pour tout jamais**! Gare **à toi**!*
> *Gare **que la glace ne cède**!*

453 Liste des principales interjections et locutions interjectives

Adieu!	Eh!	Hourra!	Patatras!
Ah!	Euh!	Hue!	Pif!
Ahi!	Fi!	Hum!	Pouah!
Aïe!	Fichtre!	Là!	Pst!
Allo! (ou allô!)	Gare!	Las! (vieux)	Quoi!
Bah!	Ha!	Mince!	Sacristi!
Baste!	Haïe!	Motus!	Saperlipopette!
Bernique! (famil.)	Hardi!	Ô!	Saperlotte!
Bravo!	Hé!	Oh!	Sapristi!
Çà!	Hein!	Ohé!	St!
Chiche!	Hélas!	Ouais! (vieux)	Stop!
Chut!	Hem!	Ouf!	Sus!
Ciao! [tʃao]	Ho!	Ouiche! (famil.)	Vivat!
Crac!	Holà!	Ouste! (id.)	Zut! (famil.)
Dame!	Hon!	Paf!	
Dia!	Hosanna!	Pan!	

Ah! çà	Grand Dieu!	Là! là!	Quoi donc!
À la bonne heure!	Hé bien!	Ma foi!	Ta ta ta!
Bonté divine!	Hé quoi!	Mon Dieu!	Tout beau!
Eh bien!	Ho! Ho!	Or çà!	Tout doux!
Eh quoi!	Jour de Dieu!	Oui-da!	
Fi donc!	Juste Ciel!	Par exemple!	

Partie 4

Les propositions
subordonnées

A. CLASSIFICATION

454   On peut fonder la classification des propositions subordonnées sur les fonctions qu'elles remplissent dans la phrase.

De même que, dans la **phrase simple**, les fonctions de sujet, d'attribut, d'apposition, de complément d'objet direct ou indirect, de complément circonstanciel, etc., peuvent être remplies par un *mot* (nom, pronom, adjectif), de même, dans la **phrase composée**, ces différentes fonctions peuvent être remplies par une *proposition* :

SUJET :

> *Il faut **de la patience**.*   *Il faut **que l'on patiente**.*

ATTRIBUT :

> *La solution serait **une semaine de***   *La solution serait **que vous vous***
> ***repos**.*   ***reposiez une semaine**.*

APPOSITION :

> *Ne renversons pas le principe **de***   *Ne renversons pas le principe **que***
> ***la primauté du droit sur la force**.*   ***le droit prime la force**.*

OBJET DIRECT :

> *J'attends **son retour**.*   *J'attends **qu'il revienne**.*

OBJET INDIRECT :

> *Je consens **à son départ**.*   *Je consens **qu'elle parte**.*

COMPLÉMENT CIRCONSTANCIEL :

> *Opposez-vous aux attaquants **dès***   *Opposez-vous aux attaquants **dès***
> ***le début du match**.*   ***que le match aura commencé**.*

COMPLÉMENT D'AGENT :

> *Il est aimé **de tous**.*   *Il est aimé **de quiconque le connaît**.*

COMPLÉMENT DÉTERMINATIF :

> *Le regard **de mon frère** me cloua*   *Le regard **que mon frère me jeta***
> *sur place.*   *me cloua sur place.*

COMPLÉMENT EXPLICATIF :

> *Le champagne, **boisson de fête**,*   *Le champagne, **qui est une boisson***
> *fut choisi pour le repas de noces.*   ***de fête**, fut choisi pour le repas de noces.*

COMPLÉMENT D'ADJECTIF :

> *Certain **de la victoire**, le lièvre se*   *Certain **qu'il vaincra**, le lièvre se*
> *repose.*   *repose.*

COMPLÉMENT DU COMPARATIF :

> *Marie est plus curieuse **que Louis**.*   *Marie est plus curieuse **qu'on ne pense**.*

COMPLÉMENT DU PRÉSENTATIF :

> *Voici **la nuit**.*   *Voici **que la nuit vient**.*

D'après cela, on peut distinguer :

1° Les subordonnées **sujets** ;
2° Les subordonnées **attributs** ;
3° Les subordonnées **en apposition** ;
4° Les subordonnées **compléments d'objet** (direct ou indirect) ;
5° Les subordonnées **compléments circonstanciels** ;
6° Les subordonnées **compléments d'agent** ;
7° Les subordonnées **compléments de nom ou de pronom** : compléments déterminatifs, compléments explicatifs ;
8° Les subordonnées **compléments d'adjectif** (parmi lesquelles il y a les subordonnées
compléments du comparatif).

REMARQUES

1. On appelle : **subordonnée relative** toute proposition subordonnée introduite par un *pronom
relatif* (y compris le pronom relatif indéfini, sans antécédent : § 257, N.B. et Rem. 1) ; subordonnée **conjonctionnelle**, celle qui est introduite par une conjonction de subordination ;
subordonnée **infinitive**, celle qui a pour base un infinitif, ayant son sujet propre (§ 461, 4°) ;
subordonnée **participe**, celle qui a pour base un participe, ayant son sujet propre (§ 392).

2. Parmi les subordonnées compléments d'objet direct, on peut ranger la **subordonnée complément du présentatif** *voici* ou *voilà* (§ 462 *in fine,* Rem. 5).

B. LES SUBORDONNÉES SUJETS

a) Formes et mots subordonnants

455 La subordonnée **sujet** peut être :

1° Une proposition introduite par la conjonction **que**, après un verbe de forme impersonnelle ; cette proposition est le sujet *réel* du verbe de forme impersonnelle (qui a
pour sujet *apparent* le pronom *il*) ;

> *Il faut **que l'on travaille**.*
> *Il convient **que vous veniez**.*
> *Il est nécessaire **que chacun reste calme**.*

> Il ── faut ○── que ──○l'on travaille

2° Une proposition introduite par la conjonction **que** et placée en tête de la phrase :

> ***Que tu aies gagné ce concours**, me remplit de joie.*
> ***Que des vérités si simples soient dites et répétées**, n'est certainement pas inutile.*
> (G. Duhamel)

REMARQUES

1. Le plus souvent la subordonnée sujet introduite par *que* et placée en tête de la phrase est reprise par un des pronoms démonstratifs neutres *ce, cela,* ou par un nom de sens général comme *la chose, le fait,* etc.[1] :

> ***Que tu aies gagné ce concours,** cela me remplit de joie.*
> ***Que toutes vos dettes soient remboursées,** le fait reste à prouver.*

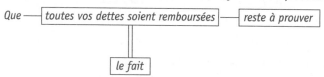

2. Il y a des subordonnées sujets commençant par **que, si, comme, quand, lorsque...** placées après la principale, mais annoncées en tête de la phrase par un des pronoms démonstratifs neutres *ce, ceci, cela* (familièrement : *ça*)[2] :

> *C'est un bien **que nous ignorions l'avenir**.*
> *Ce fut miracle **s'il ne se rompit pas le cou**.*
> *C'est étonnant **comme elle a grandi**.*
> *C'est fort rare **quand il se grise**.* (P. Loti)
> ***Cela** m'étonne **qu'elle ne m'ait pas averti**.*

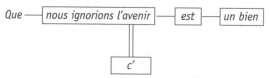

3° Une proposition introduite par la conjonction **que**, après certaines expressions comme *d'où vient...? de là vient..., qu'importe...? à cela s'ajoute...* :

> *D'où vient **que nul n'est content de son sort**?*
> *À cela s'ajoute **qu'il a manqué de prudence**.*

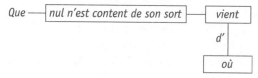

4° Une proposition introduite par un des pronoms relatifs indéfinis **qui** ou **quiconque** :

> ***Qui veut la fin** veut les moyens.*
> ***Quiconque veut m'accompagner** est le bienvenu.*

N.B.

La proposition infinitive (§ 461, 4°) employée comme sujet n'est introduite par aucun mot subordonnant ; elle est reprise par *ce, cela,* ou par un nom de sens général comme *la chose, le fait,* etc. :

> ***Cette rivière déborder de son lit,** le cas n'est jamais arrivé.*

---

1. On pourrait admettre aussi que cette proposition est *en apposition* à ce, cela, la chose, le fait, etc.
2. Il est loisible aussi de considérer ces propositions comme des subordonnées *en apposition* à ce, ceci, cela, ça.

b) L'emploi du mode

456 Le verbe de la subordonnée sujet se met:

– À l'**indicatif** après les verbes de forme impersonnelle marquant la certitude ou la vraisemblance et exprimant un sens positif:

> *Il est certain (sûr, évident) que vous vous **trompez**.*
> *Il est probable que nous **partirons** demain.*

REMARQUE

Après **il me (te, lui...) semble que**, on met généralement l'indicatif:

> *Il me semblait bien que ce temps **était venu**.* (G. Sand)

Après **il semble que**, on met l'indicatif ou le subjonctif selon qu'on exprime le fait avec plus ou moins de certitude:

> *Il semblait bien que c'**était** surtout la haine qui faisait parler Françoise.* (M. Proust)
> *Il semblait que les forces révolutionnaires **dussent** triompher.* (J.-P. Sartre)

– Au **subjonctif**:

1° Après les verbes de forme impersonnelle marquant la nécessité, la possibilité, le doute, l'obligation ou exprimant un sentiment personnel (*il faut, il importe, il est nécessaire, ... possible, ... urgent, ... heureux, ... regrettable, il convient, il est temps, c'est dommage,* etc.):

> *Il faut qu'on **soit** sincère.*
> *Il importe que chacun **fasse** sa part de travail.*
> *Il est nécessaire que l'on **surveille** mieux les abords de l'école.*
> *Il est heureux que tu **retrouves** la santé.*
> *Il est temps que vous **partiez**.*
> *C'est dommage qu'elle ne **comprenne** pas mieux les avantages de ce contrat.*

2° Après les verbes de forme impersonnelle marquant la certitude ou la vraisemblance et exprimant un sens négatif, interrogatif ou conditionnel:

> *Il n'est pas certain que nous **parvenions** au but fixé.*
> *Est-il sûr que Cédric **ait** commis une pareille erreur?*
> *S'il est vrai que tu **sois** sensible à mes arguments, signe ce contrat.*

REMARQUE

Dans ces sortes de phrases, le subjonctif n'est pas toujours requis; c'est l'**indicatif** qu'on emploie si l'on veut marquer la réalité du fait:

> *Il n'est pas sûr que nous **partirons**.*
> *Est-il certain que vous **viendrez**?*
> *N'est-il pas certain que l'ordre **vaut** mieux que le désordre et que la paix **est** préférable à la guerre?*

3° Quand la subordonnée, introduite par *que*, est placée en tête de la phrase:

> *Que le bombardement **eût** cessé avait fait naître de l'espoir.* (J. de Lacretelle)
> *Qu'elle **sourît** aux employés de la clinique, au contrôleur des billets, (...), ce n'était jamais qu'un os accordé à la vie pour qu'elle n'aboyât pas trop.* (M. Lambert)

REMARQUE

Après *d'où vient que...?* on met l'**indicatif** ou le **subjonctif** selon la nuance de la pensée :

> *D'où vient que vous **partez** (ou **partiez**) si vite?*

- Au **conditionnel** après les verbes de forme impersonnelle marquant la certitude ou la vraisemblance, lorsqu'on exprime un fait éventuel ou dépendant d'une condition énoncée ou non ; il en est de même dans la proposition sujet introduite soit par *que* après *d'où vient...? de là vient..., qu'importe...? à cela s'ajoute...,* soit par un des relatifs indéfinis *qui* ou *quiconque* :

> *Il est évident, il n'est pas sûr, que vous **feriez** bien ce travail.*
> *Est-il certain que vous **feriez** bien ce travail?*
> *Il est certain (sûr, probable) que vous **réussiriez,** si vous étiez plus méthodique.*
> *D'où vient que tant d'admirateurs **voudraient** rencontrer cette vedette de cinéma?*
> *Qui **trahirait** ma confiance serait aussitôt renvoyé de l'équipe.*
> *Quiconque n'**observerait** pas cette loi serait puni.*

N.B.

Le verbe de la subordonnée sujet est parfois un **infinitif** accompagné de son sujet propre :

> *Un chien **engendrer** un chat, cela ne se verra jamais.*

C. LES SUBORDONNÉES ATTRIBUTS

a)   Formes et mots subordonnants

457   La subordonnée **attribut** est une proposition introduite par la conjonction **que** et venant après certaines locutions formées d'un nom sujet et du verbe *être,* telles que : *mon avis est, le malheur est, le mieux est, la preuve en est,* etc. :

> *Mon avis est **que vous avez raison**.*

| Mon avis |—| est |◇—| que |—◇| vous avez raison |

REMARQUES

1. On a parfois une subordonnée attribut introduite par le relatif indéfini *qui* (au sens de *celui que*) ou par le relatif indéfini *quoi* précédé d'une préposition :

> *Comment je devins **qui je suis**. (A. Gide)*
> *Le coupable n'est pas **qui vous croyez**.*
> *C'est précisément **à quoi je pensais**.*

2. On peut considérer comme des subordonnées attributs certaines propositions relatives qui, après les verbes *être, se trouver, rester...* suivis d'une indication de lieu ou de situation – ou après un verbe de perception –, expriment une manière d'être du sujet ou du complément d'objet direct de la principale ; ces propositions, introduites par *qui,* équivalent à un participe présent ou à un adjectif :

> *Votre amie est là **qui attend** [= attendant].*
> *Il est au jardin **qui rêve** [= rêvant ou : rêveur].*
> *Je la vois **qui arrive** [= arrivant].*

b) L'emploi du mode

458 Le verbe de la subordonnée attribut se met :

– À l'**indicatif** quand cette subordonnée exprime un fait considéré dans sa réalité :

> *Mon opinion est que tu **as rempli** tes obligations.*
> *L'essentiel est que nous **avons** la victoire.*

– Au **subjonctif** quand on exprime un fait envisagé simplement dans la pensée, avec un sentiment personnel (souhait, désir, volonté, etc.) :

> *Mon désir est que tu **remplisses** tes obligations.*
> *L'essentiel est que nous **ayons** la victoire.*

– Au **conditionnel** quand on exprime un fait éventuel ou dépendant d'une condition énoncée ou non :

> *Mon opinion est que tu **remplirais** ainsi tes obligations.*
> *La vérité est que, si nous agissions sans retard, nous **aurions** la victoire.*

D. LES SUBORDONNÉES EN APPOSITION

a) Formes et mots subordonnants

459 La subordonnée **en apposition** est une proposition introduite par la conjonction **que** (au sens de *à savoir que*) et jointe à un nom ou à un pronom pour le définir ou l'expliquer comme le ferait un nom en apposition (§ 63, 5°) :

> *Nous condamnerons cette maxime **que la fin justifie les moyens**.*
> *La bêtise a ceci de terrible **qu'elle peut ressembler à la plus profonde sagesse**.*
> (V. Larbaud)
> *Je ne désire qu'une chose : **que vous soyez heureux**.*

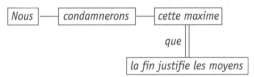

REMARQUES

1. Dans *qui mieux est, qui pis est, qui plus est,* on a des subordonnées en apposition introduites par le pronom relatif **qui** (au sens neutre de *ce qui*) :

> *Elle m'a bien accueilli et, **qui plus est**, elle m'a félicité.*

2. Nous avons rangé parmi les subordonnées *sujets* les propositions introduites par *que* et reprises par *ce, cela, la chose, le fait,* etc., comme dans la phrase : ***Que vous ayez trouvé la bonne solution, cela** vous honore ;* de même les propositions introduites par *que, si, comme, quand, lorsque,* et annoncées par *ce, ceci, cela, ça,* comme dans la phrase : ***C'**est un bien **que nous ignorions l'avenir**.*

On pourrait admettre aussi que ces deux catégories de propositions sont en apposition à *ce, cela, la chose, le fait,* ou à *ce, ceci, cela, ça.* (Voir § 455, Rem. 1 et 2.)

b) L'emploi du mode

460 Le verbe de la subordonnée en apposition se met:

- À l'**indicatif** quand cette subordonnée exprime un fait considéré dans sa réalité:
  *Le fait qu'il **reprend** courage présage sa guérison.*

- Au **subjonctif** quand elle exprime un fait envisagé simplement dans la pensée avec un sentiment personnel (souhait, désir, volonté, etc.):
  *Cette chose est tout à fait inadmissible que Biche **doive** mourir.* (A. Lichtenberger)
  *Je m'élève contre votre hypothèse que tous mes plans **soient** faux.*

- Au **conditionnel** quand elle exprime un fait éventuel ou soumis à une condition énoncée ou non:
  *Je reviens à ce principe que les hommes **seraient** meilleurs s'ils se connaissaient mieux eux-mêmes.*
  *Je partage votre sentiment que nous **ferions** bien ce travail.*

E. LES SUBORDONNÉES COMPLÉMENTS D'OBJET

a) Formes et mots subordonnants

461 La subordonnée **complément d'objet** (direct ou indirect) peut se présenter sous quatre formes:

1° Elle peut être introduite par la conjonction **que**:
*Vous savez **que votre heure viendra**.*
*Je ne doute pas **que la lecture n'enrichisse l'esprit**.*

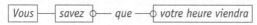

REMARQUES

1. La subordonnée complément d'objet indirect est parfois introduite par une des locutions conjonctives **à ce que, de ce que**:
   *Il s'attend **à ce que je revienne**.* (Académie)
   *Je m'étonne **de ce qu'il ne soit pas venu**.*

2. *Voici, voilà* (qui contiennent le verbe *voir*, à l'impératif, sans *s*, selon un usage ancien) peuvent se faire suivre d'une subordonnée introduite par *que*; cette subordonnée *complément du présentatif* est assimilable à une subordonnée complément d'objet direct:
   *Voici **que la nuit vient**.*
   *Voilà **qu'un orage éclata**.*

2° Elle peut être introduite par un des pronoms relatifs indéfinis **qui** ou **quiconque**:

*Aimez **qui vous aime**. Choisis **qui tu veux**.*
*On pardonne volontiers **à qui avoue ses erreurs**.*
*Elle aide **quiconque la sollicite**.*

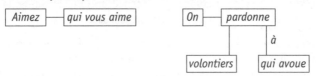

3° Elle peut être introduite par un **mot interrogatif** (*si, qui, quel, quand,* etc.), dans l'interrogation indirecte (§ 73, Rem. 1):

*Dis-moi **qui tu es, quel est ton nom**.*
*Je demande **pourquoi il vient, quand il part**.*
*Je m'informe **si ses amis sont inscrits**.*

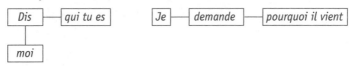

4° Elle peut n'être introduite par aucun mot subordonnant et être constituée par un infinitif avec son *sujet propre:* une telle proposition s'appelle **proposition infinitive**: elle s'emploie comme complément après des verbes marquant une perception des sens: *apercevoir, écouter, entendre, ouïr, regarder, sentir, voir,* ou encore après *faire* ou *laisser*:

*J'entends **les oiseaux chanter**.*
*Je vois **mes honneurs croître** et **tomber mon crédit**.* (J. Racine)
*Laissez **venir à moi les petits enfants**.*

REMARQUES

1. Il importe de bien observer qu'on n'a une proposition infinitive que si l'infinitif a son *sujet propre,* exprimé ou non; on se gardera donc de prendre pour une proposition infinitive le simple infinitif complément d'objet, qui a le même sujet que le verbe principal:

   *Le flâneur regarde **couler la rivière*** [prop. infinitive].
   *J'entends **parler autour de moi*** [prop. infinitive].
   J'espère réussir [*réussir* = infinitif complément d'objet direct].
   Elle se plaint de ne rien obtenir [*obtenir* = infinitif compl. d'objet ind.].

2. On peut avoir une proposition infinitive après le présentatif *voici* (qui signifie *vois ici*), surtout avec l'infinitif *venir*:

   *Voici **venir les temps** où vibrant sur sa tige*
   Chaque fleur s'évapore ainsi qu'un encensoir. (Ch. Baudelaire)

3. On trouve parfois une proposition infinitive dépendant d'un des verbes *dire, croire, savoir...,* mais à peu près uniquement avec le pronom relatif *que* sujet[1]:

   *Je ramenai la conversation sur des sujets **que je savais l'intéresser**.* (B. Constant)

---

1. Voici un exemple où le sujet est un nom: *Charles n'hésita pas, tant il jugeait **cette récréation** lui **devoir être** profitable.* (G. Flaubert)

b) L'emploi du mode

Les subordonnées introduites par *que*

462 Le verbe de la subordonnée complément d'objet (direct ou indirect) introduite par *que* se met:

– À l'**indicatif** après un verbe exprimant une opinion, une déclaration, une perception (*affirmer, croire, espérer, déclarer, dire, penser, entendre, voir, sentir...*), quand le fait est considéré dans sa réalité:

> *Je crois (j'affirme, je dis, je vois) que la richesse ne **fait** pas le bonheur.*
> *Je m'aperçois que j'**ai** fait une erreur.*

– Au **subjonctif**:

1° Après un verbe principal exprimant une opinion, une déclaration, une perception, quand le fait est envisagé simplement dans la pensée et avec un sentiment personnel, ce qui se présente souvent lorsque ces verbes sont dans une principale négative, interrogative ou conditionnelle:

> *Je ne crois pas (je ne dis pas, je ne vois pas) que la richesse **fasse** le bonheur.*
> *Croyez-vous (pensez-vous, voyez-vous) que la richesse **fasse** le bonheur?*
> *Si vous croyez que la richesse **fasse** le bonheur, vous vous trompez.*

REMARQUE

Même quand la principale est négative ou interrogative, ces verbes d'opinion, de déclaration, de perception, demandent dans la subordonnée l'**indicatif** si l'on veut marquer la réalité du fait:

> *Elle ne croit pas (elle ne dit pas, elle ne voit pas) que la santé **vaut** plus que tout.*
> *Il ne s'aperçoit pas qu'il **va** à sa ruine.*
> *Croyez-vous que la véritable amitié **est** rare?*

2° Après un verbe principal exprimant la *volonté* (ordre, prière, désir, souhait, défense, empêchement), le *doute,* ou quelque *sentiment* (joie, tristesse, crainte, regret, admiration, étonnement...):

> *Je veux (j'ordonne, je commande, je demande, je désire, je souhaite) qu'on **dise** la vérité.*
> *Le règlement interdit que vous **franchissiez** cette limite.*
> *Empêchez qu'il ne **sorte**.*
> *Je regrette que votre amie ne **puisse** venir.*
> *Je me réjouis qu'il **revienne** à de meilleurs sentiments.*
> *Je m'étonne que vous **fassiez** si peu d'efforts.*

3° Quand cette subordonnée complément d'objet introduite par *que* est mise en tête de la phrase, avant la principale dont elle dépend (et dans laquelle elle est reprise par un pronom neutre):

> *Que mon ordre **doive** être exécuté, vous le savez.*
> *Que la richesse ne **fasse** pas le bonheur, elle s'en aperçoit.*

– Au **conditionnel** quand cette subordonnée complément d'objet exprime un fait
éventuel ou dépendant d'une condition énoncée ou non :

> *Je dis (je sais, je crois, je conviens) que vous **feriez** bien ce travail.*
> *Je ne crois même pas que l'on **pourrait** lui reprocher une distraction.* (G. Duhamel)
> *Convenez-vous que vous **auriez dû** suivre une autre méthode ?*

REMARQUES

1. Certains verbes comme *admettre, entendre, dire, prétendre...* expriment tantôt l'opinion ou la
   perception, tantôt la volonté ; construits avec *que* et employés affirmativement, ils demandent après eux l'**indicatif** dans le premier cas, le **subjonctif** dans le second :

> *J'entends* [= je perçois par l'ouïe] *J'entends* [= je veux] *qu'on **vienne**.*
> *qu'on **vient**.*
> *Je dis* [= je déclare] *qu'elle **part**.* *Je lui dis* [= je commande] *qu'elle **parte**.*

2. Après **arrêter que, décider que, décréter que, établir que, exiger que, mander que,
   ordonner que, prescrire que, régler que, résoudre que,** on exprime parfois à l'**indicatif** le
   contenu de l'ordre ou de la décision dont il s'agit (c'est-à-dire au mode où on le mettrait s'il
   n'était pas subordonné, comme si *que* était remplacé par deux points) :

> *Le gouvernement décrète que la peine de mort **est abolie**.*
> *Le tribunal a décidé que la donation **était** nulle.* (Académie)
> *Le conseil ordonne que la façade de la maison commune **sera** illuminée sur-le-champ.*
> (A. France)

3. **Nier, douter, contester, démentir, disconvenir, dissimuler,** suivis de *que* et employés affirmativement, veulent le **subjonctif**, mais admettent aussi l'**indicatif** quand on veut insister
   sur la réalité du fait :

> *Il nie que cela **soit**.* (Académie)
> *Je doute fort que cela **soit**.* (Id.)
> *Je ne nie pas qu'il **ait** fait cela.* (Id.)
> *Je ne doute pas que ce ne **fût** une cigogne.* (G. Flaubert)
> *Je ne doute pas qu'il **fera** tout ce qu'il pourra.* (É. Littré)

4. Certains verbes de sentiment comme *se plaindre, se lamenter, s'étonner, s'irriter, se réjouir...*
   admettent, pour la construction de la subordonnée complément d'objet, non seulement *que*
   avec le **subjonctif**, mais parfois aussi *de ce que*, ordinairement avec l'**indicatif** :

> *Elle se plaint qu'on l'**ait** ridiculisée.*
> *Elle se plaint de ce qu'on l'**a** ridiculisée.*

5. La subordonnée complément du présentatif *voici* ou *voilà* a son verbe à l'**indicatif** ou au
   conditionnel, selon le cas :

> *Voici que la nuit **vient**.*
> *Et voilà que tu **voudrais** t'en aller !*

N.B.

La subordonnée complément du présentatif *voici* peut être une proposition infinitive (voir § 461,
4°, Rem. 2).

Les subordonnées introduites par *qui* ou *quiconque*

463 Le verbe de la subordonnée complément d'objet (direct ou indirect) introduite par un des pronoms relatifs indéfinis *qui* ou *quiconque* se met:

– À l'**indicatif** si le fait est considéré dans sa réalité:

> *Choisis qui tu* ***veux****.*
>
> *Je me souvenais du jour où il s'était retrouvé en possession d'un paquet de bonbons et de sa façon particulière de les offrir à* ***quiconque lui plaisait****.* (F. Dannemark)

– Au **subjonctif** si le fait est envisagé simplement dans la pensée et avec un sentiment personnel:

> *Cherchez qui vous* ***comprenne****.*
>
> *Tant d'autres... avaient trouvé qui les* ***aimât****.* (R. Rolland)

– Au **conditionnel** si le fait est éventuel ou soumis à une condition énoncée ou non:

> *Il flatte quiconque* ***pourrait*** *lui nuire.*
>
> *On a donné cet emploi à qui ne l'****aurait*** *jamais obtenu en d'autres temps.*

Les subordonnées dans l'interrogation indirecte

464 Le verbe de la subordonnée complément d'objet (direct ou indirect) dans l'interrogation indirecte se met:

– À l'**indicatif** si l'on exprime un fait considéré dans sa réalité:

> *Dis-moi si tu* ***pars****.*
>
> *Je demande où tu* ***vas****, quel chemin tu* ***prends****.*
>
> *Informez-vous si on* ***partira*** *bientôt.*
>
> *On n'imagine pas combien il* ***faut*** *d'esprit pour n'être pas ridicule.* (N. de Chamfort)

– Au **conditionnel** si l'on exprime un fait éventuel ou dépendant d'une condition énoncée ou non:

> *Dis-moi si tu* ***accepterais*** *cet emploi; informe-toi s'il te* ***conviendrait****.*
>
> *Je me demande comment tu* ***vivrais*** *si tu le refusais.*

REMARQUE

Dans la subordonnée de l'interrogation indirecte, on a parfois l'**infinitif** lorsque le sujet (non exprimé) de cet infinitif est le même que celui du verbe principal:

> *Il ne savait que* ***dire*** *à cette enfant désolée.* (G. de Maupassant)

F. LES SUBORDONNÉES COMPLÉMENTS CIRCONSTANCIELS

465 Les subordonnées **compléments circonstanciels** se rangent en divers groupes suivant l'espèce de circonstance qu'elles expriment. Elles peuvent marquer :

1° le **temps** ;
2° la **cause** ;
3° le **but** ;
4° la **conséquence** ;

5° la **concession**
   (ou l'**opposition**) ;
6° la **condition** ;
7° la **comparaison**.

REMARQUE

Cette classification n'a rien d'absolu : outre les catégories indiquées, on distingue parfois des subordonnées compléments circonstanciels marquant le **lieu,** l'**addition,** la **manière**.

1. Les subordonnées de temps

a) Les mots subordonnants

466 Les principales conjonctions ou locutions conjonctives introduisant les subordonnées compléments circonstanciels de temps sont :

Alors que	Chaque fois que	Lorsque
À peine... que	Comme	Maintenant que
Après que	Depuis que	Pendant que
Au moment où	Dès que	Quand
Aussi longtemps que	En attendant que	Sitôt que
Aussitôt que	En même temps que	Tandis que
Avant que	Jusqu'à ce que	Toutes les fois que

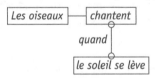

REMARQUE

Au lieu de *répéter* ces conjonctions ou locutions conjonctives (sauf *au moment où*) dans une suite de subordonnées compléments circonstanciels de temps, on peut les remplacer par *que* :

> *Quand le soleil se lève et **que** la forêt s'éveille, les oiseaux commencent leurs concerts.*

b) L'emploi du mode

467 Le verbe de la subordonnée complément circonstanciel de temps se met :

– À l'**indicatif** quand cette subordonnée marque la simultanéité ou l'antériorité et exprime un fait considéré dans sa réalité :

> *Comme ils **parlaient**, la nue éclatante et profonde s'entrouvrit.* (V. Hugo)
> *Quand nous **aurons fini**, nous partirons.*

Depuis le début du XXe siècle, il y a une tendance à faire suivre *après que* du subjonctif, peut-être par analogie avec l'antonyme *avant que*. Cette tendance, bien que critiquée par les grammairiens, se répand tant dans la langue parlée que littéraire.

– Au **subjonctif** après *avant que, en attendant que, jusqu'à ce que*:

> *J'irai le voir avant qu'il **parte**.* (Académie)
> *En attendant que vous **trouviez** un autre logement, vous pouvez vous installer ici.*
> *Je resterai ici jusqu'à ce que vous **reveniez**.* (Académie)

REMARQUE

Jusqu'à ce que se construit parfois avec l'**indicatif** quand on veut marquer la réalité d'un fait:

> *Ils reprenaient haleine, jusqu'à ce qu'enfin Louis, s'étant à demi soulevé, **regarda** la fenêtre blanchissante.* (Fr. Mauriac)

– Au **conditionnel** quand la subordonnée marque la simultanéité ou l'antériorité et exprime un fait simplement possible:

> *Pendant que votre sœur **travaillerait**, vous resteriez inoccupé?*
> *J'allais m'y prendre par la bande. Lui dire que j'avais peur de devenir aveugle, et puis, lorsqu'elle m'**aurait consolé** d'un simple clignotement des paupières, lui dire la vérité.* (M. Lambert)

– Au **participe** dans les propositions participes (§ 392):

> *Le père **mort**, les fils vous retournent le champ.* (J. de La Fontaine)

2. Les subordonnées de cause

a) Les mots subordonnants

468 Les principales conjonctions ou locutions conjonctives introduisant les subordonnées compléments circonstanciels de cause sont: *attendu que, comme, étant donné que, parce que, puisque, vu que, sous prétexte que*.

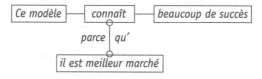

REMARQUES

1. Au lieu de *répéter* ces conjonctions ou locutions conjonctives dans une suite de subordonnées compléments circonstanciels de cause, on peut les remplacer par le simple *que*:

> *Puisqu'elle avoue son erreur et **qu'**elle la regrette, je lui pardonne.*

2. *Que* (employé seul) introduit parfois une subordonnée complément circonstanciel de cause (non pas du fait principal, mais de la demande ou de l'exclamation que le fait subordonné a suscitée):

> *Comme elle dort, **qu'**il faut l'appeler si longtemps!* (V. Hugo)

b) L'emploi du mode

469 Le verbe de la subordonnée complément circonstanciel de cause se met:

– À l'**indicatif** quand cette subordonnée exprime un fait considéré dans sa réalité:

> *Je me suis agacée parfois (...) d'entendre des hommes me dire: «Vous pensez telle chose parce que vous **êtes** une femme»; mais je savais que ma seule défense, c'était de répondre: «Je la pense parce qu'elle **est** vraie».* (S. de Beauvoir)

– Au **conditionnel** quand elle exprime un fait simplement possible ou soumis à une condition énoncée ou non:

> *Évitez de prendre cette route, parce qu'elle **pourrait** être coupée par la rivière en crue.*

– Au **participe** dans les propositions participes (§ 392):

> *Le soir **approchant**, nous hâtâmes notre marche.*
> *Un orage **ayant éclaté**, nous avons retardé notre départ.*

REMARQUE

Les expressions *non que, non pas que, ce n'est pas que,* au moyen desquelles on écarte une fausse cause, se construisent avec le **subjonctif**:

> *Je le contredis: non que je **veuille** le vexer, mais la vérité a ses droits.*

3. Les subordonnées de but

a) Les mots subordonnants

470 Les locutions conjonctives servant à introduire une subordonnée complément circonstanciel de but sont: *afin que, pour que, de crainte que, crainte que, de peur que.*

REMARQUES

1. Au lieu de *répéter* les locutions conjonctives dans une suite de subordonnées compléments circonstanciels de but, on peut les remplacer par *que*:

> *J'ai installé une barrière, de crainte que les enfants ne piétinent mes semis et **qu'**ils n'arrachent mes fleurs.*

2. *Que* (employé seul), après un impératif ou un équivalent de l'impératif, introduit parfois une subordonnée complément circonstanciel de but:

> *Ôte-toi de là, **que** je m'y mette.*

b) L'emploi du mode

471 Le verbe de la subordonnée complément circonstanciel de but se met toujours au **subjonctif** :

> *Il est des lieux où meurt l'esprit pour que **naisse** une vérité qui est sa négation même.*
> (A. Camus)

4. Les subordonnées de conséquence

a) Les mots subordonnants

472 Les subordonnées compléments circonstanciels de conséquence s'introduisent :

- par *que*, corrélatif d'un mot d'intensité qui précède : *si, tant, tel, tellement* ;
- par les locutions conjonctives *au point que, de façon que, de manière que, en sorte que, de sorte que, si bien que* ;
- par la locution conjonctive *pour que*, corrélative d'un des termes *assez, trop, trop peu, suffisamment*, placé avant elle[1].

REMARQUES

1. Au lieu de *répéter* la locution conjonctive dans une suite de subordonnées compléments circonstanciels de conséquence, on peut la remplacer par *que* :

> *Parlez de façon qu'on vous entende et **qu'**on vous comprenne.*

2. La proposition complément circonstanciel de conséquence est parfois introduite par *que* employé seul :

> *Les commandes pleuvaient à l'abbaye **que** c'était une bénédiction.* (A. Daudet)

b) L'emploi du mode

473 Le verbe de la subordonnée complément circonstanciel de conséquence se met :

- À l'**indicatif** quand cette subordonnée exprime un fait réel, un résultat atteint :

> *Il serre la pierre si fort qu'il **gémit** de douleur.* (J.M.G. Le Clézio)

- Au **conditionnel** quand elle exprime un fait simplement possible ou soumis à une condition énoncée ou non :

> *Il s'est tellement entraîné qu'il **pourrait gagner l'épreuve**.*

---

1. On se gardera d'intercaler un *que* dans *assez pour, trop pour, trop peu pour, suffisamment pour*. Il serait incorrect de dire : *Cette affaire est trop complexe que pour que vous l'entrepreniez. Il a trop peu d'expérience que pour que le ministre le charge d'une telle mission.* Il faut dire, sans *que* devant *pour* : *Cette affaire est trop complexe pour que vous l'entrepreniez. Il a trop peu d'expérience pour que le ministre le charge d'une telle mission.*

– Au **subjonctif** :

1° Après une principale négative ou interrogative :

> *Elle n'est pas si rapide qu'elle **soit** sans rivale.*
> *Est-elle tellement rapide qu'elle **soit** sans rivale ?*

2° Après *assez pour que, trop pour que, trop peu pour que, suffisamment pour que* :

> *Le choix de notre avenir est trop important pour que nous le **prenions** à la légère.*

3° Quand la subordonnée exprime un fait qui est à la fois une conséquence et un but à atteindre :

> *Il faut faire une enceinte de tours*
> *Si terrible que rien ne **puisse** approcher d'elle.* (V. Hugo)
> *Faites les choses de manière que chacun **soit** content.*

REMARQUE

Après de *façon que, en sorte que, de sorte que, si... que*, etc., on met l'**indicatif** quand la subordonnée exprime un fait considéré dans sa réalité :

> *Elle a fait les choses de manière que chacun **est** content.*

5. Les subordonnées d'opposition

a) Les mots subordonnants

474 Les principales conjonctions ou locutions conjonctives servant à introduire les subordonnées compléments circonstanciels d'opposition sont : *au lieu que, bien que, encore que, loin que, malgré que, pour... que, quoique ; où que, quel que, quelque... que, quelque ... qui, qui que, quoi que, si... que, tout... que*[1].

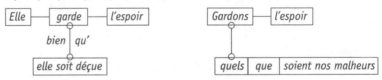

REMARQUES

1. Certaines expressions marquant le temps ou la supposition peuvent marquer aussi l'opposition : *alors que, alors même que, lors même que, si, même si, quand, quand même, quand bien même, tandis que* :

> *Celui-ci avance **alors que** celui-là recule.*
> ***Si** la parole est d'argent, le silence est d'or.*
> ***Quand** vous le jureriez, on ne vous croirait pas.*
> *Tout le monde la croit heureuse, **tandis qu'**elle est rongée de soucis.*

---

1. Comme elles unissent une subordonnée à une principale, les locutions *où que, quel que, quelque ... que, quelque ... qui, qui que, quoi que, si ... que, tout ... que*, ont, si on les considère globalement, la valeur de locutions conjonctives. Dans l'analyse des mots de la subordonnée, chacune de ces locutions (ou, strictement parlant, le premier élément de chacune d'elles) a sa fonction particulière.

2. *Malgré que*, selon Littré et selon l'Académie, ne s'emploie qu'avec *en avoir*:

> **Malgré qu'il en ait** (= en dépit de lui), *nous savons son secret.* (Académie)

Cependant *malgré que* au sens de *bien que* pénètre de plus en plus dans l'usage courant et même littéraire:

> *De mes quatre chevaux, il en était un qu'on nommait encore «le poulain»,* **malgré qu'**il *eût trois ans passés.* (A. Gide)

3. On trouve assez souvent, dans l'usage moderne, *aussi... que* employé au lieu de *si... que* pour introduire la subordonnée d'opposition:

> **Aussi** *étouffant* **qu'il** *fasse dans le parc, nous y respirerons mieux.* (Fr. Mauriac)

4. *Que* employé seul marque parfois l'opposition:

> **Qu'**il *ait commis cet accident involontairement, il n'en sera pas moins condamné.*

b) L'emploi du mode

475 En général, le verbe de la subordonnée complément circonstanciel d'opposition se met au **subjonctif**:

> *Quel que* **soit** *son raffinement, le style a toujours quelque chose de brut.* (R. Barthes)
> *Quelques précautions que vous* **preniez***, restez vigilants.*
> *Bien qu'il* **soit** *malade, il nous a rejoints.*

REMARQUES

1. *Quand, quand même, quand bien même, alors même que, lors même que*, marquant l'opposition gouvernent le **conditionnel**:

> *Quand bien même vous* **insisteriez***, je ne vous le donnerais pas.*

2. *Tandis que, alors que*, marquant l'opposition sont suivis de l'**indicatif** ou du **conditionnel**, selon le sens:

> *Sa santé décline alors qu'on le* **croyait** *guéri.* (Académie)
> *Vous reculez, alors qu'il* **faudrait** *avancer.*

3. *Tout ... que*, selon la règle traditionnelle, demande l'**indicatif**:

> *Tout Picard que j'*étais***, j'étais un bon apôtre.* (J. Racine)
> *Tout ivre qu'il* **était***, il a paru très intéressé.* (G. Simenon)

Mais, dans l'usage moderne, il se construit souvent avec le **subjonctif**:

> *Il avait en lui, tout vieux qu'il* **fût***, des coins d'âme d'enfant qui n'avait pas vieilli.* (R. Bazin).
> *Tout simple qu'il* **soit***, il a déjà deviné.* (Fr. Mauriac)

6. Les subordonnées de condition

a) Les mots subordonnants

476 Les principales conjonctions ou locutions conjonctives servant à introduire les subordonnées compléments circonstanciels de condition (ou de supposition) sont : *si, à (la) condition que, sous (la) condition que, à moins que, au cas où, dans les cas où, dans l'hypothèse où, en admettant que, pour peu que, pourvu que, soit que... soit que, soit que... ou que, supposé que, à supposer que.*

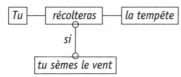

REMARQUES

1. Au lieu de *répéter* ces conjonctions ou locutions conjonctives (sauf *au cas où, dans le cas où, dans l'hypothèse où*), dans une suite de subordonnées compléments circonstanciels de condition, on peut les remplacer par *que* :

> *Vous parviendrez au succès, pourvu que vous travailliez et **que** vous persévériez.*
> *Si tu as des loisirs et **que** tu veuilles être utile, rejoins-nous.*

2. *Que* employé seul peut marquer la supposition :

> ***Qu'**on lui ferme la porte au nez.*
> *Il reviendra par les fenêtres.* (J. de La Fontaine)

b) L'emploi du mode

Avec *si*

477 Le verbe de la subordonnée complément circonstanciel de condition (ou de supposition) introduite par *si* se met en général à l'**indicatif** :

> *Si encore j'**étais** certain de préférer en moi le meilleur, je lui donnerais le pas sur le reste.* (A. Gide)

Pour l'ensemble de la phrase, il y a lieu de considérer trois cas :

– Supposition pure et simple

Lorsque la subordonnée exprime une supposition pure et simple (c'est-à-dire quand, sans se prononcer sur la réalité du fait de la subordonnée, on indique simplement que de la réalisation de ce fait résulte, a résulté ou résultera le fait principal), le verbe de chacune des deux propositions se met à l'**indicatif** :

> *Si tu **admets** cette opinion, tu **as** tort.*
> *Si tu **as admis** cette opinion, tu **as eu** tort.*
> *Si [plus tard] tu **admets** cette opinion, tu **auras** tort.*

REMARQUE

Si le fait subordonné se rapporte à l'avenir, il s'exprime par le *présent* de l'indicatif (correspondant au futur simple) ou par le *passé composé* (correspondant au futur antérieur) [Voir aussi la remarque 4, ci-dessous] :

> S'il **pleut** demain, je ne sortirai pas.
> Si demain le mal **a empiré**, vous me rappellerez.

– Potentiel

Lorsque la subordonnée conditionnelle exprime un fait considéré comme une possibilité, son verbe se met, selon le cas, à l'**indicatif** (présent, passé composé, imparfait) ou à l'**impératif**, et le verbe principal, à l'**indicatif** (présent, futur) ou au **conditionnel** :

> Si votre père **est** là, s'il **a terminé** sa besogne, **appelez-le**, il m'**attend**, il me **recevra**.
> Si je **gagne** à la loterie, je **partagerai** avec vous.
> Si je **gagnais** à la loterie, je **partagerais** avec vous.
> Et s'il **revenait** un jour
> Que **faut**-il lui dire ? (M. Maeterlinck)

N.B.

Souvent la *supposition pure et simple* et le *potentiel* se confondent ; l'une ou l'autre domine suivant la pensée de celui qui parle ou qui écrit.

– Irréel

Lorsque la subordonnée, outre la relation de supposition, exprime un fait irréel :

Si la supposition se rapporte au *présent,* le verbe de cette subordonnée se met à l'**imparfait de l'indicatif**, et le verbe principal au **conditionnel présent** :

> Si ces pierres **parlaient**, elles **pourraient** nous instruire.

Si la supposition se rapporte au *passé,* le verbe de la subordonnée se met au **plus-que-parfait de l'indicatif**, et le verbe principal au **conditionnel passé** :

> Si Napoléon **avait gagné** la bataille de Waterloo, l'Europe **aurait formé** sans doute une nouvelle coalition contre lui.

REMARQUES

1. Après *si* introduisant l'expression d'un fait irréel dans le passé, la langue littéraire peut mettre le verbe subordonné et le verbe principal, ou l'un des deux seulement, au conditionnel passé 2e forme :
   > Si elle **eût réfléchi**, elle **eût hésité**. Si elle avait réfléchi, elle **eût hésité**.
   > Si elle **eût réfléchi**, elle aurait hésité.

2. Parfois le sens est tel qu'on a dans l'une des deux propositions l'irréel du présent et dans l'autre l'irréel du passé :
   > Si [l'an dernier] j'avais suivi vos conseils, je serais aujourd'hui directeur de l'entreprise.
   > Si [en ce moment] j'abandonnais mes études, j'aurais étudié trois ans pour rien.

3. *Que* remplaçant *si* dans une suite de subordonnées compléments circonstanciels de condition demande après lui le **subjonctif**, mais cette règle n'est pas toujours respectée :
   > Si elle travaille bien et qu'elle ne **perde** aucun instant, elle peut encore réussir.

*S'il revenait et qu'il **fît** une réclamation, vous seriez fort embarrassé.* (Académie)

4. Pour exprimer l'idée du futur dans la subordonnée de condition, on emploie parfois l'auxiliaire **devoir**:

*Si cela **doit (devait)** se reproduire, je prendrai (prendrais) des mesures.*

Avec ...que

478 Le verbe de la subordonnée complément circonstanciel de condition (ou de supposition) introduite par une locution conjonctive composée à l'aide de *que* se met au **subjonctif**:

*On t'écrira, pourvu que tu nous **fasses** connaître ta nouvelle adresse.*

*Il le fera, pour peu que vous lui en **parliez**.* (Académie)

REMARQUES

1. Après *au cas où, dans le cas où, dans l'hypothèse où*, on met le **conditionnel**:

*Au cas où une complication se **produirait**, faites-moi venir.* (Académie)

2. Après *à (la) condition que, sous (la) condition que*, on met l'**indicatif** (futur ou futur du passé) ou, plus souvent, le **subjonctif**:

*Je vous donne cet argent à condition que vous **partirez** demain ou que vous **partiez** demain.* (É. Littré)

7. Les subordonnées de comparaison

a) Les mots subordonnants

479 Les subordonnées compléments circonstanciels de comparaison s'introduisent:

- par *comme, ainsi que, à mesure que, aussi bien que, de même que, selon que, suivant que*;

- par *que* corrélatif d'adjectifs ou d'adverbes de comparaison tels que: *aussi, autant, si, tant, autre, meilleur, mieux, moindre, moins, plus, tel*, etc.

On meurt comme on a vécu.

Cette élève étudie mieux que je ne croyais.

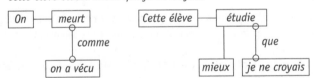

REMARQUES

1. *Si* peut exprimer la comparaison et l'opposition à la fois:

***Si** la parole est d'argent, le silence est d'or.*

2. *Comme si* marque à la fois la comparaison et la supposition:

*Il me traite **comme si** j'étais son valet.* (Académie)

3. Dans les phrases où la comparaison marque l'égalité, on peut avoir les expressions doubles *autant... autant, tel... tel, comme... ainsi*:

> **Autant** il a de vivacité, **autant** vous avez de nonchalance. (Académie)

Quand la comparaison marque la différence, on peut avoir : *autre... autre, autre chose... autre chose* :

> **Autre** est promettre, **autre** est tenir.

Quand la comparaison marque l'augmentation ou la diminution proportionnelles, on emploie *plus... (et) plus, moins... (et) moins, plus... (et) moins, moins... (et) plus, d'autant plus que, d'autant moins que* :

> **Plus** on est de fous, **plus** on rit.
>
> **Moins** il exigeait, **plus** on lui accordait. (Voltaire)
>
> Mais je le poursuivrai **d'autant plus qu**'il m'évite. (J. Racine)

4. Quand la subordonnée de comparaison se rattache à un comparatif d'adjectif, on peut la considérer comme une subordonnée complément d'adjectif. (Voir § 487, Rem.)

b)   L'emploi du mode

480   Le verbe de la subordonnée complément circonstanciel de comparaison se met :

- À l'**indicatif**, en général :

> Comme il **sonna** la charge, il sonne la victoire. (J. de La Fontaine)
>
> J'ai autant de poèmes dans la tête que j'**ai** de cheveux sur la tête. (É. J. Maunick)

- Au **conditionnel** quand la subordonnée complément circonstanciel de comparaison marque un fait simplement possible ou soumis à une condition exprimée ou non :

> Elle vous traite comme elle **traiterait** son propre fils.

8.   Les autres subordonnées

a)   De lieu

481   Les subordonnées compléments circonstanciels de lieu s'introduisent par l'adverbe de lieu *où (d'où, par où, jusqu'où)* employé comme conjonction.

Ces subordonnées peuvent se rattacher aux relatives (§ 484).

Les subordonnées compléments circonstanciels de lieu ont leur verbe à l'**indicatif** ou au **conditionnel**, selon le sens :

> Où tu **iras**, j'irai.
>
> Où il y **aurait** de la gêne il n'y aurait pas de plaisir.

b)   D'addition

Les subordonnées compléments circonstanciels marquant l'addition s'introduisent par *outre que* et se construisent avec l'**indicatif** ou le **conditionnel**, selon le sens :

> Outre qu'il **est** trop jeune, il n'a pas le diplôme requis.
>
> Outre qu'il ne **serait** pas sélectionné, il risquerait de perturber le bon climat de l'équipe.

c)   De restriction

Les subordonnées compléments circonstanciels marquant la restriction s'introduisent par *excepté que, sauf que, hormis que, hors que* (= excepté que), *si ce n'est que, sinon que,* et se construisent avec l'**indicatif** ou le **conditionnel**, selon le sens :

> *Ils se ressemblent parfaitement, excepté que l'un **est** un peu plus grand que l'autre.* (Académie)
> *Ces deux emplois sont également intéressants, sauf que l'un **conviendrait** mieux à une femme de votre âge.*

d)   De manière

Les subordonnées compléments circonstanciels marquant la manière s'introduisent par *comme, sans que, que... ne.*

De ces subordonnées, celles qui sont introduites par *comme* peuvent se rattacher aux subordonnées compléments circonstanciels de comparaison ; celles qui sont introduites par *sans que, que ... ne,* peuvent se rattacher aux subordonnées compléments circonstanciels de conséquence.

Après *comme*, la subordonnée complément circonstanciel de manière a son verbe à l'**indicatif** ou au **conditionnel**, selon le sens :

> *Il répondit comme les autres **avaient fait**.* (Académie)
> *J'ai répondu comme vous **auriez fait** vous-même.*

Après *sans que, que... ne*, on met le **subjonctif** :

> *Les dents lui poussèrent sans qu'il **pleurât** une seule fois.* (G. Flaubert)
> *Vous ne sauriez lui dire deux mots qu'il ne vous **contredise**.*

G. LES SUBORDONNÉES COMPLÉMENTS D'AGENT

a)   Formes et mots subordonnants

482 La proposition subordonnée complément d'agent du verbe passif est introduite par un des pronoms relatifs indéfinis *qui* ou *quiconque*, l'un et l'autre précédés d'une des prépositions *par* ou *de* ; cette subordonnée désigne l'être par qui est faite l'action que subit le sujet du verbe principal :

> *Tout livre doit être rapporté **par qui l'a emprunté**.*
> *Il est craint **de quiconque l'approche**.*

b)   L'emploi du mode

483   Le verbe de la subordonnée complément d'agent se met:

– À l'**indicatif** si le fait est considéré dans sa réalité:

> *Cette forteresse sera occupée par qui la **conquerra**.*
> *Elle est aimée de quiconque la **connaît**.*

– Au **subjonctif** si le fait est envisagé simplement dans la pensée avec un certain sentiment personnel:

> *Puissiez-vous être encouragés par qui vous **comprenne**!*
> *Ils souhaitaient être loués par quiconque leur **parlât**.*

– Au **conditionnel** si le fait est éventuel ou soumis à une condition énoncée ou non:

> *Le vol n'a pas été commis par qui on **croirait**.*
> *Il ne sera pas nécessairement méprisé de quiconque le **jugerait**.*

H. LES SUBORDONNÉES COMPLÉMENTS DE NOM OU DE PRONOM

a)   Formes et mots subordonnants

484   La subordonnée complément de nom ou de pronom se joint au nom ou au pronom pour en préciser le sens comme pourrait le faire un nom ou un adjectif.

Elle est introduite par un **pronom relatif**: c'est donc une subordonnée **relative**.

485   Au point de vue du sens, la subordonnée relative complément de nom ou de pronom est:

1° **Complément déterminatif** quand elle restreint la signification de l'antécédent; on ne peut pas la retrancher sans nuire essentiellement au sens de la phrase; elle sert à distinguer l'être ou la chose dont il s'agit des autres êtres ou choses de la même catégorie:

> *Les plantes **qui ne sont pas arrosées régulièrement** dépérissent très vite.*

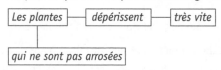

2° Complément explicatif quand elle ajoute à l'antécédent une explication accessoire, exprimant un aspect particulier de l'être ou de la chose dont il s'agit ; on peut la retrancher sans nuire essentiellement au sens de la phrase et d'ordinaire elle est séparée par une virgule :

> *Notre projet de barrage, **qui a connu une forte concurrence**, vient d'être sélectionné.*
> *Mes yeux cherchent en vain un brave au cœur puissant*
> *Et vont, tout effrayés de nos immenses tâches,*
> *De ceux-là **qui sont morts** à ceux-ci **qui sont lâches**.* (V. Hugo)

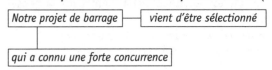

REMARQUES
1. La subordonnée introduite par la conjonction *que* et précisant un nom comme *bruit, certitude, conviction, crainte, espoir, fait, nouvelle, opinion, preuve, sentiment...*, est une subordonnée complément déterminatif du nom[1] :

> *L'espoir **qu'elle guérira** me soutient.*
> *On a donné la preuve **que l'accusé est innocent**.*
> *La nouvelle **que l'ennemi approchait** jeta partout la consternation.*
> *J'ai le sentiment **que cette femme dit la vérité**.*

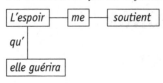

2. On a déjà signalé (§ 457, Rem. 2) que certaines propositions relatives comme dans les phrases *Votre ami est là **qui attend** ; je le vois **qui arrive**,* peuvent être considérées comme des subordonnées *attributs*.

3. Souvent la subordonnée relative, tout en précisant un nom ou un pronom, joue censément le rôle d'un complément circonstanciel et exprime une idée de but, de cause, de condition, de conséquence, etc. :

> *Je cherche un médecin **qui puisse me guérir*** [but].
> *L'espoir est nécessaire aux sans-emploi, **qui doivent garder un but dans l'existence*** [cause].

b) L'emploi du mode

486 Le verbe de la subordonnée complément de nom ou de pronom se met :

– À l'**indicatif** quand cette subordonnée exprime un fait considéré dans sa réalité :

> *Elle écoute le bruit étrange que **fait** le vent dans les structures métalliques.*
> (J.M.G. Le Clézio)
> *J'ai choisi la solution que le bon sens me **dictait**.*

---

1. Certains grammairiens tiennent cette subordonnée pour une subordonnée *en apposition* ; d'autres en font une subordonnée complément d'objet direct du verbe impliqué dans le nom.

– Au **subjonctif** quand on exprime un fait envisagé simplement dans la pensée et avec un sentiment personnel ; en particulier :

1° Lorsque la subordonnée marque un but à atteindre, une conséquence :

> *Je voudrais inventer une machine qui me **fasse** voyager dans le temps.*
> *Je cherche un médecin qui **puisse** me guérir.*

2° Lorsque l'antécédent est accompagné d'un superlatif relatif ou de *le seul, l'unique, le premier, le dernier* :

> *Le meilleur auxiliaire que **puisse** trouver la discipline, c'est le danger.* (A. de Vigny)
> *Je vais continuer d'écrire sur ma mère. Elle est la seule femme qui **ait** vraiment **compté** pour moi.* (A. Ernaux)

REMARQUES

1. Cette dernière règle n'est pas absolue ; on met l'**indicatif** quand la subordonnée relative exprime un fait dont on veut marquer la réalité :

> *Les mauvais succès sont les seuls maîtres qui **peuvent** nous reprendre utilement.*
> (J.B. Bossuet)

2. Après une principale *négative, interrogative* ou *conditionnelle,* si la subordonnée relative exprime un fait envisagé simplement dans la pensée et avec un certain sentiment, elle a son verbe au **subjonctif** :

> *Il n'y a pas d'homme qui **soit** immortel.*
> *Est-il une vie qui ne **vaille** pas la peine d'être vécue ?*
> *S'il existe une seule chance qu'il **survive**, il faut l'opérer.*

Mais on met l'**indicatif** si la relative exprime un fait dont on veut marquer la réalité :

> *Je ne crains pas ce chien qui nous **poursuit**.*
> *Oublierons-nous les lieux qui nous **ont** vus naître ?*
> *Si vous repoussez celui qui vous **comprend**, vous finirez seul.*

– Au **conditionnel** quand la subordonnée exprime un fait éventuel ou soumis à une condition énoncée ou non :

> *L'homme qui **connaîtrait** l'avenir serait-il plus heureux ?*
> *Voilà un homme qui **serait** plus heureux s'il avait du travail.*
> *Les seuls traités qui **compteraient** sont ceux qui **concluraient** entre les arrière-pensées.*
> (P. Valéry)

– À l'**infinitif** sans sujet exprimé, dans certains cas où la subordonnée relative implique l'idée de *devoir, pouvoir, falloir* :

> *Il cherchait une main à quoi **s'accrocher**.* (Cl. Farrère)
> *Il indique l'endroit où **pratiquer** la plaie.* (J. de Pesquidoux)
> *Il n'a pas une pierre où **reposer** sa tête.*

I. LES SUBORDONNÉES COMPLÉMENTS D'ADJECTIF

a) Formes et mots subordonnants

487   La subordonnée **complément d'adjectif** se joint à certains adjectifs exprimant, en général, une opinion ou un sentiment, tels que : *sûr, certain, heureux, content, digne...*, pour en préciser le sens ; elle est introduite par la conjonction **que** (parfois **de ce que** ou **à ce que**) ou par un des pronoms relatifs indéfinis **qui** ou **quiconque**, précédé d'une préposition :

> *Cet homme d'affaires, soucieux **qu'on le protège**, avait engagé des gardes du corps.*
> *Sûr **qu'il gagnerait la course,** le lièvre s'amusa longtemps.*
> *Heureux **de ce que ses amis se souviennent de son anniversaire**, il les invita tous au restaurant.*
> *Les hommes ingrats **envers qui les a aidés** méritent d'être blâmés.*
> *Ce mode d'emploi est utile seulement **pour qui n'y connaît rien**.*
> *Certaines gens sont, quand il s'agit d'exprimer un avis, semblables **à quiconque les approche.***

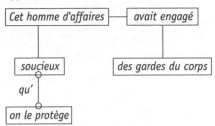

REMARQUE
Parmi les subordonnées compléments d'adjectif, il y a les subordonnées **compléments du comparatif** :

> *Les hommes plus heureux **qu'ils ne le croient** et moins malheureux **qu'ils ne le disent** sont fort nombreux.*
> *Mon amie, aussi calme **que je suis impulsif,** me conseille la prudence.*

b) L'emploi du mode

488   Le verbe de la subordonnée complément d'adjectif se met :

- À l'**indicatif** quand cette subordonnée exprime un fait considéré dans sa réalité :
  > *Trop certain qu'il **peut** compter sur mon aide, il tarde à terminer son projet.*

- Au **subjonctif** quand elle exprime un fait envisagé simplement dans la pensée et avec un sentiment personnel :
  > *Heureux qu'on lui **fasse** tant d'honneur, il se confond en remerciements.*

– Au **conditionnel** quand on exprime un fait éventuel ou soumis à une condition énoncée ou non :

> *Mes parents, sûrs que je **réussirais** à mon examen si ma santé était meilleure, me ménagent du repos.*
>
> *Mon amie, certaine que toute autre situation lui **conviendrait** mieux, se plaint de son emploi.*

REMARQUES

1. Quand l'adjectif est construit avec le verbe **être,** le mode de la subordonnée complément de cet adjectif dépend de la forme de la principale ou de la nuance à exprimer ; ainsi après une principale négative ou interrogative, on a d'ordinaire le **subjonctif** (mais l'**indicatif** est possible aussi) :

> *Je ne suis pas certaine qu'il **vienne** (ou : qu'il **viendra**).*
>
> *Êtes-vous sûr qu'elle **ait** raison ? (ou : qu'elle **a** raison ?)*

2. Certains adjectifs exprimant un sentiment admettent, pour la construction de la subordonnée qui les complète, non seulement *que,* avec le **subjonctif,** mais parfois aussi *de ce que,* ordinairement avec l'**indicatif** :

> *Il partit très vite, vexé que je lui **aie fait** des remarques.*
>
> *Il partit très vite, vexé de ce que je lui **avais fait** des remarques.*

J. LA CONCORDANCE DES TEMPS

489 La **concordance des temps** est le rapport qui s'établit entre le temps de la subordonnée et le temps de la principale dont elle dépend.

Deux cas sont à considérer :

1° Le verbe de la subordonnée est à l'*indicatif.*
2° Le verbe de la subordonnée est au *subjonctif.*

1. La subordonnée à l'indicatif

490 a) Lorsque le verbe principal est au **présent** ou au **futur**, le verbe subordonné se met au temps demandé par le sens, comme s'il s'agissait d'une proposition indépendante :

> *J'affirme / J'affirmerai ...*
> *... qu'il **travaille** en ce moment.*
> *... qu'elle **a travaillé** hier.*
> *... qu'il **travaillait** au moment de l'accident.*
> *... qu'elle **avait travaillé** avant votre arrivée.*
> *... qu'il **travailla** la semaine dernière.*
> *... qu'elle **travaillera** demain.*
> *... qu'il **aura travaillé** avant deux jours.*
> *Nous partirons quand vous **voudrez**.*
> *Elle mourra comme elle **a vécu**.*

b) Lorsque le verbe principal est au **passé,** le verbe subordonné se met, selon le sens :
à l'*imparfait* ou au *passé simple,* si le fait est simultané ;
au *futur du passé* ou au *futur antérieur du passé,* si le fait est postérieur ;
au *plus-que-parfait* ou au *passé antérieur,* si le fait est antérieur :

Simultanéité :

> *J'ai remarqué qu'elle **travaillait** quand je suis entré.*
> *Il se fit qu'à ce moment même il **entra**.*
> *Il courut à moi au moment même où il me **vit**.*

Postériorité :

> *J'ai déclaré qu'elle **travaillerait** demain.*
> *J'ai confirmé qu'elle **aurait travaillé** avant deux jours.*

Antériorité :

> *J'ai observé qu'il **avait travaillé** avant mon arrivée.*
> *Dès qu'il **eut parlé,** une clameur s'éleva.*

REMARQUES

1. Après un **passé** dans la principale, on peut avoir le **présent** de l'indicatif dans la subordonnée lorsque celle-ci exprime un fait vrai dans tous les temps :

> *La Fontaine a dit que l'absence **est** le plus grand des maux.* (A. Hermant)

2. Après un **passé** dans la principale, on peut avoir dans la subordonnée un temps dont il faut expliquer l'emploi en observant que le fait subordonné est envisagé par rapport au moment de la parole :

> *Je vous ai promis que je **ferai** désormais tout mon possible.*
> *Nous disions que vous **êtes** l'orateur le plus éminent du diocèse.* (A. France)
> *On m'a assuré que cette affaire **aura pris** fin avant deux jours.*
> *Elle chercha tant qu'elle **trouva**.*
> *Vous avez tant travaillé que vous **réussirez**.*

2. La subordonnée au subjonctif

491 a) Lorsque le verbe principal est au **présent** ou au **futur,** le verbe subordonné se met :

1° Au **présent** du subjonctif pour marquer la *simultanéité* ou la *postériorité* :

> *Je demande qu'il **vienne** immédiatement.*
> *Je demande qu'il **vienne** demain.*
> *Je demanderai qu'il **vienne** immédiatement.*
> *Je demanderai qu'il **vienne** demain.*

P
Je demande   demanderai

qu'il **vienne**   qu'il **vienne**   qu'il **vienne**
immédiatement   immédiatement   demain

2° Au **passé** du subjonctif pour marquer l'*antériorité* :

> *Je doute qu'elle **ait écrit** hier.*
> *Je doute qu'elle **ait écrit** avant mon départ.*

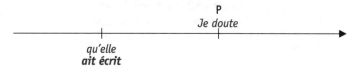

b) Lorsque le verbe principal est à un temps du **passé**, le verbe subordonné se met :

1° À l'**imparfait** du subjonctif pour marquer la *simultanéité* ou la *postériorité* :

> *Je voulais (j'ai voulu, j'avais voulu) qu'elle **écrivît** sur-le-champ.*
> *Je voulais (j'ai voulu, j'avais voulu) qu'elle **écrivît** le lendemain.*

2° Au **plus-que-parfait** du subjonctif pour marquer l'*antériorité* :

> *Je voulais (j'ai voulu, j'avais voulu) qu'elle **eût écrit** la veille.*
> *Je voulais (j'ai voulu, j'avais voulu) qu'elle **eût écrit** avant mon départ.*

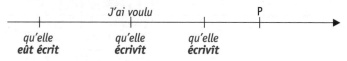

REMARQUES

1. Après un **présent** dans la principale, quand le verbe de la subordonnée est au subjonctif, il se met à l'**imparfait** ou au **plus-que-parfait**, selon les cas, si la subordonnée exprime un fait simplement possible ou soumis à une condition énoncée ou non :

> *En est-il un seul parmi vous qui **consentît** ?* (Académie)
> *On craint que la guerre, si elle éclatait, n'**entraînât** des maux incalculables.* (É. Littré)

2. Après un **passé** dans la principale, quand le verbe de la subordonnée est au subjonctif, il se met au **présent** si la subordonnée exprime un fait présent ou futur par rapport au moment où l'on est, ou encore si elle exprime un fait vrai dans tous les temps :

> *Il m'a rendu trop de services pour que je le **renvoie** en ce moment.*
> *Il m'a rendu trop de services pour que je le **renvoie** demain.*
> *Qui a jamais douté que deux et deux ne **fussent** quatre ?*

3. Après un **conditionnel présent** dans la principale, quand le verbe de la subordonnée doit être au subjonctif, il se met au **présent** ou à l'**imparfait** :

> *Je voudrais qu'il **vienne** ou qu'il **vînt**.* (É. Littré)

c) Dans la langue parlée et dans la langue écrite ordinaire.

L'*imparfait* du subjonctif ne s'emploie plus dans la langue parlée, ni dans la langue écrite ordinaire, sauf peut-être les deux formes *eût* et *fût*. La langue écrite en conserve parfois l'emploi dans les verbes *avoir* et *être* et à la 3e personne du singulier des autres verbes ; mais, d'une manière générale, elle le remplace fréquemment par le *présent* du subjonctif. Parallèlement, le *plus-que-parfait* du subjonctif est souvent remplacé par le *passé* du subjonctif :

> *Je voulais qu'elle **écrive** le lendemain.*
> *J'avais voulu qu'elle **ait écrit** avant mon départ.*
> *Elle a exigé que je me **débarrasse**.* (H. Bordeaux)
> *Peu s'en est fallu qu'il ne **soit** tué.* (Académie)

Concordance des temps : résumé

Verbe principal		Verbe subordonné	
		à l'indicatif	*au subjonctif*
Présent ou **Futur**	Simultanéité	**Présent**	**Présent**
	Postériorité	**Futur simple**	**Présent**
	Antériorité	**Imparfait** **Passé simple** **Passé composé** **Plus-que-parfait**	**Passé**
Passé	Simultanéité	**Imparfait** **Passé simple**	**Imparfait**
	Postériorité	**Futur du passé** **Fut. ant. du passé**	**Imparfait**
	Antériorité	**Plus-que-parfait** **Passé antérieur**	**Plus-que-parfait**

K. LE DISCOURS INDIRECT

1. Définitions

492 Le **discours** (ou style) **direct** consiste à rapporter, en les citant textuellement, les paroles ou les pensées de quelqu'un :

> *Il répondit avec plus de douceur :* **« *C'est ce que je n'ai pas, je le sais. (...)* »** (A. Camus)
> *Ma mère me dit :* **« *Viens.* »**

Le **discours** (ou style) **indirect** consiste à rapporter les paroles ou les pensées de quelqu'un, non plus en les citant textuellement, mais en les subordonnant à un verbe principal du type *dire* :

> *Il répondit avec plus de douceur **que c'était ce qu'il n'avait pas, qu'il le savait**.*
> *Ma mère me dit **de venir**.*

REMARQUE

Parfois les propositions du discours indirect, au lieu d'être subordonnées à un verbe déclaratif, se présentent sans principale introductive et sans *que* subordonnant, le verbe *dire* étant implicitement contenu dans ce qui précède : c'est le **style indirect libre** :

> *Le lion se confessa le premier : il **avait dévoré** force moutons et même il lui **était arrivé** quelquefois de manger le berger.*

493 2. **Mode, temps et personne**

Dans la transposition du discours direct en discours indirect, certains changements de *mode,* de *temps* et de *personne* ont lieu:

a) **Le mode**

L'*impératif* est remplacé par le *subjonctif,* ou plus souvent par l'*infinitif;* les autres modes ne subissent pas de changement:

DISCOURS DIRECT

Pars: *le temps* **presse**; *on ne* **gagnerait** *rien à* **attendre**; *que l'on* **fasse** *vite.*

DISCOURS INDIRECT

[Il a dit] *de* **partir** *(...que l'on* **parte**, *... que l'on* **partît**): *que le temps* **pressait**; *qu'on ne* **gagnerait** *rien à* **attendre**; *que l'on* **fît** *vite.*

b) **Le temps**

Si la principale introductive est au *présent* ou au *futur,* aucun changement n'a lieu, quant à l'emploi des temps:

DISCOURS DIRECT

On **travaille**, *on* **travaillait**, *on tra-* **vaillera**, *on a* **travaillé**.

DISCOURS INDIRECT

[Elle dit, elle dira] *qu'on* **travaille**, *qu'on* **travaillait**, *qu'on* **travaillera**, *qu'on* **a travaillé**.

Si la principale introductive est au *passé,* le discours indirect emploie, conformément à la concordance des temps:

1° l'*imparfait* pour marquer la simultanéité;

2° le *futur du passé* ou le *futur antérieur du passé* pour marquer la postériorité;

3° le *plus-que-parfait* pour marquer l'antériorité:

> [Il a dit] *qu'on* **travaillait**, *qu'on* **travaillerait**, *qu'on* **aurait travaillé**, *qu'on* **avait travaillé**.

c) **La personne**

La 1re et la 2e personne sont, en général, remplacées par la 3e personne:

DISCOURS DIRECT

Je te comprends.

DISCOURS INDIRECT

[Elle a dit] *qu'elle* **le** *comprenait.*

On a cependant la 1re personne quand le narrateur rapporte des paroles qui le concernent lui-même ou qui concernent le groupe dont il fait partie:

> [Il a dit] *qu'il* **me** *comprenait, qu'il* **nous** *comprenait.*

On a la 2e personne quand le narrateur rapporte des paroles qui concernent celui ou ceux à qui il les rapporte:

> [Elle a dit] *qu'elle* **te** *comprenait, qu'elle* **vous** *comprenait.*

Appendices

A. LA PONCTUATION

494 La **ponctuation** est l'art d'indiquer, dans le discours écrit, par le moyen de signes conventionnels, soit les pauses à faire dans la lecture, soit certaines modifications mélodiques du débit, soit certains changements de registre dans la voix.

495 Les **signes de ponctuation** sont : le point (.), le point d'interrogation (?), le point d'exclamation (!), la virgule (,), le point-virgule (;), les deux points (:), les points de suspension (...), les parenthèses [( )], les crochets ([ ]), les guillemets (« »), le tiret (–), l'astérisque (*) et l'alinéa.

496 Le **point** indique la fin d'une phrase. Il se place aussi après tout mot écrit en abrégé :

> *Élisabeth Alione pleure en silence. Ce n'est pas une scène.*
> *L'homme a frappé sur la table légèrement.* (M. Duras)
> *Infin. pr.* (Infinitif présent)
> *P.S.* (Post scriptum). *L'U.E.O.* (Union de l'Europe occidentale)

497 Le **point d'interrogation** s'emploie après toute phrase exprimant une interrogation directe :

> *Qu'est-elle devenue ? Où est-elle ? Où se cache-t-elle ?*

498 Le **point d'exclamation** se met après une exclamation :

> *Malédiction ! On me persécute ! Assez ! Égorgez les chiens, le bouffon ! Je suis la proie des chiens ! Debout !* (M. de Ghelderode)

499 La **virgule** marque une pause de peu de durée.

a) *Dans une proposition*, on met la virgule :

1° En général, pour séparer les éléments semblables (sujets, compléments, épithètes, attributs) non unis par *et, ou, ni* :

> *Il fut la cause de cent douze suicides, de neuf crimes sensationnels, d'innombrables faillites, ruines et débâcles financières.* (J. Ray)

REMARQUE
Quand les conjonctions *et, ou, ni* sont employées plus de deux fois dans une énumération, on sépare par une virgule les éléments coordonnés :

> *Et la terre, et le fleuve, et leur flotte, et le port,*
> *Sont des champs de carnage où triomphe la mort.* (P. Corneille)
> *Les idées qui se présentent aux gens qui sont bien élevés, et qui ont un grand esprit, sont ou naïves, ou nobles, ou sublimes.* (Ch. de Montesquieu)
> *Non, le monde ni l'expérience, ni la philosophie, ni la mort ne se laissent enfermer au théâtre, dans le tribunal ni dans une leçon.* (M. Serres)

2° Pour séparer tout élément ayant une valeur purement explicative :

> *Chez les Guyaki, Indiens nomades du Paraguay, la division sexuelle des tâches est fortement marquée.* (M.-Fr. Fauvet)

3° Après le complément circonstanciel placé en tête de la phrase ; toutefois, on omet ordinairement la virgule quand le verbe suit immédiatement ce complément circonstanciel placé en inversion :

> *Ce soir-là, leurs regards s'étaient rencontrés.* (A. de Villiers de L'Isle-Adam)
> *Au sortir de ce bois coule la rivière de Parts.* (Voltaire)

4° Pour isoler les mots qui forment pléonasme ou répétition :

> *Rien n'arrête leur course, ils vont, ils vont, ils vont !* (V. Hugo)
> *Et pourtant, moi, je connais bien Bérénice.* (R. Dubillard)

5° Pour isoler les mots en apostrophe :

> *Sois sage, ô ma Douleur, et tiens-toi plus tranquille.* (Ch. Baudelaire)

b) ***Dans un groupe de propositions***, on met la virgule :

1° En général, pour séparer plusieurs propositions de même nature juxtaposées :

> *La terre a disparu, la maison baigne, les arbres submergés ruissellent, le fleuve lui-même qui termine mon horizon comme une mer paraît noyé.* (P. Claudel)
> *L'habile homme est celui qui cache ses passions, qui entend ses intérêts, qui y sacrifie beaucoup de choses, qui a su acquérir du bien ou en conserver.* (J. de La Bruyère)

2° Avant les propositions introduites par les conjonctions de coordination autres que *et, ou, ni* :

> *Mon affolement est à son comble, car je ne découvre pas le premier de ces engins indispensables.* (M. Leiris)
> *Ses yeux tournés vers le jardin se fermaient à moitié, mais maintenant il luttait pour ne pas dormir.* (J. Green)
> *Je pense, donc je suis.* (R. Descartes)

3° Avant les propositions compléments circonstanciels ayant une valeur simplement explicative :

> *Vous ne serez pas poursuivis, puisque vous avez payé vos dettes.*

Mais, dans des phrases telles que les suivantes, on ne met pas la virgule, parce que la proposition complément circonstanciel est intimement liée par le sens à la principale et qu'aucune pause n'est demandée :

> *Nous commencerons quand vous voudrez.*
> *Vous serez roi dès que vous voudrez l'être.* (Voltaire)
> *Elle sort sans qu'on la voie.*

4° Après les propositions compléments circonstanciels placées en tête de la phrase :

> *Quand vous commanderez, vous serez obéi.* (J. Racine)

5° Pour isoler une proposition relative explicative :

> *Quelques médecins de la cour, qui revenaient de dîner, passèrent auprès de la chaise.* (Voltaire)

6° Pour séparer la proposition participe ou la proposition incidente :

> *Un orage ayant éclaté, nous cherchâmes en hâte un abri.*
> *– Vaurien, dit le duc, vas-tu, non content de ta désobéissance, me demander encore de l'argent ?* (Ch. De Coster)

7° Ordinairement, pour marquer l'ellipse d'un verbe ou d'un autre mot exprimé dans une proposition précédente :

> *Le devoir des juges est de rendre la justice ; leur métier, de la différer.*
> (J. de La Bruyère)

500 Le **point-virgule** marque une pause de moyenne durée. Il s'emploie pour séparer, dans une phrase, les parties dont une au moins est déjà subdivisée par la virgule, ou encore pour séparer des propositions de même nature qui ont une certaine étendue :

> *L'objet de la guerre, c'est la victoire ; celui de la victoire, la conquête ; celui de la conquête, la conservation.* (Ch. de Montesquieu)
> *(…) je sens tressaillir en moi quelque chose qui se déplace, voudrait s'élever, quelque chose qu'on aurait désancré, à une grande profondeur ; je ne sais ce que c'est, mais cela monte lentement ; j'éprouve la résistance et j'entends la rumeur des distances traversées.* (M. Proust)

501 Les **deux points** s'emploient :

1° Pour annoncer une citation, un discours direct :

> *Quand Verlaine dit : « L'espoir luit comme un brin de paille dans l'étable », c'est une superbe imagination lyrique.* (M. Kundera)
> *Des voix s'élevèrent quelque part : « Nous sommes de la vie. Que nous importe l'ordre de la mort ! »* (H. de Montherlant)

2° Pour annoncer l'analyse, l'explication, la conséquence, la synthèse de ce qui précède :

> *Il n'y a pour l'homme que trois événements : naître, vivre et mourir.* (J. de La Bruyère)
> *Et cela veut dire : donc, affaire classée.* (M. Thiry)
> *Les chemins sont ouverts : qui peut nous arrêter ?* (N. Boileau)
> *Du repos, des riens, de l'étude,*
> *Peu de livres, point d'ennuyeux,*
> *Un ami dans la solitude :*
> *Voilà mon sort, il est heureux.* (Voltaire)

502 Les **points de suspension** indiquent que l'expression de la pensée reste incomplète par réticence, par convenance ou pour une autre raison :

> *Je me verrai trahir, mettre en pièces, voler,*
> *Sans que je sois… Morbleu ! je ne veux point parler.* (Molière)
> *Souvent, d'ailleurs, « gifle » n'était qu'un raccourci pour dire « fers », « fouet », « corvées »…* (A. Maalouf)

REMARQUE
Les points de suspension sont superflus après *etc.*

503 Les **parenthèses** s'emploient pour intercaler dans une phrase quelque indication accessoire :

> *On conte qu'un serpent voisin d'un horloger*
> *(C'était pour l'horloger un mauvais voisinage)*
> *Entra dans sa boutique.* (J. de La Fontaine)

J'ai résolu d'écrire au hasard. Entreprise difficile: la plume (c'est un stylo) reste en retard sur la pensée. (A. Gide)

504 Les **crochets** servent au même usage que les parenthèses, mais ils sont moins usités. On les emploie surtout pour isoler une indication qui contient déjà des parenthèses:

Sartre a développé les théories de l'existentialisme dans ses essais [cf. L'être et le néant (1943)], mais aussi dans ses pièces de théâtre [cf. Huis clos (1944)].

505 Les **guillemets** s'emploient pour encadrer une citation ou un discours direct:

L'homme définit la femme non en soi mais relativement à lui; elle n'est pas considérée comme un être autonome. «La femme, l'être relatif...» écrit Michelet. (S. de Beauvoir)

Dans l'usage récent, les guillemets sont parfois employés au lieu de l'italique pour souligner certains mots dans une phrase (néologismes, mots étrangers, populaires ou familiers, mots que l'auteur veut mettre en évidence ou doter d'un sens particulier...). Il est préférable de recourir au soulignement s'il n'y a pas de caractère italique (dans l'écriture manuscrite, par exemple) et de réserver les guillemets pour l'encadrement des citations.

506 Le **tiret** s'emploie dans un dialogue pour indiquer le changement d'interlocuteur ou pour séparer du contexte des mots, des propositions:

Debout! dit l'Avarice, il est temps de marcher.
– Hé! laissez-moi! – Debout! – Un moment.
– Tu répliques? (N. Boileau)
Il ne s'agissait pas de revenants – ces histoires ne l'intéressaient guère – mais de bien autre chose qu'il n'aurait su décrire, ni même désigner d'un nom. (J. Green)

Il faut distinguer, typographiquement, le tiret du trait d'union, qui est plus court.

507 L'**astérisque**[1] est un petit signe en forme d'étoile qui indique un renvoi ou qui, simple ou triple, tient lieu d'un nom propre qu'on ne veut pas faire connaître, sinon parfois par la simple initiale:

On lui apporta du lanfois [...] / le chanvre qu'on met sur la quenouille. (J. Barbey d'Aurevilly)*
Ceci se passait au château de R.*
*C'était chez madame de B***.*

508 L'**alinéa** marque un repos plus long que le point; c'est une séparation qu'on établit entre une phrase et les phrases précédentes, en la faisant commencer un peu en retrait à la ligne suivante, après un petit intervalle laissé en blanc.

Dans l'usage typographique récent, des imprimeurs suppriment parfois le retrait en début d'alinéa, voire l'intervalle plus marqué entre deux alinéas.

---

1. Le mot *astérisque* est du genre masculin.

L'alinéa s'emploie quand on passe d'un groupe d'idées à un autre groupe d'idées.

> *Quelques-uns ont repris du canard à l'orange. La conversation, de plus en plus facile, augmente à chaque minute un peu davantage encore l'éloignement de la nuit.*
>
> *Dans l'éclatante lumière des lustres, Anne Desbaresdes se tait et sourit toujours.*
>
> *L'homme s'est décidé à repartir vers la fin de la ville, loin de ce parc. À mesure qu'il s'en éloigne, l'odeur des magnolias diminue, faisant place à celle de la mer.*
>
> *Anne Desbaresdes prendra un peu de glace au moka afin qu'on la laisse en paix.*
>
> (M. Duras)

509 La **barre oblique** a été introduite au XXe siècle pour remplacer une conjonction de coordination, en particulier dans des expressions elliptiques :

> *La portée sociologique du concept Langue / Parole est évidente.* (R. Barthes)

510 B. LES RÈGLES DE COUPURE DES MOTS

Il est parfois nécessaire de couper certains mots, par exemple en fin de ligne. Cette division doit se faire en respectant le découpage des mots en syllabes, et en tenant compte de certaines règles particulières. Les règles principales sont les suivantes :

1. On ne sépare pas deux voyelles, ni une voyelle et une semi-voyelle :

> *Thé**â**-tre, d**éo**-dorant, av**ia**-teur, atten-t**ion**, com-**bien**.*

2. Quand il y a une seule consonne entre deux voyelles, la coupure se place avant la consonne :

> *Bâ-ti-ment, dé-mé-na-geur, ca-pi-tu-ler.*

Si cette consonne est un *x*, il n'y a pas de coupure possible, sauf si ce *x* est prononcé comme un son unique :

> *Taxa-tion* [tak$s$asjɔ̃], *auxi-liaire* [ok$s$iliɛʀ], mais *deu-xième* [døziɛm].

3. Quand il y a deux consonnes différentes, ou une consonne redoublée entre des voyelles, la coupure se place entre les deux consonnes :

> *Par-**d**on, es-**t**imation, frac-ture, pos-sibilité, **a**l-**l**aitement.*

Cependant, les deux consonnes ne se séparent pas quand :

a) elles représentent un seul son :

> *Élé-**ph**ant, hypo-**th**èse, déta-**ch**er, gro-**gn**er.*

b) la deuxième consonne est *r* ou *l* et la première autre que *r* ou *l* :

> *Pota-**bl**e, nu-**cl**éaire, dé-**fl**a-gration, pro-**pr**iétaire.*

4. Quand il y a trois consonnes, la coupure se fait après la deuxième consonne :

> *Cons-**t**itution, obs-tétrique.*

Cependant, on ne sépare pas les consonnes lorsqu'elles représentent un son unique :

> *Mar-**ch**er* [maʀʃe], *am-**ph**ithéâtre, Or-**ph**ée.*

Si la dernière consonne est *r* ou *l*, la coupure s'effectue après la première consonne:

> *Ap-pliquer, res-trein-dre, des-cription.*

5. Quand il y a quatre consonnes, la coupure se fait après la deuxième consonne, pour autant que ne soient pas séparées des consonnes représentant un son unique:

> *Obs-truction, ins-trument, cons-tructif,* mais *ar-thropodes* [aʀtʀɔpɔd(ə)].

REMARQUES

1. Un *y* placé entre deux voyelles ne peut être coupé:

> *Rayon, appuyer.*

2. Certaines coupures ne respectent pas les règles énoncées ci-dessus, lorsque des préfixes ou des suffixes peuvent être isolés. La coupure se place toujours après les préfixes *dé-* et *pré-*:

> *Bis-annuel, re-structurer, endo-scopie, dé-structurer, pré-scolaire.*

3. La coupure, en fin de ligne, se marque par un trait d'union. Ce dernier n'est pas repris à la ligne suivante. Cette coupure ne peut s'effectuer après une apostrophe:

> *Pres-qu'île, aujour-d'hui.*

4. On évitera de rejeter à la ligne suivante une syllabe seulement composée d'une consonne et d'un *e* muet, et d'isoler en fin de ligne une syllabe formée par une voyelle seule.

511   C. LES RECTIFICATIONS DE L'ORTHOGRAPHE

Le 6 décembre 1990, le *Journal officiel de la République française* publiait, sous le titre « Les rectifications de l'orthographe », les propositions du Conseil supérieur de la langue française, mis en place par le Premier ministre, relatives à une certaine harmonisation de quelques règles de l'orthographe française. Nous reprenons ci-dessous l'introduction de ce rapport ainsi que les chapitres II et III relatifs aux règles d'application générale et aux modifications de graphies particulières. Ces règles sont accompagnées, dans le texte complet, par une analyse commentant et justifiant les rectifications, ainsi que par des recommandations pour les auteurs de dictionnaires.

Ces recommandations peuvent être appliquées par tous les usagers de la langue, ainsi que les y ont d'ailleurs encouragés diverses instances et associations, sans que leur usage puisse être imposé. La liberté de l'utilisateur est donc de mise, et l'usage tranchera. Ceux qui souhaitent davantage d'informations à ce propos peuvent consulter le site Internet de l'Académie française (www.academie-francaise.fr/langue/orthographe/plan.html) qui reprend l'ensemble du texte du *Journal officiel* du 6 décembre 1990, dont seuls des extraits sont repris ci-dessous.

Des informations complémentaires sont disponibles sur d'autres sites, tel celui de l'APARO (Association pour l'application des recommandations orthographiques), à l'adresse www.fltr.ucl.ac.be/FLTR/Rom/ess.html. Ce site reprend, entre autres, une liste des huit cents mots les plus fréquents touchés par ces modifications.

Les rectifications de l'orthographe
Conseil supérieur de la langue française

Introduction

Dans son discours du 24 octobre 1989, le Premier ministre a proposé à la réflexion du Conseil supérieur cinq points précis concernant l'orthographe :

- le trait d'union ;
- le pluriel des mots composés ;
- l'accent circonflexe ;
- le participe passé des verbes pronominaux ;
- diverses anomalies.

C'est sur ces cinq points que portent les présentes propositions. Elles ne visent pas seulement l'orthographe du vocabulaire existant, mais aussi et surtout celle du vocabulaire à naître, en particulier dans les sciences et les techniques.

Présentées par le Conseil supérieur de la langue française, ces rectifications ont reçu un avis favorable de l'Académie française à l'unanimité, ainsi que l'accord du Conseil de la langue française du Québec et celui du Conseil de la langue de la Communauté française de Belgique.

Ces rectifications sont modérées dans leur teneur et dans leur étendue.

En résumé :

- le trait d'union : un certain nombre de mots remplaceront le trait d'union par la soudure (exemple : *portemonnaie* comme *portefeuille*) ;
- le pluriel des mots composés : les mots composés du type **pèse-lettre** suivront au pluriel la règle des mots simples (des *pèse-lettres*) ;
- l'accent circonflexe : il ne sera plus obligatoire sur les lettres **i** et **u**, sauf dans les terminaisons verbales et dans quelques mots (exemples : *Qu'il fût, mûr*) ;
- le participe passé : il sera invariable dans le cas de **laisser** suivi d'un infinitif (exemple : *elle s'est laissé mourir*) ;
- les anomalies :
  - mots empruntés : pour l'accentuation et le pluriel, les mots empruntés suivront les règles des mots français (exemple : *un **imprésario**, des **imprésarios***) ;
  - séries désaccordées : des graphies seront rendues conformes aux règles de l'écriture du français (exemple : *douçâtre*), ou à la cohérence d'une série précise (exemples : *boursoufler* comme *souffler*, *charriot* comme *charrette*).

Ces propositions sont présentées sous forme, d'une part, de règles d'application générale et de modifications de graphies particulières, destinées aux usagers et à l'enseignement, et, d'autre part, sous forme de recommandations à l'usage des lexicographes et des créateurs de néologismes.

Chapitre II : Règles

1. Trait d'union

On lie par des traits d'union les numéraux formant un nombre complexe, inférieur ou supérieur à cent.

> Elle a **vingt-quatre** ans, cet ouvrage date de l'année **quatre-vingt-neuf**, elle a **cent-deux** ans, cette maison a **deux-cents** ans, il lit les pages **cent-trente-deux** et **deux-cent-soixante-et-onze**, il possède **sept-cent-mille-trois-cent-vingt-et-un** francs.

2. Singulier et pluriel des noms composés comportant un trait d'union

Les noms composés d'un verbe et d'un nom suivent la règle des mots simples, et prennent la marque du pluriel seulement quand ils sont au pluriel, cette marque est portée sur le second élément.

> Un **pèse-lettre**, des **pèse-lettres** ; un **cure-dent**, des **cure-dents** ; un **perce-neige**, des **perce-neiges** ; un **garde-meuble**, des **garde-meubles** (sans distinguer s'il s'agit d'un homme ou de lieu) ; un **abat-jour**, des **abat-jours**.

Il en va de même des noms composés d'une préposition et d'un nom.

> Un **après-midi**, des **après-midis** ; un **après-ski**, des **après-skis** ; un **sans-abri**, des **sans-abris**.

Cependant, quand l'élément nominal prend une majuscule ou quand il est précédé d'un article singulier, il ne prend pas de marque de pluriel.

> Des **prie-Dieu**, des **trompe-l'œil**, des **trompe-la-mort**.

3. Accent grave

a) On accentue sur le modèle de **semer** les futurs et conditionnels des verbes du type **céder** : je **cèderai**, je **cèderais**, j'**allègerai**, j'**altèrerai**, je **considèrerai**, etc.

b) Dans les inversions interrogatives, la première personne du singulier en *e* suivie du pronom sujet **je** porte un accent grave : **aimè-je, puissè-je**, etc.

4. Accent circonflexe

Si l'accent circonflexe placé sur les lettres *a, o,* et *e,* peut indiquer utilement des distinctions de timbre (**mâtin** et **matin ; côte** et **cote ; vôtre** et **votre** ; etc.), placé sur *i* et *u* il est d'une utilité nettement plus restreinte (**voûte** et **doute** par exemple ne se distinguent dans la prononciation que par la première consonne). Dans quelques terminaisons verbales (passé simple, etc.), il indique des distinctions morphologiques nécessaires. Sur les autres mots, il ne donne généralement aucune indication, excepté pour de rares distinctions de formes homographes.

En conséquence, on conserve l'accent circonflexe sur *a, e,* et *o,* mais sur *i* et sur *u* il n'est plus obligatoire, excepté dans les cas suivants :

a) Dans la conjugaison, où il marque une terminaison :

Au passé simple (première et deuxième personnes du pluriel) :
> Nous **suivîmes**, nous **voulûmes**, comme nous **aimâmes** ;
> Vous **suivîtes**, vous **voulûtes**, comme vous **aimâtes**.

À l'imparfait du subjonctif (troisième personne du singulier) :

> Qu'il *suivît, qu'il voulût,* comme *qu'il aimât.*

Au plus-que-parfait du subjonctif, aussi nommé parfois improprement conditionnel passé deuxième forme (troisième personne du singulier) :

> Qu'il *eût suivi, il eût voulu,* comme *qu'il eût aimé.*
> Nous *voulûmes* qu'il *prît la parole.*
> Il *eût* préféré qu'on le *prévînt.*

b) Dans les mots où il apporte une distinction de sens utile : **dû, jeûne**, les adjectifs **mûr** et **sûr,** et le verbe **croître** (étant donné que sa conjugaison est en partie homographe de celle du verbe **croire**). L'exception ne concerne pas les dérivés et les composés de ces mots (exemple : *sûr,* mais *sureté ; croître,* mais *accroitre*). Comme c'était déjà le cas pour **dû,** les adjectifs **mûr** et **sûr** ne prennent un accent circonflexe qu'au masculin singulier.

Les personnes qui ont déjà la maîtrise de l'orthographe ancienne pourront, naturellement, ne pas suivre cette nouvelle norme.

REMARQUES
– Cette mesure entraîne la rectification de certaines anomalies étymologiques, en établissant des régularités. On écrit désormais *mu* (comme déjà *su, tu, vu, lu*), *plait* (comme déjà *tait, fait*), *piqure, surpiqure* (comme déjà *morsure*), *traine, traitre,* et leurs dérivés (comme déjà *gaine, haine, faine*), et *ambigument, assidument, congrument, continument, crument, dument, goulument, incongrument, indument, nument* (comme déjà *absolument, éperdument, ingénument, résolument*).

– Sur ce point comme sur les autres, aucune modification n'est apportée aux noms propres. On garde le circonflexe aussi dans les adjectifs issus de ces noms (exemples : *Nîmes, nîmois.*)

5. Verbes en *-eler* et *-eter*

L'emploi du e accent grave pour noter le son [ɛ] dans les verbes en **eler** et en **eter** est étendu à tous les verbes de ce type.

On conjugue donc, sur le modèle de **peler** et d'**acheter** : *elle ruissèle, elle ruissèlera, j'époussète, j'étiquète, il époussètera, il étiquètera.*

On ne fait exception que pour **appeler** (et **rappeler**) et **jeter** (et les verbes de sa famille), dont les formes sont les mieux stabilisées dans l'usage.

Les noms en **-ement** dérivés de ces verbes suivront la même orthographe : *amoncèlement, bossèlement, chancèlement, cisèlement, cliquètement, craquèlement, craquètement, cuvèlement, dénivèlement, ensorcèlement, étincèlement, grommèlement, martèlement, morcèlement, musèlement, nivèlement, ruissèlement, volètement.*

6. Participe passé

Le participe passé de **laisser** *suivi d'un infinitif* est rendu invariable : il joue en eff devant l'infinitif un rôle d'auxiliaire analogue à celui de **faire,** qui est toujou riable dans ce cas (avec l'auxiliaire **avoir** comme emploi pronominal).

Le participe passé de **laisser** suivi d'un infinitif est donc invariable dans tous les cas, même quand il est employé avec l'auxiliaire *avoir* et même quand l'objet est placé avant le verbe.

> *Elle **s'est laissé mourir*** (comme déjà *elle **s'est fait maigrir***).
> *Elle **s'est laissé séduire*** (comme déjà *elle **s'est fait féliciter***).
> *Je **les ai laissé partir*** (comme déjà *je **les ai fait partir***).
> *La maison qu'elle **a laissé saccager*** (comme déjà *la maison qu'elle **a fait repeindre***).

7. Singulier et pluriel des mots empruntés

Les noms ou adjectifs d'origine étrangère ont un singulier et un pluriel réguliers : *un **zakouski**, des **zakouskis** ; un **ravioli**, des **raviolis** ; un **graffiti**, des **graffitis** ; un **lazzi**, des **lazzis** ; un **confetti**, des **confettis** ; un **scénario**, des **scénarios** ; un **jazzman**, des **jazzmans***, etc. On choisit comme forme du singulier la forme la plus fréquente, même s'il s'agit d'un pluriel dans l'autre langue.

Ces mots forment régulièrement leur pluriel avec un *s* non prononcé (*des **matchs**, des **lands**, des **lieds**, des **solos**, des **apparatchiks***). Il en est de même pour les noms d'origine latine (*des **maximums**, des **médias***). Cette proposition ne s'applique pas aux mots ayant conservé valeur de citation (*des **mea culpa***).

Cependant, comme il est normal en français, les mots terminés par *s*, *x* et *z* restent invariables : *un **boss**, des **boss** ; un **kibboutz**, des **kibboutz** ; un **box**, des **box***.

REMARQUE
Le pluriel de mots composés étrangers se trouve simplifié par la soudure : *des **covergirls**, des **bluejeans**, des **ossobucos**, des **weekends**, des **hotdogs***.

Tableau résumé des règles

NUMÉRO	ANCIENNE ORTHOGRAPHE	NOUVELLE ORTHOGRAPHE
1	*vingt-trois, cent trois*	***vingt-trois, cent-trois***
2	*un cure-dents* *des cure-ongle* *un cache-flamme(s)* *des cache-flamme(s)*	***un cure-dent*** ***des cure-ongles*** ***un cache-flamme*** ***des cache-flammes***
3 a	*je céderai, j'allégerais*	***je cèderai, j'allègerais***
3 b	*puissé-je, aimé-je*	***puissè-je, aimè-je***
	il plaît, il se tait *la route, la voûte*	***il plait, il se tait*** ***la route, la voute***
	il ruisselle, amoncèle	***il ruissèle, amoncèle***
	elle s'est laissée aller *elle s'est laissé appeler*	***elle s'est laissé aller*** ***elle s'est laissé appeler***
	des jazzmen, des lieder	***des jazzmans, des lieds***

279

Chapitre III : Graphies particulières fixées ou modifiées

Ces listes, restreintes, sont limitatives.

Il s'agit en général de mots dont la graphie est irrégulière ou variable ; on la rectifie, ou bien l'on retient la variante qui permet de créer les plus larges régularités. Certains de ces mots sont déjà donnés par un ou plusieurs dictionnaires usuels avec la graphie indiquée ici : dans ce cas, c'est une harmonisation des dictionnaires qui est proposée.

1. Mots composés

On écrit soudés les noms de la liste suivante, composés sur la base d'un élément verbal généralement suivi d'une forme nominale ou de « tout ».

Les mots de cette liste, ainsi que ceux de la liste B ci-après (éléments nominaux et divers), sont en général des mots anciens dont les composants ne correspondent plus au lexique ou à la syntaxe actuels (*chaussetrappe*) ; y figurent aussi des radicaux onomatopéiques ou de formation expressive (*piquenique, passepasse*), des mots comportant des dérivés (*tirebouchonner*), certains mots dont le pluriel était difficile (*un brisetout*, dont le pluriel devient *des brisetouts*, comme *un faitout, des faitouts*, déjà usité), et quelques composés sur *porte-*, dont la série compte plusieurs soudures déjà en usage (*portefaix, portefeuille,* etc.). Il était exclu de modifier d'un coup plusieurs milliers de mots composés, l'usage pourra le faire progressivement.

Liste A

arrachepied (d')	croquemitaine	passepasse	risquetout
boutentrain	croquemonsieur	piquenique	tapecul
brisetout	croquemort	porteclé	tirebouchon
chaussetrappe	croquenote	portecrayon	tirebouchonner
clochepied (à)	faitout	portemine	tirefond
coupecoupe	fourretout	portemonnaie	tournedos
couvrepied	mangetout	portevoix	vanupied
crochepied	mêletout	poucepied	
croquemadame	passepartout	poussepousse	

2. Mots composés

On écrit soudés également les noms de la liste suivante, composés d'éléments nominaux et adjectivaux.

Liste B

arcboutant	bassetaille	lieudit	saufconduit
autostop	branlebas	millefeuille	téléfilm
autostoppeur, euse	chauvesouris	millepatte	terreplein
bassecontre	chèvrepied	millepertuis	vélopousse
bassecontriste	cinéroman	platebande	véloski
bassecour	hautecontre	potpourri	vélotaxi
bassecourier	hautelisse	prudhomme	
basselisse	hautparleur	quotepart	
basselissier	jeanfoutre	sagefemme	

3. Onomatopées

On écrit soudés les onomatopées et mots expressifs (de formations diverses) de la liste suivante.

Liste C

blabla	grigri	pingpong	traintrain
bouiboui	kifkif	prêchiprêcha	troutrou
coincoin	mélimélo	tamtam	tsétsé
froufrou	pêlemêle	tohubohu	

4. Tréma

Dans les mots suivants, on place le tréma sur la voyelle qui doit être prononcée : *aigüe* (et dérivés, comme *suraigüe,* etc.), *ambigüe, exigüe, contigüe, ambigüité, exigüité, contigüité, cigüe*. Ces mots appliquent ainsi la règle générale : le tréma indique qu'une lettre *(u)* doit être prononcée (comme voyelle ou comme semi-voyelle) séparément de la lettre précédente *(g)*.

5. Tréma

Le même usage du tréma s'applique aux mots suivants où une suite **-gu-** ou **-geu-** conduit à des prononciations défectueuses (*il **argue*** prononcé comme *il **nargue***). On écrit donc : *il **argüe*** (et toute la conjugaison du verbe **argüer**) ; *gageüre, mangeüre, rongeüre, vergeüre*.

6. Accents

On munit d'un accent les mots de la liste suivante où il avait été omis, ou dont la prononciation a changé.

Liste D

asséner	gélinotte	recépée	sèneçon
bélitre	québécois	recéper	sénescence
bésicles	recéler	réclusionnaire	sénestre
démiurge	recépage	réfréner	

7. Accents

L'accent est modifié sur les mots de la liste suivante qui avaient échappé à la régularisation entreprise par l'Académie française aux XVIIIe et XIXe siècles, et qui se conforment ainsi à la règle générale d'accentuation.

Liste E

abrègement	complètement (nom)	empiètement	règlementation
affèterie	crèmerie	évènement	règlementer
allègement	crèteler	fèverole	sècheresse
allègrement	crènelage	hébètement	sècherie
assèchement	crèneler	règlementaire	sènevé
cèleri	crènelure	règlementairement	vènerie

8. Mots composés empruntés

On écrit soudés les mots de la liste suivante, composés d'origine latine ou étrangère, bien implantés dans l'usage et qui n'ont pas valeur de citation.

Liste F

Mots d'origine latine (employés comme noms – exemple : *un apriori*)

apriori	exlibris	exvoto	statuquo	vadémécum

Mots d'origine étrangère

baseball	covergirl	hotdog	sidecar
basketball	cowboy	lockout	striptease
blackout	fairplay	majong	volleyball
bluejean	globetrotteur	motocross	weekend
chichekébab	handball	ossobuco	
chowchow	harakiri	pipeline	

9. Accentuation des mots empruntés

On munit d'accents les mots de la liste suivante, empruntés à la langue latine ou à d'autres langues lorsqu'ils n'ont pas valeur de citation.

Liste G

Mots d'origine latine

artéfact	exéquatur	placébo	tépidarium
critérium	facsimilé	proscénium	vadémécum
déléatur	jéjunum	référendum	vélarium
délirium trémens	linoléum	satisfécit	vélum
désidérata	média	sénior	véto
duodénum	mémento	sérapéum	
exéat	mémorandum	spéculum	

Mots empruntés à d'autres langues

allégretto	condottière	pédigrée	sombréro
allégro	décrescendo	pérestroïka	téocalli
braséro	diésel	péséta	trémolo
candéla	édelweiss	péso	zarzuéla
chébec	imprésario	piéta	
chéchia	kakémono	révolver	
cicérone	méhalla	séquoia	

10. Anomalies

Des rectifications proposées par l'Académie (en 1975) sont reprises, et sont complétées par quelques rectifications de même type.

Liste H

absout, absoute (participe, au lieu de *absous, absoute*)

appâts (au lieu de *appas*)

assoir, rassoir, sursoir (au lieu de *asseoir*, etc.) [a]

bizut (au lieu de *bizuth*) [b]

bonhommie (au lieu de *bonhomie*)

boursoufflement (au lieu de *boursouflement*)

bourssouffler (au lieu de *boursoufler*)

boursoufflure (au lieu de *boursouflure*)

cahutte (au lieu de *cahute*)

charriot (au lieu de *chariot*)

chaussetrappe (au lieu de *chausse-trape*)

combattif (au lieu de *combatif*)

combattivité (au lieu de *combativité*)

cuisseau (au lieu de *cuissot*)

déciller (au lieu de *dessiller*) [c]

dissout, dissoute (au lieu de *dissous, dissoute*)

douçâtre (au lieu de *douceâtre*) [d]

embattre (au lieu de *embatre*)

exéma (au lieu de *eczéma*) et ses dérivés [e]

guilde (au lieu de *ghilde*, graphie d'origine étrangère)

homéo- (au lieu de *homoeo-*)

imbécilité (au lieu de *imbécillité*)

innommé (au lieu de *innomé*)

levreau (au lieu de *levraut*)

nénufar (au lieu de *nénuphar*) [f]

ognon (au lieu de *oignon*)

pagaille (au lieu de *pagaïe, pagaye*) [g]

persifflage (au lieu de *persiflage*)

persiffler (au lieu de *persifler*)

persiffleur (au lieu de *persifleur*)

ponch (boisson, au lieu de *punch*) [h]

prudhommal (avec soudure) (au lieu de *prud'homal*)

prudhommie (avec soudure) (au lieu de *prud'homie*)

relai (au lieu de *relais*) [i]

saccarine (au lieu de *saccharine*) et ses nombreux dérivés

sconse (au lieu de *skunks*) [j]

sorgo (au lieu de *sorgho*, graphie d'origine étrangère)

sottie (au lieu de *sotie*)

tocade (au lieu de *toquade*)

ventail (au lieu de *vantail*) [k]

NOTES

(a) Le *e* ne se prononce plus. L'Académie française écrit déjà *j'assois* (à côté de *j'assieds*), *j'assoirai*, etc. (mais *je **surseoirai***). ***Assoir*** s'écrit désormais comme ***voir*** (ancien français ***veoir***), ***choir*** (ancien français ***cheoir***), etc.

(b) À cause de ***bizuter, bizutage***.

(c) À rapprocher de ***cil***. Rectification d'une ancienne erreur d'étymologie.

(d) **Cea** est une ancienne graphie rendue inutile par l'emploi de la cédille.

(e) La suite **cz** est exceptionnelle en français. **Exéma** comme **examen**.

(f) Mot d'origine arabo-persane. L'Académie a toujours écrit **nénufar**, sauf dans la huitième édition (1932-1935).

(g) Des trois graphies de ce mot, celle-ci est la plus conforme aux règles et la moins ambiguë.

(h) Cette graphie évite l'homographie avec **punch** (coup de poing) et l'hésitation sur la prononciation.

(i) Comparer **relai-relayer**, avec **balai-balayer, essai-essayer**, etc.

(j) Des sept graphies qu'on trouve actuellement, celle-ci est la plus conforme aux règles et la moins ambiguë.

(k) À rapprocher de **vent**; rectification d'une ancienne erreur d'étymologie.

11. Anomalies

On écrit en **-iller** les noms suivants anciennement en **-illier**, où le *i* qui suit la consonne ne s'entend pas (comme **poulailler, volailler**): **joailler, marguiller, ouillère, quincailler, serpillère.**

12. Anomalies

On écrit avec un seul *l* (comme **bestiole, camisole, profiterole,** etc.) les noms suivants: **barcarole, corole, fumerole, girole, grole, guibole, mariole,** et les mots moins fréquents: **bouterole, lignerole, muserole, rousserole, tavaïole, trole.** Cette terminaison se trouve ainsi régularisée, à l'exception de **folle, molle,** de **colle** et de ses composés.

13. Anomalies

Le *e* muet n'est pas suivi d'une consonne double dans les mots suivants qui rentrent ainsi dans les alternances régulières (**lunette, lunetier,** comme **noisette, noisetier**; **prunelle, prunelier,** comme **chamelle, chamelier,** etc.); **interpeler** (au lieu de *interpeller*); **dentelière** (au lieu de *dentellière*); **lunetier** (au lieu de *lunettier*); **prunelier** (au lieu de *prunellier*).

512 D. LA FÉMINISATION DES NOMS

Depuis quelques années, différents pays de la francophonie ont publié des règles destinées à féminiser les noms de métier, de fonction, de grade ou de titre. Ce fut le cas, dès 1979, au Québec, puis en France en 1986, et dans certains cantons suisses. La Communauté française de Belgique a également légiféré en ce sens, en 1993, adaptant ainsi la langue à l'évolution de notre société, en reconnaissant la place que les femmes occupent désormais dans la vie publique. En 1998, le gouvernement français a demandé un nouveau rapport à la commission générale de terminologie et néologie qui a abouti à la publication, en 1999, d'un *Guide d'aide à la féminisation,* et en 2000, d'une *Note du ministère de l'Éducation nationale* relative à la féminisation des noms[1].

Ces règles, le plus souvent rédigées par des commissions de linguistes, respectent les principes généraux en usage dans la langue. Elles ont force de loi dans les textes officiels et les documents administratifs, mais elles ne peuvent bien sûr être contraignantes pour les particuliers. Nous reproduisons ci-dessous les deux annexes du décret de la Communauté française de Belgique du 21 juin 1993. Il est en effet représentatif des réglementations en vigueur dans tous les pays francophones. Y sont en outre clairement explicitées les modalités à respecter pour féminiser tous ces noms, en y incluant les usages québécois et suisses.

Pour plus d'informations, on pourra consulter la «Circulaire du 11 mars 1986 relative à la féminisation des noms de métier, fonction, grade ou titre» parue au *Journal officiel de la République française* du 16 mars 1986. Ou les brochures *Au féminin. Guide de féminisation des titres de fonction et des textes* (Office de la langue française, Les Publications du Québec, 1991); *Mettre au féminin, Guide de féminisation des noms de métier, fonction, grade ou titre* (Communauté française de Belgique, Service de la langue française, 1994); *Femme, j'écris ton nom* (INALF – La Documentation française, 1999). Ou encore Th. Moreau, *Dictionnaire féminin-masculin des professions, des titres et des fonctions* (Genève, Éd. Metropolis, 1999).

Arrêté du Gouvernement de la Communauté française établissant les règles de féminisation des noms de métier, fonction, grade ou titre du 13 décembre 1993

Annexe I

Règles de féminisation visées à l'article 1ᵉʳ de l'arrêté du Gouvernement de la Communauté française établissant les règles de féminisation des noms de métier, fonction, grade ou titre

Les féminins des noms de métier, fonction, grade ou titre sont formés par l'application des règles suivantes:

1. Règles morphologiques

A. *Noms terminés au masculin par une voyelle dans l'écriture*

1. D'une manière générale, le féminin est formé par l'adjonction d'un -*e* final à la forme masculine:

> *Une chargée de cours, une députée, une préposée, une apprentie.*

2. Si la voyelle terminant le masculin est déjà -*e*, la forme féminine est identique à la forme masculine (formes dites épicènes):

> *Une aide, une architecte, une comptable, une dactylographe, une diplomate, une ministre, une secrétaire.*

On ne crée plus de nouveaux mots en -*esse*, le procédé paraissant vieilli. Toutefois, les emplois consacrés par l'usage sont toujours admis:

> *Une poétesse.*

---

1. Tous ces documents sont disponibles aux adresses Internet suivantes: http://www.culture.gouv.fr/culture/dglf/cogeter/feminisation/accueil-feminisation.html; ou encore http://www.ciep.fr/chroniq/femi/femi.htm; ou aussi http://www.cfwb.be/franca/pg014.htm.

3. Si la voyelle est -a ou -o, la forme féminine est identique à la forme masculine :

> *Une para* (commando), *une dactylo, une imprésario.*

B. *Noms terminés au masculin par une consonne dans l'écriture*

1. D'une manière générale, le féminin se construit par l'adjonction d'un -e final à la forme masculine :

> *Une agente, une artisane, une avocate, une échevine, une experte, une lieutenante, une magistrate, une marchande, une présidente, une principale.*

Cette règle générale s'assortit dans certains cas de conséquences orthographiques :

– le redoublement de la consonne finale :

> -el/-elle : *une contractuelle.*
> -ien/-ienne : *une chirurgienne, une doyenne, une mécanicienne, une pharmacienne.*
> -on/-onne : *une maçonne.*

– l'apparition d'un accent grave :

> -er/-ère : *une conseillère, une huissière, une officière, une ouvrière.*
> -et/-ète : *une préfète.*

Cas particuliers : *une chef, une conseil* (juridique), *une écrivain*[1], *une mannequin, une marin, une médecin.*

2. Lorsque le nom masculin se termine par -eur :

a) la forme féminine se termine par -euse lorsqu'au nom correspond un verbe en rapport sémantique direct :

> *Une carreleuse, une chercheuse, une contrôleuse, une vendeuse.*

b) la forme féminine est identique à la forme masculine lorsqu'au nom ne correspond pas de verbe[2] :

> *Une docteur, une ingénieur, une procureur, une professeur.*

Cas particuliers : *une ambassadrice, une chroniqueuse.*

3. Lorsque le nom masculin se termine par -teur :

a) la forme féminine se termine par -teuse lorsqu'il existe un verbe correspondant qui comporte un *t* dans sa terminaison :

> *Une acheteuse, une rapporteuse, une toiletteuse.*

Cas particuliers : *une éditrice, une exécutrice, une inspectrice.*

b) la forme féminine se termine par -trice lorsqu'il n'existe aucun verbe correspondant ou lorsque le verbe correspondant ne comporte pas de *t* dans sa terminaison :

> *Une administratrice, une apparitrice, une aviatrice, une directrice, une éducatrice, une rédactrice, une rectrice.*

---

1. On acceptera aussi *une écrivaine*, l'usage devant trancher.
2. Les dispositions québécoises et suisses prévoient dans ces cas des formes en *-eure* (ex. : *professeure*). Les usagers auront la possibilité de choisir entre ces formes et celles adoptées ici, l'usage devant trancher dans les décennies qui viennent. Pour *docteur*, on laissera le choix entre *une docteur* et *une doctoresse*.

2. Règles syntaxiques

A. On recourt systématiquement aux déterminants féminins :

Une architecte, la comptable, cette présidente.

De même avec les appellations complexes :

Une agent de change.

B. Les adjectifs et les participes en relation avec les noms concernés s'accordent systématiquement au féminin, y compris dans les appellations professionnelles complexes :

Une conseillère principale, une contrôleuse adjointe, une ingénieur technicienne, une première assistante, la doyenne s'est montrée intéressée, la présidente directrice générale.

Annexe II

Recommandations générales du Conseil supérieur de la langue française en matière de féminisation des noms de métier, fonction ou titre d'origine étrangère et en matière d'emploi des formes féminines

1re recommandation

De manière générale, lorsque les noms de titre, fonction, métier sont d'origine étrangère, il est recommandé d'utiliser l'équivalent français et de le féminiser selon les règles définies à l'annexe I :

Une joueuse de tennis, plutôt qu'une tenniswoman.

2e recommandation

Dans les offres ou les demandes d'emploi visées à l'art. 3 du décret relatif à la féminisation des noms de métier, fonction, grade ou titre, il est recommandé que la forme féminine figure de manière systématique et en entier à côté de la forme masculine (ex.: on recrute *un mécanicien* ou *une mécanicienne*). Les formulations du type *un(e) mécanicien(ne)* ou *un mécanicien (H/F)* sont déconseillées.

3e recommandation

Dans les autres textes visés à l'article 1er du décret relatif à la féminisation des noms de métier, fonction, grade ou titre, il est recommandé que l'on veille à éliminer les formulations sexistes et à assurer au mieux la visibilité des femmes. Pour assurer cette visibilité, il est recommandé de ne pas abuser de l'emploi générique des noms masculins. Toutefois, ceux-ci ne doivent pas être perçus comme désignant nécessairement des hommes (ex.: *les étudiants sont inscrits d'office aux examens*).

4e recommandation

L'emploi de formes féminines ne doit cependant pas nuire à l'intelligibilité des textes ni à leur lisibilité.

Dans cet ordre d'idée, il est recommandé que l'on n'abuse pas des formulations écrites qui n'ont pas de correspondant oral (ex.: *l'étudiant(e), l'étudiant-e, l'étudiant/l'étudiante, l'instituteur-trice*) et que l'on fasse un emploi prudent des termes abstraits (ex.: *le lectorat* pour les lecteurs ou les lectrices).

5e recommandation

Il est recommandé de généraliser l'appellation *Madame* en lieu et place de *Mademoiselle*, dans les textes visés par le décret.

Index

Les chiffres renvoient aux **paragraphes**.

Les chiffres renvoient aux paragraphes.

Les chiffres renvoient aux paragraphes.

Les chiffres renvoient aux paragraphes.

Les chiffres renvoient aux paragraphes.

Les chiffres renvoient aux paragraphes.

Table des matières

TROISIÈME PARTIE

Les parties du discours

NEW GROUND

PLOWING NEW GROUND

THE SOUTHERN TENANT FARMERS UNION
AND ITS PLACE IN DELTA HISTORY

THE
DONNING COMPANY
PUBLISHERS

PLOWING NEW GROUND

THE SOUTHERN TENANT FARMERS UNION
AND ITS PLACE IN DELTA HISTORY

by Van Hawkins

The Donning Company Publishers
184 Business Park Drive, Suite 206
Virginia Beach, VA 23462

Steve Mull, General Manager
Barbara Buchanan, Office Manager
Pamela Koch, Editor
Amanda D. Guilmain, Graphic Designer
Derek Eley, Imaging Artist
Cindy Smith, Project Research Coordinator
Scott Rule, Director of Marketing
Tonya Hannink, Marketing Coordinator

Neil Hendricks, Project Director

Library of Congress Cataloging-in-Publication Data
Hawkins, Van, 1946-
  Plowing new ground : the Southern Tenant Farmers Union and its place in Delta history / by Van Hawkins.
      p. cm.
  Includes bibliographical references.
  ISBN-13: 978-1-57864-414-8 (hard cover : alk. paper)
  1. Southern Tenant Farmers Union--History. 2. Tenant farmers--Labor unions--Arkansas--History. 3. Farm tenancy--Arkansas--History. I. Title.
  HD1485.S68H39 2007
  331.88'130976709043--dc22
                            2007002961

Printed in the United States of America at Walsworth Publishing Company

TO MY FATHER
Who Began Life as a Sharecropper

❖ CONTENTS ❖

✦ ACKNOWLEDGMENTS ✦

I OWE A SUBSTANTIAL DEBT OF GRATITUDE to several people who helped with this book. Chief among them is my wife Ruth, who served as the project's senior editor. Sam Mitchell, son of H. L. Mitchell and an authority on union matters, read the manuscript and offered an insider's perspective on events depicted. Three prominent Delta scholars reviewed the work and offered valuable suggestions—Dr. C. Calvin Smith, history professor emeritus at Arkansas State University; Dr. Jeannie M. Whayne, professor of history and department chair at the University of Arkansas-Fayetteville; and Dr. Nan Woodruff, professor of modern U.S. history at Pennsylvania State University. All made recommendations that improved the book, and any deficiencies that remain are entirely mine.

❧· INTRODUCTION ·❧

ON A LATE JULY AFTERNOON IN 1934, eighteen men—eleven white and seven black—walked into a small wooden building on Fairview Plantation south of Tyronza in northeast Arkansas and took a bold step. They formed a union. This alliance grew out of earlier informal gatherings of poor farmers to share their financial desperation. Such discussions and a growing number of tenant farmer evictions during the Great Depression generated momentum to form this historically important Southern Tenant Farmers Union (STFU). The organization's informal headquarters became a Tyronza building that housed the dry cleaning business of H. L. Mitchell and the gas station of Clay East, two of the small town's residents to whom many dispossessed farmers turned for help.

Although unlikely heroes, Mitchell and East helped organize the union and took key leadership positions. Both men, Socialist Party activists, sought a means to publicize the inequities of agricultural capitalism as practiced by Arkansas Delta planters. They also needed an organization to centralize and strengthen tenant farmer resistance to abusive practices. At the suggestion of national Socialist Party President Norman Thomas, they helped organize and run the STFU to accomplish their goals. The group's many integrated locals, which included black tenant farmers and women holding major leadership positions alongside white males, made it remarkable for the time and place. Despite their differences, men and women of the STFU stepped forward together and faced powerful landlords who stood against them in an effort to maintain their decades-long domination of Delta labor and land.

The STFU story is told here as one chapter in an epic filled with struggle and strife over the Delta's rich land. Extending from Mississippi County in northeast Arkansas down to Chicot County in the southeastern corner of the state, Arkansas's Delta runs from the Mississippi River's edge west to where the flat land ends and the hills begin. This telling attempts to explain how people and events in this region before the STFU contributed to the need for tenant farmers to band together for protection during the Great Depression. To further this approach, an overview of regional history is included to suggest how the place and people came to be. This book relies heavily on personal interviews, condensed for focus and space, with folks who lived through the times described. Many illustrations illuminate important details and people central to the story. This account does not purport to be a definitive record; nor is it a scholarly treatment. It seeks instead to fold many sources—personal recollections, journalistic reports, historical documents, music, fiction, poetry, art, and photographs—into a presentation that allows readers to see what happened from various points of view. To properly start this story about the ongoing contest to control Delta soil, one must go back to the beginning and the river that deposited it here.

A VIOLENT PERSONALITY

MORE THAN ONE MILLION YEARS AGO, a series of ice ages waxed and waned across the North American continent during the Pleistocene epoch. The Mississippi and other rivers of the region carried many times their present volumes of water, fed by melting ice sheets and rainfall. During that time, the Mississippi and Ohio rivers deepened their valleys as they roiled their way toward the Gulf of Mexico. Approximately ten thousand years ago, the Mississippi took on its present volume, and the climate became more temperate in the Mississippi flood plain, also known as the Delta. This plain consists of deep alluvial deposits starting in Illinois and stretching all the way to the Gulf.

The Mississippi River drains the heart of the nation. This map illustrates why rainfall and snow melting in the North can cause so much flooding and grief in the South. When the river becomes overburdened, it can rebel and wash out earthen levees built to control it.

The Mississippi runs for about 2,350 miles, draining an area of approximately 1,243,700 square miles from twenty-two states.[1] This remarkable river begins modestly with water from a small lake in northwestern Minnesota, where a stream flows out of Lake Itasca and first heads north though forests and marshes before it then turns east. Near Grand Rapids, Minnesota, the river twists toward the south, and in the next five hundred or so miles, the Mississippi sheds its tentative nature and becomes strong and sure of itself.

Near Alton, Illinois, the Missouri River dumps in the dirt and debris it has swept up from across one-third of the continental United States, and "for many miles down the river, the blue current of the Mississippi and the muddy brown current of the Missouri simply refuse to mix, flowing side by side in a kind of watery saraband."[2] The enormous volume of the Ohio River disgorges itself into the Mississippi at Cairo, Illinois, and what started like a slithering water snake becomes an anaconda for the final one thousand miles of its journey to the Gulf. As the river writhes southward, it cuts away banks and creates islands and lakes, altering the landscape over and over again. Hidden below, in the river's belly, catfish that can weigh up to one hundred pounds and alligator gar up to ten feet long scrounge among lesser denizens for their next meal.

As the river leaves the state of Missouri behind, it enters the Arkansas Delta, where the St. Francis River makes a modest contribution of water and silt. Here the land flattens out for the most part and runs away over the horizon toward distant hills. Farther south, the Yazoo River in Mississippi and the Arkansas and White rivers add their weight before the Mississippi flows through Louisiana and into the Gulf of Mexico at a point near the edge of a continental shelf where the water's depth allows sediment to sink hundreds of feet. Our story, however, begins upriver, in the Arkansas Delta a long time ago.

As the river wound through the Delta, it deposited rich earth. In his book on the 1927 flood, John Barry estimates the staggering load of soil carried by the river and its tributaries during the last several thousand years to be 1,280 cubic miles of sediment. To convey the immensity of this amount, he suggests that we envision 1,280 mountains, each a mile high, each a mile wide, and each a mile long. The average thickness of this deposit is 132 feet.[3] The river does not carry this rich cargo with languorous grace; it pushes the soil along with blinding fury.

James Buchanan Eads graphically described the river's violent personality from personal observation. The St. Louis, Missouri, entrepreneur eased into the river during the 1820s using a converted forty-gallon whiskey barrel as a diving bell and vividly conveyed the river's ferocious nature: "I had occasion to descend to the bottom in a current so swift as to

The Mighty Mississippi begins at Lake Itasca, Minnesota, as a small stream that can be easily crossed. Universal Press Syndicate Photo.

require extraordinary means to sink the bell. . . . The sand was drifting like a dense snowstorm at the bottom. . . . At sixty-five feet below the surface I found the bed of the river, for at least three feet in depth, a moving mass and so unstable that, in endeavoring to find a footing on it beneath my bell, my feet penetrated through it until I could feel, although standing erect, the sand rushing past my hands, driven by a current apparently as rapid as that on the surface."[4]

The Mississippi has formed the Delta mostly unimpressed by man's efforts to harness and direct it. Why the river's creation is called the Delta puzzles many observers, since geologists usually define a delta as sediment dumped at the mouth of a major river. Yet the Mississippi has always made its own rules, often bewildering, beguiling, and sometimes destroying those trying to understand and dominate it. Poet T. S. Eliot described this mighty body of water in a way that conveys its power and mystery.

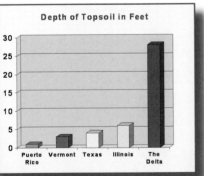

This illustration provides a vivid example of the depth of rich Delta earth, possession of which has caused conflict for centuries.

I do not know much about gods; but I think that the river
Is a strong brown god—sullen, untamed and intractable,
Patient to some degree, at first recognised as a frontier;
Useful, untrustworthy, as a conveyor of commerce;
Then only a problem confronting the builder of bridges.
The problem once solved, the brown god is almost forgotten
By the dwellers in cities—ever, however, implacable,
Keeping his seasons and rages, destroyer, reminder
Of what men choose to forget. Unhonoured, unpropitiated
By worshippers of the machine, but waiting, watching and
  waiting. . . .[5]

---

1. T. H. Watkins, *Mark Twain's Mississippi: A Pictorial History of America's Greatest River* (Palo Alto, Calif.: American West Publishing Co., 1974), 12.

2. Ibid., 24.

3. John M. Barry, *Rising Tide: The Great Mississippi Flood of 1927 and How It Changed America* (New York: Simon & Schuster, 1997), 39.

4. Ibid., 26.

5. T. S. Eliot, "The Dry Salvages," *Four Quartets* (New York: Harcourt Brace, 1943), 21.

✦ TREASURE HUNT ✦

IN MAY 1539, THE SPANISH EXPLORER Hernando de Soto landed in Florida with approximately six hundred soldiers. By June 1541, he led the weary remnants across the Mississippi River just below Helena, Arkansas, probably at Sunflower Landing. The Spaniards adopted an Indian name for the river, *Meaot Massipi*, which meant father of waters. A member of the party later chronicled the moment when Europeans first crossed the Mississippi: "The river was around half a league wide [roughly 1.5 miles], if a man stood motionless on the other side, one could not descry whether he be a man or something else. Its depth was great and its current very strong; the water was always muddy; in it many trees and pieces of wood floated down river, carried by the force of the waters and the current."[1]

The Spaniards sought riches the region did not possess, and De Soto died along with many of his men in a futile search for gold and silver. Ironically, the Delta's treasure was the soil directly beneath their feet, but they did not recognize it. This realization came much later, and initially the

Below: Explorer Hernando de Soto reached the Lower Mississippi River region in 1541 and probably brought his men across the river near present-day Helena, Arkansas. Courtesy of the State Historical Society of Missouri.

Opposite page: Rendering of a Quapaw man by artist Charles Banks Wilson. Courtesy of the artist.

region disappointed those who sought immediate wealth. So outside interest in the area remained largely dormant until the seventeenth century when England, France, and the Netherlands began exploration of North America for commercial reasons and prestige. Driven by both economic incentives and nationalism, the French moved with vigor in this early race to win land west of the river. They succeeded in part because of an important geographic advantage.

French settlements abounded around the Great Lakes during the 1600s, and transport down the Mississippi formed a natural path into the Delta. Canoes swept down the river guided by French explorers and the unseen hands of Jean-Baptiste Talon, superintendent of New France under King Louis XIV. Interest in the Delta's natural resources grew as officials read reports from Catholic missionaries who came to convert Native Americans to the Church of Rome. Talon claimed control over Indian homelands by designating the entire Mississippi Valley property of France. Such claims by the powerful under the guise of progress were repeated over and over as Europeans, the British, and later Americans laid claim to the Delta.

French exploration down the river expanded significantly in 1673 when explorer Louis Joliet and missionary Jacque Marquette embarked with several men in canoes from the Great Lakes region on a voyage to the mouth of the Arkansas River. Taking a more expansive route, Rene-Robert Cavalier Sieur de La Salle and Henri de Tonti in 1682 followed the Mississippi to the Gulf of Mexico and declared the entire region property of France.

As various Europeans came and went claiming land for their countries, Quapaws watched from their homeland mostly west of the river. These and other Native Americans lived in heavily forested areas that ultimately became the state of Arkansas. The story of Quapaws who stood in the way of Europeans and Americans determined to seize their land typifies in large measure what happened to many of the Delta's Native Americans. One

way or the other, slowly but surely, they lost their homelands.

At the time Europeans arrived, Quapaw hunting parties roamed as far away as Oklahoma searching for buffalo and other game, but tribal members farmed as well, raising vegetables and corn. Their efforts produced corn in abundance, which they stored in baskets and later converted to hominy. Although Quapaw men might assist from time to time, primary responsibility for growing food fell on the women. A food supply in excess of daily needs remained critical for the natives given their considerable population. A missionary estimated the tribe's population in 1682 to be approximately twenty thousand persons.[2]

French observers described Quapaws as clean, honest, constrained, lighthearted, and generally attractive. Traders and hunters who arrived in the Delta felt comfortable with them and their ways. This conviviality served a central goal of French colonial policy. Though French ministers considered natives devious and dangerous, they preferred cheap good will to expensive warfare. So French traders purchased peaceful relations with gifts and made allies by trading goods for animal pelts and other possessions. May and June became peak trading months, and through this commerce the French achieved lucrative commercial advantages throughout the Delta. Although French trading success depended on many features, probably willingness to form personal relationships with Native Americans, including marriage, created the strongest bond.

Through strong personal ties, the French gained allies and adopted Native American ways. They also picked up one of the natives' most important tools—the canoe. These shallow craft perfectly fit waterways that wound around and about and often ended up in the Mississippi River. From racing whitewater on the upper Mississippi River to sluggish, snag-filled bayous in the Delta, canoes and dugouts became the common mode of transportation.

Though strategically advantageous for the French, a century of their occupation on the river's west side brought dramatic and disastrous losses to Quapaws. By 1763, the tribe numbered less than seven hundred. Their use as raiders and auxiliary troops by the French accounted for some attrition, but European diseases decimated Native Americans. Illness reached epidemic proportions in 1698, 1747, and 1751. Only three small villages of Quapaws remained in the mid-1700s, and tribal leadership consisted of one hereditary chief.[3]

---

1. Lawrence Clayton et al, *The De Soto Chronicles: The Expedition of Hernando de Soto to North America in 1539–1543,* Vol. 1 (Tuscaloosa: University of Alabama Press, 1993), 414.

2. W. David Baird, *The Quapaw Indians: A History of the Downstream People* (Norman: University of Oklahoma Press, 1980), 10.

3. Ibid., 37.

✤ PAWNS IN PLAY ✤

DESPITE HUNTING AND TRADING ALLIANCES with Native Americans, the French could not turn a profit in the Delta. So in 1716, Antoine Crozat, proprietor of French Louisiana since 1712, forfeited his mercantile rights to the region. After France lost the French and Indian War in 1763, the Delta became a Spanish problem. The military defeat also cost the French Canada, won by the British. Without possession of this northern jumping-off point, development of Louisiana Territory became even more difficult. Consequently, except for the critical port of New Orleans, the French ceded land east of the Mississippi River to England and land west of the river to Spain. England swapped Havana, Cuba, to Spain for Florida. After this realignment of pieces, much of the Delta belonged in the Spanish column. Learning of these maneuvers, many Native Americans felt like pawns sacrificed by European players in a game they did not comprehend. Since Quapaws relished their close ties to the French, they maintained their relationships despite European treaties. A preference for the French placed Spain at some disadvantage from the start.

This difficult beginning deteriorated further in the mid-1700s when Spanish governors pushed for conversion of Indians from hunters to commercial farmers, a transition not favored by many Quapaws. Spanish officials believed that linking tribes to specific geographic areas through farming made natives more dependable allies. Unfortunately for the Spanish, they held no monopoly on Indian trade. Faced by trade restrictions to leverage them toward farming, Quapaws found Englishmen across the river eager to trade with them and offering superior goods. The English even swapped spirited beverages, avoiding the sometimes-deleterious consequences by going back to their side of the river after bartering alcohol. In an example of breathtaking hypocrisy, the English advised their so-called friends the Quapaws not to place great faith "in a piece of paper," referring to Spain's written treaties.[1]

Despite Spanish efforts to promote agriculture, Quapaws continued to join French hunters and trappers on expeditions. These entrepreneurs financed their ventures through furnish, an advance of supplies with the understanding that catch and kill would be marketed exclusively to the supplier and the cost of supplies deducted from proceeds. Repayment of furnish sometimes eluded merchants as hunters and trappers sold their goods to other buyers to avoid paying their debts. On other occasions, hunters defaulted for good reason. Indian attacks sometimes forced them out of the forest to safety in Arkansas Post or other refuges without anything to show for their investment. Other hunters lost the entire product of their hunt, as well as guns, supplies, and the clothes they wore when Indian raiders descended on them.

Failed efforts to entice Native Americans into systematic agricultural enterprises caused a drain on the Spanish treasury, and managing real estate from Arkansas Post to Patagonia proved a logistical nightmare. Spain continued to accept Delta losses, however, because the colony helped protect its empire. The region served as a buffer, preserving Spain's southwest colonies from British encroachment. Great Britain also experienced difficulties controlling its chunk of American territory. To establish a workable system for governance of natives in its American colonies, England created two superintendents in 1755. One ruled the North and one the South. This organization became ineffective, however, when officials refused to recognize what Native Americans conceived to be important commitments to them. For example, governors failed to make tribal gifts necessary to

forge alliances. These and other difficulties that the British and other Europeans experienced coping with cultural and commercial complexities became America's problem in the early 1800s.

American minister to the French court, Thomas Jefferson, perceived the strategic dangers for his country if Europeans forever dominated the Delta but initially counseled American pioneers to be patient. During Spanish occupation, Jefferson advised frontiersman Archibald Stuart that he should be careful not to "press too soon on the Spaniards. . . . My fear is that they are too feeble to hold them till our population can be sufficiently advanced to gain it from them piece by piece. The navigation of the Mississippi we must have. This is all we are as yet ready to receive."[2]

Two trappers display their catch. The early French hunter/trappers who dominated this mercantile enterprise were followed by Americans who often preferred hunting to farming. Courtesy of Curtis Duncan.

As intrigue preoccupied nations across the Atlantic, the big river pushed southward to New Orleans carrying goods to the popular port. Americans used the waterway for transport despite prohibitions by Spain, which issued edicts to desist but too few troops to enforce them. American brazenness and bribes almost always trumped treaties, and between February and July 1790, flatboats carried the following to New Orleans: 4,904 barrels of flour; 916 hogsheads of tobacco; 261 barrels and 34,000 pounds of meat; 47 barrels and 100 gallons of whiskey; 35 barrels and 500 pounds of butter; 11 tons of iron; and 7 tons of hemp.[3]

Mark Twain vividly described the tough customers who transported such goods up and down the river, sometimes taking nine months to complete the voyage to New Orleans and back up river. He called them "rough and hardy men; rude, uneducated, brave, suffering terrific hardships with sailor-like stoicism; heavy drinkers, coarse frolickers in moral sties like Natchez-under-the-hill of that day, heavy fighters, reckless fellows, every one, elephantinely jolly, foul-witted, profane, prodigal of their money, bankrupt at the end of the trip, fond of barbaric finery, prodigious braggarts; yet in the main honest."[4]

As the eighteenth century ended, Jefferson's appetite for acquiring the Delta piecemeal grew larger. His plans received a boost in October 1800 when Spain ceded Louisiana back to France in a real estate deal initially kept secret to avoid provoking Great Britain. Because of a military debacle in Haiti during 1803, Napoleon Bonaparte decided against sending several thousand French troops as planned to control Louisiana. Observing Napoleon's conquests become ever more costly in blood and treasure, the now President Thomas Jefferson offered to take some of the raucous region off French hands. A proffer of $6 million began discussions between American envoys and the French. In April 1803, after extensive negotiations, Napoleon closed a deal for $15 million that sold to the Americans a vast territory much larger than Jefferson initially bargained for. The June 30, 1803, *Independent Chronicle* newspaper of Boston, Massachusetts, pronounced the purchase a "wise" negotiation, and indeed it was.

Before the steamboat era, goods and people were transported by primitive craft. Twain described these early entrepreneurs as rough-and-tumble men who generally were honest and generous to fellow travelers. River scene showing flatboats and two keelboats from *The Keelboat Age on Western Waters* by Leland D. Baldwin, 1908 (1941). Reprinted with permission of the University of Pittsburgh Press.

1. Morris S. Arnold, *Rumble of a Distant Drum* (Fayetteville: University of Arkansas Press, 2000), 80.

2. Jon Kukla, *A Wilderness So Immense: The Louisiana Purchase and the Destiny of America* (New York: Knopf, 2003), 19.

3. Ibid., 114.

4. Mark Twain, *Life on the Mississippi* (New York: The Heritage Press, 1944), 516.

OUTCASTS UPON THE WORLD

As SETTLERS DEMANDED MORE Native American land in the first half of the nineteenth century, Indian removal became an issue in the South on local and national levels. Since signing of the Articles of Confederation in 1778, federal authorities governed such issues as treaties and trade policy. In the early 1800s, however, federal and state jurisdictions overlapped as states sought to control all persons living within their borders. President Andrew Jackson, elected in 1828, proved to be a strong proponent of a state's right to govern its entire population, and one by one, Delta natives lost their property through political machinations.

Masked by legal language, treaties forced removal of Native Americans. This passage from the Treaty of Dancing Creek was quoted in the *Woodville Republican* newspaper of November 6, 1830, and it reeks of duplicity: "Whereas the general assembly of the State of Mississippi has extended the laws of said state to the persons and property within the chartered limits of the same; and the President of the United States says he cannot protect the Choctaw people from the operation of these laws; now therefore that the Choctaws may live under their own laws in peace . . . [they] have determined to sell their lands east of the Mississippi River."

Between 1802 and 1819, such transactions transferred approximately twenty million acres of land to settlers. When President Jackson requested funds from Congress to relocate southern Indians in 1829, he included two reasons to justify the action. The first proposed that Native Americans must be relocated to protect them from encroaching whites who would overwhelm their cultures. The second focused on the practicality of having independent tribal nations within state borders. Neither argument made mention of the millions of acres

of valuable land that would be made available for possession by settlers.

Although many Americans remained silent as these takings transpired, some persons and organizations opposed removal. Religious periodicals became a powerful voice in opposition. Women's groups from the South to New England decried the Indian Removal Bill of 1830 in numerous public meetings. Protest came from students, too, as exemplified by a speech given at Western Reserve College of Northern Ohio in 1830: "Removal would violate the sacred and inalienable rights of the Indian and the pledged faith and honor of our nation," the student asserted. It would leave "a stain on the American character which the lapse of time will never efface . . . ."

Quapaws fared no better than other natives, despite their peaceful efforts to accommodate those settling the Arkansas Delta. Carved out of Louisiana Purchase property, Arkansas District came into being in 1806 and became part of Missouri Territory in 1812. Territorial status in 1819 brought additional impetus for land to be tilled and taxed for the public good. Since Quapaws could neither hold back settlers nor hold onto their homeland, they concluded a treaty in 1818 with the federal government in which they agreed to "relinquish all their lands east of the Mississippi River and most of their lands west of the river with the exception of a reservation near Arkansas Post." For this enormous concession, the tribe got the right to hunt on ceded land, goods worth about $4,000, and an annuity of $1,000 each year for five years.[1]

The 1818 treaty did not long assuage those who coveted Indian property. About ninety days after concluding the treaty, residents forwarded a petition to the U.S. Congress proposing acquisition of remaining Quapaw property. The document stated that "while we highly approve of the Benevolence and liberality of the government in Making Provision for the Peaceable and inoffensive Tribe of Indians, We deprecate the measure and Protest against the unnecessary lavishing [of] large Portions of Public and Private Property on savages, while a total indifference or neglect is manifested toward their fellow citizen."[2]

Pressure put on Quapaws to surrender their remaining land pressed them relentlessly, and during September 1822, acting territorial governor Robert Crittenden visited the natives to determine if they might sell. Calling remaining Quapaws the "remnant of a nation,"[3] he expressed the belief that they would let go of their last holdings and join Native American Caddos near the Red River in western Arkansas. And that is what they did. For their part, four Quapaw chiefs each received $500 and the tribe a promise of $4,000 worth of goods and a $1,000 annual annuity for fifteen years. A few Quapaws considered by authorities to be sufficiently civilized remained on their Delta homesteads, and many sent away straggled back during the following years, only to be removed again in the early 1830s. In December 1825, this "remnant of a nation," at that time about 160 men, 120 women, and 120 children, began its slow and sometimes tearful trek across Arkansas. When Quapaw Chief Heckaton had met with Crittenden in November 1824 to discuss the treaty, the chief explained with heartbreaking eloquence why his people did not want to leave their land: "The land we now live on, belonged to our forefathers. If we leave it, where shall we go? All of my nation, friends and relatives, are there buried. . . . To leave my natal soil, and go among red men who are aliens to our race, is throwing us like outcasts upon the world. . . . Have mercy—Send us not there."[4]

1. Jack Lane, "Federal-Quapaw Relations, 1800–1833," *Arkansas Historical Quarterly*, XIX (Summer 1960), 64.

2. Clarence Carter, ed., *Territorial Papers of the United States*, XIX (Washington, D.C. 1934–1958), 712.

3. Baird, *Quapaw Indians*, 65.

4. Ibid., 68.

THE EARTH BROKE OPEN

As American pioneers took control of the Arkansas Delta, the Mississippi River continued to give and take the pieces it wanted without talk or treaties. The speed of its work changed dramatically, however, during the New Madrid earthquakes of 1811–12. The quakes changed regional geography forever, creating sunken lands in the Delta that later caused controversy and confrontation between planters and small farmers. This natural disaster began early on the morning of December 15, 1811. Residents of the Missouri Bootheel town of New Madrid arose about 2:00 a.m. to what sounded like thunder amid their collapsing houses. After the initial quake, residents waited outside to avoid falling walls amid vapors seeping through cracks in the earth. Tremors continued throughout the morning until about 11:00 a.m., when the town experienced probably the worst of the first series of quakes.

A reporter for New Madrid's newspaper, the *Weekly Record*, in 1881 interviewed Ben Chartier, sixteen years old when the quakes occurred. Even after seventy years, Chartier recalled that the "earth broke open and trees fell across"[1] their path during his family's perilous journey toward the town from their home approximately thirty miles away. The ground, covered with water, fallen trees, and crevasses, proved impassable in some places. The stench of sulfur rose from huge cracks in the earth. In an 1816 letter written by Eliza Bryan, who lived near New Madrid, she described in great

Water churned and banks on both sides of the Mississippi River caved in during the New Madrid earthquakes of 1811–12. An observer recalled that the river receded from its banks, then formed high waves that crashed inward to tear away everything in its path. Courtesy of the State Historical Society of Missouri, Columbia.

detail the river's destruction of the town: "At first the Mississippi seemed to recede from its banks, its waters gathered up like mountains, leaving boats high upon the sands. The water then moved inward with a front wall 15 to 20 feet perpendicular and tore the boats from their moorings and carried them up a creek closely packed for a quarter of a mile. The river fell as rapidly as it had risen, and receded within its banks with such violence that it took with it the grove of cottonwood trees which hedged its borders."[2]

Geologist Myron L. Fuller wrote about the event after closely observing its consequences. He observed that the most destructive shocks ran along a northeast-southwest line extending from a point just west of New Madrid to a few miles north of Parkin, Arkansas. Fuller found that damage from the quake extended as far north as Cairo, Illinois, and south to Memphis, Tennessee, a distance of more than one hundred miles. The east-west range stretched from Crowley's Ridge in the west to Chickasaw Bluffs in eastern Tennessee, a distance of more than fifty miles.[3]

Current estimates suggest the worst earthquake in the first series probably would have measured 8.0 on the Richter scale, a scientific measurement that did not exist at that time. Although this assessment makes it a severe quake, loss of life and property cannot be accurately measured. Although approximately one thousand persons inhabited the river town, many uncounted farmers and trappers lived in the area. Survivors suffered from significant tremors for about thirty days, and another severe quake hit on January 23, 1812. Perhaps the most violent earthquake (estimated at 8.5 on the Richter scale) ripped through the region on February 7. The horror for people who experienced the event on land surely increased for those in river vessels, who witnessed Mississippi River bed dislocations push huge waves over banks, leaving craft stranded until swamped by water rushing back into the riverbed.

As vapors floated over the river, forming a sickening fog, many boats capsized and sank, taking down their entire crews. Churning soil along the river bottom sent up debris, blackening the water.

The riverbank near New Madrid looked about twelve feet lower than before the quakes, according to eyewitnesses. The February 7 quake turned the big river backwards for a few hours and created two waterfalls that survived several days. According to observers near one fall just upriver from New Madrid, more than two dozen boats went over and under with few survivors.

Intermittent quakes and tremors shook the earth during the remaining year in varying degrees from Canada to Cuba, and alterations in Delta topography remain. River channels changed, leaving New Madrid north of its pre-quake location. Five towns in three states disappeared, as well as several islands. Some lakes ceased to exist within minutes, draining into giant crevasses in the earth. Other lakes came into being, such as Big Lake not far from what later became Tyronza.

Although some people in the region lost everything in the disaster, at least one Methodist country preacher probably gained a larger flock. When a quake hit during the Reverend James Finley's sermon, the Delta preacher leapt atop a table to continue his message: "For the Great day of His wrath is come, and who shall be able to stand?" Membership in regional Methodist churches increased from 30,741 in 1811 to 45,983 in 1812, according to church records.[4]

Descriptions of the post-quake Delta, with its newly converted Christians and altered geography, found their way into the journals of several early travelers, including naturalist Thomas Nuttall. He described in his journal a Delta formed by rivers and quakes "mostly low and clothed with enswamped forests or dense thickets of shrubs or canebrakes, monotonous and dreary, and uninhabited due to annual inundations." The Chickasaw Bluffs made an exception to this low profile. The author wrote that on New Year's Day in 1819 his party reached the third Chickasaw Bluff, near where De Soto probably crossed the Mississippi. He made note of Memphis "in embryo" on the fourth bluff. When Nuttall climbed that bluff and looked westward across the shore toward the Arkansas Delta, he saw only "an occasional cabin or two."[5]

Big Lake in Mississippi County, Arkansas, is one of the lasting results of the 1811–12 earthquakes. Photo by Curtis Duncan.

Timothy Flint, another journal writer who ventured down the river in 1819 from St. Louis to New Orleans, described the land he observed, capturing in rich detail a foreboding and dangerous territory: "There are immense swamps of cypress, which swamps constitute a vast proportion of the inundated lands of the Mississippi and its waters. No prospect on earth can be more gloomy. . . . A cypress swamp, with its countless interlaced branches, of a hoary grey, has an aspect of desolation and death that, often as I have been impressed with it, I cannot describe. . . . The water in which they grow is a vast and dead level, two or three feet deep, still leaving the innumerable cypress 'knees' as they are called . . . throwing their points above the waters."

The water was covered, according to Flint's recollections, "with a thick coat resembling green buff velvet, and millions of mosquitoes swarmed above. A very frequent adjunct to this horrible scenery is the moccasin snake with his huge scaly body lying in folds upon the side of a cypress knee; and if you approach too near, lazy and reckless as he is, he throws the upper jaw of his huge mouth almost back to his neck, giving you ample warning of his ability and will to defend himself." During Flint's travels about "forty miles along this river swamp, and a considerable part of the way in the edge of it; in which the horse sunk at every step half up to his knees. I was enveloped for the whole distance with a cloud of mosquitoes."[6]

Some early Arkansas settlers evinced the same wildness attributed to the landscape. In Twain's *Life*

on the Mississippi, an Arkansas character declares, "Look at me! I take nineteen alligators and a bar'l of whiskey for breakfast when I'm in robust health, and a bushel of rattlesnakes and a dead body when I'm ailing! I split the everlasting rocks with my glance, and I squench the thunder when I speak!"[7] Though early pioneers hardly lived up to this billing, they were tough enough to claim and tame the wilderness for farming. For the most part, the first white Americans who farmed in Northeast Arkansas did so on a small scale along Crowley's Ridge, which ranges from southern Missouri down to Helena, Arkansas, on the Mississippi River. Their cattle and pigs shared high ground with corn and vegetables. Many small farmers on the Delta's low ground soon found themselves pressured to move aside, like Native Americans before them, to make way for a different type of immigrant. From such places as Kentucky and Tennessee, young men (sometimes called "bloods") came with slaves to clear Arkansas lowlands. An 1800 census indicated that only 1.26

Though many of Arkansas's early settlers came from other states by river transport, some came cross country on a journey that could take many months. Courtesy of the State Historical Society of Missouri, Columbia.

percent of Arkansas's population hailed from foreign countries; most settlers came from other states. Some scions arrived with genuine Old South ties, but many brought more pretension than pedigree. Though some may have been entranced by the "idealization of an imagined cavalier culture,"[8] most probably came for practical reasons, particularly the need for more land to grow cotton. Despite their differences, they became Arkansas planters and slave owners.

As Delta cotton planters struggled to create a more civilized life on the Mississippi, mosquitoes blocked the moonlight, and magnolias wilted under the scalding Delta sun. Their slaves lived in horrific conditions as they cleared the land. They cut trees for rails and piled up the remaining brush and limbs. Large trees stripped of bark stood naked until they died and fell to the earth. Brush and fallen trees set afire burned down to smoldering stumps. Stump removal and chunking followed until new ground stood bare, waiting for cotton. Many slaves died from disease and exposure as did white persons who worked with them to claim the land.

Despite these difficulties, promotional advertisements from land agents, which often failed to mention hardships, brought folks to the many square miles of swamp. The rush for land accelerated when Arkansas became a state in 1836, and through its Donation Law of 1840, the new state offered tax-forfeited land to settlers in return for payment of future taxes. With some exceptions, members of this burgeoning planter society shared several traits. They emigrated from other states, were white, Protestant, agrarian, emotionally resilient, and physically tough. They maintained sharp edges, tempered by rough work and rowdy pleasures. Often lacking social graces, sophistication, and formal education, they were "mud boot planters" and proud of it. During the first half of the nineteenth century, they arrived by the hundreds and thousands in keelboats, steamboats, in wagons, and on horseback. The trip took as long as two years if begun from a location near the Atlantic Coast. Those who came to clear ground and plant cotton helped set the Delta on a course determined by the shameful institution of slavery.

1. Norma Hayes Bagnall, *On Shaky Ground: The New Madrid Earthquakes of 1811–1812* (Columbia: University of Missouri Press, 1996), 24.

2. Garland C. Broadhead, "The New Madrid Earthquake," *The American Geologist*, XXX (August 1902), 77.

3. Myron Fuller, "The New Madrid Earthquake," *Bulletin 494*, United States Geological Survey (Washington Printing Office, 1912), 104–105.

4. Bagnall, *On Shaky Ground*, 55–57.

5. Jeannette Graustein, *Thomas Nuttall Naturalist: Explorations in America 1808–1841* (Cambridge, Mass.: Harvard University Press, 1967), 137–138.

6. Timothy Flint, *A Condensed Geography and History of the Western States, or the Mississippi Valley, Vol. 1* (Gainesville, Fla.: Scholars' Facsimiles and Reprints, 1970), 189.

7. Twain, *Life on the Mississippi*, 26.

8. George Will, *New York Times* (February 26, 2006), 9.

✤ MALICE IN HIS EYES ✤

SEVERAL VISITORS TO ARKANSAS in the early 1800s noted in their journals cotton growing in the region. As early as 1805 at Arkansas Post, John Treat observed the plant being cultivated.[1] An ideal crop for the region's bottomland terrace soil and generous rainfall, cotton soon took root throughout the Delta and blossomed. Technically, cotton is a shrub called *gossypium*. Although modest looking and usually no higher than a medium-sized man's shoulders, it became the region's cash crop and a valuable export. Two inventions helped generate growth in demand for the commodity. A spinning machine developed in 1760s England reduced hand labor necessary to turn cotton hair into thread, and the cotton gin completed in about 1794 allowed rapid separation of fluff from seed. These changes wove southern cotton fields and English mills into a profitable, longstanding partnership.

Though technological improvements eased the way for mass production of consumer products from ginned cotton in the nineteenth century, growing and harvesting the crop required enormous amounts of hand labor. After planting, the rows had to be blocked (the process of leaving hardy plants about one foot apart), chopped, and picked by hand. At first planted on small plots, cotton spread to expansive Delta fields adjoining large houses built to signify a planter's financial standing. Growing cotton acreage demanded an ever-larger workforce, and in the antebellum South, this demand was supplied by kidnapped Africans and their offspring.

Projections suggest the number of African victims of the Atlantic slave trade to be fifteen million to fifty million persons during the approximately three centuries the slave trade existed in America, roughly 1550 to 1850. Not all seized persons made it to America. Many Africans stored on ships revolted and, if the revolt failed, killed themselves by jumping overboard. They died in appalling numbers from illness and mistreatment as well. In 1751, probably the most prolific slave trading year on record, a mortality rate of 26 percent may have been reached.[2]

The door to Delta slavery first opened far away in France during August 1717 when Louis XIV granted a trade monopoly in the Louisiana Territory to the Western Company. The company focused on developing agricultural products, and its royal charter required that the organization transport at least six thousand whites and three thousand blacks to Delta territory for agricultural enterprises. Germans comprised many of the first whites recruited, and about two thousand reached the territory after an arduous journey. These settlers bought slaves in 1720 and 1721 off ships that sailed from Guinea and docked in Biloxi, Mississippi. When a Western Company representative made an inspection tour in 1722, however, only forty-seven Germans and slaves remained at the colony. The missing persons either perished or abandoned an inhospitable land for the relative comforts of New Orleans.[3]

Slavery in the region did not disappear along with the German settlers. About one hundred years later, after Arkansas Territory had been established, an 1820 census indicated Arkansas's total population to be 14,273 persons, consisting of 1,617 slaves. Historian Orville Taylor has pointed out that "each succeeding census would show great growth in the number of slaves" and increases in the proportion of slaves to the state's total population. Most growth occurred in the southern Delta.[4] Taylor also noted that "few people in Arkansas vigorously defended slavery—most of them merely accepted it as part of the pattern of life."[5]

An editorial writer probably captured the conflicted feelings of many people in the state toward the peculiar institution. In a May 8, 1835,

A panel of engravings displays the many steps of antebellum cotton production. Courtesy of Harper's Weekly

Left top: Ground is furrowed and planted. After a seed bed is opened with the plow, seed is dropped into the furrow and covered. The depth of the furrow depended on the soil's moisture at the time of planting.

Left bottom: Cotton is chopped and blocked. This eliminated grass and weeds and spaced plants about one foot apart for maximum growth.

Right top: Cotton is picked by hand in the fall. Pickers carried baskets bulging with cotton to the turn-row for transport by wagon to the gin.

Right bottom: Cotton ginning separates seed from lint. Mills turned lint into cloth. Seed, at first discarded, later became a valuable oil product.

editorial in the *Arkansas Gazette*, he wrote: "This is a species of property which, perhaps, it might have been well for the national quiet, harmony, and union of the United States had it never been known among them. But our slaves are now here. They have been entailed upon us by our ancestors. . . . and whether they be to us a blessing or a curse, they have grown upon our hands, and involved our means and support to such an extent that now to rid ourselves of them . . . would be . . . a task which we are not willing, and which no human power can reasonably coerce upon us, to bear."[6]

On the eve of the Civil War in 1860, about 11,000 Arkansas slaveholders owned roughly 111,000 slaves. Probably about 51,000 of the state's slaves resided on southern Delta plantations, which Taylor suggested were agricultural enterprises with twenty-five or more slaves on which overseers were employed.[7] Their productivity helped place Arkansas sixth in state farm production rankings. While many slaves made the cotton, others were employed in jobs that required special skills. They worked as blacksmiths, cotton ginners, furniture makers, teamsters, weavers, and pastry chefs, just to name a few.

Above them stood overseers, whose responsibilities generally depended on how much active management the planter and his family contributed. With absentee landlords, overseers usually held complete control over the workforce. Typically, their contracts were year-to-year, with salaries in the 1850s of about $500 per year. Plantation managers maintained discipline among slaves often by granting or withholding favors, and sometimes with the whip. Slaves survived mostly on three staples—meat, meal, and molasses. The meat usually was pork, the meal made from corn, and the molasses from sorghum.

Even with the substantial increase in slave labor in the Delta during the first half of the nineteenth century, only about 2 million of the state's 7.5 million potentially farmable acres were producing crops.[8] Clearing more land remained a regional priority. The difficulty of this task can hardly be exaggerated. The autobiography of Henry Morton Stanley, who later gained fame when he met Dr. Livingston in Africa, recounted his experiences helping to clear Delta land in 1860 and the savage abuse of slaves by some overseers.

Regulations governing the treatment of slaves were contained in the Code Noir (Black Code), promulgated by France in 1724 to govern activities in French colonies. Territorial statutes similar to the French code existed in the Delta until emancipation, when slavery ended. Thus, laws on the books should have protected slaves from cruelty. The truth is, they did not, as Stanley's story vividly illustrates.

He described scenes reminiscent of a Medieval artist's vision of Hell. Deep in Arkansas forests, slaves cut trees into logs, then stacked and burned them. Smoke filled the air, and flames snaked upward through the darkness from many fires. White overseers usually managed this work, and Stanley's recollections displayed the cruelty exhibited by one: "One day . . . he [the overseer] was in a worse humour than usual. His face was longer, and malice gleamed in his eyes. . . . He cried out his commands with a more imperious note. A young fellow named Jim was the first victim of his ire, and as he was carrying a heavy log with myself and the others, he [Jim] could not answer him so politely as . . . expected. He flicked at his naked shoulders with his whip, and the lash, flying unexpectedly near me, caused us both to drop our spikes."

This dropped log crushed the slave's foot and pinned him down. It also brought "hot words" from Stanley toward the overseer. Amid screams from the

injured man, Stanley "retired" to avoid a fight with the overseer.[9]

1. Donald P. McNeilly, *The Old South Frontier: Cotton Plantations and the Formation of Arkansas Society, 1819–1861* (Fayetteville: University of Arkansas Press, 2000), 15.

2. C.L.R. James, "The Atlantic Slave Trade and Slavery: Some Interpretations of Their Significance in the Development of the United States and the Western World," *Amistad 1:Writings in Black History and Culture,* John A. Williams and Charles F. Harris, eds. (New York: Vintage Books, 1970), 219.

3. Orville Taylor, *Negro Slavery in Arkansas* (Fayetteville: University of Arkansas Press, 2000), 7–10.

4. Ibid., 25.

5. Ibid., 37.

6. Ibid.

7. Ibid., 92.

8. Ibid., 94.

9. Henry Morton Stanley, *The Autobiography of Sir Henry Morton Stanley:The Making of a 19th Century Explorer* (Boston: Houghton Mifflin, 1909), 148–149.

FORK IN THE ROAD

As pages turned on Delta calendars and cotton flowed south to New Orleans, carried along by the big river, slaves fortunate enough to escape headed north and west on an underground railroad to freedom. Fueled by the moral outrage of northern abolitionists, sympathizers helped slaves move undetected and hid them in safe houses. Tensions between North and South over slavery, more than any other cause, pulled the sides apart. Free-state abolitionists and slave-state politicians delayed the collision for years with various compromises. Ultimately, however, the strain became too much for the country to bear. Abraham Lincoln's prophecy proved true—a house divided cannot stand. Collapse of the United States began with the election of Lincoln as president in 1861.

When white Arkansans came to this fork in the road, they took it. Most served the South, some the North, and a few refused to take sides. Although the state officially seceded and sent several regiments to the Army of Northern Virginia, many residents in Arkansas's northern and western reaches avoided the conflict as best they could. The staunchly Confederate Delta had many reasons to side with the Confederacy. Chief among them was the value of their slaves. By 1860, the southern United States grew more than 60 percent of the world's cotton, using about four million slaves. The financial value of these slaves hovered around $3.5 billion.[1]

Slaves produced the bulk of Delta cotton exports, and John Wesley, a slave in the Arkansas Delta, explained what happened when the war came: "I was full grown when the Civil War come on. . . . I fell in the hands of George Coggrith. We come to Helena in wagons. We crossed the river out from Memphis to Hopefield. I lived at Wittsburg, Arkansas [now a Delta ghost town], during the war. They smuggled us about from the Yankees. . . .

Mother was the cook for all the hands and the white folks too. She raised two boys and three girls for him. She went on raising his children during the war and after the war."[2]

Wesley remembered that during the war they raised cotton and corn and hid out in the woods. "The Yankees couldn't make much out in the woods and canebrakes. . . . Four years after freedom we didn't know we was free. We was on his farm up at Wittsburg. . . . Mother wouldn't let the children get far off from our house. She was afraid the Indians would steal the children. They stole children or I heard they did. The wild animals and snakes was one thing we had to look out for. Grown folks and children all kept around home unless you had business and went on a trip."[3]

The Union campaign led by General U. S. Grant to take Vicksburg, Mississippi, from the Confederacy determined much of Arkansas's history during the Civil War. Federal strategy in the west centered on control of the Mississippi River, a pipeline for European goods into the South, and a conduit for grains and other foodstuffs from states west of the river. Fortress Vicksburg guarded the river from atop high bluffs along the east bank, midway between Memphis and New Orleans.

Early in the war, Grant commanded only the east side of the river from the Gulf up to Cairo, Illinois. General Samuel R. Curtis and later General John M. Schofield led federal forces on the west side. As might be anticipated, Curtis considered control of Arkansas an important objective, while Grant obsessed about Vicksburg. Though Grant's star later rose above all other Union generals, in the spring of 1862, Curtis's success in driving Rebels out of Missouri and his win at Pea Ridge, Arkansas, had given him substantial pull in Washington.

Despite his ambitions for Arkansas, Curtis ultimately agreed to supply Grant with additional forces needed to take Vicksburg and ordered General William A. Gorman, commander of Eastern Arkansas District headquartered at Helena, to reinforce Grant. Although Grant expected twenty thousand men from Helena, only about twelve thousand came through. Even with the help from Helena, what Grant hoped would be a reasonably swift victory became a long slog. When General William T. Sherman's attack at Chickasaw Bluffs failed, Grant directed Federal forces to besiege the Southern citadel.

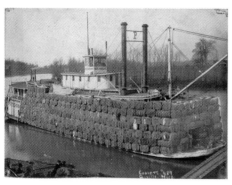

Top: Cotton bales wait on the wharf for loading. Cotton lint was compressed into these oblong units of approximately five hundred pounds and held by webbing. Steamboats, which took cotton to New Orleans and St. Louis, were replaced by railroads in the late nineteenth century. Towns along the water decreased in importance or disappeared entirely as communities along the rail lines sprang up to service the new transportation system. Courtesy of the Memphis and Shelby County Room of the Memphis Library and Information Center.

Bottom: A loaded steamboat leaves the dock and starts down the Mississippi River to New Orleans. Photo by J. C. Coovert. Courtesy of the Old County Court House Museum, Vicksburg, Mississippi.

Although Vicksburg remained at the center of Civil War fireworks in the Delta until its fall in July 1863, sparks flew throughout towns and fields from Memphis to New Orleans. Between Delta villages along the river, Union ironclads often drew shots from southern snipers hiding on the banks. Coping with this form of warfare "required a mobile, amphibious force of infantry, artillery and cavalry that could hastily land from ships, pursue the guerrillas on land and destroy them." Yankees developed such a force in the fall of 1862 and named it the Mississippi Marine Brigade.[4]

When Federal troops landed and searched for Rebels, a typical maneuver up and down the Delta, they punished civilians who supplied and harbored guerillas. Diary entries of Amanda Worthington, a young girl whose wealthy family owned plantations in Arkansas and Mississippi, recorded what happened on one occasion. When Union troops appeared at Wayside Plantation near Greenville, Mississippi, female members of the family "shut up all the shutters and locked every door about the house and not one of us showed ourselves. . . . They [Yankee troops] went into the little house over the cistern, drank all the buttermilk that was there and ate up all the butter we had churned today—then sent word to Mother they wanted keys of the meat house and the dairy. . . . The Yankees left us this morning taking about all of our servants (making in all 126) and the remainder of our mules and a good many of our ploughs."[5]

Planters hid their assets, particularly bales of cotton, as best they could from Federal troopers, and secreted bales of fiber often found a way into Union hands in exchange for supplies desperately needed by plantation families throughout the South. By the time Confederate legislators authorized President Jefferson Davis in February 1864 to issue regulations governing trade by Southerners with Federals, such commerce was common. Trade usually consisted of swapping cotton for items such as boots, clothing, and blankets. Occasionally, a Union raid proved unusually successful in rooting out cotton and other assets hidden by planters. During one such foray carried out in 1865, Yankee cavalry from Memphis went ashore at Gaines Landing and in less than two weeks had scoured the nearby area and returned to the boat with these items: 276 horses, 358 mules, 440 slaves and 34 prisoners. Union forces had only ten casualties in this sweep, and it typified the inability of Confederates to prevent such incursions.[6] These seizures of regional resources from noncombatants contributed mightily to postwar animosity among white Southerners and affected cultural attitudes and Southern politics for decades after the war.

1. Fergus M. Bordewich, "The Wealth That Came From Wrong," *Wall Street Journal,* March 24, 2006, 4. Review of David Brion Davis, *Inhuman Bondage: The Rise and Fall of Slavery in the New World* (New York: Oxford University Press, 2006).

2. John Wesley, Helena, Arkansas. Interview with Irene Robertson, *Born in Slavery: Slave Narratives from the Federal Writers Project, 1936–1938.* Arkansas Narratives, 2:7, Manuscript Division, Library of Congress.

3. Ibid.

4. Norman E. Clarke, Sr., ed., *Warfare Along the Mississippi: The Letters of Lieutenant Colonel George E. Curry,* Clarke Historical Collection (Mount Pleasant: Central Michigan University, 1961), xv.

5. Amanda Worthington, Diary, 1862–1866, Washington County, Mississippi, Southern Confederacy. Unpublished. Washington County Library, Greenville, Mississippi, 52–53.

6. Don Simons, *In Their Words: A Chronology of the Civil War* (Sulphur, La.: Wise Publications, 1999), 159.

THE WOLF AND THE LAMB

MUCH CIVIL WAR ACTION IN EASTERN ARKANSAS centered on or near the port town of Helena. The village started the war as a steamboat landing with about 1,500 people, but it swelled to many times that number as the conflict wore on without anything close to adequate facilities for such a large population. Escaped slaves comprised a substantial percentage of its inhabitants. They joined blue columns sweeping the Delta clean of food, cotton, and Rebels. Union Captain Edward S. Redington, who served at Helena, described how "negroes had fairly swarmed around us, coming from every mansion, log cabin and habitual [*sic*] place in the whole region . . . So excited a body humanity was never seen before; here was the realization of the hopes of liberty which they had kept alive for years."[1]

Union-controlled Helena became a magnet pulling slaves toward its safety, and approximately 3,600 escapees lived there by 1863. Some joined the Union army and served with distinction throughout the war, and others went to work on plantations around Helena. Commanding General Lorenzo Thomas's Special Order No. 85 directed free blacks to work on Delta plantations leased to "loyal" white men. His directive carefully spelled out labor arrangements, even to the number of hours worked

This photograph of Union Fort Curtis in Helena, Arkansas, probably was taken in 1864. Federals held Helena from the spring of 1862 until surrender by Lee at Appomattox. The river town was an important staging and supply center for the Union army intent on taking Vicksburg, Mississippi, and achieving complete domination of the Mississippi River. Courtesy of the Arkansas History Commission.

This last photograph of the overloaded *Sultana* was taken in Helena, Arkansas, on April 26, 1865. Sadly, many of these doomed passengers were Union soldiers who had been imprisoned in hellish conditions, such as those at Andersonville Prison. They were headed home, but few of them made it. Courtesy of the Memphis and Shelby County Room of the Memphis Library and Information Center.

each day, ten in the summer and nine during winter. Union officials saw the program as both a productive use of the growing mass of freedmen and a source of money for their support in order to spare the federal government of this growing financial burden. The general ordered provost marshals to ensure fair treatment of freedmen. William G. Sargent, appointed superintendent of Arkansas freedmen, established one of his bureau offices in Helena to assist with oversight. By the end of 1964, about one hundred Arkansas plantations with more than fifty thousand acres had been leased and ten thousand black workers employed.[2]

Though on the face of it a good deal for both parties, historian Carl H. Moneyhon has pointed out that freedmen lacked the freedom to bargain for

wages, terms of work, or conditions of employment. Typically, planters told federal officials how many hands they needed, and post superintendents sent that number of workers. Quite often, federal officials failed to review wage records to ensure workers got paid, so many did not receive what they had coming on a regular basis.

Many planters negotiated crop share wages to conserve their cash. This form of labor arrangement was frequently used to exploit workers by methods such as deductions for supplies advanced at highly inflated values. Sargent's investigation of worker complaints at the end of 1864 suggested extensive planter fraud, usually by overcharging for rations and refusing to settle up in a timely manner. A few freedmen managed to farm on their own during the war, but most could not and had to accept this system until the Bureau of Refugees, Freedmen, and Abandoned Lands came into being in May 1865.

Though cotton patch labor faired poorly during the war years, others made out like bandits. Cotton raised on leased plantations and bales seized by Union patrols became a valuable commodity. Speculators bid up the price, and pre–Civil War ten-cent cotton (per lint pound) turned into one-dollar cotton in the hands of wartime cotton merchants. Some corrupt Yankee officers became wealthy from cotton-smuggling empires centered in Helena.

Though the town's location midway up the Arkansas Delta on high ground adjacent to the river made it a formidable Federal base, Yankee soldiers sent on patrols outside the fortifications met with some of the bitterest resistance in the war and responded in kind to the viciousness. Redington's letters to his wife described the Delta around Helena: "The country we passed was desolation itself. The road ran through one continuous series of plantations of the best land in the world, all deserted, not an acre under cultivation. The houses were almost all empty, and when anyone was to be seen, it was the wife and children of some poor white trash (as they call them here). . . . The poor things looked frightened to death, and well they might be, for many of the troops, especially the Kansas regt., was composed of troops who had their homes spoiled by the raids of the Rebels and have about as much feeling for the secesh as a wolf had for the lamb."[3]

After the Army of Northern Virginia surrendered to General Grant at Appomattox, Virginia, in April 1865, many of the soldiers turned toward home. Unfortunately, hundreds of returning Yankee soldiers in the Delta fell victim to the worst maritime disaster in U.S. history after boarding the steamboat *Sultana* in Vicksburg for their trip north in April 1865. Though the boat should have carried approximately 375 passengers, about 2,300 persons, mostly Union men who had been locked away for years in Southern prison camps, came aboard the vessel for passage upriver. Nearly 2,000 persons died when the vessel exploded during the night of April 27 near Marion, Arkansas.

Arthur A. Jones, an Ohio infantryman aboard the craft, described the scene: "What a crash! My God! My blood curdles while I write and words are inadequate; no tongue or writer's pen can describe it. Such hissing of steam, the crash of the different decks. As they came together with the tons of living freight, the falling of the massive smoke stacks, the death cry of strong-hearted men caught in every conceivable manner, the red-tongue flames bursting up through the mass of humanity . . . ."[4]

Confederate soldiers heading south toward home saw dreadful sights as well, and Amanda Worthington's diary entry of July 31, 1865, revealed an emotional desolation felt by many white Southerners: "God only knows the deep sorrow, misery and humiliation it has caused me to see my dear, dear country brought into subjection to the rule that is so hateful to it and to see our brave soldiers who have shown such gallantry and devotion to our cause forced by superior numbers, of hireling yankees to surrender, and He knoweth too that the spirit is not subdued though the body is forced to yield, for the deep fire of hatred burns as fiercely in my bosom now as it ever did and I feel that I can never forgive them the injuries they have done to me and my country.[5]

---

1. Captain Edward Redington, Transcribed letters, May 14, 1863–Oct. 23, 1863; May 1867, Account of the Battle of Helena, Arkansas, Wisconsin Goes to War: Our Civil War Experience, The State of Wisconsin Collection, University of Wisconsin System Board of Regents.

2. Carl H. Moneyhon, *The Impact of the Civil War and Reconstruction on Arkansas: Persistence in the Midst of Ruin* (Baton Rouge: Louisiana State University Press, 1994), 145.

3. Redington.

4. Jerry Potter, *The Sultana Tragedy* (Gretna, La.: Pelican Publishing Co., 1992), 83.

5. Worthington, 105.

SPIRITS NOT SUBDUED

As the antebellum Delta elite watched the war end, they pondered how to mitigate the terrible results. They lost millions of dollars worth of slaves, and real property values plunged by roughly $34 million from prewar values. The Delta was not a pretty sight in 1865 since much of its cultivatable acres had gone to seed during the war. Though the bad conditions spread across all areas of the state and among all classes, "Generally, wealthy individuals and families . . . maintained control over their property better than their poorer neighbors."[1] That fact meant that Delta planters at least had the inside lane in their race to reclaim the spoils, and they soon took steps to advance their position.

Though a Unionist state government blocked their way, the postbellum elite began to make political headway by establishing racial equality as a political wedge issue with poor whites. Postwar Democrats threatened that Republican rule meant black integration in all matters, political and cultural. Poor whites feared that competition with freedmen would lead to a lowering of their standing to that of the ex-slaves. This pattern of playing off the poor of both races against each other would repeat itself throughout southern history for many decades—because it worked. Following the 1866 election, Arkansas senate winners included three men who served in the Confederate legislature, one Rebel general, and three Rebel colonels.

All of this progress by southern redeemers came to naught when in March 1867 the U.S. Congress passed over President Andrew Johnson's veto laws that placed southern states into military districts and required state constitutional conventions and the drafting of new constitutions that had to be ratified along with the Fourteenth Amendment (the Civil Rights Act of 1866). Voting restrictions placed on those who had taken an oath to uphold the U.S. Constitution and then violated their oath made the Reconstruction Act a bitter political pill for southerners to swallow. Despite this political setback, planters still were making progress toward creating labor relationships that served their economic and social interests.

The underfunded and undermanned Freedmen's Bureau was no match for planters when it tried to protect the interests of poor laborers. Though workers possessed legal rights to contract, as a practical matter they could not enforce them since local justices of the peace, usually planter allies, governed such matters. While generally ineffectual at protecting freedmen from planter abuse, the bureau did help establish some rural schools with the assistance of northern charities. Another bureau responsibility, disposing of abandoned land, became simplified when President Johnson restored property rights to former Confederates under the terms of their pardons. This too had deleterious consequences for many freedmen, since they had to hand over to planters the land that they had been farming and improving.

As Delta planters found ways to circumvent federal regulations and oversight by agents in the Fourth Military District, commanded by General O. C. Ord, they gradually gained control of the labor they needed to re-create a cotton economy. Under a typical contract, day laborers arose at daylight and first fed the livestock. Then they went to the field, took less than one hour for lunch, and worked until dark. Planters often worked them in gangs, like the system used in slavery. Laborers were prohibited from having visitors and being "impudent." When paid in cash, a good male hand might make $25 per month in addition to room and board when provided.[2]

Cash wages, however, cost money, and planters weren't about to part with their money if they could help it. So by 1866, about 30 percent of labor contracts were share wages rather than cash. Planters pushed these arrangements to minimize labor costs and even convinced Freedmen's Bureau officials to propose tenancy as a means of labor entitlement. Their public relations efforts soon advanced tenant arrangements throughout the Delta. The *Little Rock Daily Conservative* newspaper editorialized on February 2, 1867, that state agricultural leaders "generally conceded that the system of planting on shares is the most successful, as well as the most advantageous to both planter and laborer." Though it could have been successful for laborers as well as planters, many planters made sure that it was not profitable for laborers by rigging results to their advantage through such means as overpriced provisions and deceptive marketing practices. Often crop share workers waited in vain for a fall payday and thus lost a season of their lives. This pattern of tenant abuse begun during waning days of the Civil War and enhanced during Reconstruction would dominate the Delta for decades to come.

Though postbellum planters saw cotton as the solution to their financial woes, the fiber became part of the problem. A good 1865 cotton crop that sold for as much as fifty cents per lint pound put many Delta farmers into the cotton planting business at the start of 1866. By summer of that year, cotton under cultivation reached almost two-thirds of the prewar level. A drought started in June and ran throughout the summer, however, causing stressed cotton plants to "throw off" their blooms, which reduced yields since blooms become bolls of cotton. When it rained in August, it poured. Some sections of the state received rain for six weeks. The cool, wet weather attracted worms and other insects that devoured cotton bolls, and the harvest fell way short of expectations and loan repayment needs.

The bad crop plowed under many small cotton farmers and seriously set back large plantations. Suddenly, not everyone bowed down to King Cotton. At least one editorial writer in the state saw the crisis coming. In the January 1, 1866, *Little Rock Daily Conservative* newspaper, he wrote, "We do not hesitate to insist again and again that our people should change the suicidal, cut throat they have heretofore pursued of over-cropping, over-trading, and everlastingly raising cotton, cotton, cotton, to the exclusion of everything else." Poor weather conditions and insect infestations along with prices sometimes in the low teens during 1867, 1868, 1869, and 1874 dug deeper holes for cotton planters during Reconstruction and beyond.

When Arkansas Democrats set aside cotton planting for politics, some stoked the racial intolerance of many poor white voters, one commodity the state had in abundance. A sample of the ugly rhetoric may be found in a speech by John M. Bradley, a Democrat and Freedmen's Bureau agent. He called for his audience to oppose the constitution "if you do not want to be compelled to send your children to school with niggers—if you vote for it you invite a nigger into your parlour—you invite him to ride in your carriage—you offer him one of your daughters in marriage . . . ."[3]

Despite such fear mongering, a majority of the state's voters ratified the constitution. The Democrats claimed fraud, and after military investigators found fraud by both parties, the vote stood. The U.S. Congress formally admitted Arkansas back into the Union on July 3, 1868. The Republican governor and General Assembly majority created a public school system, a state university, credit for railroad construction, and a commission to develop natural resources. To pay for all this, taxes went up, and so did Democratic tempers. Violence as a means of political protest became a serious problem throughout the state. One Republican convention delegate died by assassination, and violence became common in Delta counties. Many Mississippi County black people fled their homes to avoid harm. Republicans blamed Democratic Ku Klux Klan members for beatings and intimidation, which became so pervasive that in November 1868 Governor Powell Clayton sent the Arkansas militia into several eastern Arkansas counties, including Mississippi County, to restore order. Arkansas hardly stood alone in its experience with Reconstruction-era violence. White ruffians roaming throughout Louisiana in one instance murdered as many as two hundred rural black persons.[4]

Amid this political unrest, Democrats achieved some successes in the November 1868 election, validating the effectiveness of their promoting racial fear among poor whites. In the 1874 election, they won a statewide majority. Planters considered the Democratic triumph that year a win for them, too, and for good cause since the party "existed to protect the landed interests of the state." The party kept its promises.[5] The new political order saw to it that county courts and local justices of the peace gained authority over most tenant-landlord disputes. Laws tightened trespass violations. Grand larceny became the theft of any item worth more than two dollars, which could be punishable by imprisonment. Landlords became first lien holders of farm production. State law prohibited the sale of cotton by tenants without prior landlord registration. Strict control of labor and minimal government interference became the Delta planters' guiding principles, and in the future, they would do whatever it took to maintain them.

---

1. Moneyhon, *The Impact of the Civil War*, 179.

2. Ibid., 214.

3. Ibid., 248.

4. Eric Foner, *Nothing but Freedom: Emancipation and Its Legacy* (Baton Rouge: Louisiana State University Press, 1983), 342.

5. Moneyhon, *The Impact of the Civil War*, 262.

❧ SONS OF TOIL ❧

DURING THIS PROLONGED PERIOD of Reconstruction, which ended in the late 1870s, and through succeeding decades, poor black and white southerners competed for tenancies offered by planters. The bitterness of their struggle is evidenced by this warning nailed to a tree on a black farmer's Van Buren County property in August 1882: "Notice is her by giving That I certify you, Mr. Nigger, just as shore as you locate your Self her—death is you portion, the Cadron [River] is the ded line, your cind cant live on this side a tall."[1]

A combination of factors conspired to thin the ranks of small farmers and plunge them into the tenant pool, including some black landowners who had managed to buy parcels of land, sometimes with earnings from outside jobs such as railroading. Low cotton prices that continued into the late 1800s, high freight rates, droughts, and floods forced many into burdensome debt. When farmers failed to pay off their loans, "anaconda mortgages"[2] squeezed them out of business. As a result, many lost their land and independence and became tenant farmers on large plantations. Tenant farming meant that one person leased another person's land for a percentage of the crops (crop rent) or a cash payment (cash rent). Terms of tenancies varied considerably, spelled out either by written or oral contracts. Under a cash-rent contract, the tenant agreed to pay the landowner a fixed sum of cash per acre each year. For example, a farmer might pay $25 per acre for cotton ground. "Front end" cash rent meant the farmer paid in January of the crop year. "Back end" rent allowed the farmer to pay in December each year. Usually short of cash, tenants almost always borrowed for cash rent, operating costs, and personal needs from a bank or furnisher. A crop-rent contract meant that a portion of the crop, 25 percent of the cotton and 33.3 percent of the grain, for example, belonged to the landlord at harvest time. At harvest, crops hauled to the gin or grain elevator became split along crop rent percentages. The tenant's share of sales under a crop-rent contract became his subject to liens. Checks for proceeds from sale of crops almost always had both the lienholder's and tenant's names on them so that they could not be cashed without both endorsements.

An interesting feature of the following crop rent contract dated January 25, 1870, is the provision allowing the tenant, James Blanset, to haul his cotton to "some near gin." Clearly the landlord, J. C. Barrow, neither owned a cotton gin nor had entered into a business arrangement with a local ginner to require cotton grown on Barrow land delivered to a specific gin in return for rebates from ginning fees or other inducements. Though Barrow agreed to furnish Blanset, no mention is made of interest, perhaps an oversight, or maybe an intentional omission so the landlord could set a rate after seeing how much the farmer could pay:

This contract entered into by and between James Blanset of the first part and J. C. Barrow of the second part. Witnesseth the said James Blanset of the first part, agrees to rent a west portion of the bottom field, some twenty acres from said Barrow on the said Barrow's farm, and agrees to pay him for the rent thereof, one third of the corn, and one fourth of the cotton, and one fourth of the Sweet potatoes raised during the year 1870 and house the same at the usual time, then haul the seed cotton to some near gin, with Barrows wagon and mules, have it ginned; and the said Barrow agrees to furnish the said Blanset the necessary supplies to make said crop, and the said Blanset agrees to pay the said Barrow for them out of his portion of said crop and I the said Barrow agrees to not seize upon the said crop unless the said Blanset attempts to deceive or defraud the said Barrow, and that we will consult each other before setting upon the subject of selling the same.[3]

Sharecroppers were tenants who lacked equipment and capital, which had to be provided by landlords, so they received a smaller percentage of crops, typically 50 percent. Under sharecropper contract terms, title to the entire crop, not just the owner's contract share, typically (but not always) was held by the landlord. If landlords held title, they could sell crops to family-owned gins and grain elevators at noncompetitive prices if they chose to do so. Additionally, landowners could (and usually did) require that seed, fertilizer, and personal items be purchased at their commissaries. Thus, sharecroppers generally lost control over the financial outcome of a year's work.

An ex-slave and former cropper, Henry Blake, bitterly recounted his experiences at settlement time in a 1930s interview: "After freedom, we worked on shares a while. Then we rented. When we worked on shares, we couldn't make nothing—just overalls and something to eat. Half went to the other man and you would destroy your half if you weren't careful. A man that didn't know how to count would always lose. He might lose anyhow. They didn't give no itemized statement. No, you just had to take their word. They never give you no details. They just say you owe so much."[4]

It didn't matter how accurate your accounting was, Blake recalled. The landlord's account was always correct: "Brother, I'm telling you the truth about this. It's been that way for a long time. You had to take the white man's word on notes and everything. Anything you wanted, you could git if you were a good hand. You could git anything you wanted as long as you worked. . . . But you better not leave him—you better not try to leave and git caught."[5]

The hard work and hard life endured by Delta tenant farmers and hired hands were shared by many farmers throughout the state, and some decided to organize for improved conditions. In the late 1800s, the Colored Farmers Alliance, Cooperative Union, Agricultural Wheel and other groups came into being. The Wheel became one of the most prominent farm organizations in Arkansas, though it began with only six founders who formed the organization in February 1882 in Prairie County. The organizers farmed or owned land and experienced the previous year's disastrous loss of crops due to drought and White River flooding.

Problems with Arkansas agriculture during the late 1800s extended beyond the Arkansas prairie, however. Citizens of Clay County in northeast Arkansas petitioned the state government for financial assistance. Camden, Arkansas, residents requested that the governor call a special session of the legislature to approve a one-year property tax holiday. An August 25, 1882, edition of the *Fort Smith Elevator* newspaper reported that delinquent tax lists of Columbia County included about 1,430 tracts of land. Almost seventy thousand acres of land sold in Woodruff County that year at auction due to overdue taxes. The *Waldron (Arkansas) Reporter* on December 15, 1882, described the consequences of agricultural woes: "The law business, particularly with justices of the peace and constables in Scott County, seems to be rushing and thriving. From all directions we hear of attachments for debt, many for rent, closing out under mortgages for supplies, suits on notes, filing schedules for exempt property, etc. All the direct result of the ruinous credit system, and raising cotton to sell below the cost of production."

Agrarian discontent centered on large companies, railroads, landlords, and public officials who refused or were unable to protect the little guy from the big boys. One Des Arc, Arkansas, resident told the *Arkansas Weekly Democrat* on March 22, 1883, "The farmers are in a large majority, but they have not protected their rights as they should have done. They should never have amended the mortgage laws, nor passed an act making it a criminal offense for tenants to fail to carry out their contract, thereby giving the landlord everything that they owed him . . . without giving them any protection against his shortcomings."

As economic conditions worsened and frustration deepened, the Wheel spun off more spokes. Rural folks who joined the ranks took pride in being real farmers, not "potato lawyers" or "crossroad merchants." They chose this poem by an unknown author as their recruiting message:

THE AGRICULTURAL WHEEL

Come all ye sunburnt sons of toil,
Arise from thine oppression;
'Tis true we till the stubborn soil,
But a highway to progression,
Which enemies cannot conceal,
Is opened by this mighty Wheel.

Come, let us join our hearts and hands,
And set this Wheel a-going;
Perhaps 'twill roll to other lands,
Its seeds of fortune sowing,
'Till all the world its power may feel,
And bless the Agricultural Wheel.

Heed not the idle words of those
Who would our march to freedom stay,
They get their money, food and clothes
From us who labor day by day;
And if they could, I guess they'd steal
The power and glory of the Wheel.[6]

The group's name drew upon the Bible—Ezekiel saw a working wheel within a wheel, and its aims included cooperative marketing of crops and purchase of operating inputs, production limits to support prices, and legislative action to eliminate abusive lending practices.[7] When various state Wheels rolled out a national organization in 1886 at Litchfield, Arkansas, delegates from Arkansas, Tennessee, and Kentucky drafted a constitution that allowed black farmers membership, but in separate locals. A committee formed at that convention enumerated the following causes for farmers' financial plight: tight money, high taxation, excessive commodity transport charges, and lack of diversified cropping practices. The organization's proposed cures for these ills included the government issuing more currency, railroad regulation, and restricting corporate purchase of land.

Meetings to discuss such matters drew upon church worship patterns, and a letter to the editor in the August 5, 1884, *Arkansas Daily Democrat* described one such Wheel event: "Yesterday there was a picnic at this place [Mt. Chapel Church in Pulaski County] and about 700 people in attendance, including five or six subordinate lodges of the Wheel. The members of the Wheel met at the church, formed a procession and marched down to the stand. Divine blessings was [*sic*] invoked by the Rev. G. W. Bridges, after which Mr. G. A. McKane, President of the County Wheel, made a brilliant and stirring address on behalf of the Wheel."[8]

The problems and solutions addressed by the Wheel displayed the nature of class warfare during the period. Agrarians typically stood against big business, be it banks, railroads, insurance companies, landlords, or purchasers of farm commodities. Government officials, so the argument went, seemed unable to help and sometimes became part of the problem.[9] Despite "brilliant and stirring addresses" such as the one mentioned in the newspaper, the Wheel failed to achieve substantial results. Many of the group's political candidates lost elections, and success in Arkansas of the competing Farmers' Alliance threatened the Wheel's membership base. Seeking strength through consolidation, the two organizations talked of merger, and after friction and failure, they came together as the National Farmers' and Laborers' Union of America. This consolidated group also failed to deliver on key promises, which would have required structural economic changes well beyond the ability of such unions to accomplish. Though the organization touted an Arkansas membership of sixty thousand in 1888, time has erased most traces of its existence.[10]

1. Robert Merriwether, "Bulldozing on the Cadron: 1883," *Faulkner Facts and Fiddlings*, 4 (Fall/Winter), 67–70.

2. A reference likening such contracts to the South African anaconda snake that squeezed its victims to death.

3. Ted Worley, ed., "Tenant and Labor Contracts, Calhoun County, 1869–1871," *The Arkansas Historical Quarterly*, 13:1 (Spring 1954), 103–104.

4. Henry Blake, Little Rock, Arkansas. Interview with Samuel S. Taylor, *Born in Slavery: Slave Narratives from the Federal Writers Project, 1936–1938*. Arkansas Narratives, 2:1, Manuscript Division, Library of Congress.

5. Ibid.

6. W. Scott Morgan, *History of the Wheel and Alliance and the Impending Revolution* (Ft. Scott, Kan.: J. H. Rice & Sons, 1889), 79.

7. S. J. Buck, "The Granger Movement," *Arkansas, A Guide to the State, 1941*, 65.

8. F. Clark Elkins, "The Agricultural Wheel: County Politics and Consolidation, 1884–1885," *Arkansas Historical Quarterly*, XXIX:2 (Summer 1970), 171.

9. Morgan, *History of the Wheel*, 91–94.

10. N. A. Dunning, *The Farmers' Alliance History and Agricultural Digest* (Washington, D.C.: 1891), 217–224.

COTTON PATCH CONFLICT

THOUGH ARKANSAS FARM UNIONS generally failed to solve major problems during the late 1800s, one at least succeeded in ruining breakfast for many Delta planters. On the morning of September 12, 1891, landlords reading their *Memphis Commercial Appeal* newspaper (a planter favorite) learned to their dismay about an upcoming cotton picker strike while they ate their grits and gravy. The story quoted R. M. Humphrey, spokesman and superintendent of the Colored Farmer's Alliance and Cooperative Union, who announced that pickers would strike on the twelfth for one dollar per hundred pounds picking wages rather than the typical fifty cents to sixty cents per hundred.

R. M. Humphrey's call for a cotton picker strike precipitated violence in Lee County, Arkansas. During the strike, several laborers were lynched and others shot. Courtesy of the Library of Congress.

Humphrey, a white southerner who lived in Texas where he farmed and preached the gospel, led a union of black farmers that originated in Houston County, Texas. By 1891, the group claimed to have two hundred thousand members throughout the South. At that time, two additional but distinct farm alliances also existed, the Northern Alliance and Southern Alliance. Though separate unions, the three groups promoted many of the same causes, operated co-operative stores, sponsored educational programs for farmers, and collectively marketed some crops.

The Colored Alliance even operated facilities at ports such as New Orleans, where members bought supplies at reduced rates.[1] Though all three alliances agreed on such matters as avoidance of debt, elimination of high taxes, lowering interest rates, and raising commodity prices, they differed sharply about the cotton picker strike.

The picker strike irked many Arkansas planters. A group of them had met in Memphis, Tennessee, the center of Mid-South commerce and the cotton trade during the summer of 1891, to fix picking wages at fifty cents per one hundred pounds for that fall's harvest. Despite knowledge of the collusion, most Southern Alliance members, small farmers themselves, refused to support the strike since they rented land from planters and needed their cotton picked inexpensively as well. The Northern Alliance, predominantly grain and livestock farmers, had no economic reason to participate.

In response to this lack of support, Humphrey formed a secret group, the Cotton Pickers League, consisting primarily of black field hands. Clearly, all of its members shared the same goal, a better wage for harvesting work, and they probably belonged to the Colored Alliance. Though Humphrey's strike announcement ostensibly came from the Colored Alliance, he spoke primarily for the secret group of day laborers. Despite Humphrey's well-publicized call, the strike never materialized, except for a few incidents in East Texas and Lee County, Arkansas, where several striking workers met a violent end.

Ben Patterson, a thirty-one-year-old black man who came from Memphis to Lee County in early September, organized about twenty-five pickers for the protest. Patterson's relationship with the Colored Alliance is unclear, but he probably belonged to the secret league developed by Humphrey. Ironically, the strike may have gotten underway as a result of comments made by a wealthy Memphis planter, J. F. Frank, who owned large tracts of Lee County land. Supposedly watching pickers in his cotton fields from the porch of a nearby country store, Frank complained to his plantation manager, Tom Miller, about their slow pace. Miller reminded Frank of the pay cap, which limited incentive, and the planter reportedly responded, perhaps merely boasting, that he would pay one dollar per hundred if necessary for picking. Several black field hands on the porch supposedly heard him and reported the comment to Patterson, who thought the sentiment an opportunity to break planter solidarity. That proved an unfortunate assumption.

Pickers working for Colonel H. P. Rodgers began the strike on September 20 with the demand that he raise their wages to seventy-five cents per hundred pounds.[2] Rodgers fired them, and the discharged pickers traveled about Lee County urging others to join their strike. A face-off on September 25 between pro-strike pickers and anti-strike pickers left two workers dead. That incident brought in a posse led by the county sheriff to hunt down strikers.

While on his way to join the posse, Miller ran into striking workers and died in a melee, which enraged planters and the posse. After torching the cotton gin on Frank Bond's plantation, Patterson and his followers fled through canebrakes to Cat Island in the Mississippi River. They hid in a gin house while waiting for a steamboat to dock so they could escape, but the posse found them first. Posse members killed two strikers outright. Patterson got away, though shot in the leg, as did another man. That night, Patterson boarded the steamboat *James Lee*, but vigilantes got on board the vessel when it docked at Hackney's Island and murdered him. Nine strikers captured by the posse never made it to the Marianna, Arkansas, jail. Masked men took them from two deputies and hanged them.

Despite the murder of Patterson and his associates, vigilantes continued to hunt down pickers involved in the strike. By the end of the first week of October, they had killed fifteen black workers and put six in jail, according to coverage

in the *Memphis Commercial Appeal* from October 2 through 7. As historian William F. Holmes observed, "The Arkansas cotton pickers strike held significance on a number of counts. The way it was ruthlessly and totally suppressed must have discouraged others who contemplated similar action." Many southern newspapers supported stern suppression of the strike, arguing that such labor unrest disrupted cotton harvesting in the lower Mississippi Valley and thus threatened the regional economy.[3]

---

1. William F. Holmes, "The Arkansas Cotton Pickers Strike of 1891 and the Demise of the Colored Farmers' Alliance," *Arkansas Historical Quarterly*, XXXII:2 (Summer 1973), 109; Jack Abramowitz, "The Negro in the Agrarian Revolt," *Agricultural History*, XXIV (April 1950), 89–95.

2. Holmes, "Arkansas Cotton Pickers Strike," 115.

3. Ibid., 117.

✣ MASSACRE AT ELAINE ✣

THOSE WHO WATCHED THE VIOLENCE from Lee County cotton patches observed that Delta black workers who stood up against white injustice stood alone. Albion Tourgee, a former judge and prominent North Carolina advocate for black civil rights, hoped "that Colored Alliancemen . . . would now realize the true spirit and purpose of the whites." Black people, he insisted, "could expect little at the hands of the southern white farmers . . . ."[1]

Some Arkansas political leaders who could have tempered planter responses chose to enflame them. The career of a prominent Arkansas politician, aptly named Jeff Davis, blossomed and sustained itself in the soil of racism. Born in 1862, Davis ran as an unremitting segregationist throughout his political career. After practicing law, he won the state attorney general race in 1898, which put in motion a career that took him to the governor's mansion in 1901. Davis railed against the evils of big business and its abuse of rural folks. He also disliked the press coverage concerning his views and shared thoughts about one state newspaper at a political rally: "I have a little boy, God bless him, a little pale-faced, white-haired fellow. . . . If I find that boy is a smart boy, I am going to make a lawyer out of him, and if I find that he has not a bit of sense on earth I am going to make an editor out of him and send him to Little Rock to edit the *Arkansas Democrat*."[2]

Davis lowered the level of political discourse about as far as it could go in his 1902 race for a second term as governor. Judge Carrol D. Wood opposed him, and at a joint speaking engagement, Wood became so enraged by Davis's calumny that he threw Davis off the platform. A fight ensued between them and ended with both the governor and judge arrested for disturbing the peace. Apparently neither won the fight, but Davis won the election. Politicians such as Davis and planters who supported him manipulated the poor of both races to obtain and maintain their power.

By the 1890s, many white politicians and their followers had developed an effective means to reverse the movement of blacks toward achieving their legal rights, and it took the name of Jim Crow. The term may have originated in a minstrel show. Thomas Rice, a famous minstrel of the 1800s, introduced a character that danced like a "prancing crow" and became Jim Crow. Paradoxically, a fictional character created to entertain and lighten the burden of onlookers became the name for discriminatory practices that heaped misery on blacks for decades.[3] Jim Crow laws that denied black voting rights, public service opportunities, and access to public facilities separated races in the Arkansas Delta and other southern regions from cradle to grave. The South sprouted two of everything—from toilets and water fountains, to schools and waiting rooms, and even to cemeteries.

Though constitutional amendments were passed guaranteeing rights for black Americans—the thirteenth ending slavery, the fourteenth granting equal treatment under the law, the fifteenth guaranteeing black voting rights—the crafty Jim Crow usually found a way around them. Thanks to racial discrimination, black tenant farmers were particularly vulnerable throughout the Delta, and ill treatment peaked at settlement time each fall when tenants received, or were supposed to receive, their share of crop proceeds. "Shorting" sharecroppers or delaying settlements, common landlord tactics, sometimes resulted in violent confrontations. According to an October 1898 *Helena World* newspaper article, Charles Munn, a Phillips County sharecropper, asked local planter Frank Du Barry for a settlement figure—meaning how much the planter owed the sharecropper for his share of the crops.

This effrontery caused Du Barry to threaten Munn. So Munn burned down Du Barry's house, with the planter still in it, and got a speedy trial, conviction, and hanging. In another planter-sharecropper quarrel reported by the *Helena World* in 1898, a planter named Ferrell ordered a sharecropper to gin his cotton where the planter directed. The sharecropper refused, and their disagreement turned into a fight. The planter shot the cropper dead, and no charges resulted from the killing.[4]

One horrific atrocity over a crop settlement involved Henry Lowry, a sharecropper on O. T. Craig's land in Mississippi County, Arkansas. Lowry confronted Craig in front of the planter's house around Christmas in 1921. During an argument about shares, the planter's son Richard struck Lowry. On Christmas Day, Lowry returned and again demanded his money, but this time he carried a gun. Craig reportedly hit Lowry with a stick of wood, and his son came onto the porch and shot the black cropper. Lowry returned fire, killing the elder Craig and his daughter and wounding two sons (including Richard, who shot Lowry). Lowry left the Delta and traveled all the way to El Paso, Texas, before being caught.

Arkansas deputies who brought Lowry back rode the train to Sardis, Mississippi, before it came to a halt, blocked by vigilantes. A mob seized the sharecropper and audaciously publicized its plans. One day following the kidnapping, a *Memphis News Scimitar* edition announced, "Lowry Lynchers Announce Program. Negro to Pay Mob's Penalty for Crime." The newspaper followed up with a map to the lynching site and another preview: "Lowry Nears Tree on Which It Is Planned to Hang Him; Taken Thru Memphis." The mob murdered Lowry that night in Nodena, Arkansas, displaying unbounded sadism by carrying Lowry's wife and daughter to the execution site to watch Lowry slowly burn to death.[5]

Late settlement payments, short payments, and no payments at all were common in Delta cotton counties, and Walter Rowland, a sharecropper from Holly Grove, Arkansas, summed up the difficulty of obtaining a fair crop settlement: "De landlord is landlord, de politicians is landlord, de judge is landlord, de shurf [sheriff] is landlord, ever'body is landlord, an we ain' got nothin'!"[6] In an attempt to turn nothin' into somethin', one Arkansas sharecropper, Robert Hill, founded the Progressive Farmers and Household Union of America to negotiate settlement terms with Phillips County planters. This union made newspaper headlines during the "Red Summer" of 1919 when twenty-six race riots erupted across the United States in such cities as Charleston, South Carolina; Washington, D.C.; Longview, Texas; Chicago, Illinois; and a small Arkansas town named Elaine.

Phillips County is bordered on the north by Lee County, site of the 1891 cotton picker strike. The 1910 census recorded Phillips's population as 26,350 blacks and 7,200 whites. The line-up of complaints there by black tenants against white landlords included the usual suspects: trouble getting timely settlement money; no records to support income shares and expenses; unreasonable mark-ups at plantation stores; and unreliable statements for store accounts. Fed up with planter abuses, many black farmers joined the union formed by Hill. Boldness in the face of planter abuse was not totally out of character for black workers from the Elaine area. Many regional sawmill laborers refused to allow female family members to work for white families at any price. Area field hands had previously held out for higher picking wages and won them during World War I. Additionally, black men home from military service or factory work up north during the war tended to be less willing to accept the Delta's age-old economic and social constraints.

The union developed locals at Elaine, Hoop Spur, and several nearby communities, and Hill helped members develop a set of demands regarding crop settlements that they planned to give local landlords in early October at the start of cotton harvest. Planters and businessmen, aware of the union's plans to negotiate standard settlement practices for that year's crops, apparently hired a black private detective to infiltrate the union and report on its progress. The building friction finally flared up at Hoop Spur during the early morning

of October 1. Ed Ware, secretary of the Hoop Spur local, called a meeting to discuss union demands, and many union members came armed.

After Phillips County Deputy Sheriff Charles W. Pratt, W. A. Adkins (an agent for the Missouri-Pacific Railroad Company), and "Kidd" Collins (a black trustee at the Phillips County jail) parked on a road near the meeting, a shoot-out ensued. Adkins died, and Pratt fell wounded. Collins reported the shootings by phone to Helena, claiming that the incident occurred as the three searched for a bootlegger to arrest when their car broke down. He asserted that union members fired first. Union members swore that they returned fire after white men in the car opened fire to break up the meeting, a common tactic used by nightriders intent on disrupting meetings called to organize workers.

Rumors spread rapidly throughout the region of rampaging black people attacking white people and seizing their property. White reaction to the fictional insurrection, perhaps embellished by those who stood to profit, prompted Delta residents to join armed mobs. When vigilantes from Helena reached the area, mob members searched for black people, ransacking their homes and arresting men and women. This time, however, black people struck back, and fighting spread to Elaine. White women and children left the town by train for Helena and safety. Poor black families fled into canebrakes for protection. White vigilantes from as far away as Tennessee and Mississippi joined the fight, and the chaos caused Arkansas Governor Charles H. Brough on October 2 to dispatch about 580 soldiers from

Camp Pike, led by Colonel Isaac Jenks and armed with twelve machine guns to place the region under martial law. Troopers, who remained until October 15, disarmed both sides but required identification passes only for adult black males and females.

There is no exact count of casualties during the confrontation, but on October 2 the *Arkansas Gazette* reported the bodies of "at least fifteen Negroes" lying in the streets. Probably the death toll came to five white people and perhaps as many as one hundred or so black people. A settled, universally accepted version of events has eluded historians, according to Arkansas historian Jeannie M. Whayne, although many have struggled "with a mass of rich but contradictory and even tainted evidence . . . to arrive at a common narrative of events."[7]

The powerful community of Phillips County planters and businessmen grew concerned about deflecting responsibility from themselves, so they formed a Committee of Seven. The group included county power brokers, and it not surprisingly issued a report blaming the affair on black workers. The October 7, 1919, *Helena World* newspaper ran the committee report on its front page: "The present trouble with the negroes in Phillips County is not a race riot. It is a deliberately planned insurrection of the negroes against the whites directed by an organization known as the 'Progressive Farmers and Household Union of America,' established for the purpose of banding negroes together for the killing of white people."[8] The report claimed that Hill formed the union as a financial scheme to enrich himself, and this version of events found advocates in Little Rock. Governor Brough labeled Elaine events a "damnable conspiracy to murder white citizens and take possession of their property." Other apologists in later years also tried to explain away the massacre of blacks in ways that deflected the moral ignominy that attached to the actions of white mobs.[9]

Led by Scipio A. Jones, a prominent Arkansas attorney, lawyers sought to have the murder charges against these defendants thrown out. Ultimately, they succeeded. Pictured are Alf Banks, John Martin, Ed Ware, Joe Fox, Albert Giles and Will Wardlaw, with attorney Jones at left. Courtesy of the Butler Center for Arkansas Studies, Central Arkansas Library System, Little Rock.

John Martin, a small farmer and member of the union, told journalist Ida Wells what he experienced at Elaine, and the actions he described provide an entirely different perspective on events. "I was at Hoop Spur Church that night to lodge meeting. I do know that four or five automobiles full of white men came about fifty yards from the church and put lights out, then started shooting in the church with about 200 head of men, women and children. I was on the outside of the church and saw this for myself. Then I ran after they started firing in on the church. I don't know if anybody got killed at all."[10]

Martin went home that night, but when he received word that white mobs were searching for black people, he "ran back in the woods and hid two days [until] the solders came, then I made it to them. I was carried to Elaine and put in the schoolhouse, and I was there eight days. Then I was brought to Helena and put in jail and whipped near to death and was put in an electric chair to make me lie on other Negroes."[11]

Martin claimed that the union did not cause the fight, but that it came about because some in the white community wanted to confiscate the property of black farmers. "They took everything my people had, twenty-two acres of cotton, three acres of corn. All that was taken from me and my people. Also, all my household goods. Clothes and all. All my hogs, chickens and everything my people had. These white people know that they started this trouble. This union was only for a blind. We were threatened before this union was there to make us leave our crops."[12]

TO THE NEGROES
OF PHILLIPS COUNTY
Helena, Ark., Oct. 7, 1919

The trouble at Hoop Spur and Elaine has been settled.

Soldiers now here to preserve order will return to Little Rock within a short time.

No innocent negro has been arrested, and those of you who are at home and at work have no occasion to worry.

All you have to do is to remain at work just as if nothing had happened.

Phillips County has always been a peaceful, lawabiding community, and normal conditions must be restored right away.

STOP TALKING!

Stay at home---Go to work---Don't worry!

F. F. KITCHENS, Sheriff   COMMITTEE
Edward Bevens J. C. Meyers S. Straub E. M. Allen
T. W. Keesee D. A. Keeshan Amos Jarman
H. D. Moore J. G. Knight Jno. L. Moore E. C. Hornor

Nicholls Print, Helena, Ark.

After the Elaine massacre of 1919, this flyer was distributed by planters and businessmen in an attempt to lure back farm workers who ran away.

After the carnage, a Phillips County grand jury indicted 122 black men and charged more than half of them with murder. In trials that followed during the next few weeks, all-white juries in Helena found defendants guilty with astonishing speed—eleven of first-degree murder; thirty-eight of second-degree murder; and others of various crimes such as assault. Sixty-seven black persons received long prison terms after hasty trials. Following deliberations that lasted only minutes, twelve men, alleged leaders of the so-called insurrection, received death sentences. No white people were charged with crimes.

While those awaiting execution, including Martin, languished in prison for five years, a team of lawyers led by Scipio Africanus Jones, a prominent black Little Rock attorney, used appeals and retrials in efforts to free the men. These cases gained notoriety because of the crimes alleged and assistance from the National Association for the Advancement of Colored People (NAACP). Ultimately, the trials became a legal contest with far-reaching consequences, and the NAACP's contributions helped propel the organization to national prominence. In the end, the Elaine cases produced a historic U.S. Supreme Court decision.

In 1923, Chief Justice Oliver Wendell Holmes wrote a Supreme Court opinion, *Moore v. Dempsey*, significant not only for the effect it had on a handful of Phillips County men, but also for its impact on the legal rights of accused in this country. Because of the decision, federal courts took authority to review state criminal trial decisions to safeguard

Richard Wright in his studio. Courtesy of the Library of Congress.

Author Richard Wright and his family resided in Elaine at about the time of the Elaine riots. His autobiography, *Black Boy,* substantiates the poisonous attitude of some white people toward black people. His Uncle Hoskins owned a saloon there and lived with constant awareness of the danger:

Often I would creep into his room while he slept and stare at the big shining revolver that lay near his head, within quick reach of his hand. I asked Aunt Maggie why he kept the gun so close to him and she told me that men had threatened to kill him, white men . . .

One morning Uncle Hoskins had not come home from the saloon. Aunt Maggie fretted and worried. . . .

"He didn't take his gun. I wonder what could have happened."

We ate in silence. An hour later there was the sound of heavy footsteps on the front porch and a loud knock came. Aunt Maggie ran to the door and flung it open. A tall black boy stood sweating, panting, and shaking his head. He pulled off his cap.

"Mr. Hoskins . . . he done been shot. Done been shot by a white man," the boy gasped. "Mrs. Hoskins, he dead...."

My mother pulled Aunt Maggie back to the house. Fear drowned out grief and that night we packed clothes and dishes and loaded them into a farmer's wagon. Before dawn we were rolling away, fleeing for our lives. There was no funeral.

constitutional rights of defendants. This decision created a historic shift in judicial power from state courts to federal courts. "If the case is that the whole proceeding is a mask," wrote Holmes in the majority Moore opinion, "that counsel, jury, and judge were swept to the fatal end by an irresistible wave of public passion, and that the state courts failed to correct the wrong—neither perfection in the machinery for correction nor the possibility that the trial court and counsel saw no other way of avoiding an immediate outbreak of the mob can prevent this court from securing to the petitioners their constitutional rights."[13] The decision unlocked cell doors for Phillips County men sentenced to die and established legal protections with enormous future consequences.

1. Holmes, "Arkansas Cotton Pickers Strike," 118.

2. Michael Dougan, *Arkansas Odyssey: The Saga of Arkansas from Prehistoric Times to Present* (Little Rock: Rose Publishing Co., 1994), 311.

3. Jerrold M. Packard, *American Nightmare: The History of Jim Crow* (New York: St. Martin's Press, 2002), 14.

4. Jeannie M. Whayne, "Low Villains and Wickedness in High Places: Race and Class in the Elaine Riots," *Arkansas Historical Quarterly,* 58 (1999), 309.

5. Tom Dillard, "Madness With a Past: An Overview of Race Violence in Arkansas History," *Arkansas Review: A Journal of Delta Studies* 32:2 (August 2001), 99–100.

6. Tom E. Terrell and Jerrold Hirsch, eds. *Such as Us: Southern Voices of the Thirties* (Chapel Hill: University of North Carolina Press, 1978), 56.

7. Whayne, "Low Villains and Wickedness in High Places," 285.

8. Grif Stockley, *Blood in Their Eyes: The Elaine Race Massacres of 1919* (Fayetteville: University of Arkansas Press, 2001), 87.

9. Richard C. Cortner, *A Mob Intent on Death: the NAACP and the Arkansas Riot Cases* (Middletown, Conn.: Wesleyan University Press, 1988), 72.

10. Ida Wells-Barnett, *The Arkansas Race Riot* (Chicago: Home Job, 1920), 14.

11. Ibid.

12. Ibid., 15.

13. Cortner, *Mob Intent on Death,* 155.

KNOCK 'EM DOWN FEVER

NOT ALL DELTA DAYS BROUGHT SUCH SOUND and fury. Most people passed along peaceful country roads separating field after field of cotton awash in wet-hot Delta air. Country stores waited on many crossroads. Usually standing on the corner where two dirt roads crossed, often by a neighborhood cotton gin and sometimes hugged by cotton turn rows, the stores brought worldly delights to simple people.

Inside the wood plank stores, display cases sat on worn-smooth wooden floors. Durable cotton picking sacks sagged from wires attached to ceilings to preserve space. Common, hardy foods filled a few aisles—tubs of lard, tow sacks of beans and potatoes. Tobacco came in twists for chewing and in bright red Prince Albert cans for rolling your own. The medicine section had Vicks salve, Bayer aspirin, and castor oil for worming children. Dry goods counters held durable overalls and denim jeans, bonnets for women, and bolts of bright cloth for sewing dresses. Thick rolls of bologna, ham, and cheese filled a cooler. A slab of bologna on white bread with sweet onion and a soda pop at noon had to hold over many hungry farmers until supper.

Just before Christmas, the stores stocked what poor folks considered luxuries—rubber dolls with painted faces, cap pistols in cowboy holsters, Barlow knives, and bottles of perfume with pink hearts painted on them. Most customers bought the fancy items only at Christmas if a good cotton crop and decent price made such treats possible. When weather accommodated, store porches became a poor man's pulpit. Farmers spit tobacco juice off the porch onto tamped-down soil and pontificated on topics such as the weather, politics, religion, hunting, and fishing, especially fishing. Some amazing, one might even say unbelievable, fishing achievements came to light on porches throughout the Delta during lazy afternoons after cotton was

laid by. Experienced listeners, some whittling sticks as they soaked up the stories, smiled appreciatively as speakers revealed layer upon layer of astonishing events. These gatherings of country folks constituted a popular form of entertainment in the early 1900s, but a threat loomed out of sight that would make many neighbors fearful of encounters with others.

By the fall of 1918, America and its allies moved close to defeating their military enemies, but another killer stalked their troops.[1] A December 28, 1918, edition of the *Journal of the American Medical Association* described the new foe as "a most infectious disease causing the death of hundreds of thousands of human beings." Medical resources for four and one-half war years concentrated on men wounded in battle, and it turned too slowly toward an equally deadly challenge—a deadly infection spreading rapidly throughout the ranks.

Influenza caused dire consequences that fall. About 20 percent of the world's population became infected. The virus reached approximately 28 percent of Americans, causing deaths in this country estimated at 675,000. Arkansas suffered perhaps 7,000 losses from the disease in 1918 and 1919. Origins of this influenza, named the Spanish Flu, remain murky. One theory placed its genesis in China, and it spread rapidly as untreated soldiers moved from country to country during campaigns. The virus killed many healthy persons in the twenty-to-forty age group, rather than primarily the elderly and infirm as with previous epidemics. Perhaps this, too, resulted from transfer among soldiers huddled together in military camps without a full appreciation for the unseen killer's potential.

Anecdotes described the horror of death by this scourge, which Arkansans often called "knock 'em down fever." People suffocated, unable to suck in enough oxygen because of pneumonia. Plugged airways sent heaving blood through the nose and mouth. Precisely how many dead fell in the Delta is unknown, but the region buried its share.

1. John Barry, *The Great Influenza: The Epic Story of the Deadliest Plague in History* (New York: Viking, 2004), 171.

Country stores displayed a marvelous collection of staples and poor-folk luxuries. The community congregated to gossip about matters large and small. This well-known store is in Oil Trough, Arkansas. Photo by Curtis Duncan.

Next spread: Crossroad merchants in country stores served the hardworking hungry and the idle. Photo by Curtis Duncan.

❧ POINSETT PLANTERS ❧

WHILE THE FLU KNOCKED DOWN RICH AND POOR alike throughout the Delta, "the county that gave birth to the most significant agricultural protest movement in the twentieth century"[1] slowly climbed out of the swamp and evolved into a crude civilization. Poinsett County's history traces the give and take of people from three different places within the county—Crowley's Ridge, the prairie, and the Delta. Each possessed people with often-identical economic interests, but the Delta developed a distinct planter culture and produced the most racial and class conflict.

Visitors to Poinsett's portion of the Delta during the late 1800s found wetlands awash in fetid water. Amid this inhospitable terrain, some hardy souls founded the village of Marked Tree, which began as a railroad camp and sawmill town. Some who settled in the village, however, would sire a planter society that controlled vast sections of cotton country. Perhaps chief among the pioneers stood Ernest Ritter, who arrived from Iowa in 1886 to work at the Oliver Davis Mill. After injuring his foot in a mill accident, Ritter returned to Iowa for recovery but came back in 1889 with his wife to farm 160 acres and operate a mercantile establishment.

A second prominent Delta landlord arrived in 1890 when Chapman and Dewey Company purchased a mill site. The Chapman brothers, E. R. and W. B., along with W. C. Dewey, came from Missouri and expanded aggressively in the region. By 1893, the company owned more than one hundred thousand acres of timber for use in its mill operations. In 1900, Marked Tree's population consisted of about 350 persons. Many worked at mills or depended on mill payroll checks for their livelihoods. Rough men walked the town's streets during buzz saw days and blind tiger nights. Mill workers tended to be black and white transients who toiled together and partied with each other

after work, not an arrangement that suited the town's less rowdy residents trying to build a respectable and safe place to raise their families and fortunes. The topics of several prohibitions established in the early 1900s by the town council exposed the town's character: profane language, carrying deadly weapons, public drunkenness, and indecent behavior.[2]

As the Delta landscape near Marked Tree changed from timber to cotton stalks, ridge farmers mostly focused on livestock, vegetables, and orchards, while prairie farmers preferred rice. Their crop choices depended on the soil types in their sections. Many prairie and ridge farmers owned some or all of the small farms they operated, but by 1920 more than 90 percent of the Delta's cotton farmers labored on another man's land. Tyronza cropped up near Marked Tree, and its farmers borrowed money to make their crops from planters such as Louis Ritter (Ernest's brother) and J. A. Emrich, a Tyronza businessman. Both operated mercantile establishments selling goods to their tenants and others, and they served as directors of Marked Tree Bank.

As was the case in much of the Delta, Poinsett County developed a financial hierarchy. A few wealthy businessmen stood at the top. They rented their land to tenants, usually requiring them to buy goods at landlord-owned stores and deliver crops to gins and grain elevators controlled by the businessmen. These community leaders formed a web of relationships that helped them dominate institutions important to financial survival. As one looked down the agricultural ladder, tenants appeared and below them, sharecroppers. The lowest rungs held black croppers and field hands, the most vulnerable of Delta citizens.

During the century's first two decades, the dependency of poor black tenants on planters

Though children in the Delta went to work at an early age, they still found time for play. Courtesy of Arkansas State University Museum.

for protection became more deeply ingrained in Poinsett County and throughout the Delta. Since black farm workers and tenants tended to be less secure than whites, they took jobs and tenancies for less money. Though such arrangements suited planters, they did not please many poor whites, who lost opportunities to rent land and hold jobs. Some became white-cappers who terrorized black people while hiding their identities beneath white hoods.

Though not necessarily for paternal reasons or a commitment to justice, planters often sided with black victims against white nightriders. In one notorious case, planters hired a Memphis private detective, J. H. Brown, to catch a band of white-cappers terrorizing black workers in Cross County. In March 1903, Brown and four men waited at the R. R. Fallis plantation, expecting a raid. When the hoodlums arrived, Brown got the worst of it and died from his wounds. The Cross County sheriff and deputies arrested twelve men believed responsible and jailed them in Helena, but in October 1903, the suspects walked free for lack of conclusive identification.

Despite hard times, Delta residents found ways to get satisfaction from kinship and friendship, particularly at holiday family reunions. Courtesy of Brenda Fisk Keech.

Though one Poinsett County prosecution of white-cappers found three guilty and punished them with fines and jail time,[3] legal authorities generally proved ineffective in curbing white-capping activities. For this reason, many black families solicited planter protection, which came at the price of debt peonage. Thus, some black sharecroppers found themselves in relationships uncomfortably close to antebellum slavery. With the help of these tenants and wage labor, Poinsett County planters in 1920 put slightly more than 26,500 acres of cotton into production out of about 127,100 available acres. Fewer than 7 percent of black croppers owned any of this land and therefore depended on landlords for their economic survival.

One of the Delta's most prolonged struggles over land came about in Poinsett and nearby counties during the early 1900s. Created by the New Madrid earthquake, sunken lands became a battleground where planters and homesteaders fought for possession and control of perhaps two hundred thousand acres. Further complicating matters, the St. Francis Levee District and U.S. Department of Interior vied for control as well. The contest became a seesaw, taking sides up and down as court decisions and politics changed directions.

While the Department of Interior initially encouraged homesteaders to settle sunken lands, presumably owned by the federal government, some planters purchased sites from the St. Francis Levee District, which claimed possession as well. The levee board, typically comprised of planters and powerful businessmen, planned to sell the land and use proceeds for drainage projects. Homesteaders (or squatters, depending on which lawyer had the floor) formed a union, which operated out of the Lepanto area to help even up the sides. Yet even organized homesteaders ultimately proved no match for planter power, and by the early 1920s, wealthy businessmen prevailed in court and Congress sufficiently to enjoy "preferential rights" to disputed land. Homesteaders who managed to hang on to some property faced the bleak prospects of making enough money through timber or crop sales to pay drainage taxes, and many lost their land due to delinquent taxes.

Chapman and Dewey, which incorporated a farming company in 1912, the Ritters, and the Lee Wilson plantation in Mississippi County gained many thousands of acres during this period. In addition to having the resources to fund legal contests over land rights, they had the staying power to survive generally low cotton prices following World War I and keep taxes paid on their vast land holdings. Many small farmers who struggled through the first years of the 1920s went under when the 1927 floods swamped the Delta, and Poinsett County land ownership dropped by 6.7 percent in the 1920s.[4]

Technically, county agents were supposed to direct distribution of 1927 flood relief supplies in Poinsett and other Delta counties. The Smith-Lever Act in 1914 created the U.S. Agricultural Extension Service, and the service placed county agents throughout the country to assist farmers. In Poinsett, however, and probably in many other counties as well, agents deferred to prominent planters who filled local committees and made up institutional boards of directors to oversee and direct many assistance programs.

During disbursement of 1927 flood relief, for example, Harry Ritter was secretary of the Marked Tree Red Cross Committee, and J. A. Emrich, another prominent planter, served as president of the Tyronza Business Men's Club. Other powerful businessmen-planters held posts on bank boards, levee districts, and other positions that collectively gave them enormous control over regional affairs.

---

1. Jeannie M. Whayne, *A New Plantation South: Land, Labor, and Federal Favor in Twentieth Century Arkansas* (Charlottesville: University of Virginia Press, 1996), 5.

2. Ibid., 30.

3. Ibid., 50.

4. Ibid., 142–143.

TIMBER, TOWNS, AND A RISING RIVER

THOUGH POINSETT BUSINESSMEN developed plantations from cutover timber ground and nearby Delta counties did the same during the early 1900s, swamps and woods still filled vast bottom ground along rivers and bayous throughout the region. Cypress, hickory, and other varieties abounded. Some trees grew to six feet in diameter with a clear reach of up to sixty feet. Merchantable timber averaged about five thousand feet per acre.

Area timber cutters got a bonus in the Delta since sawed wood often fell near river links north to St. Louis and south to New Orleans. Steel trams on rails typically ran from three to ten miles and took timber to rivers. Rail lines soon spread like cracked ice slivers, and about two thousand miles of track ran throughout the state by 1900. Towns went up beside tracks, and they eventually outgrew towns nourished by rivers. Both river and rail offered transportation opportunities, but rail proved more reliable and convenient.

The prominent timber companies that branched out in the region included Chicago Mill and Lumber Company, with about 100,000 acres of land; Wilson & Beall, 18,000 acres; Moore and McFerren, 22,000 acres; and Three States Lumber Company, with approximately 35,000 acres. After clearing timber, Three States sold cutover tracts in blocks of ten to eighty acres to small farmers in Mississippi County, Arkansas. The company financed its land sales with loans at 6 percent interest amortized over ten years,[1] and these land sales became the start of at least one Delta dynasty. Burdette Plantation Company traces its roots back to Three States, which moved to the Delta during the late 1800s and built one of the most modern mills in the South. Wolverton Burdette, the lumber company's supervisor, gave the headquarters town his name, as well as Wolverton

Landing near Luxora. As Three States cut over its Mississippi County holdings, it readied the new ground for crops. J. F. Tompkins, overseer of Yellow Bayou Plantation near Lake Village, Arkansas, came to Burdette early in the twentieth century to supervise company corn planting and returned permanently around 1910 to run Three State's farm operations.

Tompkins's grandson, Hays T. Sullivan, recalled his grandfather's stories of those early years. To clear the timber, they used "mules and winches that would winch the stumps out of the ground . . . and then they would put that acreage in cultivation, strictly for corn—this was about 1910 or 1911—to feed the livestock. They had cattle, hogs, lots of mules, and a lot of oxen. The mules and the oxen [pulled] the logs out of the woods to the railroad trains. . . There was three railroad spurs that ultimately ended up right here at the mill site."[2]

Since Three States remained foremost a timber company, it sold off improved acres. Tompkins, an agricultural graduate of Auburn University and later the first president of Arkansas Farm Bureau, purchased approximately 4,400 acres around 1918 to form Burdette Plantation Company. One of his three daughters married Hays Sullivan Sr., who graduated from Mississippi State University and came to Burdette in 1929 to coach and teach mathematics. "That's [the] connection that my father had with Burdette," Sullivan recalled "He came here to stay a year. . . . Then he went back to the University of Arkansas to get his master's degree in engineering."[3]

His father's life took an unexpected turn, however. "In 1940, after Grandpa Tompkins had died in 1936, his son, James Tompkins, Jr., came down with leukemia and died. There were no other boys

in the family [so] they talked dad into coming back here to help with the farm until they got everything lined out. He only came back here to stay another year or two, [but] ended up spending the rest of his life here."[4] Several immigrants to Northeast Arkansas built plantation empires from cutover lands that still stand today.

The good life created by the Sullivan family and other Delta businessmen depended on the Mississippi River's good will, which the river sometimes withheld. The river's wrath has been ferocious but never more so than during the 1927 flood. That year, its waters inundated approximately 26,000 square miles in seven states, destroying nearly 290,000 acres of crops. More than 930,000 persons felt the disastrous effects. Collapsing levees, particularly on the west side of the river, allowed water to rush through some places at eighteen miles per hour. In April 1927 the St. Francis River hit a record peak of 26.4 feet above flood stage near Tyronza. In all, fifty-six counties found themselves under water with more than 360,000 persons harmed, mostly in the Delta. About two million farm acres and about 56,000 buildings flooded. The river rages periodically, but during the 1927 flood, misery rose to a high point.

Willie Williams, who lived in a southern Delta county, recalled the flood: "Oh, Lord, yeah. The flood of '27. They give us plenty of time to get out after the levee had . . . broke over there in Scotts, Mississippi. They warned us to get to the hills because they couldn't hold it. And so it broke up here in Pendleton . . . and you could hear that water

Opposite page top: With the coming of the railroads in the late 1800s to provide access into the region, a new breed of men arrived in Northeast Arkansas to harvest cypress, hickory, oak, and other varieties of virgin timber that grew to gigantic sizes. An average of five thousand feet of timber per acre was cut and shipped by rail to feed lumber mills in the North. Courtesy of the Arkansas State University Museum.

Bottom: The largest oak ever delivered to Chicago Mill and Lumber Co. was cut and hauled by Oscar Alexander and J. D. Richardson in 1918. Courtesy of Curtis Duncan.

This page: Before land was ready for cotton, timber had to be removed and new ground cleared and drained. Many timber companies thus became real estate companies. This 1936 Chapman & Dewey advertisement in the *Arkansas Democrat* sought to interest buyers in the new ground created by the company's timber operations.

roaring. I was at that time 12 years old."[5] Terror created by the rampaging river remained vivid to Williams. "You could hear it roaring, and you could see it . . . coming. People running, going to the hills with wagons and horses and what not. . . . We didn't have to move from where we was . . . because water didn't get up in the house there. Up there by the Cole house, water was around my knees. You couldn't tell where the lake [Lake Chicot] started, nowhere. You could see houses going down the lake, floating."[6]

Unfortunately, when houses floated off, creatures great and small went with them. "You could see houses, small houses, chickens setting up on top of them. Dogs barkin' up on top of something. Done got up on a house or something, you know, and be floatin' down the lake there. So it was just ah awful thing. It was really dreadful. Caskets even. I done seen caskets done come up out of the ground. Dead bodies in them, floating down that lake. And sometimes I seen it come right through the yard. . . . The water was runnin', and stuff come right through your yard there going on to follow that stream going on down through there."[7] Floodwaters stayed up in his area for about six weeks and held inhabitants hostage. "What could they do? They done lost everything they had. Red Cross, it helped us some—do what they could do. Things aren't like they are now. Didn't have nothin' to throw away back in them times."[8]

1. Hays T. Sullivan, Burdette, Arkansas. Interview by author: March 24, 2002, Transcript. Southern Tenant Farmers Museum Collection, Arkansas State University, Jonesboro.

2. Ibid.

3. Ibid.

4. Ibid.

5. Willie Williams, Lake Village, Arkansas. Interview with Mike Bowman and Greg Hansen, Sept. 20, 2003. Transcript. Lakeport Plantation Collection, Arkansas State University, Jonesboro.

6. Ibid.

7. Ibid.

8. Ibid.

Opposite page: Photographer J. C. Coovert captured desolation left in the wake of a 1912 flood. During flood times, people took livestock and belongings with them to high ground. Courtesy of the Memphis and Shelby County Room of the Memphis Library and Information Center.

This page top: Residents took to the levees during flood times in the Delta, such as in this 1912 photo by J. C. Coovert. Refugees camped out on levees for six weeks during the 1927 flood. Courtesy of the Memphis and Shelby County Room of the Memphis Library and Information Center.

Bottom: Flooding was an ongoing threat throughout Delta history, as evidenced by this 1913 photo of Marked Tree. Even though the floods of 1927 and 1937 became noted disasters because of their scope and devastation, Delta residents lived with this possibility during most rainy seasons. Courtesy of the Arkansas State University Museum.

✦ ACTUAL DESTITUTION ✦

CALAMITIES ACCUMULATED FOR ARKANSANS in the 1920s and 1930s, both natural and man-made. One of the worst came on October 29, 1929, when billions of dollars of capital evaporated in heated Wall Street trading, signaling the onset of the Great Depression. Arkansas's economy, however, had serious financial problems even before the market collapse. In 1929, the state ranked forty-sixth in per capita income and first in per capita indebtedness.[1] The average farm consisted of about seventy acres, much too small for efficiencies that might squeeze out profits in tight times.

When sixty-six Arkansas banks closed on November 19, followed soon thereafter by forty-six others, Governor Harvey Parnell telegraphed President Herbert Hoover with a request that the Federal Farm Board make available crop loan money to Arkansas cotton growers for the upcoming year. Few farmers had financial resources sufficient to make a crop without borrowing money. Most took out annual operating loans from their banks to be repaid at harvest time in the fall. Thus, bank closings struck a knockout blow to many Delta tenant farmers already reeling from cheap commodity prices. These woes were followed in 1930 by a drought that ranked as one of the worst in Arkansas history. Summer temperatures in 1930 hit 110 in the Delta, and June-July rainfall measured the lowest on record. Fish poached in small ponds, and garden greens wilted. The National Weather Service, according to the August 12, 1930, *Arkansas Gazette*, rated conditions in the Delta "the most severe drought in climatological history." Arkansas congressmen petitioned President Hoover for assistance to avert starvation and deprivation during the coming winter.

Though federal agencies provided some assistance, Hoover believed that such relief should primarily be the responsibility of private charities. The Red Cross pledged $15 million to assist, but awaited exhaustion of other remedies. Many in Arkansas agreed with Hoover that private assistance should prevail—up to a point. On September 9, 1930, a Jonesboro, Arkansas, businessman told the *Jonesboro Sun* newspaper that "cases of actual want must be attended to by neighbors for the immediate present, but in America people are not allowed to suffer for food. So it is safe to presume that later the various charitable agencies will take care of cases of actual destitution."

"Actual destitution" arrived for many in the winter of 1930. Cold and hunger brought about three hundred Lonoke County farmers together in England, Arkansas. Tired of watching their families starve, they demanded food from local merchants. County Red Cross agents said they could not help since their offices had run out of applications for assistance. What little money the farmers once had disappeared when the bank closed. The anger and determination expressed by the crowd convinced England merchants to organize bread lines, which dispersed about 150 loaves to the families.

When the national press characterized this event as a "food riot," embarrassed relief agency representatives and politicians alike made excuses. Several congressmen claimed that political opponents staged the confrontation. Red Cross officials charged that imposters made up at least 25 percent of the protesting group. George Morris, a

A Red Cross worker calls on a sharecropper and his family. The economic collapse begun in 1929 that closed banks and eliminated farm financing, and the 1930 drought that devastated Arkansas crops, forced many tenant families to seek assistance from relief agencies for basic needs such as food. Photo by Lewis Wickes Hines. Courtesy of the Library of Congress.

local attorney who spoke to those assembled and persuaded them to disperse, said that "almost all of the men were hard-working, honest farmers who were simply desperate for food."[2] Humorist Will Rogers, commenting about the incident, opined, "Paul Revere just woke up Concord. Those birds woke up America."[3]

Shortly after the England confrontation, Arkansas Senator T. H. Caraway proposed that $15 million in food loans be made to Americans in the greatest need. The Red Cross estimated that about 250,000 persons in Arkansas fit the bill. The Senate approved Caraway's proposal in two days, but the measure was defeated in the House of Representatives when some members sought to extend such aid to all unemployed. Caraway, plainly dismayed by the defeat, offered this modest proposal: "If we are going to let them starve, why, I think we would just as well withdraw all relief at once. There is no use to torture humanity by giving them a bite today and a bite tomorrow so as to prolong their agony." He followed up by noting that the government had just refunded $126 million to corporations for tax overpayments.[4]

Food dispensed by federal agencies became available around the end of the month throughout the Depression-era Delta. The poor walked into town empty-handed and left with shoulders sunk low under sacks of flour and hands clutching the wire handles of lard tubs. A February 1931 Red Cross report recorded the agency's goal of dispensing $2.00 per week per adult with an additional fifty cents for each child up to a maximum of $4.50 per week per family. The actual Arkansas ration probably ran about $1.20 per person each month. A family of five fortunate enough to receive $6.00 per month might buy 25 pounds of meal, 48 pounds of flour, 25 pounds of pinto beans, 2 gallons of molasses, 10 pounds of lard, 1.5 bushels of potatoes, 10 pounds of salt, 1 package of baking soda, and 1 can of baking powder.[5]

The Delta's misery level that winter plunged as low as temperatures. By mid-January 1931, the Red Cross reported feeding one-half of St. Francis County's population, but dwindling funds caused

allowance reductions to $1.00 per month for each person. The few squirrels and rabbits left alive made themselves scarce, and turnips became Hoover apples. As the President fiddled, tempers in the Delta burned. Hoover proclaimed, "It is not the function of the government to relieve individuals of their responsibilities to their neighbors, or to relieve private institutions of their responsibilities to the public, or of local government to the states, or of state government to the Federal government."[6] He paid a high price for this philosophy at the polls, where Franklin D. Roosevelt defeated him handily when the Republican ran for a second term.

The Red Cross drought relief program in Poinsett County linked benefits to work, but after needy persons claimed that planters forced them to work on personal projects to receive benefits, an investigation ensued. John Buxton, who chaired the Marked Tree Red Cross chapter, justified the work program with opinions such as the following: "The works program eliminated the 'professional bum' and the street corner daily gatherings of the hundreds who had nothing to do and would group up and talk about how badly they were being treated and that someone had gotten more than they had and all the other things that idleness and discontent can breed."[7]

Unfortunately for the Delta's discontented, unseating insensitive or incompetent public officials on the local level proved a near impossible task. One reason, according to H. L. Mitchell, was because planters and their political allies controlled election results. The STFU founder explained how political bosses sometimes bought the results they wanted: "The politician would buy a block of poll tax receipts . . . and hand them out to everybody who might vote for him. If you accepted a poll tax receipt you were sort of obligated to vote for the man who gave it to you. . . . They had a semi-private ballot in Arkansas. You came in, gave your name, and they gave you a numbered ballot. They put your name down beside that number so they could check exactly what you did when you voted. . . . That's the way they used the poll taxes to control the white vote . . . The only Negro who had the vote in Arkansas was usually a white man's Negro."[8]

Sullivan explained another way political power flowed through Delta families. He called it an informal process that included about a dozen local people, all prominent Northeast Arkansas businessmen and planters. They met to collectively determine who the group would support with its financial resources and goodwill. "It was very, very informal the way I remember it. . . . There's still a little bit of it goes on today. Not near as much as it used to be. But there was about a dozen people. . . . You could just count those folks up, and these folks would have a meeting at somebody's office. And they'd sit down and hash out . . . who they were gonna support for state representative and who they were gonna support for senator. And that's pretty well the way it was, you know, on up through the '70s."⁹

The selections made by their political clique usually became the choices available to voters. "I can remember, you know, groups comin' in, even back in the '50s, to my daddy's office on a Saturday afternoon and maybe a Sunday afternoon . . . and wanna know who they was supposed to vote for. . . . And how ever we were gonna vote, in most cases they just followed right along."¹⁰ The poor

who followed this path of dependence knew that it might lead to an important favor when they needed one, and Sullivan said his father did many during his lifetime.

By the time Roosevelt assumed the presidency in 1933, twelve million Americans lacked jobs, and many families lived in makeshift housing along railroad tracks, huddled in shelters pieced together with scrap lumber. Delta sharecroppers in shotgun houses gave thanks for what little they had. Their day began before dawn with a breakfast of biscuits, molasses, and maybe fatback. Usually all family members, including children, went to the field after breakfast. Riding bosses—plantation supervisors, often deputized—rode horses among the workers to ensure the progress required by planters. Only after sundown did workers return to their shacks. At the beginning of the Depression, federal inspectors described tenant farmer existence as a "picture of

In late September or October, the opened Delta cotton fields beckoned pickers. Most of the public schools "let out" for several weeks each fall to get the cotton crop picked. Photo by Florence Stuck. Courtesy of the Arkansas State University Museum.

O. D. Pendergrass, a sharecropper on the Norcross plantation near Tyronza, recalled the back-breaking task of farming cotton with mules. During planting, the day went "from sun-up to sundown. That's what a day was like. We had two li'l mare mules, Bess and Hoss. They walked them beds like a cat. We had 30 acres of cotton the last year we were there."

Plowing new ground always presented special problems. "We had 11 acres that was full of little mulberry stumps," Pendergrass recalled. "They were under the ground. They never will rot out, you know,

and you couldn't see 'em. You get one of them middle busters hung up on one of them, you hit the handles like that, and it'd sit there and tremble. Sometimes you'd have to hitch your mules to the back just to pull it out. You rowed [dirt] up with a middle buster, and then you harrowed it off and planted it. A middle buster's got two wings [to] break the ground. . . . You'd have to bed it up real wet or real dry. If it got into dough you couldn't do nothin' with it. I've bed ground that had water behind me."

Pendergrass plowed the 32-inch rows "one row

at a time. It didn't take all that long [to plow 30 acres] cuz I worked sun-up to sundown and had a good team of mules. Didn't take all that long." He plowed the cotton "'bout four times. The last time we'd put buzzard wings, they call 'em, on one foot and run the middle. It was that wide. You'd hear 'em clippin' them vines. Didn't have no bugs. Didn't have no boll weevils. In Mississippi County they had the poison."

Opposite page top: Delta dirt is plowed and prepared for planting with the help of mules. Photo by Curtis Duncan.

Bottom: Planting cotton with mules. Photo by Curtis Duncan.

This page: Blocking out and chopping the stand. Photo by Curtis Duncan.

squalor, filth, and poverty."[11] Almost all toilets stood outdoors, not much more than unscreened pits often close to sources of drinking water. Typhoid, dysentery, and hookworm raged among croppers and their children.

Tenants who struggled to improve their position could face hurdles placed in their way by planters, who made them purchase personal and business supplies from company stores, often at substantially inflated prices. Tenants lived on credit from March until cotton-settling-up time in the fall, and they frequently fell short, meaning they could not repay planters for the cost of furnish and the accrued interest on those sums. Exorbitant company store prices and interest helped trap many tenants in debt peonage. In the March 30, 1935, edition of *Today* magazine, reporter Fred Kelly exposed examples of price gouging at plantation commissaries that issued doodlum books (booklets with scrip honored only in that store): "In one store, for example, I noticed that the cash price of potatoes was $1.75 but with a scrip book a buyer had to pay $2.25. Sometimes the difference runs as high as forty or fifty percent. Moreover, the tenant using these advances must pay high interest— sometimes as much as twenty-five percent."

Johnny Rye, whose family sharecropped near Tyronza during the 1930s, verified the difficulties portrayed in the *Today* magazine article as he recalled conditions his family experienced. "We had

Above: Pickers often recorded weights of how much they picked in their individual books. Courtesy of the Arkansas State University Museum.

Right: Generally, cotton sacks ranged from six feet to eleven feet long. The time it took to fill a sack depended on the yield of the crop and length of rows. Photo by Florence Stuck. Courtesy of the Arkansas State University Museum.

to live . . . ten of us in two rooms for about two months. [Got up] about daylight or before to go to work at sun-up. Back then you worked from sun-up to sundown. I picked a lotta cotton. A whole lotta cotton. I was eight years old. I'd eat six or eight, ten biscuits for breakfast. We might have gravy for biscuits. My mother was a great provider. She done the best with the least of anybody I seen. We just didn't have anything."[12]

Rye remembered his father occasionally getting essentials from the Red Cross, as well as surviving on basic food staples: "I slipped in the kitchen sometimes and had some peanut butter. . . . I'd get a whole wad, and all but get choked on it. We had molasses. Yes, sir. Beet pickles. Hominy. I didn't like either one ah them, but I guess I'd eat 'em anyway. But what I really liked better than anything else was milk and bread. [Mother] would go to the field with us in the morning, and she'd stay to 'bout 11:00 and go in and cook. We had our own wood cook stove."[13]

The Rye family's furnish came from the Emrich company store, and though profit margins at such establishments came under constant criticism from tenants, Rye praised the prominent planter. He recalled several occasions when Emrich went out of his way to help the family. "Emrich treated us very good, too. In fact, I was choppin' cotton for 'im in 1936 for dollar a day. I was 11 years old, and I was havin' a hard time keepin' up with the blacks. Emrich come to me, said 'Johnny, I know you need the money, but I can't stand to see you workin' like that.' Said, 'I don't want you to work no more today.' I was just havin' to struggle to try to . . . you know, I needed it."[14]

The sharecropper family's high regard for Emrich resulted in part from when the planter helped the family during one of its most painful experiences. "I remember June 5, 1933, my youngest brother died. We didn't have a doctor with 'im. He had colitis and whoopin' cough. And

Top: Weighing a sack. Usually pickers were paid in cash at the end of the day for the total pounds they picked. A good picker would get upward of two hundred pounds per day. At forty cents a hundred pounds, for example, a day's wages would range from about a dollar upward for usually twelve hours of hard work. Photo by J. C. Coovert. Courtesy of the Memphis and Shelby County Room of the Memphis Library and Information Center.

Bottom: Johnny Rye grew up near Tyronza in a sharecropping family and worked as a shoeshine boy in the Mitchell-East building. Photo by Ryan Steed.

Opposite page: Dumping a sack in the trailer. Men emptied their own sacks and those of the women and young children. Photo by Florence Stuck. Courtesy of the Arkansas State University Museum.

A cotton trailer hauled to the gin at the end of the day attracted many field hands happy to end their work with a joy ride on the soft cotton. In this photo, planters and buisnessmen appear to be posing atop the wagon. Courtesy of the Arkansas State University Museum.

I 'member mother wakin' us up about 5:00 one morning and said, 'Get up . . . if you wanna see Kenneth alive.' So we got up, and he was havin' what they called spasms then. He died. Three and a half years old. My daddy went to Tyronza Supply Company [the Emrich store] . . . bought a casket, $18 on credit." Tyronza planter John Tacker transported the boy's body to Whitten cemetery. "Had a funeral there and buried 'im. I haven't been over there yet. That hurt me so bad. I was eight and a half, and he was three and a half. Seein' 'im die like that . . . I'd never seen nobody die in my life. My folks hadn't either."[15]

Rye also had good things to say about the Norcross family, another local planter family, an unusual turn of events for a former Tyronza tenant. "Let me say this. At that time Norcross was nice people. Apparently in the past . . . it wasn't quite so nice, but Herrick Norcross was one good man, and his boys, good boys, too. The things that happened I've read about. A lotta that stuff, you know, I think it's terrible, but I never was treated that way. Ever."[16]

1. Gail S. Murray, "Forty Years Ago: The Great Depression Comes to Arkansas," *Arkansas Historical Quarterly*, Vol. XXIX, No. 4 (Winter 1970), 293.

2. Ibid., 297.

3. Donald Day, ed., *The Autobiography of Will Rogers* (Boston: Houghton Mifflin, 1949), 237.

4. Roger Lambert, "Hoover and the Red Cross in the Arkansas Drought of 1930," *Arkansas Historical Quarterly*, XXIX: 1 (Spring 1970), 13.

5. Murray, "Forty Years Ago," 298–299.

6. Broadus Mitchell, *Depression Decade* (Armonk, N.Y.: M. E. Sharpe, 1975), 87.

7. Whayne, *A New Plantation South*, 153.

8. H. L. Mitchell, "The Founding and Early History of the Southern Tenant Farmers Union," *Arkansas Historical Quarterly*, XXXII:4 (Winter 1973), 348–349.

9. Sullivan Interview, March 24, 2002.

10. Ibid.

11. Louis Cantor, *A Prologue to the Protest Movement: The Missouri Sharecropper Roadside Demonstration of 1939* (Durham, N.C.: Duke University Press, 1969), 14.

12. Johnny Rye, Tyronza, Arkansas. Interview by author, May 22, 2003, Transcript. Southern Tenant Farmers Museum Collection, Arkansas State University, Jonesboro.

13. Ibid.

14. Ibid.

15. Ibid.

16. Ibid.

Trailers were weighed and individually tagged before the scoop sucked cotton out of the trailer and into the gin. When empty, the trailer was weighed again so that gin operators knew how many pounds of cotton were delivered. Photo by Curtis Duncan.

Gin stands, which separate seed from lint, were watched by the ginners. Cotton ran into the stands from large tubes at the top, which carried cotton from the trailers outside. Photo by Nadia Strid.

Lint (cotton minus seed) is pressed into bales, usually about five hundred pounds. Photo by Florence Stuck. Courtesy of the Arkansas State University Museum.

Bales protected by mesh are rolled away from the press. Photo by Curtis Duncan.

BONO MERCANTILE C

GENERAL MERCHANDISE

SHOES

CASH STORE

The Bono Mercantile Co
Hauling 100 bales of
Rowden, Acala & Weber to the
Compress — Value $12,000.00

Bales are hauled through town for shipment, usually to the train station. Courtesy of the Arkansas State University Museum.

A cotton grader rates the quality of a bale sample, which determines the price paid to the grower. Photo by Florence Stuck. Courtesy of the Arkansas State University Museum.

WIDESPREAD EFFORT
TO CHISEL

Roosevelt's agricultural advisors found that even at the depressed price of six cents per pound, nearly thirteen million bales of cotton remained unsold in warehouses. In an effort to improve the farm economy, the U.S. Department of Agriculture (USDA) designed and Congress passed in 1933 the Agricultural Adjustment Act (AAA). In its simplest form, the law sought to increase commodity prices through reduced acres planted. Cash payments from the federal government compensated farmers for loss of income due to fewer crop acres. AAA checks, although made payable to landlords, were to be shared with tenants, according to USDA regulations.

Some landowners, however, used various devices to keep more than their share of payments. Since the AAA went into effect during May 1933, after cotton planting in the South, many cotton acres had to be plowed up for landlords to receive government payments. The act called for 25 percent of Arkansas's cotton acres, most of it in the Delta, to be eliminated. In 1934, farmers kept out of production about 40 percent of their tillable acres in order to receive payments. As AAA regulations reduced cotton acres planted and cultivated, the need for tenants diminished. So, many Delta landlords evicted tenants outright, taking away their land and furnished housing, or converted them into day laborers to avoid sharing AAA payments. Unfortunately for tenants, they lacked an enforceable right to the money. Regulations contained toothless enforcement provisions that failed to deter planters who used imprecise wording in the regulations to exploit loopholes.[1]

One paragraph from Section 7 of the AAA contract illustrates the loose language: "The producer will endeavor . . . to bring about reduction as to cause the least possible . . . social disturbance and . . . insofar as possible he shall effect the acreage reduction as nearly ratable as practicable among tenants . . . [and] shall insofar as possible maintain . . . the normal number of tenants."[2]

By September 1934, Arkansas farmers had filed 477 complaints alleging program abuse, but investigations resulted in cancellation of only eleven USDA contracts. Accusing planters of AAA violations often yielded a bitter harvest. The *New York Times* reported on April 17, 1935, the story of a tenant complaint made against Chapman and Dewey and its impact upon the complaining farmer. C. G. Fletcher "was charged $7 an acre for land on which to grow corn and hay for his stock . . . and thought he was entitled to share in the government benefits." W. J. Greenfield of the USDA investigated the case and found Fletcher "not entitled to any part of the government payment. On December 21, 1934, his landlord ordered Fletcher to vacate his house by January 1, 1935."

Though Roosevelt claimed to champion the little man, Secretary of Agriculture Henry A. Wallace assured the big boys that regulations would conform to "the wishes of the farm leaders conference."[3] Contractual arrangements that governed payments and left tenants vulnerable came about because the USDA viewed direct contracting as impractical, or so it said. In the early 1930s, more than one million cotton contracts existed between the agriculture department and cotton growers. Program directors believed that to contract directly with myriad American farmers (which today's programs do) would produce a mountain of paperwork (which today's programs do). County committees existed as local arbiters of AAA disputes, but planter control of this oversight mechanism usually meant little recourse when abuses occurred.

The potential importance of these committees rested in Section 8 of the regulations, which stated, "Any change between the landlord and the tenants or sharecroppers . . . shall not operate to increase the landlord's payments." However, later in that section its authors limited punitive measures with regard to violations. Punishment could be assessed "only if a county committee finds that the change or reduction is not justified." In effect, compliance amounted to planters judging the actions of other planters or sometimes themselves. Thus, the agricultural assistance program frequently hurt those it sought to help. Howard Kester, for many years a social activist and STFU leader, concluded that "AAA policies of the federal government intensified the already deepening misery of the southern sharecropper."[4]

Concern among agriculture program administrators not to rub planters the wrong way went all the way to the top. Cully Cobb, head of the AAA cotton section, instructed his investigators in a May 5, 1934, memorandum how they should approach complaints from tenants about planters: "The work to be done must be carried on in close cooperation with those who have had charge of the cotton adjustment program in the states and counties and in close cooperation with the county cotton adjustment committees in the various counties [in other words, landowners]. Nothing must be done which might cause them to feel that their actions are being questioned and nothing must happen which might create an impression that the committeemen and others have not been fair and just. Also, the impression must not be created that there has been widespread effort to 'chisel,' cheat or be unfair."[5]

CHATTEL MORTGAGE

C. C. MILLER
TO
RED ONION GIN COMPANY
TO
The Security Bank & Trust Co.
OF PARAGOULD, ARKANSAS

THIS MORTGAGE TO BE FILED, NOT RECORDED

The Security Bank & Trust Co.
OF PARAGOULD, ARKANSAS

By Ike Willcockson

Filed for record this .... day of .... 19 ..... at .... o'clock .... M.

.... Clerk and Ex-Officio Recorder.
.... D. C.
By ....

The stranglehold that lenders had on sharecroppers resulted from these legal documents—chattel mortgages. The bank held the right to "all crops . . . by him [the farmer] or for him." If the farmer did not pay off the loan from crop proceeds, the bank could sell all chattel listed, from the black horse mule to the breaking plow, and pay off debt. Courtesy of Bonnie J. Miller Brown.

1. M. S. Venkataramani, "Norman Thomas, Arkansas Sharecroppers, and the Roosevelt Agricultural Policies, 1933–1937," *Mississippi Valley Historical Review*, XLVII (September 1960), 227.

2. Howard Kester, *Revolt Among the Sharecroppers* (New York: Arno Press, 1969), 30.

3. Henry A. Wallace, *New Frontiers* (New York: Reynal & Hitchcock, 1934), 164–165.

4. Kester, *Revolt Among the Sharecroppers*, 54.

5. Whayne, *A New Plantation South*, 204.

CHATTEL MORTGAGE

THIS INDENTURE, Made this..19th..day of...March.................................., 1938..., between.....................
......C.C. Miller.., party of the first part,
and ~~THE SECURITY BANK & TRUST COMPANY~~, of Paragould, Ark., party of the second part,
......Red Onion Gin Co.

WITNESSETH, That and in consideration of the sum of One Dollar, the receipt of which is hereby acknowledged, the party of the first part has bargained, sold, granted, conveyed, and by these presents hereby bargains, sells and conveys to the party of the second part, its successors and assigns, the following described property, to-wit:

All crops of any and every nature grown and produced and to be grown and produced during the year 1938 on the following tract of land in..Dunklin..............County, ~~Arkansas~~ MO, known as the...Shelton.......................Farm, to-wit:
......located 3 miles West of Cardwell, Missouri..

it being the intention of the Mortgagor to convey hereby all interest in all crops of cotton, corn, hay, rice, grains, feeds and produce grown by or for him, or in which he has an interest, in..Dunklin..................County, ~~Arkansas~~ MO, during the year 1938 and he hereby covenants that there will be at least....16....acres of such cotton, ...15.....acres of such corn, & beans ~~xxxxxxxxxxxx~~y, 7-Hay..acres of such rice, and...................acres of such other crops.

Also the following described personal property in the possession of the Mortgagor on the land and farm above described, in said County and State, to-wit:

......1 black horse mule, 10 years old, wt. 1100 lbs.
......1 black mare mule, 10 years old, wt. 1050 lbs.
......1 black Jersey cow, 4 years old, and increase
......1 two row drill, Moline
......1 John Deere riding cultivator
......1 Oliver breaking Plow #19
......1 Vulcan Lister #10
......1 Weber & Dame wagon
......And all other farming tools

TO HAVE AND TO HOLD the said property to the said party of the second part and unto its successors and assigns forever, conditioned, as follows:

As a basis for obtaining the credit extended herein the part.y. of the first part has represented, and expressly covenants and warrants, that he is, and will continue to be, the the sole owner of the above described property and crops, and that he has a good right to convey the same; that there is no lien or encumbrance of any kind against the same; and that no member of his family or any person whatsoever has, or will have, any interest whatsoever in the crops or property hereinbefore described for labor in making same, or for any other service.

WHEREAS, the party of the first part is indebted to the party of the second part in the sum of.................
......ONE HUNDRED & FIFTY AND NO/100...Dollars ($150.00.) evidenced by..one..promissory note..
for said amount, dated..March 19.....1938, due..1st..day of...October.....1938, payable to the party of the second part and bearing interest at the rate of ten per cent per annum from..Maturity.........until paid,

DESPAIR IN THE DELTA

Despite government programs, which if handled as intended would surely have improved the lives of many more poor farmers, despair prevailed in the Delta. Brooks Hays, an Arkansas congressman, described conditions in a 1934 memorandum after a fact-finding mission for the Federal Emergency Relief Administration (FERA): "I had seen many dilapidated tenant houses, but I could hardly believe that people lived in the one that I found on this country road . . . . This home was about ten feet by twenty, and was made of corrugated tin and scraps of lumber. It was flat upon the ground, and had only one or two small openings."[1]

Delta tenant farmers, black and white, shared the hardships described by Hays. The 1930 census classified about 73 percent of the nation's cotton farmers as tenants. The ten primarily cotton-producing states recorded 936,896 white and 670,665 black tenant families. Despite planter claims of their own economic hardship or reduced circumstances, they held on to relatively high incomes for the times. A survey of Delta plantations in 1934 indicated an annual net income of $4,743. This compared reasonably well with a doctor's net for the same period of $3,300.[2]

The fact that AAA programs failed to achieve the broad relief intended resulted only partly from local actions. Conflicts of interest started with those who wrote the programs. In designing relief measures, the government sought advice from such agricultural leaders as Oscar Johnston, who presided over Delta Pine and Land Company (DPL) of Mississippi, Inc. An article in the April 8, 1934, *Washington Post* exposed the British-controlled company for receiving money not to grow cotton. Approximately fifty British mills owned a majority of the company, which encompassed 38,000 Delta acres. In 1933, DPL received $177,947 of AAA payments—money desperately needed by starving American sharecroppers. When asked about the linguistic laxity of Section 7, which Johnston helped draft, he declared it to be a guide not a strictly legal statement.[3]

Poinsett County's largest landlords included Chapman and Dewey with about 17,000 acres; Poinsett Lumber Company, 5,000 acres; E. Ritter and Company, 5,000 acres; and Norcross Plantation, 5,000 acres. Northeast Arkansas corporate landowners also possessed vastly different priorities than tenants. They quickly recognized that the AAA program would allow them to increase gross income without associated expenses to dilute earnings, so planters participated eagerly. Cotton acreage in the Delta, including the Mississippi side, fell in excess of 39 percent in the 1930s. In 1933, about six hundred farmers in Poinsett County plowed up roughly 20,600 acres and received approximately $661,000. In 1934, Poinsett planters rented about 29,000 county acres to the government. Despite the set-aside program, cotton prices failed to increase significantly and consistently. AAA money, however, certainly cushioned the fall of landlords hit by continuing low cotton prices.

Landlord mathematics as practiced in the Delta became legendary through many stories about settling up, some true and some perhaps embellished. One favorite that made the rounds at STFU meetings during the 1930s concerned a schoolboy's arithmetic lesson. For practice, a rural school teacher asks a farm boy the following question: "If the landlord lends you $20, and you pay him back $5 a month, how much will you owe him after three months?" The boy replies, "$20 dollars." The teacher admonishes, "You don't understand arithmetic." The student replies, "You don't understand our landlord."

Minnie Damron's father fared much better than this student when he moved near Tyronza to

Though times were hard around Tyronza in the 1930s, they were rarely dull for Minnie Bullard Damron. Driving the family car and smoking cigarettes were two of her favorite pastimes, which almost caused a disaster and a near run-in with her father:

"On Sunday evenin' he let me drive the car. Wasn't but 13, and he would let momma go with me, and we'd ride around. 'Til I burnt—that's the one I burnt up. . . . He had just finished payin' for it. And ah' course, there wasn't no insurance on it."

Accompanied by three friends during one ride, she accidentally set the car on fire while lighting a cigarette. "I could strike a match on my thumbnail [to light a cigarette], but it hung under there, and I dropped it. And when I did, damn, we just did get out a' that durn thing."

Damron told one of them who owned a watch to go home and get it. "I said, 'I'll tell dad I struck a match to see what time it was.' This big girl said 'No, let me tell 'im.' So I got my cigarettes out ah' my bra and run over and put 'em in some hedge so we could get 'em the next day. Dad finally came over after it

Minnie Bullard, second from right, was one of ten children, including two born after their arrival in Tyronza. Courtesy of Minnie Bullard Damron.

was pretty well all burned down and [asked] what happened. So this girl said, 'Mr. Bullard, it was my fault. I struck a match to check and see what time it was. I dropped the match.'"

Damron adjusted the story to make her father partially responsible for the blaze. "He'd been carryin' gasoline [in the car], and I said 'You remember, Dad? You know momma told you not [to] be haulin' that gas.' He didn't suspect me, or I wouldn't be here today."

sharecrop in the 1930s. Minnie left the Mississippi hills when five years old and rode into Tyronza in the back of a truck with her parents, siblings, and all their belongings. Damron's father became a sharecropper on the Norcross plantation and advanced to farm manager in the operation. Later, he bought his own land and farmed independently. Thus, the family journeyed across three cultural lines in a region where such lines proved difficult to cross.

Her personal recollections bring to life the preoccupations of a teenage girl in Tyronza as economic and political turmoil surrounded the town in those dark Depression days. She described the promenades on Saturday afternoons and evenings in Tyronza: "[We walked] up and down the street [to] flirt around. . . . There was a free show until after I was a big teenager, before they ever had a movie. They would show it, and you had to stand up. Nothing but young people went. And they showed it on the side of a buildin'. It was all free. I don't know who done that. Didn't give it a thought."[4]

Damron attended Tyronza schools for three years before her father bought a farm and moved the family to Vanndale: "They had this little place where the high school kids danced, but my daddy forbade me to go there. Of course, I did. I'd come in, and he'd say, 'You'd better not have been out at that joint.' 'No sir. I just went to the movie.' It was a plain jukebox with high school kids. The big thrill was just ridin' up and down the street, goin' around the telephone pole down at the end of the street."[5]

The teenage girl's mother deferred to her father regarding dates: "If we had an offer of a date she'd say, 'You'll have to ask your daddy.' And they had to come to the door. I never understood that. Boy had to come to the door. . . . And there was this kid. He wasn't but 17, I guess. It was a Sunday afternoon, and he saw my daddy [on the porch], and he just blew the horn. My daddy spit his tobacco out and said, 'Son, we ain't got no curb service. You're gonna have to come to the door.'"[6]

Like other Tyronza tenant families, the Damrons relied on credit until cotton picking time: "When my daddy left there, that's the first time he had settled up [in] all those years. So they probably cheated him like everything. But I did get a lot of cigarettes on credit. You know, he always said if he had caught us smokin' he'd cram it down our throats. But one time, many years before he died, I said, 'Dad, I gotta confession to make. I used to charge a pack of cigarettes to you every week . . . .' 'Lord, God Almighty,' he said. 'No wonder I didn't have much comin' when I left there.'"[7]

---

1. Donald H. Grubbs, *Cry from the Cotton: The Southern Tenant Farmers' Union and the New Deal* (Chapel Hill: University of North Carolina Press, 1971), 5.

2. Ibid., 12.

3. Lawrence J. Nelson, "Oscar Johnston, the New Deal, and the Cotton Subsidy Payments Controversy, 1936–1937," *The Journal of Southern History*, 40:3 (August 1974), 400.

4. Minnie Damron, Jonesboro, Arkansas. Interview by author, Fall 2002. Transcript. Southern Tenant Farmers Museum Collection, Arkansas State University, Jonesboro.

5. Ibid.

6. Ibid., March 15, 2003.

7. Ibid., Fall 2002.

TENANTS ON RED SQUARE

As Delta farm tenants plunged deeper into debt or found eviction notices in their mailboxes during 1933 and 1934, they gathered informally in a Tyronza building that housed H. L. Mitchell's dry cleaning shop and Clay East's gas station. Some dubbed that part of town "Red Square" since Mitchell and East, dedicated socialists, worked to convert the dispossessed to their cause. Their efforts to empower the powerless put the pair of socialists and their growing number of followers directly in the path of many powerful planters, who particularly disliked the idea of tenants becoming an organized force that might then shift the balance of power. That development gained momentum after Hiram Norcross began evicting tenants in 1934. An attorney from Missouri, Norcross inherited about 4,500 acres near Tyronza. Chairman of the county committee that interpreted AAA regulations,

Norcross sent eviction notices to about forty local sharecropper families. Some of them turned for help to Mitchell and East.

In interviews with East, videotaped in 1987 and 1992, he described the early days of this protest movement. Despite a flagging memory, particularly in the 1992 interview, East provided valuable insight into opening chapters of the STFU story. East's father owned a farm near Tyronza and a grocery store in town, so he viewed the clash from more than one perspective. He disclosed that part of the problem between tenants and Norcross developed

H. L. Mitchell Dry Cleaners, unofficial headquarters for the STFU. Mitchell is wearing the tie. He originally came to Tyronza to sharecrop but found cropper living conditions so deplorable that he started a dry cleaners in this building, which also housed his father's barber shop. Courtesy of the University of North Carolina, Southern Tenant Farmers Union Papers.

Norman Thomas speaking to sharecroppers at Bay Bridge, Arkansas, in 1937. When invited earlier to visit the Delta by fellow socialists Mitchell and East, he observed the deplorable living conditions and desperation of tenants and advised his hosts to form a union. Associated Press Photo. Courtesy of the University of North Carolina, Southern Tenant Farmers Union Papers.

because the lawyer ran his plantation on a strictly business basis. After his father died in a horse-riding accident, Norcross left his law practice in Kansas City, Missouri, and came to Tyronza.

At that time, Alex East, Clay's uncle who once was a landowner but went broke, served as Norcross's farm manager. Alex East had previously avoided evictions by reducing acres assigned to each sharecropper. The paternalism of this approach, however, gave way to strict business principles when Hiram Norcross arrived. Newly surveyed land precisely determined furnish, which meant reduced credit for business and personal needs since some furnish previously came from "padded" acreage. This change frustrated many tenants accustomed to credit tied to overstated acreage. Under the new Norcross management, written contracts replaced longstanding oral agreements. So according to East, bad blood flowed between Norcross and tenants well before evictions gave momentum to the union.

Clay East claimed that he became interested in socialism and workers' rights after reading Upton Sinclair's *Letters to Judd*. Written in 1925, the book answered, at least to East's satisfaction, questions such as, "Why is there poverty in the richest country in the world?" and "Why throughout America are the rich growing richer and the poor poorer?"[1] Sinclair's answers helped win over the STFU founder, and he sold socialist literature in his gas station and sought ways to right the wrongs being done to tenants. The STFU founder traced his willingness to intercede on behalf of tenants, both black and white, partially to his law enforcement positions. Constable of the township, city marshal of Tyronza, and Poinsett County sheriff's deputy, East seemed the perfect person to right wrongs.

East opposed the AAA plow-up program, objecting to "made" cotton being plowed up while poor people went without clothes and work. He conveyed in these interviews a strong preference for practical approaches to solving problems. East seemed to be the doer and Mitchell the talker in early days, not a bad combination for the times. His approach and personality became particularly clear when he attended a meeting of wealthy socialists in

Memphis. The practical union man fumed as noted socialist speakers discussed the need to enrich the life of croppers with cultural opportunities. He lived among the poor and knew they needed meat on the table, not pie in the sky.

East verified that when American Socialist Party leader Norman Thomas visited Tyronza and saw hungry, desperate sharecroppers, he recommended that a union be formed. Thomas, who ran for the U.S. presidency in 1928 and 1932, brought up in his campaign the paradox of bread lines and plowed up crops. His political party found increasingly fertile soil for growth in Arkansas, and its national office sent socialists Martha and Ed Johnson to Arkansas in 1933 to help accelerate party progress. Though Arkansas seemed poor ground for nurturing socialism, appearances deceived.

The STFU "tapped the dormant sentiments of southwestern agrarian radicalism, dating back to the 1890s," according to historian Alex Lichtenstein of Florida International University. A populist reaction against robber barons at the end of the nineteenth century remained among many poor farmers. Indeed, in the 1912 presidential election, socialist Eugene V. Debs garnered more than eighty thousand

Customers at Clay East's Tyronza service station in 1934. The station was attached to the building that housed H. L. Mitchell's dry cleaning business. Given their affiliation with the Socialist Party, this part of Tyronza was called "Red Square." Courtesy of Jack East.

votes from Arkansas, Oklahoma, Louisiana, and Texas, all states that developed significant STFU support.[2]

To further the cause, in November 1933 the Johnsons sent Thomas a letter suggesting that he visit Tyronza. "Here you will find the true proletariat; here you will find inarticulate men moving irresistibly towards revolution and no less."[3] Thomas accepted the invitation to visit, and he toured the Norcross plantation barn with its running water and concrete floor for swine. He later remarked in his speech to area tenants that livestock lived in better facilities than sharecroppers.

1. Upton Sinclair, *Letters to Judd, an American Workingman* (Pasadena, Calif., 1932), 1.

2. Kester, *Revolt Among the Sharecroppers*, Introduction–24.

3. Martha Johnson, Norman Thomas Papers, Manuscript Division, New York Public Library.

A VERY LARGE NUMBER OF COMPLAINTS

WHILE NEGATIVE PRESS and powerful political voices such as Thomas produced waves of bad publicity for Delta planters, USDA department head C. C. Davis wrote a May 1934 directive to district agents and staff in an effort to outline the agency's position in landlord-tenant disputes. Though Davis intended only to establish the department's official position on matters, he also outlined the many schemes and devices used by planters to chisel and confirmed a "very large number" of complaints: "It is reported that in certain cases planters, operators, landowners or landlords have inserted special clauses in rental contracts . . . or have adopted supplemental special agreements by which their tenants surrender claim to any portion of rental and parity payments." Davis also admitted that "in a considerable number of cases" tenants were forced into oral agreements that accomplished the same effects. Landlords told tenants that they could accept the agreements or move out, and in such cases, "tenants have been warned against reporting such matters to the county committee or county agent or the Agricultural Adjustment Administration under the threat of being displaced if they should do so . . . All of these are obviously in violation of the contract and the regulations."

Additionally, Davis noted that some landowners were requiring a "higher rate of rent per acre . . . or a larger share of the crop than has heretofore been customary as a means of securing for themselves in an indirect way a larger portion of the rental and parity payments to be made under the provisions of the cotton adjustment program. Obviously, such procedure definitely violates the spirit of the Agricultural Adjustment Act."

In an effort to spin his comments, Davis claimed that "many of such reports or complaints are probably without foundation, but the number of complaints is sufficiently great and of such a serious nature as to require that they be investigated and definite action taken to protect the rights and interests of tenant farmers as far as possible. It is recognized that these problems must be dealt with in such a way as not to unduly disturb the cotton adjustment program and in such a way as not to arouse additional controversy and ill feeling between landowners and tenants."[1]

The directive suggests that although Washington officials knew exactly how landlords stacked the deck, the importance of not arousing controversy with planters and their political allies in Washington trumped their responsibility to honestly pursue complaints. Some AAA officials, however, felt differently. Historian Donald Grubbs suggested that the agriculture department contained both "extension service conservatives" and "urban reformers," both of whom wanted to implement their own ideas when administering AAA programs. While reformers saw the AAA program as a means to attack poverty, the conservatives saw it as a means of appeasing southern politicians, such as Senator Joseph T. Robinson of Arkansas. Interestingly, an agency reformer, Gardner Jackson, would later become the STFU's man in Washington.[2]

Though Davis, who headed up the AAA program, preferred serene co-existence among his factions, Cully A. Cobb, director of the cotton section, hailed from Mississippi and had no intention of sidling up to socialist agitators. Knowing Davis's penchant for a peaceful climate, Cobb muffled the cries from cotton country. The bad press would not go away, however. Newspaper reporters descended on the Delta and reported abuses, and reformers lobbied all who would listen. The wave of negative publicity peaked in early 1934 when Duke University professor Calvin B. Hooker issued his study, "Human Problems in Acreage Reduction in the South," addressed to Secretary of

Agriculture Henry Wallace. Hooker set out in detail with scholarly precision the abuses perpetrated on southern tenants.[3]

The document caused Wallace to create a committee to look into violations. A compliance department followed. Then another committee on landlord tenant relationships. Yet another investigating committee examined the Hooker data. Then, memoranda, lots of memoranda. In his pronouncements, Davis made it clear that planters should not be challenged or discomfited. In one bizarre assessment, an Arkansas investigator attributed the difficulties between tenants and planters to union activities.

The report that summarized USDA investigations declared 346 of Arkansas's 477 complaints unjustified, and the department revoked only eleven of the state's AAA contracts. As a result of these findings, the August 27, 1934, *Arkansas Gazette* announced that "the report wholly refutes charges that were made last spring of the eviction of thousands of tenants and sharecroppers." Since planters indirectly controlled the investigation through their connections with county agents in the extension service, not surprisingly they found that they had not violated AAA regulations.

---

1. Southern Tenant Farmers Union (STFU) Records, Southern Historical Collection, Wilson Library, University of North Carolina at Chapel Hill (Microfilm, 1971), Reel 1.

2. Grubbs, *Cry from the Cotton*, 31.

3. Ibid., 34.

❧ TOO HOT TO HANDLE ❧

USDA REFORMERS OBSERVED the farcical investigation with dismay, and some in the department's legal section (including Alger Hiss, later the target of Whittaker Chamber's exposé) turned to the contradictory and, in many cases, unenforceable language in Section 7 of the AAA contract and attempted to clarify its meaning and further protect tenants from abuse, but with little success. However, Paul Porter, chief publicist for the AAA, pointed out to department officials that news coverage of the Norcross evictions focused on the fact that Norcross chaired the local AAA committee responsible for oversight, surely a conflict and certainly a stain on the program's image.

Jerome Frank, another reformer, joined Porter and others in an effort to push the department toward intercession on behalf of the Norcross tenants. Amid this tug of war, an STFU delegation arrived in Washington—Mitchell, secretary of the Tyronza local, and its president, Alvin Nunnally, as well as Marked Tree local presidents E. B. "Britt" McKinney and Walter Moskop. Secretary Wallace quickly deflected them toward Cobb, the conservative who proved hardly civil and rarely helpful.

During the USDA turmoil, Wallace agreed to another investigation of AAA abuse, and Frank chose an outsider for the job, Mary Connor Myers. An attorney accomplished in administrative law, who had participated in the investigation of Al Capone, Myers included in her investigation several tours with STFU members of Delta tenant dwellings and telegraphed the following message to Frank: "Have heard one long story human greed . . . Section

Attorney Mary Connor Myers was sent by the government to investigate alleged violations of tenant rights. Her report, supporting tenant claims, was suppressed by the Department of Agriculture and never made public. Wide World Photos.

Fairview School, location of the STFU's first meeting. Courtesy of the University of North Carolina, Southern Tenant Farmers Union Papers.

seven only one section contract being openly and generally violated . . . Mailing mild sample affidavit tonight . . . Croppers much higher class than I expected and all pathetically pleased government has sent someone to listen to them."[1]

Myers delivered a report to Davis that he reportedly called too hot to handle, and no one has seen it since. No report, no action. Herbert Barnes wrote in the February 15, 1935, *Farmers National Weekly*, "It is clear that Wallace has no intentions of taking any steps likely to conflict with the interests of the planters." Among the mourners who looked on as the Myers report got buried stood legal department reformers. When they completed an official interpretation of Section 7 language that did not suit Cobb and his conservative allies, Davis decided that the reformers had to go. Wallace allowed the purge, though he restricted it somewhat. Frank and most reformers received dismissal letters, and Davis remarked at a news conference, "For an efficiently operating organization . . . I think it is important to have in the key positions . . . men who have some familiarity with farm problems and who have a farm background."[2]

Unable to get help from the bureaucrats, tenants decided to help themselves. The black and white organizers who met that fateful day in July 1934 elected East president and Mitchell secretary and spokesman. Founders also chose to break a long pattern of racial segregation and included all comers in one union local. East offered an interesting reason for STFU success in joining black people and white people in the rural South—a remarkable achievement in the 1930s Delta. When agriculture department officials traveled to Tyronza and other southern locations to explain the AAA program or to help implement it, they held only one meeting per site, not two segregated gatherings typical of the South. So both races came together under one roof at the same time for government convenience. Since all sharecroppers sat in the same school auditorium for meetings, why not at union gatherings? Thus, they linked up partly as a natural extension of integrated government meetings.

Integrated union locals at that time in that place, however, defied a central tenet of southern culture and gave the STFU much of its historical importance. "The union's history furnishes a lesson in interracial understanding that represents one of its greatest legacies,"[3] according to Grubbs. Though many locals brought black and white members together in one unit, some towns organized separate locals for each race. Marked Tree had each, with McKinney leading black members and Moskop the white group. Mitchell declared it "quite all right for the two races to organize into separate locals just so long as they are all in the same union and fighting for the same things."[4] Despite the existence of some segregated locals, the union took up important matters only at integrated meetings, and ultimately, practical considerations brought many of the separate branches together, such as the fact that sometimes black churches provided the only place for union meetings, and white members could hardly expect black members to sit in the back of their own church.

Later, well after the union was launched and underway, Mitchell bluntly spelled out the organization's position on race and class in a November 1935 letter to a Widener, Arkansas, union organizer: "It is very important that we organize the whites as well as the Negroes, and in a county such as St. Francis the organization of a number of white locals would be a means of protection to both races. For many years the [planter] class has succeeded in keeping the two races divided, and at the same time robbed both the Negroes and the whites equally . . . Nothing will win the battle quicker than by having workers of all races, creeds and colors united in one strong union. The Southern Tenant Farmers Union is founded on these principals [sic]. There are no niggers and no 'poor white trash' in the union . . . We have only union men in our organization, and whether they are white or black makes no difference."[5]

1. STFU Records, Myers to Frank, January 18, 1935, Reel 1.

2. Grubbs, *Cry from the Cotton*, 56.

3. Ibid., 66.

4. Ibid., 68.

5. STFU Records, Reel 1.

Organizer's Commission

TO WHOM IT MAY CONCERN: Number _____

THIS IS TO CERTIFY THAT _____

__ OF _____

_____ HAS THIS DAY BEEN COMMISSIONED AS AN ORGANIZER FOR THE SOUTHERN TENANT FARMERS' UNION IN THE COUNTY OF _____ FOR THE STATE OF _____ FOR THE PERIOD OF ONE YEAR UNLESS THIS COMMISSION IS REVOKED BY THE EXECUTIVE COUNCIL S. T. F. U. HE IS HEREBY AUTHORIZED TO SOLICIT MEMBER SHIP, AND TO ORGANIZE COMMUNITY COUNCILS IN THE ABOVE NAMED TERRITORY, HOWEVER THIS SHALL NOT BE CONSTRUED AS TO PREVENT _____

_____ FROM SOLICITING MEMBERSHIP OR ORGANIZING COMMUNITY COUNCILS IN NEARBY TERRITORY NOT IN CONFLICT WITH LIKE COMMISSIONS ISSUED TO OTHER ORGANIZERS.

THIS COMMISSION IS AUTHORIZED BY THE EXECUTIVE COUNCIL OF THE SOUTHERN TENANT FARMERS UNION PROVIDED THAT _____ AT ALL TIMES WORKS IN ACCORDANCE WITH THE CONSTITUTION & BY LAWS & OTHER RULES AND REGULATIONS OF THE S. T. F. U. REPORTING EACH WEEK WORK ACCOMPLISHED TO THE EXECUTIVE SECRETARY.

WITNESS MY SIGNATURE THIS THE _____ DAY OF _____

_____, 1934.

This wording was used on a 1934 form seeking certified STFU organizers for one-year terms. The form appeared on Southern Tenant Farmers Union letterhead giving Tyronza, Arkansas, as the union's headquarters. Executive Council members listed included H. Clay East, president; G. A. Nunnally, vice president; J. R. Butler, organizer; H. L. Mitchell, secretary; Ward H. Rodgers; and William R. Amberson. Source: University of North Carolina, Southern Tenant Farmers Union Papers.

❧ BUILDING A BETTER WORLD ❧

DELTA PLANTERS, LACKING AN APPRECIATION for the union's cultural significance, employed many methods to disrupt and destroy the STFU, including an ever-present threat of violence. In the two taped interviews, East recounts many confrontations with nightriders who arrived at union rallies to intimidate those present. East initially told Mitchell that he would serve as union president for one year. Upon completion of the year, he

moved on and left further development of the STFU to Mitchell and others. Although the union later had several leaders, Mitchell remained the most important and central to its success.

Born June 14, 1906, in Halls, Tennessee, Harry Leland Mitchell arrived in Tyronza during the winter of 1927 to sharecrop on the Brackenseik brothers' plantation after hearing about land rich enough to grow two bales of cotton per acre. Unfortunately, he admitted later, "the boll weevil got one bale and the landlord got the other."[1] Appalled by tenant living quarters on the plantation, Mitchell decided against sharecropping. Fortunately, his father owned a barbershop in Tyronza and had a clothes press in the back of his shop. So Mitchell went from sharecropper to clothes presser before serving as the union's first executive secretary from 1934 to 1939 and again in 1944.

Evictions and the failure of federal money from various programs to trickle down to Delta tenant farmers in amounts sufficient to improve living conditions to a tolerable level sent more and more people to the union. Mitchell's recruiting and public relations efforts aided, as well. The union required members to be more than eighteen years old with their livelihoods coming from "rents, interest, or profits."[2] Union locals elected a president, vice president, executive committee, and defense committee. Mandatory annual conventions selected executive committees, which contained seventeen members and met every three months. The first STFU convention took place in 1935. Within a few months of its founding, union rolls listed approximately 1,400 members in five Arkansas counties. The membership card outlined the group's mission statement: "Our sole purpose . . . is to secure better living conditions . . . and higher wages for farm

The first STFU newsletter cost one cent. Union news traveled down country and town streets via this newsletter, which helped assure members that they were not alone in their struggle. Courtesy of Ruth Hale.

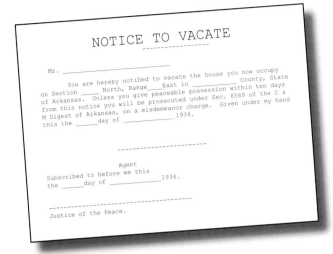

NOTICE TO VACATE

Mr. _____

    You are hereby notified to vacate the house you now occupy on Section _____ North, Range _____ East in _____ County, State of Arkansas. Unless you give peaceable possession within ten days from this notice you will be prosecuted under Sec. 6569 of the C & M Digest of Arkansas, on a misdemeanor charge. Given under my hand this the _____ day of _____ 1934.

                   Agent
Subscribed to before me this
the _____ day of _____ 1934.

Justice of the Peace.

This dreaded notice came frequently to many sharecroppers in the 1930s so that planters could increase their AAA payments. Though the termination notice was in writing, many tenants had only oral contracts to farm. Source: University of North Carolina, Southern Tenant Farmers Union Papers.

labor and help build a world wherein there will be no poverty . . . for those who are willing to work."[3] Union principles included passive resistance and cooperation across race and gender lines, lines that were crossed in the South when "virtually no other institution in the United States pursued such a course."[4]

Despite the commitment to racial equality within the union from its inception, Mitchell claimed that some black members suspected that in a crisis they might stand alone, as they did in Lee County during 1891 and at Elaine in 1919. Blacks who questioned the depth of white commitment soon got their answer at the C. H. Smith trial. The black minister and organizer went to Crittenden County, Arkansas, to enroll members. Beaten and jailed for his efforts, Smith's cause enraged and united union members. After several attempts to hire an attorney, Mitchell retained C. T. Carpenter of Marked Tree, Arkansas. On court day, Carpenter filled the room with white union members, many carrying sturdy wooden walking sticks for self-defense. A local wag remarked that he had never seen so many crippled farmers in one room. Smith

won parole, and Mitchell claimed that this show of support convinced reluctant black tenants that white STFU members would not abandon them.[5]

Another event critical to STFU growth proved to be the arrest and trial of Ward Rodgers. Educated at Vanderbilt University Divinity School, Rodgers gave up his pastoral position in a small Arkansas town to assist with STFU recruitment. Mitchell recounted Rodgers's ordeal in an STFU press release that typified Mitchell's adversarial style when reporting planter aggression. According to the release, croppers gathered in Marked Tree on January 15, 1935, to hear from STFU delegates just returned from the unsuccessful Washington meeting with USDA officials. Rodgers spoke first to the crowd of "about 2,000 white and black tenants. Certain planters and their slave-driving riding bosses were standing around the edges of the crowd . . . A number of deputy sheriffs were in the crowd . . . The prosecuting attorney for Poinsett County and his stenographer were sitting in a nice closed car taking notes on what the speakers had to say . . . While waiting for some of the speakers to arrive, Rodgers addressed the crowd. Rodgers made the statement that if they began using Ku-Klux methods he could get plenty of men who would hang every big plantation owner in the county, but that he had no intention of doing so."[6] According to Mitchell's version, sheriffs then arrested Rodgers and carried him to Jonesboro under armed guard, where he waited in jail for three days since the union could not make the $3,000 bond. Charges filed against him ranged from conspiracy to overthrow the government to using profane language.

At Rodgers's trial in a justice of the peace court held in a grocery store crowded with sharecroppers and planters, prosecuting attorney Fred H. Stafford swore that Rodgers threatened to lead a mob to lynch Poinsett County landowners. The defense attorney introduced no evidence, nor did he call any witnesses. The jury returned a guilty verdict on the anarchy charge, and Rodgers received a $500 fine and six months in jail. Officials dropped additional charges the next morning, and the conviction was appealed.

Ward H. Rodgers, a twenty-four-year-old Federal Emergency Relief Administration instructor, was arrested in Marked Tree and jailed at Jonesboro in 1935 on charges of anarchy and other crimes. A graduate of Vanderbilt University Divinity School, Rodgers let oratorical excesses get him into trouble. Courtesy of the University of North Carolina, Southern Tenant Farmers Union Papers.

The Rodgers arrest and sentence generated enormous publicity and gave needed notoriety to the determined band of tenants struggling against powerful Delta planters. Small farmers and area businessmen put up a $5,000 bond to spring Rodgers from jail, and letters of encouragement—many including donations—began arriving at the union office from throughout the country. Supporters stretched across a broad spectrum—protestant social justice advocates, political liberals, black activists, socialists, and communists.

Reinhold Niebuhr, a prominent theologian and author, contributed positive articles about the STFU to the *Christian Century*. The NAACP invited Rodgers and Kester to its 1935 national convention, where they won advocates. William Amberson, a professor at the University of Tennessee Medical School in Memphis, wrote often about the union in the *Nation*, which had many influential readers. Already an ally by then, Amberson in 1934 directed a study of regional farm tenancies with the aid of students that handed union leaders hard data to argue their case. The ACLU began assisting STFU members in court cases throughout the Delta, and groups offering legal assistance formed the Worker's Defense League, sponsored by the Socialist Party. Norman Thomas's 1934 book, *The Plight of the Sharecroppers*, and his impassioned radio addresses about impoverished tenants kept Delta croppers and their woes in front of national audiences. Thomas continually tapped for the STFU his formidable fundraising sources, as did Kester, whose various ministerial efforts had networked him among many social liberal organizations. Responding to criticism that the STFU accepted left-wing allies, Kester admitted, "Anybody going in your general direction looked awfully good."[7]

One of the union's most valuable supporters turned out to be Gardner Jackson, the socially prominent and wealthy liberal reformer in the USDA who was terminated during Secretary Wallace's AAA purge. Jackson decided to assist farm tenants directly and formed the National Committee on Rural Social Planning. A July 1935 *New York Times* article reported that the focus of his new organization was "to study the problems arising from work of the Resettlement Administration and those expected under legislation like the Bankhead Farm Tenant Bill." In effect, Jackson became the STFU's Washington lobbyist.

1. H. L. Mitchell, "The Founding and Early History of the Southern Tenant Farmers Union," 345.

2. David Eugene Conrad, *The Forgotten Farmers: The Story of Sharecroppers in the New Deal* (Urbana: University of Illinois Press, 1965), 89.

3. STFU Records, Reel 5.

4. Carolyn Terry Bashaw, "One Kind of Pioneer Project," *Arkansas Historical Quarterly*, 55:1 (Spring 1966), 11.

5. H. L. Mitchell, *Mean Things Happening in This Land: The Life and Times of H. L. Mitchell, Co-founder of the Southern Tenant Farmers Union* (Montclair, N.J.: Allanheld, Osmun & Co., 1979), 54.

6. STFU Records, Reel 2.

7. Grubbs, *Cry from the Cotton*, 81.

❧ RED FLAG SPREADING ❧

As SOLIDARITY HELD and union momentum grew throughout the region, so did planter counterefforts to halt it. Threats, beatings, arrests on bogus charges, and evictions for union membership increased. One often-used attack on union legitimacy centered on its support from "un-American, outside agitators," such as socialists. A headline in the January 31, 1935, *Memphis Commercial Appeal* warned, "Red Flag Spreading, Prosecutor Charges." Certainly, many STFU members and supporters belonged to the Socialist Party. Socialist Party members and Kester's church connections increasingly covered

union expenses, since dues from financially strapped tenants never met STFU needs. Organizations such as the Church Emergency Relief Committee, the Committee on Economic and Racial Justice, Strikers' Emergency Relief Fund, Federal Council of Churches of Christ in America, and others contributed money and clothes. Without their help

H. L. Mitchell (center), Howard Kester (right), and E. B. McKinney in 1935. Internal politics led to a falling out between McKinney and the leadership of the STFU. Mitchell and Kester, however, remained major contributors to the union throughout its existence. Courtesy of the University of North Carolina, Southern Tenant Farmers Union Papers

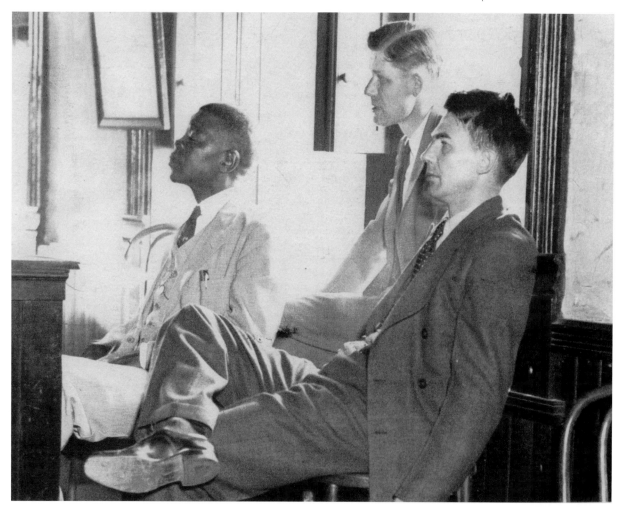

and ACLU legal assistance, the STFU in 1934 and 1935 may have remained little more than a post office box at 2527 Broad Street in Memphis, where the headquarters was moved for the personal safety of its officials.

Sometimes, politically radical helpers generated more liabilities than assets. The union's affiliation with Commonwealth College is a case in point. An institution notorious for communist sympathies, the school's help came at too high a price for the union.[1] Originally located in Leesville, Louisiana, at the Newllano Cooperative Colony, the college's goals included training labor movement leaders. After colony-faculty disputes, the school moved to Polk County, Arkansas, in 1924. In the 1930s when Commonwealth Director Lucien Koch heard about the STFU, he arranged a meeting with union leaders in Marked Tree. Though uneasy about an association with Commonwealth, given the school's alleged Communist Party ties, Mitchell accepted Koch's offer of student help distributing literature. One student who assisted in that effort, Orville Faubus, many years later became Arkansas governor and precipitated the Central High integration crisis. Koch's union activities soon landed him in the Lepanto jail. Though Mitchell arranged his release, the STFU leader became increasingly convinced that the school's assistance brought more problems than progress. Still, a member of Commonwealth's faculty, J. R. Butler, became STFU president after Clay East resigned. A White County native and schoolteacher, Butler ran for governor on the socialist ticket in the mid-1930s. Butler helped write the union's first constitution, and though associated with the college, he considered the union his first priority.

Lucien Koch, director of Commonwealth College, associated his institution with militant labor movements in the South. Printed in *Arkansas Historical Quarterly.*

Eight tenant farmers attended classes at Commonwealth when Butler joined the faculty, including H. L. Mitchell's brother Edwin. In his letters to H. L., Edwin confirmed the school's commitment to communist doctrine, which increased the reluctance of H. L. and Kester to form an alliance with Commonwealth. Difficulties with the STFU and Commonwealth College association included Koch's questionable loyalty to the union. A letter to Kester from Clarence Senior, executive secretary of the Socialist Party National, written in March 1935, exposed one example of

Koch's duplicity: "As you know, I was counting on the Paramount News getting some shots in the sharecropper territory. I have just talked to the man who went to Arkansas . . . He tells me that in Little Rock he saw Lucien Koch, who told him that there wasn't anything doing in the eastern part of the state. Therefore, the Paramount man went up to Commonwealth College and took some shots of the college. I don't see how this action can be forgiven. It means switching publicity from a vital movement to a little sectarian colony, the existence of which makes absolutely no difference whatsoever to the labor movement in this country."[2]

Further cause for Mitchell to abandon the association with Commonwealth came later, during a July 1936 visit to the college. Walter Moskop, once president of a Marked Tree STFU local and then a Commonwealth student, allegedly objected to Mitchell's rejection of communist ideology in favor of socialism and during Mitchell's visit to the

Sharecroppers Week in New York City, 1939. Left to right: Beatrice Johnson, an STFU supporter; J. R. Butler, STFU president; Fiorello LaGuardia, New York's mayor; and Harriet M. Young, another union supporter. Photograph by Morrison-Freiman. Courtesy of the University of North Carolina, Southern Tenant Farmers Union Papers.

school fired a pistol at the STFU leader. Fortunately for Mitchell, Moskop missed. Union and school officials hushed up the assault to appease liberal allies, including Jackson, who threatened to resign if Mitchell publicized the event. With Kester's help, union leaders pushed representatives of the American Federation of Labor (AFL) to take over the school and turn it into a training facility "to offer unbiased theoretical and practical instruction for Southern labor leaders, in a close working alliance with trade and agricultural unions."[3]

Despite this avowed mission, STFU leaders suspected that many of the school's faculty and students retained the goal of infiltration and control of the STFU. Claude Williams, who replaced Koch as college director, held over many instructors from the old pro-communist faculty despite the reorganization, and materials associating Williams with communists plotting a union takeover reached Mitchell. Brought up on charges by union leaders, the STFU expelled Williams in 1938. He remained a bitter enemy of the union and used Commonwealth's resources to compete with the STFU until the school's demise in 1940.

Union growth depended on the success of its organizers, and the pressure brought to bear on them may be ascertained from an affidavit dated February 23, 1935, and signed by W. H. Stultz and L. M. Mills. In the Cross County Jail at Wynne, together with R. T. Butler and A. B. Brookins, they were all charged with obtaining money under false pretense after STFU organizing efforts near Parkin. Though eventually found not guilty in the Circuit Court of Cross County, the two swore that while in jail a member of the Arkansas legislature "came to the jail to see R. T. Butler five times. He twice talked to Butler in our presence and told Butler that he would get him out of his trouble if Butler would deed to him his twenty acres of land near Earle, in Crittenden County, and leave the State. On one occasion he cursed and told him that it was the last time he was coming to the jail to see him and if he didn't do it, he would go to the County Farm until Circuit Court and would then go to the penitentiary."[4]

Abuses such as these provided Norman Thomas with material for a strident February 1935 radio broadcast to the nation from Cincinnati, Ohio. His talk claimed that "the most wretched conditions on any large scale anywhere to be found in exploited America exist in . . . cotton country. There is today more active cruelty, repression, and exploitation in the relation of plantation owners, whether they are individuals or corporations, and their tenants and agricultural laborers, than in any single economic relationship in the United States."

Thomas called abused farm workers "the Forgotten Men of the New Deal" and noted that these "homeless refugees of the industrial struggle, driven out of their homes by the Cotton Reduction Program, or in vengeance on them for joining a union, make the roads somewhat reminiscent of a war zone." Thomas stressed that in Northeast Arkansas, "where the grim war of the planters against the Southern Tenant Farmers' Union makes the situation peculiarly acute . . . the Governor of Arkansas has washed his hands of the matter and the President has refused to see a committee of the sharecroppers. Meanwhile the planters use mob violence and subservient police forces against the agricultural workers."[5]

---

1. John Samuel Ezell, *The South Since 1865* (New York: Macmillan, 1975), 211.

2. STFU Records, Reel 1.

3. William H. Cobb and Donald H. Grubbs, "Arkansas' Commonwealth College and the Southern Tenant Farmers' Union," *Arkansas Historical Quarterly*, XXV (Winter 1966), 305.

4. STFU Records, Reel 1.

5. STFU Records, Reel 1.

FORGOTTEN MEN OF THE NEW DEAL

OWING TO CONSTANT DANGER, STFU organizers led a furtive existence. Their goals included both enrolling tenant farmers and avoiding severe beatings, or worse. The case of John Allen, an STFU organizer, was typical of their plight. Allen traveled country roads by day, signing up members, and stayed nights beneath bridges to avoid nightriders who sought him. Since planter agents waited near his home, Allen sometimes went days without eating or seeing his family. He once barely "escaped a mob of riding bosses and deputies who were trying to lynch him."[1]

Other organizers faced a similar fate. A. B. Brookins, union chaplain and an elderly man in his seventies, almost lost his life. About forty riding bosses, led by the manager of a big plantation, a constable, and a deputy sheriff, attempted to lynch him, according to Brookins. When that plan fell through, they strafed his house with a machine gun. He related years later that one bullet went through his daughter's hair. Even bolder, thugs in March 1935 fired at the residence of union attorney C. T. Carpenter. Thomas relayed a story in the March 1935 *Socialist Call* about the cost of union membership for one poor family:

> Near Marked Tree, about four miles out, we came across a family, a mother with five children, a couple of young hogs, six chickens, two puppies in the children's arms, and a few scraps of furniture. They had just been dumped on the side of the road by a deputy sheriff. The father came walking down the road a little later. He had been beaten up a few days before, arrested and jailed on the nominally untrue charge of stealing a couple of eggs.[2]

Union membership precipitated the beating and eviction, according to Mitchell. Thomas learned firsthand the dangers faced by union sympathizers when he appeared in Mississippi County, Arkansas, to speak at a rally. Introduced by Kester, Thomas's talk ended abruptly after his introductory words, "Ladies and Gentlemen," when a man in the audience yelled, "There ain't no ladies in the audience and there ain't no gentlemen on the platform." After that welcome, men with sheriff's badges removed Kester and Thomas from the platform.[3]

Throughout its history, the STFU suffered from both planter assaults and self-inflicted wounds, often resulting from strong personalities under pressure. For example, several members accused Mitchell in April 1935 of misuse of funds, but a hearing that month cleared him of the charge. Amberson referred to the event as factional troubles. Rodgers and Mitchell clashed on matters, and Rodgers referred to Mitchell as an "opportunist" (which perhaps he was) in correspondence with Thomas. During a later turf war with union president Butler, Mitchell wrote in May 1937 to the board of directors, "This is to notify you that I refuse to be subjected to dictatorship of J. R. Butler and have this day severed my connection with your organization." A truce came quickly, since four days later he wrote the board, "In the interest of harmony within your organization I wish to withdraw the implied charge of dictatorship against J. R. Butler. My resignation was a result of misunderstanding as to the duties and responsibilities of officers of the Union."[4]

Despite Rodgers's criticism of Mitchell to Thomas and internal bickering by union officials, the Socialist Party leader remained a steadfast ally of Mitchell. Quite possibly, Mitchell resented the criticism and new prominence of Rodgers, since Mitchell carried the union's enormous administrative workload and other organizers and members regularly received beatings and jail time for their efforts. The public eye focused on Rodgers,

Black leaders contributed significantly to growth of the STFU. From left are Reverend A. B. Brookins, union chaplain and song leader, and Farish R. Betton, vice president of the STFU. Courtesy of the University of North Carolina, Southern Tenant Farmers Union Papers.

however, and resulting pressure led to a decision that he commence an out-of-state speaking tour. In February 1935, Mitchell wrote to a New Orleans donor, "Comrade Rodgers has gone to Little Rock to begin a tour which will carry him thru the Mid-West and North. He is a physical wreck from the suffering and ill treatment given him. We thought it best that he get away for the time being to prevent a collapse."[5] Rodgers then organized California agricultural workers for many months.

Though the STFU gained positive press and political allies, its members still faced powerful planter opposition that often overwhelmed union

resources. Raymond Daniell, a reporter for the *New York Times*, wrote a series on the travails of Arkansas tenants resisting the systematic tyranny of Delta planters and authorities. His April 15, 1935, article described tenants as victims of unemployment, diminished income, and low standards of living "if the hand-to-mouth existence they have led since the war between the States may be called a living at all . . . Attempts to better their lot through organization in the Southern Tenant Farmers Union have taught them that they have few rights under the laws of Arkansas . . . Scores have been evicted or 'run off the place' for union activity, and masked nightriders have spread fear among union members, both white and Negro. In some communities the most fundamental rights of free speech and assemblage have been abridged."

Kester discussed several violent attacks upon the STFU that occurred during one week in 1935 in his book, *Revolt Among the Sharecroppers*. Just a few entries convey the severity and nature of abuse:

March 21st

The Rev. T. A. Allen, Negro preacher and organizer of the union, was found shot through the heart and his body weighted with chains and rocks in the waters of the Coldwater River near Hernando, Mississippi. The sheriff informed the reporter of the United Press that Allen was probably killed by enraged planters and that there would be no investigation.

March 27th

John Allen, secretary of the union on the Twist plantation in Cross County, escaped a mob of riding bosses and deputies, who were trying to lynch him, by hiding in the swamps around the St. Francis River. During the frantic search for Allen, numerous beatings occurred. When a Negro woman refused to reveal Allen's whereabouts, her ear was severed from her head by a lick from the gun of a riding boss.

March 30th

An armed band of vigilantes mobbed a group of Negro men and women who were returning home from church near Marked Tree. Both men and women were severely beaten by pistols and flashlights, and scores of children were trampled underfoot by the members of the mob.[6]

In addition to nightrider harassment of individuals, some government officials did the bidding of planters. One example occurred when Jennie Lee, a prominent British socialist, came to Marked Tree for a speech. A city ordinance (rarely if ever invoked) prevented her from speaking to followers. The town mayor, interviewed by a *New York Times* reporter, explained his interpretation of the ordinance. "I'd give permission to almost anybody to hold a street meeting as long as they haven't been mixed up with the union."[7]

---

1. Kester, *Revolt Among the Sharecroppers*, 84.

2. Mitchell, *Mean Things*, 73.

3. Dougan, *Arkansas Odyssey*, 433.

4. STFU Records, Reel 4.

5. STFU Records, Reel 1.

6. Kester, 83–85.

7. Venkataramani, "Norman Thomas, Arkansas Sharecroppers," 233.

SHARECROPPERS STRIKE

DESPITE INTENSE HOSTILITY and harassment, the union pulled off a successful cotton picker strike in 1935. Planters announced a wage of forty cents per hundred pounds for picking that fall. Thus, a good picker might make a dollar a day between daylight and dark. Before STFU members struck, they first picked for thirty days at the planter-announced wage to buy food to hold them over during the strike. Then one morning, handbills went up throughout several Northeast Arkansas counties telling pickers to stay home until wages went up to one dollar per hundred pounds. Strikers held fast (perhaps in part because Mitchell floated a tall tale about scabs having been shot in several fields), and planters capitulated about ten days later, raising wages to seventy-five cents, which suited union pickers.

Though beset by insider squabbles, powerful outside enemies, and usually empty coffers, Mitchell and associates managed to roll the union on throughout the mid-1930s. The goals of its members became clear in surveys, particularly those discussed at the January 1936 convention. The results identified tenant desires that ranged well beyond a fair distribution of federal payments. An official report of convention proceedings provided member goals and resolutions adopted to move toward them. From thousands of answers to questionnaires distributed during the latter part of 1935, the union gleaned the following data: Less than 5 percent of members favored continuing the sharecropping system. About 55 percent favored government ownership of land with leases to individuals. Approximately 66 percent wished to purchase homes and small acreage with long-term financing. Since many tenants expressed the need for homesteads, STFU leaders appointed a special committee to draft a "New Homestead Law."

The survey report also recorded complaints concerning violations of AAA cotton contracts, indicating that 32 percent of replying tenants had never received their share of 1935 benefit payments. "In direct violation of the Bankhead enforcement act, 77 percent were forced by the landlords to turn over their bale tags or Gin Certificates to a trustee selected by the landlord—usually the landlord or his agent." Union officials called survey claims "enough evidence to send scores of planters to the Federal Prison. We propose to carry this evidence to Washington, D.C., and demand that both the Department of Agriculture and the Department of Justice take action and enforce the law."[1]

This 1936 general strike call attempted to secure $1.50 for a ten-hour workday for unskilled labor and $2.50 for tractor driving. After the success of the 1935 cotton picker walkout, however, planters were well prepared for this strike, which was met with brutality and arrests. Courtesy of the University of North Carolina, Southern Tenant Farmers Union Papers.

Several resolutions resulted from the convention that reflected overall views and goals sought by union members. One made clear the extent to which the doctrines of socialism had become embedded in STFU culture. "Whereas the various schemes inaugurated by the federal government for the alleged purpose of reconstructing American agriculture have failed utterly to relieve the distress of the American farmers and farm workers . . . and that thousands of farm workers have been driven from the land and many other thousands reduced to an unparalleled degree of poverty and security . . . Be it resolved that . . . the land is the common heritage of the people . . . [and] title to all land be held in perpetuity by the people of the United States."[2]

Socialist Party theory guided union members, and the party assigned a person to help the STFU with public relations, since every abuse of a poor farmer increased the sympathy for union and party and provided an emotionally moving appeal for financial assistance. Of particular importance to Mitchell during those bleak financial times, the Socialist Party sent him a monthly check for $40.[3]

One union confrontation at the start of 1936 illustrated that planters also stood ready to pressure landlords who considered working with the STFU. Mitchell claimed that C. H. Dibble, a Delta landlord, considered signing a collective bargaining agreement with union tenants until a planter delegation visited Dibble and explained that he would have his credit cut off if he worked with the union. So Dibble had eviction notices served on STFU members farming his land.[4] Mitchell's January 13, 1936, letter to two Arkansas organizers outlined what the union planned to do about the evictions. "The Dibble boys have just left the office. Official notice to vacate has been served on all of them. They are given until 16th to get out, and I am almost sure that it will be 3 or 4 days after that before the Sheriff sets them out in the road. The thing we want you to do is to mobilize all the Union men and women and children and especially as many white members as can be secured and have them all ready for the notice so that when these families are thrown on the roadside we can call them all together for a big mass demonstration in the road near Dibble's plantation."[5]

Some planters who sought to accommodate the STFU through bargaining for tenant arrangements found themselves pressured financially to toe a planter-drawn line against the union. After Cross County landlord C. H. Dibble agreed to bargain with union workers on his farm near Parkin in 1936, according to Mitchell, the bank threatened to foreclose on Dibble. No one would agree to gin his cotton, according to Kester. With his own livelihood at stake, Dibble capitulated and evicted sharecropper families pictured here. Courtesy of the University of North Carolina, Southern Tenant Farmers Union Papers.

Those evicted faced an additional problem. In a January 14 letter signed by Mitchell and Kester, they quoted union member J. C. Cameron as saying that "Dibble has circulated a blacklist of the tenants on his plantation to other planters."[6] Blacklisting by landlords made it difficult for tenants to secure employment elsewhere in the region. During the opening months of 1936, so many evictions occurred that the union and its allies could not fund the cost of legal challenges. Thomas responded to the pleas of Mitchell and Kester with sympathy but made it clear that his resources could not mount such widespread and expensive defenses. After a tour of the Dibble tent colony, Amberson wrote in a memo to Mitchell, "I have never been so nauseated . . . as on this trip. The utter brutality and callousness with which the planters are throwing off families is beyond belief."[7]

Another STFU strike in 1936 to increase cotton-chopping wages fared poorly. Approximately five thousand regional tenants and day laborers stayed off the job, according to Mitchell, seeking a wage increase to $1.50 for a ten-hour workday. Planters anticipated this walkout, and they encouraged law officers to make arrests for vagrancy and directed their thugs to administer beatings. Two of the assaults received wide newspaper coverage. Of all the abuse administered to STFU members and supporters, the floggings of Willie Sue Blagden and Claude Williams proved the most damaging to the image of Delta planters. Blagden, a white Memphis socialite, agreed to accompany Williams, a preacher and also white, to Earle, Arkansas, in order to represent the STFU and pay their respects to the family of Frank Weems, reportedly beaten to death by planters according to a union news release sent out in June. Though Weems showed up quite alive in Chicago several months later, the alleged murder allowed Mitchell to crank up his publicity machine and solicit funds.

Planter bullies abducted Blagden and Williams near Earle and took them to the nearby St. Francis River where they beat the two with a heavy strap. After the attack, the abductors put Blagden on a train to Memphis but held Williams, beating him again before allowing the pastor to return home to Little Rock. The abuse of Williams, a Presbyterian minister employed by the National Religion and Labor Foundation, coupled with the abuse of socially prominent Blagden, provided more grist for Mitchell's propaganda mill. The story and photograph of a bruised Blagden caught the attention of newspaper editors in the Delta and

Willie Sue Blagden exposed bruises from a beating by planter-hired bullies in this photograph that appeared in newspapers throughout the United States. The flogging given Ms. Blagden by anti-union ruffians proved a public relations debacle for planter interests since it ran counter to the code that governed a "southern gentleman's" treatment of ladies. Courtesy of the University of North Carolina, Southern Tenant Farmers Union Papers.

beyond, generating a substantial amount of negative publicity about planter brutality. The fact that both victims were white probably had much to do with the outrage.

This blow to the image of "southern gentlemen" came amid fallout from a letter written by Sherwood Eddy to U.S. Attorney General Homer Cummings in May 1936 about what he saw in Crittenden County, Arkansas. "I have today witnessed a most flagrant violation of the federal peonage act by . . . P. D. Peacher in the lawless county of Crittenden, near Earle, Arkansas. I interviewed 13 Negro prisoners in stockade unlawfully arrested, torn from their homes and imprisoned by Peacher, who threatened us and refused to answer all questions."[8] Eddy, secretary/treasurer of Delta Cooperative Farm in Hillhouse, Mississippi, and an STFU ally, referred to an Earle constable with a reputation for being anti-union and violent. In another release that month, the STFU accused "Peacher, city marshal of Earle, Arkansas," of striking an STFU attorney in the face and arresting Aron Gilmartin, a peonage investigator, "on the charge of disturbing labor."[9]

Fred A. Isrig, U.S. Attorney for the Eastern District of Arkansas, investigated the peonage charges against Peacher but claimed that the facts

Farmers gather for a fish fry at the Twist Brothers Co-operative Leasing Project near Earle, Arkansas. Operated by the Farm Security Administration for about one hundred families, nearly all co-op members belonged to the STFU. Courtesy of the University of North Carolina, Southern Tenant Farmers Union Papers.

Carroll Cloar's painting, *Marked Tree Jail*, features a sign in the right corner proclaiming, "Join the Tenant Farmers Union." Cloar, raised outside Earle, Arkansas, in a farm family, became a prominent Delta artist. Courtesy of Patricia Cloar.

did not support indictment for peonage violations. His May 1936 letter to Mitchell argued that persons held in the stockade had been found guilty in court and put to work paying fines and court costs. "This situation, while not at all admirable, is one that is used in a great many states."[10] Both Mitchell and Eddy protested Isrig's decision to Washington authorities, claiming that the attorney's status as a Pulaski County planter prevented an impartial investigation. The justice department then appointed another investigator, and eventually a trial and conviction in Jonesboro, Arkansas, resulted in a $4,000 fine, paid by Peacher's planter friends.

1. STFU Records, Reel 1.

2. Ibid.

3. Jerold Auerbach, "Southern Tenant Farmers: Socialist Critics of the New Deal," *Arkansas Historical Quarterly*, XXVII:2 (Summer 1968), 122.

4. Grubbs, *Cry from the Cotton*, 88–89.

5. STFU Records, Reel 1.

6. Ibid.

7. Ibid.

8. STFU Records, Reel 2.

9. Ibid.

10. Ibid.

EXTREME INTIMIDATION

CHARGES BY THE STFU that planters violently and unlawfully crushed the union's 1936 strike received support from an outside, though perhaps sympathetic, source. The Reverend James Myers, industrial secretary of the Federal Council of Churches, prepared a report after his personal investigation of conditions made with other ministers. The Myers report, covering June 2 through 10, described a strike "broken by extreme intimidation. Violence and intimidation, however, are continuing. Conflicting estimates of how many struck (from few hundred to four thousand), but State Southern Tenant Farmers Union officials themselves say practically all [of the strikers are] back at work."[1]

Examples of intimidation witnessed by Myers included the Forrest City, Arkansas, trial of D. M. Benson, a Workers' Alliance representative who was in the region to show solidarity with STFU members on strike. Mitchell described the trial in a June press release. The court fined Benson $1,060 on four counts: "interfering with labor, rioting, driving a car without a driver's license, and having a District of Columbia instead of an Arkansas license [plate]." After being threatened by a planter at the Benson trial, Myers hastily departed the courthouse and region.[2]

Key STFU workers often were women. Myrtle Lawrence (third from left) and Johnnie Webb (second from left) pose in Forrest City, Arkansas. Lawrence became a highly effective union organizer. Courtesy of the University of North Carolina, Southern Tenant Farmers Union Papers.

Though the 1936 strike ended without the union winning wage concessions, publicity surrounding the abuse of striking tenants, particularly the Blagden beating and Peacher peonage coverage, drove a wedge between planters and many in the public previously allied with them. Photographs of the badly bruised Blagden proved particularly onerous, since they evidenced the attack on a "southern white lady," a serious breach of the South's male code of honor. Even planter bullies usually shied away from manhandling women union members and supporters. That cut too deep against the grain.

Thus, women of the STFU often stymied planter efforts at intimidation, which gave the organization an important advantage. Another advantage that union women had over their male counterparts was literacy. Many could read and write with some skill. Typically, male children in tenant families left school for the cotton patch at a much younger age than their female siblings. Despite their edge over male union members in these respects, they generally shared the same financial desperation. A widow of fifty admitted, "We ain't had nothing to eat in four days, my little girls, four of them there, they ain't hardly got no clothes at all, and they's all barefooted. I tried to make a crop last year but a widow woman what ain't got no man to help her can't hardly make no crop no how."[3]

These desperate women made determined STFU leaders. Henrietta Green of the Howell, Arkansas, local led a protest that directly challenged a plantation's corn shares policy. Green organized tenants in a boycott that forced the plantation to increase shares from one-third to one-half. Myrtle Lawrence, one of the union's most effective representatives, believed the STFU to be a new

Evelyn Smith of New Orleans came to Memphis in 1936 to work as the STFU's secretary for one month and stayed five years. Smith eventually ran the union office for both Mitchell and Butler. One of the STFU's most important female contributors, she wrote the union songbook and most issues of the *Sharecroppers Voice*. After she left the tenant union, Smith organized for the International Ladies' Garment Workers' Union. Evelyn Smith Munro Personal Collection. Courtesy of Sam Mitchell.

church when she first heard of it. From Colt, Arkansas, as a youngster Lawrence became an experienced and valued field hand especially noted for her cotton-picking skills. She joined the union in 1936, and during a cotton picker strike, their landlord evicted her family. That eviction motivated Lawrence to become what Mitchell called the best female organizer in the union.

Though women like Lawrence and men of the STFU forged alliances with prominent allies across the country, they faced a powerful group of planters and politicians. President Roosevelt professed deep sympathy for tenant farmers, but he needed the support of Southern politicians such as Arkansas's Senator Joe T. Robinson to pass New Deal legislation.[4] As tenants and union leaders learned to their dismay, politicians tried not to undercut their planter support.

Thomas conveyed Roosevelt's dilemma in a letter to Kester in May 1935. The socialist leader described a meeting with FDR to discuss the abuse of tenants by Arkansas planters. "I had an interesting time with the President but can't honestly say that he gave any definite promise of any sort. He admitted that he had never read the cotton contract, but when I showed him a marked copy of Section 7, he said: 'That can mean anything or nothing can't it.' I said, 'Mr. President, in practice it means nothing.' He expressed the correct moral disapproval of Arkansas planters but quite frankly acknowledged his political dependence on the support of Southern Congressmen."[5]

Thomas failed to sway the president into intervening forcefully on behalf of tenants, but his political contacts and Kester allies helped keep the union afloat financially through a stream of donations. An April 1936 letter to Mitchell from the American Fund for Public Service indicated just how valuable such sources could be. "The Board of this Fund considered at its meeting today the communication which Mr. Kester sent to Charles Garland under date of February 7th, together with the report of a special committee on aid to farm work, consisting of Mr. Garland, Mr. Thomas and Mr. Baldwin. The Board voted to contribute to the

President Franklin D. Roosevelt speaking at the home of his tenant farmer, Moses Smith, while Eleanor holds their grandson, Elliott Jr. Though the president sympathized with tenant farmers and STFU goals, he was constrained by powerful southern politicians. Nevertheless, he recognized the union during his January 3, 1940 message to Congress:

Five years ago, out of revolt and vision, the Southern Tenant Farmers' Union was born. Simply, without heroics, its members and leaders, white and Negro, have risked their lives to build their union . . . . Today it embodies the hope of the disinherited—it is an institution which is far more than a labor union. With a membership of more than 40,000, the Union is a pioneer in a new South and for a new democracy.

Southern Tenant Farmer's Union the sum of $2,500 for the calendar year 1936."[6]

While chasing members and dollars, the STFU competed with other labor leaders such as Donald Henderson, a dedicated communist and recruiter of agricultural workers for the CIO international. Though Henderson publicly stressed solidarity with the STFU and other groups seeking to improve the lives of farm labor, behind-the-scenes maneuvering and member poaching apparently went on with some frequency.

A serious public dispute occurred when Thomas and other STFU allies accused Henderson of attempting to lure Odis Sweeden, head of Oklahoma STFU locals, into the Henderson camp. When called on the matter by Thomas, Henderson responded in a May 1936 letter. "I have had several conversations with Sweeden and the other leaders of the S.T.F.U as well as some correspondence on different things . . . I have never tried to get Odis Sweeden to organize for me, nor have I ever proposed anything to him which would weaken the S.T.F.U. I think, even more than you, I would appreciate a chance to create a little more trust as to motives, etc."[7]

---

1. STFU Records, Reel 2.

2. Ibid.

3. Kester, *Revolt Among the Sharecroppers*, 44.

4. Grubbs, *Cry from the Cotton*, 138.

5. STFU Records, Reel 1.

6. Ibid., Reel 2.

7. Ibid.

CREATING THE DEMAND

ALTHOUGH ROOSEVELT AVOIDED a public chastisement of his southern political allies, the motives of Arkansas Governor Marion Futrell in establishing a commission during September 1936 to study tenancy issues probably could be traced through Senator Robinson back to FDR. In selecting members for the commission, Futrell managed a diversity that included lawyers and landlords but not one tenant farmer. Mitchell soon developed a plan to add tenants to the commission. When the first commission meeting opened in Hot Springs, Arkansas, on September 21, STFU leaders Butler and Williams attended as visitors. They quickly captured the press' attention, and two weeks after the incident, Butler and STFU organizer W. L. Blackstone received appointments to the panel. Its final report issued in November called for improved living conditions, federal financing of rural homes, and other laudable measures that made for excellent publicity during an election year.

Roosevelt established his own committee on farm tenancy in November 1936, and he made sure that Blackstone and other Arkansans received appointments to the federal panel. During regional hearings, STFU representatives recommended such benefits as an unimpeded right to organize farm workers, federal aid to cooperative communities, long-term leases, and written farm contracts. Roosevelt's political nature, explained Mitchell, was only to act on a matter when there was a demand—"We created the demand."[1]

A report that emerged from the federal commission recognized, among other things, "instances where disadvantaged groups in their attempts to organize and increase their bargaining power have been unlawfully prevented from exercising their civil liberties."[2] The report, however, found no fault with federal and state agricultural policies, and it proposed no

remedies for those wronged. When results and recommendations in the commission report went to the U.S. Congress, they entered a political labyrinth created by southern politicians and came out an eviscerated skeleton. For example, legislation to fund the purchase of farms by eligible tenants "was sliced to $10 million for the program's first year, $25 million the second, and $50 million thereafter. At the first year's rate, it would have taken 1,500 years to buy the nation's three million tenants small $5,000 farms, but at the third year's rate, it would have taken only three centuries."[3]

Left to their own devices, and unencumbered by the fear of regulatory enforcement, planters continued to play the system for advantage. They used every means available to hold down picking prices, including dumping persons on Works Progress Administration (WPA) assistance into the labor force. WPA rolls in Memphis often provided a source of cotton pickers for Arkansas plantations just across the river. In September 1936, the Memphis mayor telegrammed Thad Holt, Tennessee WPA assistant administrator, to describe the city's approach to planter pressure:

In regard to recent report in connection with need of cotton pickers, city authorities and local WPA officials are urging all qualified persons on WPA payrolls to take these jobs. Local relief authorities have already taken three hundred from relief rolls because [they were] able to pick cotton . . . WPA rolls in Memphis have been carefully watched and every effort has been used to keep people off WPA payrolls when and as employment is available in private industry, and we are confident the number on relief payrolls will compare favorably with any city of this size in the country.[4]

Labor "dumping" by WPA officials incensed STFU leaders. Gardner Jackson wrote directly to

President Roosevelt protesting the dropping of field workers from WPA rolls to expand the labor supply and hold down wage rates. In a press release dated November 2, 1936, Jackson repeated his plea to the president: "The good intentions you express . . . are valueless unless you select officials in the field who will execute those intentions rather than disregard them." Jackson claimed that planters repeatedly pushed WPA field representatives into activities that enlarged the Delta labor pool and depressed wages, despite federal policy statements to the contrary.

Roosevelt responded favorably to Jackson, quoting a WPA telegram sent to state administrators. "In considering suspension of WPA projects to allow workers to accept employment at cotton picking, you are instructed to assure yourself that actual employment at standard wages is available for workers thus released. It is not the policy of the Works Progress Administration arbitrarily to take any action which will make an over-supply of labor available for limited employment, to depress going rates of wages, or to force workers to accept sub-standard wages."[5] Though FDR's response encouraged them, Jackson and STFU officials knew that federal policy changed dramatically between the White House and white fields of Delta cotton.

---

1. Grubbs, *Cry from the Cotton*, 144.

2. James G. Maddox, "The Bankhead-Jones Farm Tenant Act," *Law and Contemporary Problems*, IV (October 1937), 45.

3. Grubbs, *Cry from the Cotton*, 153.

4. STFU Records, Reel 3.

5. Ibid.

✤ EYE-OPENIN' TIME ✤

AT THE END OF 1938, the STFU faced two acute challenges, one from within union ranks and the other from Missouri planters. Mitchell chose to confront his internal problems at the fifth annual STFU convention, originally scheduled for Memphis starting December 29, 1938. Several STFU leaders conspired to stage a coup at the Memphis convention. Williams, who presided over Commonwealth College, had become a bitter ideological opponent of STFU socialists. He formed an alliance with McKinney, the black pastor and organizer who wanted to form an entirely black union out of STFU members, and Blackstone, who proposed to lead a largely independent group of agricultural workers, much like Sweeden's Oklahoma contingent.

In a preemptive strike, Mitchell relocated the convention site to rural Cotton Plant, Arkansas, a region dominated by George Stith and F. R. Betton, both black STFU leaders and Mitchell loyalists. Mitchell then talked McKinney and his followers into rejoining his forces just prior to the gathering at Cotton Plant. When the convention began, Williams and Blackstone lacked critical allies and found themselves in unfriendly territory. They soon lost the contest for supremacy and also their memberships. The threat posed by Southeast Missouri planters would become a far more

formidable problem, as Mitchell was about to learn.

The Missouri Bootheel sharecropper demonstration in January 1939 brought together two entirely different leaders who participated in a public relations windfall for tenant farmers. The involvement of Owen Whitfield, a preacher and

Missouri Bootheel planter Thad Snow sided with STFU demonstrators and asked the union to organize his plantation labor force, much to the chagrin of neighboring planters and businessmen. Courtesy of Kathy Delaney Haas.

STFU leader, may have been anticipated, but not strike support from Thad Snow, a white planter in Mississippi County, Missouri. Snow grew up on a farm in Greenfield, Indiana, and in January 1910 set out to find land for himself near the Mississippi Delta. He bought 1,082 acres, mostly wetlands, near the town of Charleston, Missouri, and began clearing operations. Snow planted cotton in 1923, and by the early 1930s, he employed about twenty tenant families on his plantation, called Snow's Corner.

Although the planter's life revolved around turn rows and cotton gins, he grew up reading novelists such as Charles Dickens, Walter Scott, and William Thackery. Snow studied literature at the University of Michigan before choosing a farmer's life. While in Indiana, he joined the progressive Farmer's Institute and lectured on farm economics. Snow credited their Indiana educational efforts with his conversion into a "class-conscious farmer."[1] Despite his intelligence, substantial knowledge of sound farming practices, and strong work ethic, Snow had financial difficulties like many other regional farmers. He defaulted on real estate notes payable and had to take family financial help to save his land. As economic conditions worsened in the 1930s, Snow studied Thorstein Veblen's insights in *Theory of the Leisure Class* and grew more despondent about the collapsing U.S. economy.

Snow also recognized his contribution to the dire straits of area sharecroppers. In a May 2, 1937, interview printed in the *St. Louis Post-Dispatch*, he exposed his guilty conscience when he answered a question about whether planters found it possible to turn a profit under existing conditions. "Sure it is. All you have to do is work plenty of rich bottom land and pay your workers as little as possible." Some of the workers who cleared Snow's plantation earned less than forty cents per day, and though several factors probably contributed to Snow's siding against his economic class in the upcoming demonstration, contrition may have ranked high on the list.

The Bootheel tenant system in which Snow participated depended heavily on black farm workers, more than fifteen thousand of whom migrated to Southeast Missouri in the 1920s. The two-hundred-day growing season, an average summer temperature of at least 77 degrees, ample rainfall, good soil quality, and mostly southern ways linked Southeast Missouri to the Delta. Missouri planters went to the Arkansas Delta to find sharecroppers since such recruits already knew how to raise cotton. Talk of a better financial deal and northern racial attitudes lured many croppers toward what they believed would be a better life, though often it was not.

At the time of the demonstration, seven Southeast Missouri counties produced 98.5 percent of the state's cotton. Cotton grew northward into these Missouri counties during the 1920s because of the boll weevil, which pushed planters toward colder winters less hospitable to insects. With cotton came economic and social customs tied to the fiber. Cotton gins increased in Missouri counties from 53 in 1921 to 165 in 1925. Bootheel cotton ginners fit snugly into the planter system. Ginners often loaned money to tenants for crop expenses and rented ginner-controlled lands to them with contracts requiring that all tenant cotton be hauled to their gins. Ginners sold farm supplies, such as seed and fertilizer, and usually marketed crops for tenants. All farmers had to do was pick up their checks at settlement time. Sale proceeds less "deducts" owed to the gin, however, sometimes fell short of crop loans. So many farmers carried over shortfalls that eventually could no longer be supported. Financial margins available after repayment of annual farm expenses usually remained too small to service substantial "carryover" debt. Thus, many ginners acquired land through foreclosure. A federal survey of regional farm incomes for 1936 illustrates the thin financial margins available to farmers. The survey indicates that for that year white tenants had an average gross income of $845; white sharecroppers $415; white laborers $264; and blacks in all farm categories $251.[2]

The AAA program, which could have helped struggling Missouri tenants, proved as open to abuse as elsewhere in the Delta, and inequities mounted in Missouri just as in other states. Snow grew increasingly disgusted and urged government officials to plug program holes that made abuse possible. While Snow sought to fix the flawed system, others planned to use it for advantage. Agents of the communist-dominated Share Cropper's Union sponsored training programs to teach cotton patch tenants organizational skills and facts about the union. While some union organizers may have needed such training, Owen Whitfield did not. The son of a Mississippi sharecropper, Whitfield farmed six days a week and preached on the Sabbath until he lost his tenancy because of union recruiting. Snow, who heard Whitfield preach, became a friend and helped arrange a house for Whitfield and his family in a Missouri farm cooperative. Additionally, to the dismay of Bootheel planters, Snow asked the STFU to send a representative to his plantation and organize his tenant farmers.

John Handcox, the black union organizer sent to Snow's plantation, also served as the union's songwriter and poet. He expressed his experiences with Snow in this verse:

> *Second Monday in June*
> *He says to me something for labor ought to be done*
> *And you are perfectly welcome to go on my farm,*
> *He pointed me out some of the hands in the field,*
> *Told me to talk with them and see how they feel.*
> *Then he asked me what else he could do*
> *To help put our labor movement through.*
> *I told him his help would be much if he didn't object*
> *For the labor on his farm to join our Union as such.*[3]

In a May 1985 interview, the eighty-one-year-old Handcox explained that he used music and verse to win people to the union cause because those communication forms were more "inspirational" than talking. As with many STFU organizers, his methods drew heavily upon southern protestant religious practices deeply ingrained in the Delta experiences of black and white poor folks.

Handcox explained that although all tenants faced the same obstacles, blacks started from further behind. "White folks and black folks were all in the same boat. If one drowned, the other one would drown. . . . That's the way it . . . [was], [but] we had discrimination. . . . They always called the white man by his name, and they always called the Negro 'boy.' After you passed the age of sixty, black men was 'uncle.' It was 'uncle' and 'aunt.'"

Despite some inequalities, Delta tenant farmers tended to share financial impoverishment in equal measure. Handcox described a white neighbor who "had patches on patches . . . I didn't usually go to the store, but there was this one Saturday . . . I don't know why I went . . . This white fellow, my neighbor, he gone and asked the man [a store clerk] for some clothes, and the man told him, said, 'Well, you done overrun what you were supposed to get [furnish], anyway. We can't let you have none till you get cotton.' And he [the neighbor] was walking sideways when he passed women. He had to walk sideways to hide his nakedness."

The abuse of farm laborers finally caused Handcox to quit farm work entirely. "[When] I made my last crop . . . I had put away enough money to take care of . . . groceries, what I really needed . . . I didn't owe but eighteen dollars to the store. I never had done but one day working out for someone else on the farm, [but] my wife was pregnant, and I told her [I would] go out there and make seventy-five cents . . . give her something . . . I got there just about sunrise. [The foreman] come out and said, 'Why you ain't in the field?' I said, 'Ain't nobody told me nothing about what to do.' He said, 'Well, I'm gonna have to cut you.' I said, 'Cut me what? What are you talkin' about cuttin' me—seventy-five cents? Cut that? That's already cut. I just jumped back on the mule and . . . went fishin'.'"

Handcox recalled the day that his occupation as a union recruiter almost cost him his life: "I was in the river shelling, and I hear my mother call, 'Heeeey John.' The way she called, I thought [of] my kids, that something had happened to them. So I got back as fast as I could row the boat to where she

John L. Handcox became the STFU's poet and a key recruiter. He organized Thad Snow's Missouri tenants in the late 1930s. Photo by Evelyn Smith Munro. Courtesy of the University of North Carolina, Southern Tenant Farmers Union Papers.

was, and she said, 'John, you better get away from here.' Said that this fellow was standing at the store. He had a rope and limb and all he wanted was me. I said, 'I ain't going nowhere. I'm gonna shoot it out.' She said, 'Oh, John, no. If you just get one of them, they'll kill us all.' And, she was right. So, that's the way it was . . . That was in '36." He walked about four miles to the house of a friend who lived near the highway. "The Greyhound buses was passing his house. I went over there and spent the night with him and caught the bus on over to Memphis union headquarters. They arranged for me to stay in Memphis."

Handcox also recalled an example of how union racial integration at that time posed problems for outsiders. When the STFU scheduled a convention in Oklahoma, the group rented a passenger coach for transportation from Arkansas. During those days in the South, black travelers rode in one section of the train and white customers in a separate compartment. This train ride, however, took a different direction. Going from Memphis to the STFU convention, "we [were] comin' in and chattin' 'fore it wound up. We was all in one half of the train, and the conductor came out and said, 'Ya'll can't be doing that,' and we didn't pay any attention. The whites come to our section, and we sang and had a good time all the way down and all the way back. I think they [union members] had a different view, and they brought about a different view. I really didn't see that much segregation among members of the STFU. They just opened they eyes . . . It was eye-openin' time."[4]

---

1. Bonnie Stepenoff, *Thad Snow: A Life of Social Reform in the Missouri Bootheel* (Columbia: University of Missouri Press, 2003), 20.

2. Cantor, *A Prologue to the Protest Movement*, 13.

3. John L. Handcox, Interview with Michael Honey and Joe Glazer, *Songs, Poems and Stories of the Southern Tenant Farmers Union*, Produced by Mark Jackson. West Virginia University Press Sound Archive, Dec. 13, 2000.

4. Ibid.

PARTING WAYS

SNOW'S AMICABLE RELATIONSHIP with union leaders drew him to church services where Whitfield preached, and the Bootheel planter reported to a British journalist that Whitfield preached about social justice from the pulpit. The preacher suggested that someone who "can tell you about Heaven and can't tell you how to get a loaf of bread here . . . He's a liar." Whitfield pointed out that ample food existed. "Somebody's gettin' it. If you ain't, that's your fault, not God's."[1]

Like their counterparts in Arkansas, desperate Bootheel tenants turned to the union for help when eviction notices arrived. Total STFU membership at the time of the roadside protests stood at about thirty thousand nationally, according to union releases. Even after discounting the number by an exaggeration factor sometimes utilized by Mitchell, that period probably marked the STFU's historical high water mark. In addition to those in Arkansas and Missouri, chapters opened up in Tennessee, Mississippi, and Oklahoma. Union growth probably accelerated in part because of the relatively large number of tenants. By the late 1930s, about 40 percent of American farmers operated as tenants, compared to approximately 25 percent in the late 1800s.

Missouri tenants confronted a formidable challenge in the winter of 1938–39. STFU reports from January 1938 recorded twenty-one Missouri families evicted from Sikeston, Missouri-area farms and twenty-five from around Wyatt, Missouri, at the end of 1937. Whitfield found out about plans to evict even more sharecroppers at the end of 1938.[2] By Whitfield's estimate, approximately nine hundred families would be evicted in January 1939. A story in the January 24, 1939, *St. Louis Post-Dispatch* quoted a sharecropper who went to the Charleston, Missouri, courthouse to ask if his landlord had to notify him in writing about eviction. He learned from a local official that

"You niggers don't need written notices. Bet you couldn't read it anyway. When your boss tells you to get off, get off." Virtually all evicted Bootheel sharecroppers received oral notices to "get off."

Whitfield, often operating independent of STFU leadership in Memphis, searched for a way to focus attention on the injustice. When asked at a meeting where he would go if evicted, one sharecropper supposed that he would go out on the road. Whitfield liked the idea. He chose the much-traveled routes between Memphis and St. Louis, highways 60 and 61, for the protest. On the night of January 9, 1939, hundreds of sharecroppers set out for spots along the two highways.

The next morning, drivers and passengers stared through car windows in dismay at poorly clad families camped on the side of the road beside old trucks and wagons containing their meager belongings. A Federal Bureau of Investigation report dated March 13 provided details about the mostly black protestors. The report described about 250 families with approximately 1,160 persons in thirteen Missouri camps stretched along seventy miles of Highway 61 between Sikeston and Hayti, Missouri, and thirty-eight miles of Highway 60 between Charleston and Sikeston, with Sikeston roughly at the center of the demonstration.

Shortly after the protest commenced, finger pointing and posturing began. Planters blamed the troubles on outside agitators, particularly communists in the union. STFU leaders announced that 90 percent of the protesters belonged to the union, but federal investigators flatly denied the union's claim. By that point, disputes existed not only between opposing factions but within union ranks as well. Profound disagreements between STFU leadership and officials of the United Cannery, Agricultural, Packing, and Allied Workers of America (UCAPAWA) boiled to the surface.

Owen Whitfield (right) talks with Quaker volunteers. Whitfield led the Missouri Bootheel farm workers during their famous demonstration. Courtesy of Shirley Whitfield Farmer.

The STFU-UCAPAWA marriage had been a rocky relationship from the start, even though Mitchell at first appeared to be solidly in favor of an affiliation with the CIO union. Henderson, the communist organizer and former Columbia University economics professor, founded UCAPAWA in 1937 when he folded into the organization fish cannery employees along the Pacific Coast, produce workers in California, and Florida citrus labor. John L. Lewis, CIO chief, used Henderson for recruiting despite his radical politics "the way a hunter uses a bird dog to find its prey."[3]

In early September 1937, Henderson brought together various agricultural worker unions to consider merger into one international CIO organization. Mitchell described the meeting as "one of the most significant events in the history of the labor movement."[4] STFU officials attended the consolidated convention, and STFU President Butler became vice president of the international. On September 29, an announcement to STFU locals conveyed the news that at an STFU special convention members approved affiliation with UCAPAWA.[5]

STFU leaders supported the merger with the understanding that the tenant union would remain a "self-governing" entity retaining its current organizational structure and officers, but Mitchell and Kester immediately displayed buyer's remorse. On October 1, Gardner Jackson wrote a memo to Lewis and Henderson outlining STFU concerns about the affiliation. He pointed out that in the past STFU members paid only ten cents a month dues (if they paid at all) rather than much higher monthly dues called for by UCAPAWA. Jackson admitted that Mitchell and Kester believed "they had made a mistake in having a delegation at Denver and associating with UCAPAWA. They base their explanation of concern solely, or almost solely, on their conviction that the absorption of the STFU . . . would lead to dissolution of its membership by reason of the fact that the constitution of the new international union sets fifty cents a month as an absolute minimum dues members of the union may pay and still retain membership."[6] Jackson, however,

saw a way out of the thicket in CIO constitutional language that allowed unemployed members to remain in good standing by paying only twenty-five cents a month. He surmised, "It is my guess that virtually the entire membership . . . will have to be classified as unemployed if any sizeable proportion of them are to be retained as active, dues-paying members of the organization."[7]

Henderson's communications with STFU leaders during the period repeatedly mentioned the chronic shortfall of dues collected. On the other side, Mitchell's missives centered on the Memphis office's struggle to maintain local control of what dues were paid by members. In his appeal to UCAPAWA's executive board in April 1938 requesting more independence, Mitchell purported to reflect STFU rank-and-file views calling the existing arrangement "organizationally impossible" and "theoretically impractical." Members believed, according to Mitchell, that "we are sacrificing our organization without compensating gains."[8]

Part of the dues shortfall no doubt resulted from the STFU's propensity to pad its membership rolls. Though claiming twenty thousand to thirty thousand members in press releases, when time came to forward to UCAPAWA its share of the 1938 dues, the international received money sufficient for about 7,400 members. Hounded by Lewis for the missing dues, Henderson repeatedly called for the balance owed. The price for STFU's inflation of membership rolls finally came due, and it helped bankrupt the relationship.

Verbal jousting between Mitchell and Henderson documented the disintegration of their partnership. In a January 1939 letter draft to the CIO's Lewis, the STFU executive committee took a swipe at Henderson. "Reports show beyond doubt that members of Communist Party with connivance of International Officers Cannery and Agricultural Union are attempting to inject communist issue into Southeast Missouri."[9] Though ideology did split tenant union members into two factions, local control and dues collection remained important points of contention. At the end of that January, Mitchell sent a notice to all STFU locals announcing a showdown. "We have today received a letter from Henderson stating that UCAPAWA is unwilling to grant your National Office the right to continue to function as it has always done by receiving the dues from the locals direct to the National Office [the Memphis office manned by Mitchell and Butler]. He says that on February 1st . . . UCAPAWA will send out dues stamps from Washington to all locals and that you will be advised to send in your dues to UCAPAWA." Mitchell then declared Henderson's dues position a violation of their affiliation understanding and urged locals to continue forwarding their money to Memphis.[10]

Clearly, Mitchell was calling for rebellion, and Henderson's response to the STFU leader's defiance came in a letter dated February 23, 1939, to all STFU locals. He wrote, "Butler and Mitchell got the idea in their heads that they can desert the CIO . . . and do better alone. In view of their refusal to cooperate or abide by the constitution we are going to reorganize District 4 in the states of Arkansas, Missouri, Oklahoma, Mississippi and Tennessee." He called for conventions in those states to determine which locals would choose the CIO and which the STFU.[11]

During a March 19 STFU special convention, delegates upheld the executive committee's decision withdrawing all locals and members from UCAPAWA. To further twist the knife in Henderson, on April 2 Mitchell led a delegation of sharecroppers who walked out of UCAPAWA's convention held in Memphis. After Mitchell and Henderson finally got their votes to separate UCAPAWA from the STFU, elections produced two losers. Though some black union members stayed with Mitchell, Whitfield and the Missouri group as well as Oklahoma locals chose the CIO. Courted by UCAPAWA for many years, Whitfield had developed strong personal ties with CIO leaders. When the Bootheel union leader moved to St. Louis for his personal safety, the CIO provided him with an office and secretarial assistance. Perhaps the STFU's most grievous loss in the split proved to be Gardner Jackson.

In a March 13 letter to Mitchell, Jackson parted company with his longtime labor union ally. "The action of the Southern Tenant Farmers Union makes it necessary for me to withdraw any support which I might have contributed to the Sharecropper Week. It further compels me to inform any of those whose support . . . I have helped to enlist of the reasons for my withdrawal . . . I am sure that you, Butler and the others will very soon deeply regret the move you have made."[12] Responding to Jackson, on April 3 Mitchell wrote, "You are the one who is being very short-sighted . . . You had a hand in building the STFU, Pat, but you are now taking a hand in work of destruction . . . Please think this over, and, as I said, this letter is personal and not for circularization [sic] in the interest of advancing the STFU or anyone else. It is written in the interest of the former friend of the sharecropper, Gardner Jackson."[13]

Jackson remained a friend of sharecroppers but not the STFU. His departure led to withdrawal of support by many national contacts, such as Roger Baldwin of the NAACP. Loss of financial support from national organizations proved disastrous since the STFU had always depended on charitable handouts for survival. Financial pressure led to this request from Mitchell to Thomas in May. "I have written to Aubrey Williams and requested that he aid me in securing some kind of temporary job during the summer months in view of the fact that we are going to have to cut off a number of people."[14]

Mitchell claimed that many contributors and union members simply walked away from each side in disgust with the internal bickering. Only forty locals remained with the STFU. Sweeden, leader of the Oklahoma locals, reversed course and attempted to lead his members back to the STFU with only partial success. Bootheel tenants and farm workers could not hold together their locals without Whitfield's on-site leadership, and those groups disintegrated. The split proved to be a disaster for both sides.

1. Cedric Belfrage, "Cotton-Patch Moses," *Harper's Magazine* 36 (November 1948), 97.

2. STFU Records, Reel 11.

3. Arthur Meier Schlesinger, Jr., *The Coming of the New Deal, Vol. II of the Age of Roosevelt* (Boston: Houghton Mifflin, 1959), 419.

4. STFU Records, Reel 6.

5. Ibid.

6. Ibid., Reel 5.

7. Ibid.

8. Ibid., Reel 8.

9. Ibid., Reel 10.

10. Ibid.

11. Ibid.

12. Ibid., Reel 11.

13. Ibid.

14. Ibid.

TRYING TO KEEP WARM

As UNION OFFICIALS BICKERED, tenants strung along Missouri highways tried to stay warm. A history professor from Lincoln University visited several of the camps and described the scenes. "Hundreds of sharecroppers with their pitiable belongings congregated in groups. Men, women, young and old, boys and girls, shivering in the cold, little children and even babies crying because of hunger, their swollen bellies indicative of lack of sufficient food. I saw their makeshift dwellings of wood, burlap, tin, cardboard, anything to protect them from the frigid weather. I saw them trying to cook over open fires, on makeshift stoves, or just standing about trying to keep warm."[1]

Many planters seemed impervious to such pitiable sites. Posters nailed to barn walls and fence posts around the area featured Whitfield's picture and a $500 reward to the person who killed him. Snow's popularity among planters fell about as low as winter temperatures. The January 27, 1939, *Sikeston Standard* newspaper reported, "We were in Charleston for a while Wednesday afternoon seeking atmosphere as it were, but all we could absorb was anti-Snow. A number of prominent people who we contacted had nothing good to say about Thad Snow."

As sharecroppers shivered in the cold wind, political hot air filled offices of state and local officials who woke up January 10 to a public relations nightmare. Drivers traversing the busy highways watched winter winds whipping poor people huddled piteously among their possessions. One planter's lamentable insensitivity to their plight found expression in a February 9, 1939, *Charleston Enterprise Courier* interview. He called federal relief of four dollars per month for each dispossessed tenant family member unnecessary and wasteful. According to him, sharecroppers had "no earthly need for the money and used the funds to purchase trinkets." He believed public assistance "demoralized" tenants.

Families line the road during the Missouri Bootheel demonstration. Courtesy of the Library of Congress.

Demoralized they were. Caught in the middle of union politics, ineffectual governmental policies, and planter posturing, protesters sat and suffered. As he watched the suffering croppers and listened to planter assertions blaming outside agitators rather than desperate economic conditions often caused by them, Snow became increasingly irritated and outspoken. He concluded that since planters required a villain to blame rather than their own bad conduct, he would provide one. The February 3 *Charleston Enterprise Courier* printed his "confession." Snow claimed that he masterminded the protest with assistance from Leon Trotsky, President Franklin Roosevelt, Upton Sinclair, Al Smith, Dorothy Thompson, his daughter Emily, and various other equally unlikely conspirators. Some planters even pointed to Snow's send-up as confirmation of their outside-agitator theory.

Embarrassed public officials at the state and federal levels searched for ways to disperse the sharecroppers and remove forlorn faces from the pages of newspapers from New York to Los Angeles. As in previous times and other places, planter political power supported the very officials who could and should have taken corrective action. As bad publicity grew worse, however, something had

The Missouri Bootheel demonstration of January 1939 was a stunning public relations victory for sharecroppers, who lined highways of southeast Missouri in cold winter weather with all they owned in wagons and trucks. Photo by Arthur Rothstein. Courtesy of the Library of Congress.

to be done. So politicians formed a committee, their reliable device for biding time until attention moved elsewhere. The governor's six-man committee with government, planter, and tenant representation did a little but not much. As was true in previous commissions, underlying problems remained unsolved. Missouri officials finally decided to end the public relations debacle using the state health code. State Commissioner of Health Dr. Harry Parker inspected roadside camps on January 13 and ruled them a hazard to public health. On January 14, the Missouri State Police with county sheriffs and deputies moved in to clear out sharecroppers.

The diaspora began. Some tenants left peacefully, some not so peacefully, but all left one way or the other. Many returned to previously rented farms as hired hands. Others moved onto the road like John Steinbeck's Joad family. Some hapless families found themselves encamped throughout the Bootheel, with access to them controlled by the state police. Officials kept them out of public sight and the minds of those sympathetic to their cause.

Rufus Lloyd, a Bootheel Missouri farmhand. Photo by Mark Steed.

In a February 1939 letter to John Herbing of the Emergency Committee for Strikers' Relief, Mitchell reported on the camps. "At present there are several . . . the largest of which is at the Sweet Home Baptist Church near Wyatt, Missouri. Here there are 38 families . . . on the church grounds." Near Dorena, Missouri, "23 families are camping on the Mississippi River levee. There are 7 families housed in the Bethlehem Methodist Church near Charleston. The rest of approximately 400 families

. . . are scattered over the countryside."[2] As soon as press coverage faded and America's notoriously brief attention span moved on to other matters, most tenant families disappeared into the black hole of a Depression-era universe.

Some tenants faired better than others by finding placements on federally operated plantations. In 1938, the Farm Security Administration (FSA) took charge of two such operations in Poinsett County, the Campbell Farm near Truman and Northern Ohio Farm near Marked Tree. Another model community program relocated tenants down the road from Tyronza and became Dyess, Arkansas. One famous resident, Johnny Cash, drew upon his experiences there to develop a musical form that remained rooted to the country earth that sustained him.

William Reynolds Dyess, who directed the state's FERA office, obtained $3 million of federal money for Colonization Project No. 1, which he located about twenty miles from his home in Osceola, Arkansas. He purchased about sixteen thousand acres for $137,000, and land clearing began. Workers first constructed barracks with kitchens and dining halls. Then approximately five hundred houses went up on individual plots of land. Each house had from three to five rooms and cost $500 to $1,000, depending on size. Larger homes had indoor toilets and baths, and each farm had a barn and chicken house. Located at the center of the colony, the town consisted of a commissary, canning center, school, community center, cotton gin, and other businesses. By 1937, colony farmers cropped nine thousand acres, including three thousand acres of cotton.

Eventually, the community added a hospital, dry goods store, picture show, barbershop, poultry plant, machine shop, feed mill, and post office. To be selected for the colony, a farmer had to be no more than forty-nine years old, in good health, a resident of Arkansas, and white. Those persons accepted for resettlement at Dyess, including the family of country singer Johnny Cash, received reimbursement for transportation to the community and free household goods.[3] Settlers purchased their houses and twenty-acre farms on generous credit terms.

Though the Dyess project came into being as a

Top: Sharecropper shacks near Dyess were torn down to make way for resettlement housing. Only white people received offers to purchase small farms and houses at Dyess. Photo by Ben Shahn. Courtesy of the Library of Congress.

Bottom: A new resettlement house at the Dyess Colony in the 1930s. Attractive financing allowed tenants to purchase homes and farms. Photo by Ben Shahn. Courtesy of the Library of Congress.

model agricultural colony, controversy accompanied it from the start. Accused of purchasing some of the land from friends and political allies and letting construction projects to political cronies, Dyess's actions drew scrutiny and criticism from FERA officials. The agency investigated charges made against the developer and found "serious indiscretions, but no criminal acts . . . justifying removal."[4] While developing the project, Dyess died in an airplane crash in January 1936. Floyd Sharp, Dyess's successor as state director of WPA, incorporated the colony, and in November 1939, responsibility for project affairs passed to FSA.

The colony's members collectively purchased

items such as fertilizer and seed, which helped hold down costs, and collective marketing of crops enhanced profits. Unfortunately for Dyess's small farmers, the 1937 flood put their land under water, literally and financially. Although the community survived, its collective characteristics ended during World War II, and it became yet another dying Delta town. In January 1938, an *Arkansas Gazette* newspaper reporter interviewed Dyess cotton farmer Harve Smith, who came to the community in October 1934. Smith described what the opportunity meant to him and many other tenants. Asked his opinion of the project, Smith replied, "It's the best proposition a poor man ever had . . . There's nothing against a man here. A man does need more acreage, but still I've got enough to do two mules and my other stock this winter. Here, they've given a man a chance when it looked like no one else would. I've got a home and some good land—best in the world—and an opportunity to buy them."[5]

1. Lorenzo J. Greene, "Lincoln University's Involvement with the Sharecropper Demonstration in Southeast Missouri, 1939–1940, *Missouri Historical Review* 82 (October 1987), 27.

2. STFU Records, Reel 10.

3. Dan Pittman, "The Founding of Dyess Colony," *Arkansas Historical Quarterly*, XXIX:4 (Winter 1970), 320–321.

4. Donald Holley, "Trouble in Paradise: Dyess Colony and Arkansas Politics," *Arkansas Historical Quarterly,* XXXII:3 (Autumn 1973), 208.

5. Pittman, "Founding of Dyess Colony," 324–325.

THE MAD ROOT'S POISON

STFU PROSPECTS HAD DECLINED PRECIPITOUSLY by the end of the Bootheel demonstration. Although the UCAPAWA split surely depleted union fortunes, changing economic conditions contributed to a decline as well. In 1940, the need for industrial labor intensified because of the manufacturing "ramp-up" underway to prepare for a possible war. Many tenant farmers departed the Delta for good-paying jobs in cities such as Detroit, Chicago, and St. Louis. Battling southern landowners for a fair share of crops grew less attractive when a better future waited in northern cities. Additionally, while Delta laborers struggled against planters, inventors and engineers spearheaded an agricultural revolution without violence. They sought to modernize farming and worked on designs for various machines, including a mechanized cotton picker.

Between 1850 and 1930, officials awarded 750 patents on mechanical cotton pickers. Two of the more interesting inventors, Mack Rust and John Rust, in May 1935 exhibited their cotton picker at the National Cotton Show in Memphis. The Rusts's mechanical cotton picker might pick in an hour what four hired hands would need a day to gather. The brothers constructed their machines in Pine Bluff, Arkansas, and displayed a $4,800 model on farms in Mississippi and Arkansas. John Rust explained the way he invented a machine to pick cotton off the stalk: "The thought came to me one night after I had gone to bed. I remembered how cotton used to stick to my fingers when I was a boy picking in the early morning dew. I jumped out of bed, found some absorbent cotton and a nail for testing. I licked the nail and twirled it in the cotton and found that it would work."[1] Later Rust experimented with a hand-operated device in Oklahoma to test the efficiency and spacing of the wire spindles. After returning to his native state of Texas with a set of drawings and the hand-operated device, he

constructed the first machine in his sister's garage in Weatherford, Texas.

Though the Rust brothers succeeded in designing a machine, they failed to profitably mass-produce cotton pickers. Their competition included industrial giants such as John Deere and International Harvester, both with marketing advantages and capital that a small start-up could not match. After years of effort and exhibitions, the brothers ended up in bankruptcy, though mechanized cotton picking became successful. As early as 1946, Chapman and Dewey as well as other

An early Rust cotton picker helped begin mechanical cotton harvesting that changed forever the state of southern labor. Although the Rust brothers helped invent and improve cotton pickers, they never were able to take their invention into permanent mass production. Courtesy of Curtis Duncan.

large land companies in the Delta picked much of their cotton by machine.

Fearsome predictions by some commentators foretold destruction of the South's spirit if machines governed agricultural production. A Nashville agrarian went over the top with his assessment, however. "Since a power machine is ultimately dependent upon human control, the issue presents an awful spectacle: men, run mad by their inventions, supplanting themselves with inanimate objects. This is, to follow the matter to its conclusion, a moral and spiritual suicide, foretelling an actual physical destruction . . . We have been slobbered upon by those who have chewed the mad root's poison, a poison which penetrates to the spirit and rots the soul."[2]

Despite such dire warnings, farm mechanization, factory jobs up north, and military service shifted southern demographics after 1940. The resulting labor shortfall presented a critical challenge for those in charge of agricultural production, and Poinsett County's farm labor scarcity in 1943 illustrated the dire need. While demand reached 125 percent of normal that year, supply came to only 57 percent. With their characteristic sensitivity and eloquence, many Delta planters argued that people should work, fight, or go to jail.[3]

Historian Nan Elizabeth Woodruff's book *American Congo* characterizes the struggle of agricultural labor in the Delta during World War II as a "war within a war." During labor battles with landowners, farm workers continued to find an ally in the STFU, despite the union's sometimes constrained circumstances. The perfidy of some planters continued during the period, and many complaints found their way into the STFU mailbox. UCAPAWA also organized and lobbied for improved wages and conditions for regional agricultural workers, and the CIO union had a local on the Lee Wilson plantation. While CIO representative Harry Koger, who was based in Memphis, sought to help through his contacts in federal agencies, Mitchell partnered with FSA and the War Manpower Commission (WMC) to find off-season employment

for Delta farm labor. In the winter of 1942, the partnership sent more than two thousand workers to the Southwest to pick cotton, and during the winter months of 1943, about five hundred laborers from the Delta headed to Florida for the citrus harvest. The program found jobs for about thirteen thousand people during the war.[4]

This wartime labor program peeved planters for several reasons. It gave weight to the STFU's claims of effective representation of Delta workers and thus strengthened the union. Some of the people who left the region for temporary work never returned to rejoin the Delta labor pool, though the percentage was never large. Additionally, such movement of workers out of the Delta, even if temporary, represented a loss of planter control over them. Their desire for farm hands to always be under their thumb led landlords to pressure their political allies in Washington for a means to stop the relocation program. The means to this end arrived in April 1943 in the form of Public Law 45, which created an Emergency Labor Supply Program controlled by planter friends at the USDA.

Despite the fact that federal statutes such as Public Law 45 allowed planters through their control of agencies to defer farm workers from the military draft, STFU Vice President F. R. Betton told a congressional committee that many workers refused to be held captive by the restrictions that planters linked to deferment and joined the army rather than submit to planter control. Woodruff gives some indication of why workers apparently preferred fighting Nazis to working for Delta landlords and accepting the curtailment of their liberties. "The STFU received numerous letters and reports of county agents refusing to sign releases [for travel to other jobs] and of threats to draft those who did try to leave. In Arkansas, for example, planters forced their sharecroppers to sign five-year contracts or face being drafted."[5]

Though planters often were able to hold back workers who wanted to find work elsewhere during the war, they could not hold down wages throughout the entire period. The STFU pushed picking wages up to $2.50 per hundred in 1943 and $3.00 in

After Delta confrontations dwindled, the STFU went on to support workers in other places and at other times, even though its name changed and workers harvested crops other than cotton. Female strikers of the National Farm Labor Union picket the DiGiorgio Fruit Corporation in California during the late 1940s. Courtesy of the University of North Carolina, Southern Tenant Farmers Union Papers.

DI GIORGIO
WORKERS
ON
STRIKE
FOR A LIVING WAGE
A.F. of L.
DI GIORGIO
WORKERS
ON
STRIKE
FOR A LIVING WAGE
A.F. of L.
DI GIORGIO
WORKERS
ON
STRIKE
FOR A LIVING WAGE
A.F. of L.

1944. When Mitchell proposed $3.50 for the 1945 cotton harvest, planters pushed back and hard. They went after a wage ceiling through the Department of Agriculture. The method to achieve a federally imposed cap on picking wages depended on public hearings held in each county to provide political cover for planters and their allies among elected officials. Landlords testified at county hearings that rising labor costs would drive them out of business and sometimes offered anecdotal and unproven financial claims as evidence. They dominated testimony, despite appearances by union officials and farm workers.

This process produced a final vote after hearings concluded and a $2.05 per hundred picking cap in Arkansas. The STFU claimed that many farm workers had to cast their votes with landlords looking on, that a substantial number of workers were not notified of the hearings or election, and that proceedings were a sham used by planters to further control worker earnings and prevent the union from negotiating higher wages for its members. In the Arkansas Delta, only 2,757 persons voted against the $2.05 ceiling, while 9,356 voted for it.[6]

Planters also acquired during the war perhaps their perfect idea of an employee—a prisoner of war. Poinsett businessmen arranged for the location of two German POW camps in the county, one near Marked Tree on Chapman and Dewey land and another at Harrisburg, which opened in 1944 with about 3,700 Germans. By mid-1944, the Marked Tree camp started up as well. Planters paid prisoners "prevailing" wages, a level determined by planters, which also served to tamp down wage rates in the tight market. Another source of labor came from Mexico via a 1942 treaty. The STFU protested the use of Mexican labor, just as it did the employment of German prisoners. Mexican workers would give Delta planters additional leverage to hold down domestic wages for years to come.

George Stith, an STFU organizer and later vice president of the National Farm Labor Union, described the leverage planters acquired through foreign workers in a 1950 Statement to the President's Commission on Migratory Labor. "I have seen truckloads of American citizens riding the roads looking for cotton to pick. When they asked for work the answer was, 'Sorry boys, would like to have you, but I got these Mexicans. Got to take care of them, you know.' When tenants refused to pick cotton for the low wages of $1.50 to $1.75 per hundred pounds they were told, 'You don't have to take it. I can get Mexicans even cheaper than that.'"[7]

Thus, a combination of factors changed the nature of Delta agricultural labor and depleted STFU ranks throughout the 1940s. In 1946, the STFU changed its name to National Farm Labor Union (NFLU) and affiliated with the American Federation of Labor (AFL), though its goals and leaders remained the same. H. L. Mitchell had long wanted to change the union name to broaden its identity beyond just sharecroppers, according to his son Sam Mitchell. H. L. Mitchell then led workers from the NFLU in a strike against the DiGiorgio Fruit Corporation in California during 1947. To publicize the strike, he presented a movie made by Hollywood unions about working conditions at DiGiorgio to the U.S. House of Representatives' labor and education committee. His plea for an investigation of DiGiorgio's practices led a subcommittee to convene in California for that purpose. Mitchell claimed that of all the congressional questioners, Congressman Richard M. Nixon, a subcommittee member, displayed the most hostility toward union witnesses.

1. Donald Holley, *The Second Great Emancipation: The Mechanical Cotton Picker, Black Migration, and How They Shaped the South* (Fayetteville: University of Arkansas Press, 2000), 50.

2. Andrew Nelson Lytle, "The Hind Tit," *I'll Take My Stand: The South and the Agrarian Tradition* (New York: Harper, 1930), 202–203.

3. Whayne, *A New Plantation South*, 221.

4. Nan Elizabeth Woodruff, *American Congo: The African American Freedom Struggle in the Delta* (Cambridge, Mass.: Harvard University Press, 2003), 191–198.

5. Ibid., 205.

6. Ibid., 212.

7. STFU Records, Reel 12

CALIFORNIA DREAMIN'

WHEN THE CALIFORNIA FEDERATION OF LABOR asked the NFLU to organize agricultural workers in the state, according to Mitchell, he obliged by sending his union recruiters westward. They would not be the first organizers to struggle with an agricultural workforce as vast and diverse as the state's crops. Many poor farm workers left behind dust bowls in Oklahoma and Texas during the Depression to find work in the state's more than two hundred crops. After arriving, they found workers who had come from as far away as Japan already there and equally hungry. By the beginning of the 1930s, new arrivals sometimes amounted to about 1,500 persons a day, and the Los Angeles Chamber of Commerce requested that the National Guard prohibit entry into the state.[1]

As in the Delta, many of these workers hired out to large agricultural enterprises, and an omnipresent tension between business and labor constantly pulled the two sides apart. The state recorded about 140 farm strikes involving more than 127,000 persons during the 1930s.[2] Though Mexican migrant workers, the largest labor class in the state, at first appeared reluctant to strike, they formed a union in 1927 that caught the attention of the Communist Party's Trade Union Unity League. The league then helped create the Cannery and Agricultural Workers Industrial Union (CAWIU). In 1933, the new union undertook more than thirty walkouts, and some continued into the next harvest season. Many of the 47,500 hired hands involved received only fifteen cents per hour, and they struck for higher wages, shorter workdays, elimination of labor contractors, and recognition of the union as a bargaining agent. As in the Delta, California landlords often used violence to break up demonstrations. In the October 11, 1933, edition of the *San Francisco News*, a reporter described the shooting of workers. "I saw eleven unarmed persons shot down in cold blood.

One was a woman. Two were killed." Though a grand jury indicted eight ranchers for murder, the state also charged CAWIU leader Pat Chambers with criminal syndicalism.

Bad press brought California labor department officials in to arbitrate between ranchers and workers and put an end to the rancorous and violent confrontations. State officials proposed a seventy-five-cents

This migrant Mexican family had car troubles in California during February 1936. Dorothea Lange photographed this scene for the Farm Security Administration. Courtesy of the Library of Congress.

per hundred picking wage, which neither side endorsed, but each side agreed to when labor officials threatened to cut off food deliveries to strikers and make banks call in loans made to ranchers. Many of the state's political liberals, such as actor James Cagney, supported poor agricultural workers on strike, and a young writer named John Steinbeck met them when visiting friends in the arts community. Due to his many conversations with the dispossessed, Steinbeck began research into the plight of American migrant workers with the goal of writing about the subject.

To combat this alliance of farm workers and their political allies, agricultural businesses formed Associated Farmers, Inc., an organization developed to lobby and represent their interests. The political clout of these California businessmen soon became

Part of the cast and crew pose on the set during the 1939 filming of *The Grapes of Wrath*. This work of fiction by John Steinbeck, along with *Tobacco Road* by Erskine Caldwell, introduced many Americans to sharecroppers and their difficult existence. Both have become classics in their vivid portrayal of impoverished country folks during hard times. Courtesy of the Library of Congress.

obvious. The day after general strikes ended in July 1934, police raided CAWIU headquarters in Sacramento and arrested Chambers and seventeen other union members for vagrancy. Though a judge had dismissed the previous charge against Chambers of criminal syndicalism after ranchers won acquittal in the killing of two strikers, prosecutors filed the same charge against fourteen of the "vagrants." Chambers and seven other defendants were found guilty and received prison sentences.[3] Clearly, Associated Farmers had the union in its cross hairs, but the shot that dropped CAWIU came from an unexpected direction. The Communist Party Comintern in 1935 abolished the Trade Union Unity League and its subsidiary unions, ordering party members to advance the cause in other unions. Thus, many CAWIU organizers in 1937 pledged allegiance to UCAPAWA, the Henderson-led union that featured prominently in STFU affairs. Though Henderson and other CIO organizers faced many challenges in California, they developed crucial contacts with Farm Service Administration (FSA) camp administrators and recruited in their labor encampments. The federal agency housed thousands of farm workers in camps throughout the state, and these facilities became prime recruiting ground for UCAPAWA.

In the camp near Arvin, California, director Fred Ross even supported the 1939 picker strike. Union success in organizing at the FSA sites ended when political pressure eventually terminated unfettered access to the camps by union representatives. Though FSA regional director Laurence Hewes deplored the conditions of workers portrayed by writers such as Steinbeck and photographers such as Dorothea Lange, he enforced his agency's policy of remaining neutral in the struggle between business and labor. Hewes vetoed a UCAPAWA proposal to deny federal assistance to migrants refusing to strike and required that camp residents accept job offers or leave the FSA shelter.[4] UCAPAWA's California record "was considered to be less than successful," according to author Anne Loftis. The union "faced formidable obstacles in its California operation. In the canneries, well-entrenched AFL rivals waged jurisdictional battles; in the fields, destitute migrants flooded the labor market. As a result, organization was erratic. There was a pattern of new locals being formed and then dissolved."[5]

By the time the NFLU sent organizers to the state in the late 1940s, UCAPAWA ties were long severed. Mitchell fared no better than his former partner, however, since he took on one of the state's most formidable business empires. The DiGiorgio Corporation encompassed about eighteen thousand acres, a packinghouse, and a winery. During the walkout of about 1,100 workers, the company systematically brought in Mexican labor to negate the effect of striking employees. The union countered by making citizen's arrests of illegal aliens as Mexicans stepped off the buses, but the California business community blocked this move by sponsoring legislation that prevented such arrests unless made by uniformed border patrol agents.

While the DiGiorgio strike remained at an impasse, the NFLU helped striking cotton pickers in the San Joaquin Valley and the Imperial Valley in 1949, 1950, and 1951. Mitchell claimed that twenty thousand workers walked out of the fields. One young cotton picker who rode in the caravan of union organizers, the legendary Cesar Chavez, later remembered getting his first union card from the NFLU and that it contained Mitchell's signature.[6] As in the Delta cotton fields, union efforts made minor improvements here and there but failed to generate large and lasting enhancements for California agricultural workers.

1. Anne Loftis, *Witnesses to the Struggle: Imaging the 1930 California Labor Movement* (Reno: University of Nevada Press, 1998), 109.

2. Ibid., 7.

3. Ibid., 94.

4. Ibid., 185.

5. Ibid., 184.

6. H. L. Mitchell, *Roll the Union On: A Pictorial History of the Southern Tenant Farmers Union* (Chicago: Charles H. Kerr Publishing Co., 1987), 65.

RAISING CANE

THOUGH THE NFLU SURVIVED in a weakened state, helping agricultural workers in the Delta and as far away as California, it had one big fight left in it. That came in Louisiana during 1953 as Mitchell and his organizers sought to establish bargaining arrangements between sugar cane workers and member companies of the powerful American Sugar Cane League. At the root of cane protests lay the 1937 Sugar Act, passed to assist domestic sugar producers. It imposed an excise tax indirectly related to federal payments given to growers, and Section 301 supposedly protected workers by establishing "fair and reasonable" wages for them, restricting child labor, and governing such benefits as housing provided by growers to plantation workers.[1]

Theoretically, failure to comply with wage and benefit protections put growers at risk of losing their subsidies, just like the AAA threatened planters with loss of cotton contracts if they chiseled tenants out of their share of payments. Many cane workers complained, however, of not receiving wages required by the law, accusing growers of keeping dual records, one for federal inspectors to audit and one for their internal use. These abused Louisiana workers possessed an ally not available to Delta tenants—powerful Catholic church leaders led by Joseph Francis Rummel, archbishop of New Orleans and an activist pushing social justice throughout the state's parishes. Church officials assisted workers with numerous complaints to federal officials, and one of their charges echoed the cries of tenants from cotton country. Sugar interests pressured the Works Progress Administration (WPA) to dump workers during the harvest of sugar cane in order to hold down wage rates. League members openly "assisted" the federal agency with coordinating the release of WPA employees. A WPA administrator wrote Louisiana Senator Allen J. Ellender, a member of the Senate agriculture committee and buddy of Arkansas Senator Robinson, "If necessary we will close down sufficient projects and influence the workers . . . to accept temporary employment in the cane fields."[2]

To help cane workers with these and other abusive tactics, Rummel established a social action committee to mediate between the church and business community, and he appointed the Reverend Vincent O'Connell chairman. When O'Connell told a member of the cane league's labor committee of his intention to help organize workers, the businessman warned, "Before that happens, the bayou will run red with blood—some of it yours."[3] O'Connell asked a state department of labor contact for the name of someone to help workers organize, and Mitchell's name came up. So the priest contacted the veteran of many STFU organizing efforts, and Mitchell sent NFLU representatives to visit dairy farmers and strawberry producers, as well as other vegetable farmers. Mitchell decided to approach cane labor after first establishing a strong base of agricultural workers in other fields. In this manner, the union established a partnership with church social justice advocates to facilitate a comprehensive approach to organizing the state's farm workers.

In February 1951, NFLU representative Henry Hasiwar left California for Louisiana strawberry fields and helped form a fruit and vegetable producer Local 312 within the NFLU and AFL. With O'Connell's assistance, the local forced Farm Bureau members to accept the union, but during the process, industry enemies took notice of the potentially dangerous alliance between church and labor and moved to halt further advances. Prominent industry leaders lobbied Rummel to have O'Connell removed but failed, and the FBI began an investigation of the local for antitrust violations, which Mitchell believed that Senator Ellender precipitated. The case centered on whether

A very tall Hank Hasiwar, vice president of the National Agricultural Workers' Union, is in the center of this 1953 strawberry farmers' picket line in Hammond, Louisiana. Courtesy of the University of North Carolina, Southern Tenant Farmers Union Papers.

Local 312 controlled the auction of strawberries in conjunction with berry handlers and thereby created a price-fixing device. After its investigation, the Justice Department indicted the union and Hasiwar on charges that included conspiracies to restrain trade, price fixing, and coercion of processors. Though Mitchell expressed public optimism regarding the case, privately he was worried.

The charges came after a strike defeat and another lawsuit in California. The DiGiorgio Corporation had sued NFLU filmmakers for the union's so-called documentary, *Poverty in the Valley*, which cast the company's treatment of workers in an unflattering light. Though the union rejected an April 1950 settlement offer, with the strike at a longstanding standstill and unable to pay mounting legal costs, the NFLU ended its walkout the next month and agreed to destroy all prints of the film.

At the 1951 Memphis Convention, the NFLU changed its name to National Agricultural Workers Union (NAWU), and at the start of 1952, Hasiwar began to organize cane workers. Across from the union organizer stood T. M. Barker, manager of Valentine Sugars and chair of the cane league labor committee. Though ostensibly a mediator between the two, the Catholic hierarchy stayed on the workers' side for the most part, except for its reassignment of O'Connell. Transferred to St. Paul, Minnesota, about as far away as possible from Louisiana, O'Connell and his union friends believed the relocation timing too convenient to be a coincidence. However, Jesuit Louis J. Twomey replaced him as chair of the social action committee, and Barker and his allies found the replacement an adversary just as formidable as his predecessor.

Though the union faced severe financial problems during this period, with the help of sympathetic Catholic priests, it signed up several hundred plantation workers. In January 1953, NAWU chartered a sugar workers union, Local 317, with about 560 members. Prospects for growth looked promising, so in a September NAWU executive board meeting, the union decided to cancel organizing work in California and concentrate on Louisiana sugar workers. A jurisdictional adjustment gave Local 317 those workers west of the Mississippi River and Local 312 those east of the river. Meanwhile, in Washington, D.C., Senator Ellender requested and received information on Mitchell and others involved in union activity from the House Un-American Activities subcommittee.[4]

---

1. Thomas Becnel, *Labor, Church, and the Sugar Establishment* (Baton Rouge: Louisiana State University Press, 1980), 35–36.

2. Ibid., 38.

3. Ibid., 63.

4. Ibid., 119.

Workers cut sugar cane by hand in Louisiana. Courtesy of the Library of Congress.

❧ THE CANE MUTINY ❧

AT THE CLOSE OF 1952, Hasiwar wrote Godchaux Sugar Company requesting a meeting to discuss plantation worker wage proposals. He also noted Sugar Act wage violations and asked for $32,000 in back pay for affected workers. Additionally, the union requested that USDA hold up benefit payments to growers pending resolution of the dispute, but the Department of Agriculture refused. At that time, Hasiwar said that Local 317 had more than one thousand members, 80 percent black.[1] After no response from Godchaux, in July the union sent letters requesting collective bargaining meetings to the state's four largest sugar producers, but the companies denied that NAWU represented their workers.

Since Louisiana law failed to include agricultural workers in its definition of an employee, the state department of labor could not force (assuming it would if it could) the companies into mediation of these wage disputes. Growers countered union pressure by raising wages by one dollar per day for existing workers and recruiting foreign labor. Rummel offered to arbitrate between the two sides, but business leaders avoided this option as well. In the face of the industry's refusal to bargain, Local 317 in September voted to strike by a margin of 1,808 to 8.[2]

Though the union sent out letters requesting meetings to several plantations in an effort to divide the opposition, none responded. Planters took the position that the workers had no collective bargaining rights and employers must not legitimize the union argument by negotiating with an organization that claimed to represent them. One Catholic priest, Father Jerome Drolet, grew incensed by planter arrogance. In a September 10, 1953, edition of the *Thibodeaux Lafourche Comet* newspaper, he shared his views. "Fortunately Louisiana is at long last free of the one-arm bandits

called slot machines; it will be a happy day when our state will enact and enforce laws strong enough to repress and restrain the small but dangerous minority of business leaders who are white-collar, two-arm bandits in their inhuman treatment of their laborers."

Some New Deal legislation granted added protection to industrial workers, but these laws failed to help their country cousins. The AAA did not require direct payments to them for diverted acres. The Wagner Act failed to assure them of arbitration opportunities. The Fair Labor Standards Act of 1938 exempted them from minimum wage requirements. The National Recovery Administration failed to guarantee them collective bargaining rights. Even Social Security laws initially exempted them.[3] Sugar industry leaders and their legal advisors carefully exploited these shortfalls to stay within the letter of the law in their maneuvers to defeat the union. The cane league distributed propaganda to workers that could have come directly from the Delta's cotton planter playbook when they contested STFU advances. They charged outside communist agitators with fomenting worker unrest and leading the state's sugar workers toward a steep cliff.

Amid this war of words, the union struck on October 12, 1953, at the start of cane harvest season. Union members walked out on the state's four biggest sugar corporations—Godchaux, Southdown, Milliken-Farwell, and South Coast. The Local 317 strike included about 1,200 workers, who the union kept busy at several locations to prevent planter pressure and avoid violence. Hasiwar stressed that the central issue was not wages but the right to bargain collectively. In retaliation, cane league members at first evicted union leaders from company housing and cut off utilities to the homes of striking workers. As the strike wore on, growers evicted strikers in addition to their leaders in order to house replacement workers. The cane league began an intense publicity campaign that took advantage of local press allies of the powerful businessmen. An October 30, 1953, edition of the *Assumption Pioneer* newspaper in Napoleonville ran an editorial that offered this observation. "No outside or inside goons will ever make us stop working when we so desire or scare us with threats or reprisals." Remarkably, the strike progressed virtually free of violence by either side. One shooting incident reported on October 22 involved a shotgun blast that struck a truck carrying workers to the Southdown refinery and caused flesh wounds to three persons.[4] National press coverage of the strike painted a different picture than state editorial writers did. On November 2, 1953, *Time* magazine ran a story titled "Cane Mutiny" and focused on the abuse of strikers. The article characterized union members on strike as two-thirds illiterate, four-fifths black, and living in wretched, company-provided hovels. The article quoted Twomey as saying, "The workers are apparently willing to take whatever risks are involved to free, if not themselves, at least their children from this environment."

As the strike went on and employers refused to budge, NAWU reached for additional leverage. It placed Local 317 pickets at the Godchaux refinery in Raceland, Louisiana, which employed members of other unions, and Hasiwar claimed that several hundred mill workers responded. Industry lawyers moved quickly to eliminate this threat, and Judge J. Louis Watkins of the Seventeenth District Court of Louisiana issued an indefinite restraining order that prohibited Local 317 from picketing at refineries. Lacking funds to fight the cane league in court, which is where the organization cleverly chose to attack, Mitchell called off the strike. In a November news release, NAWU declared, "Although we feel we have been betrayed by our courts . . . the union will continue this fight. The organization of plantation workers will go forward." To wrap up the union's longstanding Louisiana legal problems, the strawberry local accepted a Justice Department offer to plea bargain charges against Hasiwar and the local, which received a $400 fine.[5] Hasiwar and

two other union officials accepted $1,000 fines and three- to nine-month suspended prison sentences. Hasiwar then left the state for good, returning to New York to run his family's business.

In historian Thomas Becnel's opinion, "The plantation workers strike could not halt sugar production, and financial problems and antitrust suits had just about wrecked the NAWU. Only if factory workers had supported the plantation workers and stopped sugar production completely could Mitchell possibly have won recognition and a union contract with growers." Becnel also attributed the sugar industry's enormous political power and a McCarthy-era anti-union atmosphere to the union's defeat.[6]

The strike fallout took down union members high and low. Almost one hundred strikers with six hundred dependents got fired and blacklisted, and they turned to Catholic priests and laypersons to assist with their search for new jobs. The Louisiana Supreme Court in January 1955 concurred with lower court decisions that crippled union organizing efforts. In its decision, *Godchaux vs. Chaisson*, the court held that "harvesting a perishable crop transcends the rights of the defendants to picket." Appeal to the U.S. Supreme Court provided little relief as well.

A cash-strapped NAWU moved to cheaper quarters in Washington and cut its budget, while national labor leaders questioned aloud their misgivings about organizing agricultural labor. George Meany, AFL president, aired his views during remarks at the 1955 national convention in Miami Beach, Florida. He called farm labor "the type of worker who will not benefit from unionizing." The comment infuriated Mitchell, who supposedly called Meany ignorant in addition to less polite epithets.[7] Mitchell's intemperance probably contributed to the fact that national labor leaders overlooked him when choosing organizers for California agricultural workers in the 1960s. At the demise of the renamed STFU in the 1960s, the union begun by Arkansas tenant farmers went under with hardly a whimper. Some activists in the 1960s, tempered and trained in the Delta, became leaders in the civil rights movement, and others protested the bloody harvest in Southeast Asia rice paddies, rather than in those old cotton fields back home. Amid the protests of that turbulent decade, the STFU passed quietly into oblivion.

---

1. Becnel, *Labor, Church, and the Sugar Establishment*, 122.

2. Ibid., 129.

3. Ibid., 14.

4. Ibid., 153.

5. Ibid., 157.

6. Ibid., 158.

7. Ibid., 172.

A MARK ON AMERICAN HISTORY

As TIME PASSED and the STFU wound down, many persons who took part in the tenant union drama moved to other stages. Thomas remained a champion of socialist politics but turned to international issues. Kester continued his public ministry efforts and ran a school for poor black children in South Carolina. Amberson joined the faculty of Johns Hopkins University. Whitfield became a preacher in Southern Illinois. The CIO eventually purged Henderson and other communists, and he disappeared from public view. McKinney, severely beaten in a domestic dispute, remained mentally impaired for the rest of his life. Williams ended up on a small Alabama farm, and Butler settled in Arizona near Clay East, who retired there. Mitchell became agricultural division head of the Amalgamated Meatcutters and Butcher Workmen of North America in 1968. After that union merged with another, he directed the Agricultural and Allied Workers Union Local 300 that organized fishermen, rice mill employees, and plantation workers along the Gulf Coast.[1]

In analyzing the successes and failures of the STFU, one may argue that the union had more failures than successes. With respect to its stated mission of better living conditions, higher wages, and a better world, the STFU achieved success in small ways but not in large ones. Still, the joining of black people and white people, men and women into a cohesive movement should be remembered as remarkable since it crossed over southern lines considered hard and fast. Throughout many struggles for power in the Delta, the greatest obstacle to industrial unionism rested on "the racial-economic system of southern apartheid," which "defeated nearly every significant movement for labor or civil rights throughout the 1930s."[2]

The STFU took away this powerful weapon wielded by landlords in their land and labor wars.

Despite the fact that union victories were small, many tenants and union leaders paid dearly for them. Throughout the harassment, beatings, and worse, most maintained their loyalty to the union and commitment to the cause. Mitchell certainly did. Asked for his personal assessment of H. L. Mitchell's reasons for undertaking the struggle, his son Sam Mitchell, an educator living in Canada, shared the following observations: "I'm wondering now myself why he did it. I think, like most of us, there are multiple reasons. In one sense he became a politician through it. He wanted the recognition in a number of ways. He was already a socialist, and the desire to bring about change was pretty strong. I think it was a mixture of these things, which led him to want to work with the people. . . . I think his goals were multiple. It wasn't ever really just a union. It was housing. It was social, the quality of life. It was at times education."

With respect to his accomplishments, H. L. Mitchell likened himself to a Don Quixote, according to his son. "He thought that he hadn't been achieving enough and that he'd been fighting windmills. But he'd been fighting for causes, and the causes were good. A lot of people would have considered [the STFU] a failure. In terms of tangible results I think he was aware of how limited they had been, but he thought that he fought the good fight."[3]

Mitchell and others in the STFU may have fought the good fight, but it was never a fair fight in the Delta, given the nature of the men the union squared off against. Businessmen who became regional planters tamed a vast imposing terrain that resisted them at every turn. They were tough customers, managing manpower as unruly as the wild land, all the while overcoming droughts, floods, earthquakes, hailstorms, boll weevils, pandemics, stock market crashes, and sundry other irritations. When federal programs brought economic opportunity, they saw it and seized it, outmaneuvering various attempts to loosen their grip on the power that put the dollars in their pockets.

Historian Jeannie M. Whayne observed, "In every possible way the Poinsett County elite appropriated control over New Deal programs and integrated them into their operations. The immediate results were not always efficacious for the planters, but even in the worst situations, planters eventually turned things to their advantage."[4] In author Michael Harrington's foreword to Mitchell's autobiography he wrote, "In one sense the Southern Tenant Farmers Union . . . was defeated, and there is no use trying to walk around the fact. But in that defeat, pressure was generated which left its mark on American history."[5]

Though his and other assessments correctly note that the STFU failed to establish itself as a permanent fixture among American unions, Mitchell brought up several other measurements of success in a March 1940 fundraising letter. "It is especially significant that no lynchings have occurred in the areas where these people have organized, and constitutional guarantees of freedom of speech and assemblage have been recognized, although not completely, for the first time in decades. Human misery has been lessened by this movement. Wages have been raised, hours shortened; millions of dollars in government grants have been secured; sharecropper unionists have been elected to county A.A.A. committees; collective bargaining in the cotton states has begun. The Union has made great strides of vital importance for the preservation of our democracy."[6]

1. Sam Mitchell, Calgary, Canada. Interview with Author, May 19, 2006. Transcript. Southern Tenant Farmers Museum Collection, Arkansas State University, Jonesboro.

2. Michael K. Honey, *Southern Labor and Black Civil Rights: Organizing Memphis Workers* (Urbana: University of Illinois Press, 1993), 9.

3. Sam Mitchell, Interview, May 19, 2006.

4. Whayne, *A New Plantation South*, 216.

5. Mitchell, *Mean Things*, ix–x.

6. STFU Records, Reel 10.

❧ CONCLUSION ❧

THE FEDERAL GOVERNMENT has continued crop subsidies begun during those dark, Great Depression days to support cotton still produced in the Delta. A decline in cotton acreage in the 1930s continued into following decades. In the early 1960s, cotton generated about 33 percent of Arkansas's agricultural revenue. By the 1980s, that decreased to 20 percent as rice and soybeans outgrew cotton. U.S. Department of Agriculture payments to Arkansas farmers in 1987 amounted to almost $314 million. An article in *The Economist*'s July 22, 2006, edition made the following observations about the impact of U.S. cotton subsidies on free trade: "The absurdity of America's cotton subsidies is well known. Uncle Sam spends over $4 billion a year propping up cotton farmers. Cotton receives far more government cash per acre than other crops."

Despite continuing infusions of federal dollars, country towns passed away in the decades following the Great Depression. The old ways of rural commerce disappeared, altered forever by giant retailers. Many small shops emptied, leaving buildings that housed them abandoned along streets beside silent railroad tracks. The loud whistling and screeching metal that once summoned folks to the stations has long faded away. Old men in overalls and frayed shirts no longer spit tobacco juice onto the sidewalk and proclaim on matters large and small from benches fronting stores around town squares.

Dogtrot houses such as this abandoned property near Twist, Arkansas, sometimes were used by tenants. So-named because a family dog could trot right through the middle, these houses offered open space for better air circulation during hot Delta summers. Photo by Ryan Steed.

Shotgun houses, which served as dwellings for Delta sharecroppers, now are an unusual sight. They were called shotgun houses because you could shoot a shotgun through the front door and out the back door without hitting a wall. These houses were the most common style of tenant living quarters. Photo by Brenda Fisk Keech.

Although much of the Delta has changed, some things remain the same. An agricultural department official recently confirmed that almost all regional farmers remain tenants in part. Typically, today's farmers own some acres, but the majority of acreage planted is rented on crop shares, just as in the mid-1930s. New planters often farm in legal entities eligible for maximum government payments from the USDA. Operating entities such as limited liability companies and corporations can be created and ultimately tied back to planter families. Some farm enterprises in the Delta may be little more than branches of family trees nurtured by USDA dollars. Protected by the political clout of farm state politicians, these "Mississippi Christmas Trees" provide many millions of dollars in gifts each year to the Delta economy. Like AAA payments of old, today's government assistance payments often end up in deep pockets of the rich rather than empty pockets of the poor.

Some powerful Delta planters helped delay regional development as long as possible because industry competed for labor with higher wages, benefits, and better working conditions. Pushing against progress stunted regional growth for decades, and Delta children left as soon as possible for opportunities elsewhere. A question persisted among those who remained. What to do with the Delta? The politicians' answer to the question—a commission. The commission's answer—a report: *The Delta Initiatives: Realizing the Dream . . . Fulfilling the Potential. A Report by the Lower Mississippi Delta Development Commission.*

Led by then–Arkansas Governor Bill Clinton, who served as chairman, the commission issued

The Arkansas Delta's collapsing past contrasts with the lights of posh gaming establishments across the river in Mississippi. Courtesy of Arkansas Delta Byways.

its final report on May 14, 1990. In his cover letter, Clinton explained that Public Law 100-460 in October 1988 created the commission to study and make recommendations regarding "economic needs, problems, and opportunities in the Lower Mississippi Delta region and to develop a ten-year regional economic development plan." The report's section on agriculture pointed out that "since 1950, technology has continued to decrease labor requirements . . . resulting in a high number of displaced workers. The farm crisis of the 1980s forced many small- and medium-sized farmers out of traditional row crops. Many farmers accrued large debts and saw their net worth reduced."[1] The study noted that small family farmers possess little acreage or capital and "tend to rely heavily on family labor. They are concentrated in areas dominated by large row crop farmers."[2] The report made clear that small family farms rarely exist in today's Delta.

Despite the report's depressing conclusions for small family farms, some hope remains for the region. Factories came south for lower wages and non-union workers in right-to-work states. Steel plants and food processing facilities produced financial improvements and opportunities for Delta youths. An enlarged tax base improved schools, and public services now offer opportunities beyond those available in the past. The rich Delta earth has sprouted malls selling to a middle-class clientele, and some family businesses survived in niches outside the path trod by retail giants. Large cotton and rice planters remain important members of the business community, developing horizontally into related enterprises, such as chemical companies, equipment dealerships, banks, cotton gins, and grain elevators, much like their ancestors.

Although the Delta commission report matches solutions to needs, it has spawned only sporadic success. Renewal remains largely unrealized. Amid the changed landscape, cotton still stands along the road, puffed up and proud in the fall. Giant red and green machines glide over rows, sometimes six at a time, their shiny barbs twisting cotton from bolls, just as Rust dreamed. As cotton is sucked upward into a large metal basket, the noise of seed against metal sounds like hail hitting the tin roof of a shotgun house. Computers mounted in the drivers' cabs monitor the machines' operations. Country music flows through speakers in the air-conditioned, nearly soundproof compartments. Farmers and nature remain apart to the greatest extent possible. Brains, not hands, make today's crops.

Something old, something new. A modern cotton picker clears a field adjacent to the last antebellum home on the Mississippi River in Arkansas. The Lakeport Plantation home faces the levee in Chicot County. Photo by Ronnie Walker.

Throughout the Delta, man and land are separated. People know little or nothing about a union from long ago, formed by hungry and desperate people who stood on common ground to fight for justice, and sometimes just for each other. The past, with its good times and bad, grows more distant as years pass and memories fade. Now casino lights beckon from across the river, just as British traders lured Quapaws with the promise of a better deal. Where once field hollers filled the air, today casino slot machines ring their beat. Though the odds of getting rich raising Delta cotton seem generous compared to their chances at the tables, people still come from far away to roll the dice. Strangers lean over game tables amid glittering lights and pulsing music for their chance at riches, and all seem in good spirits. Yet outside the lights and beyond the action, in wooden shacks on dusty roads, some deeply etched faces look back through time, wonder what happened, and like their forefathers, sing the blues.

1. David Wayne Brown, ed., Lower Mississippi Delta Development Commission. *The Delta Initiatives: Realizing the Dream…Fulfilling the Potential.* Final Report. (Memphis: Mercury Printing, 1990), 71.

2. Ibid., 75.

The constitution and bylaws of the Southern Tenant Farmers Union were amended periodically to meet the changing needs of the membership. For example, changes were made to reflect that women were welcome in the union. Below is an example of one of the early versions of the constitution and bylaws.

PREAMBLE—

Those directly interested in agriculture from a production standpoint are divided into two (2) classes. The interests of those classes are opposite or antagonistic.

On the one hand we have a small owning class who depends upon exploiting the working class by rents, interest and profits.

On the other hand we have the actual tillers of the soil who have been ground down to dire poverty and robbed of all their rights and privileges.

All productive laborers have been exploited in a like manner as the landless tiller of the soil and both now find it necessary to join forces in order to obtain their natural rights.

Therefore, We Declare—

1. That in order to free ourselves from the influence of the ruling class both the landless, the small farmer class, and the laborers of all other productive fields must organize into a union of our own and must oppose the powers of the landlords and the owners of the machinery of production.

2. We must affiliate with any and all other Farmers and Labor unions whose aims are in accord with our own and must proclaim and build the solidarity of all the workers regardless of trade, race or nationality.

3. Since all imperialistic wars are fought by the workers in the interests of the owning class, we hereby declare against such wars.

In order to work effectively toward these ends, we have adopted the following constitution and by-laws:

STFU CONSTITUTION

Article 1. **Name**. The name of this organization shall be **The Southern Tenant Farmers' Union**.

Article 2. **Aims**. The aim of this organization is the mutual benefit of its members who join together to secure and protect our rights and interests as individuals by collective action. We seek by orderly procedure to establish a co-operative order in society. Since the earth is the common heritage of all, we maintain that the use and occupancy of the land should be the sole title. We stand ready at all times to defend the rights of our fellow workers and at the same time promise to fulfill to the limits of our ability all labor contracts and pledges in regard to farming and other agreements we may enter into.

Article 3. **Organization**. The organization of The Southern Tenant Farmers' Union shall consist of community, central and executive council as hereinafter provided.

Community Councils shall consist of ten or more members organized locally who shall elect officers and transact business that may come before the organization, in accordance with the provisions of this constitution and by-laws adopted for its guidance.

Central Councils shall consist of representatives from Community Councils and shall have no less than three or no more than twenty-five (25) [members] in any Central Council. They shall elect their officers in the same manner as the Community Councils.

The Executive Council shall be elected by the Central Councils and shall consist of no less than five (5) and no more than eleven members. They shall elect the officers and transact business in accordance with the constitution and by-laws.

Article 4. **Membership**. Men of good reputation, 18 years of age or over, without discrimination as to race, color, religion, or political belief, who are either share-croppers, tenants or small farm owners whose lands are worked by themselves or by members of their immediate families, as well as laborers, ministers and teachers, shall be eligible for membership.

Article 5. **Fees and Dues**. Each person on applying for membership shall pay one dollar ($1.00) as initiation fee, and two dollars ($2.00) as annual dues. Contributions and support from sympathizers may be accepted by the Councils with the consent of the Executive Council. A promissory note payable within 90 days may be accepted by the Community Councils in lieu of cash payments of dues.

Article 6. **Officers, Methods of Election, Dues, etc**. Each Council shall elect a president, whose duties shall be to preside at meetings, and shall appoint whatever committees are necessary for the efficient conduct of business of the Council.

A vice-president to act in the absence of the president shall be elected.

A secretary-treasurer who shall have charge of all funds and shall remit same regularly on the first of each month to the secretary of the Executive Council. The secretary-treasurer shall keep records of all proceedings which shall be open to members at all times, and all other things that may become necessary in this line of duty.

Each Central Council shall elect its officers from its own number as provided for Community Councils. The Central Councils shall supervise all activities of the Community Councils, and promote the welfare and the growth of the order.

The Executive Council shall hereafter be elected by the Central Council. The Executive Council shall elect its own members who shall serve for a period of one (1) year or until their successors are elected and qualified.

Each officer who has control of funds shall make a surety bond double the amount of funds ordinarily controlled. All bonds shall receive the approval of the Executive Council's business committee.

Any officer or any council may be recalled or deposed by a majority of members of the council of which he is an officer.

Article 7. **Distribution of Funds**. Initiation fee shall be used exclusively for organizational work under the direction of the Executive Council.

One dollar ($1.00) of the annual dues of each member shall be set aside as an emergency fund and shall be disbursed on the order of the business committee of the Executive Council.

Fifty cents (50¢) of each annual dues shall be retained by the Community Council to be use as the members may direct.

Fifty cents (50¢) of each annual dues shall be used by the Executive Council for general expenses. Contributions from sympathizers become a part of the general fund.

Article 8. **Rules**. No rules or by-laws shall be made in conflict with this constitution.

Community Councils shall meet at least once per month. Central Councils shall meet annually and Executive Councils every three months or as often as desired.

The Executive Council shall have power to issue and revoke charters of all organizations formed under this constitution.

Amendments may be made to this constitution by a majority vote of the membership.

STFU BY-LAWS

1. Order of Procedure.

Call to order by president.

Invocation by the chaplain.

Reading of minutes of previous meetings.

Roll call.

Time out for applications and payment of dues.

Reports of committees and communications.

Unfinished business.

Talks on the good of the order.

Lectures or discussions.

2. The following obligations should be given to each person upon becoming a member:

I do solemnly promise to abide by the constitution and by-laws now in force or that may hereafter be adopted, and to adopt the principles upon which the Union is founded. I promise never to divulge any information in regard to proceeding of meeting or business of the Union. Furthermore, I promise never to take a fellow worker's place or job whereby he makes a living or his family. I will always accept all duties and responsibilities as a member and abide by a majority decision of the membership. I will do all in my power to promote the best interests of the Union so long as I remain a member. So help me _____

The officer who administers this obligation shall explain to each member the intent of the above.

I agree that in the event that I betray my fellow workers I shall be expelled from the Union and ostracized by all members of the Southern Tenant Farmers' Union and that this fact shall be published in all Councils throughout the land.

3. Committees necessary to the efficient transaction of all business shall be appointed by the president; however, any such appointment may be admitted by a majority vote of the membership present.

4. Meetings in Community Councils must be held at least once a month but may be held as often as the membership may find expedient.

5. Rules: It shall be the duty of the president of the Council to preside at all meetings and in his absence the vice-president shall take the chair. In the event that neither is there the secretary shall call the meeting to order and the membership shall elect a temporary chairman.

Immediately upon taking the Chair the president shall call the doorkeepers and conductor to their accustomed places. The chaplain shall be in charge of the devotional exercises if desired. The secretary shall then read the minutes of the previous meeting. When they are read, none are suggested, he adds: "The minutes stand approved as read." If there is opposition, a motion to amend is in order. Or the Chair himself may put the question of amend. When this is settled the Chair says: "If there are no further corrections, the minutes stand approved as corrected."

The next order of business shall be the roll call. Every member upon hearing his name read shall arise and answer: "Here." Time out is then taken for payment of dues and the report of the Committee on Applications. All applicants shall remain outside the building or in the ante-room until the membership votes whether or not to accept them as members. The Chairman shall ask: "Are there any objections to accepting _____ (giving name of applicant)?" Objections being made, the membership shall vote on each applicant as his name is called. One forth of the membership voting against (voting shall be by secret ballot) shall bar an applicant.

The chairman shall next call for reports from standing committees and the secretary shall also read all communications received concerning the Union, unless otherwise ordered. The reports shall be taken up in the order listed and shall be disposed of as the house shall order. Reports of special committees shall then be made and disposed of. The next business in order shall then be taken up and so until the meeting adjourns. Motion to adjourn being made, the Chair shall put the motion to a vote. All members shall remain seated until the result of the vote is announced.

When a question is before the house for discussion, no member shall be entitled to speak over ten minutes and shall be required to confine his remarks to the subject under debate. No member shall speak but one time on a subject unless the House orders otherwise. All members shall be entitled to the privilege of rising to a point of information.

Voting shall be made by a show of hand unless otherwise ordered.

Roberts Rules of Order shall govern all Council meetings.

6. Program and business committees are permanent and are appointed for either six months or one year periods. Special committees serve only for the purpose and for the same appointed.

7. Delegates to Central Councils shall be elected annually on the basis of one delegate to each ten members or a majority fraction thereof unless changed by Central Councils or in executive conventions.

8. Delegates from the Central Councils to the executive convention shall be elected annually on a basis as follows: each Central Council shall be entitled to one delegate but if 10 or more Community Councils be represented then two delegates may be elected and if 20 or more Community Councils are represented then three delegates may be elected.

Should it become necessary for the Executive Council to set up Regional Councils, as elsewhere provided, then the Central Council will represent in the Regional Councils instead, in which case the Executive Convention will then be composed of delegates from the Regional Councils.

9. The Executive Council shall be elected annually by the Central Councils through the delegates to the Executive Convention except in cases of the set up of the Regional Councils, in which case the Regional Council assumes this duty.

10. The Executive Convention shall select from its members no less than five nor more than eleven members, which selection shall constitute the Executive Council.

11. The Executive Council shall organize by electing from its members a President and a Secretary-Treasurer.

HOW TO SECURE AN ORGANIZATION IN YOUR COMMUNITY

Get in contact with the Executive Secretary by letter. Give him what information you have as to the possibility of organizing. In the event that there is not an organizer near you, he will gladly send application blanks, etc., so that you may organize a Council of the Southern Tenant Farmers' Union.

Then call a meeting at a public place in your community. Explain to all the purpose of the Union, the different features of the set-up, who is eligible under the Constitution to join, etc. Ask all who are interested to remain and help form a Council. Have ten or more sign your application for a Charter and elect your officers, taking particular care to secure the men best fitted for each office. Have the secretary-treasurer make a bond before any dues or fees are paid. A number of members may themselves go his bond or a bonding company will make it for a fee. All bonds must receive the approval of the Executive Council. The elected secretary-treasurer will then collect dues, keeping in the Council's treasury one sixth of the total collected and remitting the balance to the office of the Executive Secretary by money order. A Charter will be sent upon receipt of application signed by ten or more members.

Sincerely Yours,
The Executive Council
H. T. Mitchell, Secretary

APPENDIX II
SOUTHERN TENANT FARMERS UNION
SIGNS AND SIGNALS

PREFACE

This little pamphlet contains the Signs and Signals for use by the Southern Tenant Farmers Union. Altho not replete, but was designed to help the members of the Union, who were constantly hounded by the unfavorable contenders. And to inform them of the course of which may be taken to discriminate between Union and non-Union members.

It will enable the members to determine a member that he may cooperate with them at will, in or out of the hall. Constant and diligent study should be made of all who possess this book. By all means, it should be kept under a lock and key if this is possible, if not it should at all times when not in use by those who have the right to use it be kept in some place of safety.

Remember that this book is indispensable to your protection against intruders, and to avoid careful observance of these principles may result in serious disaster for the cause for which you labor.

RECOGNITION SIGNS

To call a Union man extend the right hand, palm up, close fist slowly. Repeat three times at intervals of about 1 minute. A Union man recognizing this sign will answer by advancing you and offering you his hand extended full length of arm, thumb in palm of hand, using the words, "I am for a Worker's World."

DISTRESS SIGNS

Right hand raised just above the head, palm opened with thumb in palm. Hold about three seconds, repeat three times, bringing the arm down full length to the side after each operation. A Union man recognizing this sign will advance and drawing the index finger slowly across the throat, repeating three times. He will then come to you offering the right hand. Thumb in palm.

2nd—When in a stress in a strange place, crowded streets, public gatherings, etc., you want to find a Union man, clap your hands three times at intervals of about three seconds. People with only one hand may use the walls of buildings or any available object. A Union man recognizing this sign will answer with the same signal. This may be repeated as often as necessary. To gain recognition, or if there is no available object, they may say "I've got the word."

3rd—In the event that you are in the dark, lost or in some dangerous place, and you want to find a Union man and have used all the other Union signals to no avail, three gun shots may be fired, two in succession with a slight pause before the third. This may be repeated as often as necessary. Always wait a minute before repeating this sign, as the one hearing it may be making his way to you.

This signal may be answered in the same manner in which it is given, or in the event that the person hearing has no gun, he may advance in the direction the noise was heard and at intervals use the words "I am bringing relief."

4th—In case of attack, threats or attempts at violence when there is no way of escape without serious trouble, you may use the words "Is there no justice for the Working Man?" Use this sign only in immediate necessity as often as necessary to gain response. The reply is "Justice the world over."

5th—Remember the handshake. Always with hand open to full length arm extended close fist slowly.

ALL UNION MEN WILL EXHAUST ALL OF THEIR RESOURCES TO RESCUE A WORTHY COMRADE, AT ALL TIMES USING THE UTTERMOST CAUTION.

Any one discovered to be wearing the Union button. You want to find out whether they are members of Union you may ask, "Where did you find that beautiful little pin?"

Answer—I plowed it up.

Question—What is the meaning of the letters I see on it?

Answer—What do you think they mean?

Question—The letters stfu could mean

S   T   F   U

The south, turned, the farmer, under.

Answer—Good: That has been the cause, but this button which you see shows that things have changed now.

The letters S.T.F.U. stand for "Southern Tenant Farmers Union," a band of workers united together, they realize that they have been robbed of the proceed of their labor and that has left him, his wife and children to perish.

The plow and hoe that you see show the tools that we use in making the riches for the world, but we do not share in the happiness derived from it.

The good things of life are produced in abundance by our wives and children. Enough is produced to feed the world, and then some to throw in the rivers, and some to burn and still our wives and children are naked and hungry.

Each farmer should help to put an end to this condition, for all farmers are victims of this same evil which is being visited upon all farmers and their families. "Well, it seems to me that you are going the same way that I am going—we will go along together."

S. T.,   Union handshake,   F. U.

APPENDIX III
CEREMONY OF THE LAND

This Ceremony of the Land was written by Howard Kester and Evelyn Smith and was first presented at the Third Annual Convention of the Southern Tenant Farmers Union, January14–17, 1937. The ceremony became a union ritual and, like storytelling, was a big art for the common man. In a sense, it was a declaration of rights for all rural people.

Reader: Rowed by the weight of centuries he leans
Upon his hoe and gazes on the ground
The emptiness of ages in his face,
And on his back the burden of the world.

Audience: Who made him dead to rupture and despair ....
Stolid and stunned, a brother to the ox.

Reader: The status of tenancy demands complete dependence. The landlord assumes the prerogative of direction in the choice of crop, the method of which it shall be cultivated, and how and when and where it shall be sold. He keeps the records and determines the earnings. Through the commissary or credit merchant, even the choice of diet is determined. The landlord can determine the kind and amount of schooling for the children, the extent to which they may share benefits intended for all the people. He may even determine the relief they receive in the extremity of their distress. He controls the courts, the agencies of law enforcement, and as in the case of sharecroppers in eastern Arkansas attempts to thwart any efforts at organization to protect their meager rights.

Audience: It is you who have eaten up the land; the spoil of the poor is in your house; what mean ye that you crush my people and grind the face of the poor. Isaiah 3:14–15.

Reader: The south hasn't had enough pay since the Civil War to advance a single step in civilization. Whole families live on twenty-five cents a day ... Since the Civil War, whether white or colored, he has been the equivalent of slave labor. Whenever I travel through the cotton belt—the things that haunt me most are the ragged tenants, wrinkled wives, half-fed, anemic children and the wretched hovels in which they live whether white or negro. For the past fifty years cotton has been produced out of the very life blood of the South.

Audience: Woe unto him that buildeth his house by unrighteousness and his chambers by injustice; that useth his neighbor's service without wages and giveth him not his hire. Jeremiah 22:13

Reader: In the cotton field of the South is the most stark serfdom that is left anywhere in the western world. The landlord owns the land, the implements and the mules and by an unwritten law the sharecropper himself.

Audience: They have sold the righteous for silver and the needy for a pair of shoes; they pant after the dust on the head of the poor. Amos 2:6.

Reader: He is a man who possesses as near to nothing as any man in the United States. He has no such rights even as peasants had acquired in the Middle Ages under Feudalism.

Audience: Woe unto them that join house to house, that lay field to field till there be no room, and ye be made to dwell alone in the midst of the land. Isaiah 5:8.

Reader: I have traveled over most of Europe and part of Africa but I have never seen such terrible sights as I saw among the sharecroppers .... Here are people of good stock, potential members of a great community, and they are being threatened worse than animals, worse that farming implement and stock. They are not shiftless, they want work. They want to live decently as workers, but even the right to work is denied them. They seem to be denied all their rights.

Audience: And judgment is turned away backward, and justice strandeth afar off: for truth is fallen in the street, and equity cannot enter. Isaiah 59:14.

Reader: Come now, you rich man, weep and shriek over your impending miseries! You have been storing up treasures in the very last days; your wealth lies rotting and your clothes are moth-eaten; your gold and silver lie rusted over, and their rust will be evidence against you. It will devour your flesh like fire. See the wages of which you have defrauded the workmen who mowed your fields call out, and the cries of the harvesters have reached the years of the Lord of the Armies of Heaven. You have reveled on earth and plunged into dissipation; you have fattened yourself as for the Day of Slaughter; you have condemned, you have murdered the righteous—unresisting. James 5.

Audience: Woe unto them who decreed unrighteous decrees…. Who turned aside the needy from justice, and rob the poor of my people of their right, that widows may be better spoil, and that they may make the fatherless their prey. Isaiah 10:1.

Reader: We live in a land of plenty and yet we receive only $4.00 ration per month for those who work and there is nothing allowed for small children, and babies, and on 60 cents a day a man is supposed to support a family and what if he should fail to get out of debt which for the last five years has been the case. In the summer there is not enough food to feed our hungry mouths and in winter we have no money to buy clothes to cover our naked bodies. Our babies cry for milk and our children grow up in ignorance. Our schoolhouse is falling down and there are no windows or doors and the floor is warped up in the middle. We have no schoolbooks and no money to buy any. Our houses are unfit for mules to live in. The landlord oppresses us, robs us of our wages when he wants to. We have members that are homeless and have no place to go.

Audience: Yesterday we begged for mercy, today we demand justice.

Reader: There is only one hopeful thing about the situation and that is the Southern Tenant Farmers Union. Here one may see the truest human values, brotherhood and loyalty and immense courage in the face of danger and here something has happened of terrific historic importance. For the first time in the history of the United States, perhaps in the history of the world, the white and colored people are working together in a common cause with complete trust and friendship. They are working together for what is supposed to be everyone's birthright—a decent standard of living, education, security, hope for the future. At present they have none of these things; their only hope of getting them is through their union. The central government has failed them, not through its own fault system. It is quite clear that the planters want to keep the sharecroppers in a state of slavery. Up to now they have managed to do this. But the eyes of the world are on them. For the sake of all that we value in civilization, the present state of things has got to be finished.

Audience: And God hath made of one blood all the races of men to dwell together on the face of earth. All power to the Southern Tenant Farmers Union.

Reader: Woe unto them that devise iniquity and work evil. When the morning is light they practice it, because it is in the power of their hands. And they oppress a man and his house. Micah 2:1–2.

Audience: And the land shall not be sold in perpetuity.

Reader: The land is the common heritage of the people.

Audience: Land is to the landless.

Reader: Yesterday we were divided, brother against brother.

Audience: Today we are united, brother with brother.

Reader: Yesterday we were full of fear and had abandoned all hope.

Audience: Today finds us unafraid and full of hope.

Reader: Yesterday we were alone and friendless; isolated, impotent without power.

Audience: Today we face a world struggling to be born. A world of freedom, justice and plenty where none shall be oppressed and none shall go hungry or cold. The day dawns. We march each day toward tomorrow with a clear faith in ourselves, our Union, and the things for which we struggle.

Audience: Land and Freedom -------- Freedom and Land.

Reader: We have been the victims of an ancient tyranny which now dooms us and our children to unimaginable suffering. Because we want to be men, because we want freedom, bread and homes and organized the Southern Tenant Farmers Union whereby to struggle to achieve those things, we have been cruelly treated. Our meetings have been broken up, and we have been mobbed. We have been falsely arrested, thrown into jail, pistol whipped, and our leaders have been beaten and flogged and a price set upon their head. We have been evicted from our houses and our children set upon the road to freeze and starve.

Audience: Our road has been hard, our path filled with trouble and the trail over which we have come has been filled with tears but we have not faltered nor turned back.

Reader: Some of our brothers lie dead.
Some languish in jail.
Some are rotting out their lives on prison farms.
Some have been exiled from their native land.
Their wives and children are a testimony against the terror and misery of King Cotton's tottering empire.

Audience: Abolish Tenancy .... Destroy Poverty

Establish Justice .... Create Plenty

All power to the Southern Tenant Farmers Union.

Reader: We face the future with all those who earn their bread by the sweat of their brow; who hate tyranny and oppression and love justice, truth and beauty.

Audience: All power to the disinherited everywhere. All power to the Southern Tenant Farmers Union.

Reader: By struggling eternally for one another we shall try the ancient tear of the oppressed, dry up the wells of despair and hopelessness and build a world free from poverty, tyranny and want.

Audience: Let us press forward to the land of our dreams. All power to the Southern Tenant Farmers Union.

Reader: Yesterday we did not see the land of promise which offered to all men, women and children a full and abundant life; today we behold it and with firm feet march toward it; tomorrow we shall rise up and seize it.

Audience All power to the Southern Tenant Farmers Union.

CEREMONY: Members march one by one to receive a portion of the earth from the states where the Union is organized. The earth is to be given as a token of that for which we are united and struggle.

CLOSING

Reader: For 70 years we have been the victims of a semi-slavery system known as sharecropping which at times is more brutal and humiliating than slavery itself. For years our oppressors kept us divided and made us struggle against our own brothers. By so doing they made slaves of us all. Today a new light has come to our eyes, a new understanding to our minds and we no longer struggle against one another, but we struggle together against our oppressors, knowing out of a dark and gloomy past that as we struggle together, we shall gain the things for which our hearts long. By means of this ceremony we have dedicated our lives to the task of securing land, freedom and bread. Divided we fall, but united in the Southern Tenant Farmers Union we shall inherit that for which we have worked, labored and died. To the disinherited belongs the future.

Audience: Land to the landless.

Reader: The land is the common heritage of the people.

Audience: TO THE DISINHERITED BELONGS THE FUTURE.

Reader: Speed now the day when the plains and the hills and the wealth thereof shall be the people's own, and thy freemen shall live as tenant of men on the earth which thou hast given to all.

—From a prayer by Walter Rauschen Bush

Appendix materials from the *Southern Tenant Farmers Union Records*. Southern Historical Collection. Wilson Library, University of North Carolina at Chapel Hill. Microfilm, 1971.

SELECTED BIBLIOGRAPHY

BOOKS

Abel, Aaron I. *American Catholicism and Social Action: A Search for Social Justice, 1865–1950*. Garden City, N.Y.: Hanover House, 1960.

Agee, James. *Let Us Now Praise Famous Men*. Boston: Houghton Mifflin, 1941.

Aptheker, Herbert. *American Negro Slave Revolts*. New York: Columbia University Press, 1943.

Arnold, Morris S. *Colonial Arkansas, 1686–1804: A Social and Cultural History*. Fayetteville: University of Arkansas Press, 1991.

————. *Rumble of a Distant Drum*. Fayetteville: University of Arkansas Press, 2000.

————. *Unequal Laws unto a Savage Race: European Legal Traditions in Arkansas, 1686–1836*. Fayetteville: University of Arkansas Press, 1985.

Ayers, Edward L. *The Promise of the New South: Life After Reconstruction*. New York: Oxford University Press, 1992.

Bagnall, Norma Hayes. *On Shaky Ground: The New Madrid Earthquakes of 1811–1812*. Columbia: University of Missouri Press, 1996.

Baird, W. David. *The Quapaw Indians: A History of the Downstream People*. Norman: University of Oklahoma Press, 1980.

Baldwin, Sidney. *Poverty and Politics: The Rise and Fall of the Farm Security Administration*. Chapel Hill: University of Northern Carolina Press, 1968.

Barry, John M. *The Great Influenza. The Epic Story of the Deadliest Plague in History*. New York: Viking, 2004.

————. *Rising Tide: The Great Mississippi Flood of 1927 and How It Changed America*. New York: Simon & Schuster, 1997.

Bartlett, Richard A. *The New Country: A Social History of the American Frontier, 1776–1890*. New York: Oxford University Press, 1974.

Baudier, Roger. *The Catholic Church in Louisiana*. New Orleans: Louisiana Library Association, 1972.

Becnel, Thomas. *Labor, Church, and the Sugar Establishment*. Baton Rouge: Louisiana State University Press, 1980.

Benedict, Murray. *Farm Policies of the United States, 1790–1950*. New York: Octagon Books, 1966.

Berlin, Ira, and Philip D. Morgan, eds. *Cultivation and Culture: Labor and the Shaping of Slave Life in the Americas*. Charlottesville: University Press of Virginia, 1993.

Billington, Ray Allen. *America's Frontier Heritage*. Albuquerque: University of New Mexico Press, 1974.

Blassingame, John W. *The Slave Community*. New York: Oxford University Press, 1979.

Bolton, S. Charles. *Arkansas, 1800–1860: Remote and Restless*. Fayetteville: University of Arkansas Press, 1998.

————. *Territorial Ambition: Land and Society in Arkansas, 1800–1840*. Fayetteville: University of Arkansas Press, 1993.

Cain, Joan, Virginia Keening, and Glenn R. Conrad, eds. *The Historical Journal of the Establishment of the French in Louisiana*. Lafayette: Center for Louisiana Studies, 1971.

Cantor, Louis. *A Prologue to the Protest Movement: The Missouri Sharecropper Roadside Demonstration of 1939*. Durham, N.C.: Duke University Press, 1969.

Carter, Clarence, ed. *Territorial Papers of the United States*, XIX. Washington, D.C., 1934–1958.

Caruso, John Anthony. *The Mississippi Valley Frontier: The Age of French Exploration and Settlement*. New York: Bobbs Merrill, 1966.

Cash, Wilbur. *The Mind of the South*. New York: Vintage Books, 1941.

Cashin, Joan E. *A Family Venture: Men and Women on the Southern Frontier*. New York: Oxford University Press, 1991.

Chester, Samuel H. *Pioneer Days in Arkansas*. Richmond, Va.: Presbyterian Committee of Publication, 1927.

Clarke, Norman E., Sr., ed. *Warfare Along the Mississippi: The Letters of Lieutenant Colonel George E. Curry*. Clarke Historical Collection. Mount Pleasant: Central Michigan University, 1961.

Clayton, Lawrence et al. *The De Soto Chronicles: The Expedition of Hernando de Soto to North America in 1539–1543*. Vol. 1. Tuscaloosa: University of Alabama Press, 1993.

Cloar, Carroll. *Hostile Butterflies*. Memphis: Memphis State University Press, 1977.

Cobb, James C. *The Most Southern Place on Earth: The Mississippi Delta and the Roots of Regional Identity*. New York: Oxford University Press, 1992.

————. *The Selling of the South: The Southern Crusade for Industrial Development, 1936–1980*. Baton Rouge: Louisiana State University Press, 1982.

Conrad, David Eugene. *The Forgotten Farmers: The Story of Sharecroppers in the New Deal*. Urbana: University of Illinois Press, 1965.

Cooper, M. R. et al. "The Causes: Defects in Farming Systems and Farm Tenancy." U.S. *Yearbook of Agriculture, 1938*. Washington: U.S. Government Printing Office, 1938: 137–157.

Cortner, Richard C. *A Mob Intent on Death: the NAACP and the Arkansas Riot Cases*. Middletown, Conn.: Wesleyan University Press, 1988.

Daniel, Pete. *Breaking the Land: The Transformation of Cotton, Tobacco, and Rice Cultures since 1880.* Urbana: University of Illinois Press, 1985.

———. *Deep'n as It Come: The 1927 Mississippi River Flood.* New York. Oxford University Press, 1977.

———. *The Shadow of Slavery: Peonage in the South, 1901–1969.* Urbana: University of Illinois Press, 1969.

Davis, Clyde Brion. *The Arkansas.* New York: Farrar and Rinehart, 1940.

Davis, Helen Dick, ed. *Trials of the Earth: The Autobiography of Mary Hamilton.* Jackson: University Press of Mississippi, 1992.

Day, Donald, ed. *The Autobiography of Will Rogers.* Boston: Houghton Mifflin, 1949.

Din, Gilbert C. "The Indian Trade in Arkansas." *Cultural Encounters in the Early South: Indians and Europeans in Arkansas.* Jeannie M. Whayne, ed. Fayetteville: University of Arkansas Press, 1995.

Dougan, Michael B. *Arkansas Odyssey: The Saga of Arkansas from Prehistoric Times to Present.* Little Rock: Rose Publishing Co., 1994.

———. *Confederate Arkansas: The People and the Policies of a Frontier State in Wartime.* Tuscaloosa: University of Alabama Press, 1976.

Dunbar, Anthony P. *Against the Grain: Southern Radicals and Prophets, 1929–1959.* Charlottesville: University of Virginia Press, 1981.

Dunning, N. A. *The Farmers' Alliance History and Agricultural Digest.* Washington, D.C.: 1891.

Egerton, John. *Speak Now Against the Day: The Generation Before the Civil Rights Movement in the South.* Paperback Edition. Chapel Hill: University of North Carolina Press, 1994.

Eliot, T. S. "The Dry Salvages." *Four Quartets.* New York: Harcourt Brace, 1943.

Ezell, John Samuel. *The South Since 1865.* New York, Macmillan, 1975.

Feldman, Jay. *When the Mississippi Ran Backwards.* New York: Free Press, 2005.

Ferguson, John L., and James H. Atkinson. *Historic Arkansas.* Little Rock: Arkansas History Commission, 1966.

Fite, Gilbert. *Cotton Fields No More: Southern Agriculture, 1865–1980.* Lexington: University of Kentucky Press, 1984.

Fletcher, John Gould. *Arkansas.* Chapel Hill: University of North Carolina Press, 1947.

Flint, Timothy. *A Condensed Geography and History of the Western States, or the Mississippi Valley.* Vol. 1. Gainesville, Fla.: Scholars' Facsimiles and Reprints, 1970.

———. *The History and Geography of the Mississippi Valley.* 2 Vols. Cincinnati: E. H. Flint and L. R. Lincoln, 1832.

———. *Recollections of the Last Ten Years in the Valley of the Mississippi.* George R. Brooks, ed. Carbondale: Southern Illinois Press, 1968.

Foner, Eric. *Nothing but Freedom: Emancipation and Its Legacy.* Baton Rouge: Louisiana State University Press, 1983.

———. *Reconstruction. America's Unfinished Revolution.* New York: Harper & Row, 1988.

Fountain, Sarah M. *Authentic Voices: Arkansas Culture, 1541–1860.* Conway: University of Central Arkansas Press, 1986.

Gaines, Kevin. *Uplifting the Race: Black Leadership, Politics, and Culture in the Twentieth Century.* Chapel Hill: University of North Carolina Press, 1996.

Galloway, Patricia, and Glenn R. Conrad. "Couture, Tonti, and the English-Quapaw Connection: A Revision." *Arkansas Before the Americans.* Hester A. Davis, ed. Fayetteville: Arkansas Archeological Survey, 1991.

Gaston, Paul M. *The New South Creed: A Study in Southern Mythmaking.* New York: Random House, 1970.

Genovese, Eugene. *Roll Jordan Roll: The World the Slaves Made.* New York: Pantheon, 1972.

Gerstaecker, Friedrich. *In the Arkansas Backwoods: Tales and Sketches.* Columbia: University of Missouri Press, 1991.

Gordon, Fon Louise. *Caste and Class: The Black Experience in Arkansas, 1880–1920.* Athens: University of Georgia Press, 1995.

Gould, E. W. *Fifty Years on the Mississippi; or, Gould's History of River Navigation.* St. Louis: Nixon-Jones Printing Co., 1889.

Graustein, Jeannette E. *Thomas Nuttall Naturalist: Explorations in America 1808–1841.* Cambridge, Mass.: Harvard University Press, 1967.

Graves, John William. *Town and Country: Race Relations in an Urban-Rural Context: Arkansas, 1865–1905.* Fayetteville: University of Arkansas Press, 1990.

Green, James R. *Grass-Roots Socialism: Radical Movements in the Southwest, 1895–1943.* Baton Rouge: Louisiana State University Press, 1978.

Grubbs, Donald H. *Cry from the Cotton: The Southern Tenant Farmers' Union and the New Deal.* Chapel Hill: University of North Carolina Press, 1971.

Hair, William Ivy. *Bourbonism and Agrarian Protest: Louisiana Politics, 1877–1900.* Baton Rouge: Louisiana State University Press, 1969.

Hallum, John. *Biographical and Pictorial History of Arkansas.* Albany, 1888.

Hanson, Gerald T. *Arkansas Geography.* Little Rock: Rose Publishing Co., 1981.

Hempstead, Fay. *History of Arkansas from the Earliest Times to 1890.* St. Louis: N. D. Thompson, 1890.

Holley, Donald. "The Plantation Heritage: Agriculture in the Arkansas Delta." *The Arkansas Delta: Land of Paradox.* Jeannie M. Whayne and Willard Gatewood, eds. Fayetteville, University of Arkansas Press, 1993.

———. *The Second Great Emancipation: The Mechanical Cotton Picker, Black Migration, and How They Shaped the South.* Fayetteville: University of Arkansas Press, 2000.

————. *Uncle Sam's Farmers*. Urbana: University of Illinois Press, 1975.

Holley, William C., Ellen Winston, and T. J. Woofter. *The Plantation South, 1934–1937*. Works Progress Administration Research Monograph 22. Washington: U.S. Government Printing Office, 1940.

Honey, Michael K. *Southern Labor and Black Civil Rights: Organizing Memphis Workers*. Urbana: University of Illinois Press, 1993.

James, C. L. R. "The Atlantic Slave Trade and Slavery: Some Interpretations of Their Significance in the Development of the United States and the Western World." *Amistad 1: Writings in Black History and Culture*. John A. Williams and Charles F. Harris, eds. New York: Vintage Books, 1970.

Jamieson, Stuart, ed. *Labor Unionism in American Agriculture*. Bureau of Labor Statistics Bulletin 836. Washington: U.S. Government Printing Office, 1945.

Jewell, Horace. *History of Methodism in Arkansas*. Little Rock: Press Printing Co., 1892.

Johnson, Charles S. *Shadow of the Plantation*. Chicago: University of Chicago Press, 1934.

Johnson, Charles S., Edwin R. Embree, and W. W. Alexander. *The Collapse of Cotton Tenancy*. Chapel Hill: University of North Carolina Press, 1935.

Jones, Jacqueline. *The Dispossessed: America's Underclasses from the Civil War to the Present*. New York: Basic Books, 1992.

Kampelman, Max M. *The Communist Party vs. the C.I.O.* New York: Frederick A. Praeger, 1957.

Kester, Howard. *Revolt Among the Sharecroppers*. New York: Arno Press, 1969.

Key, V. O., Jr., *Southern Politics in State and Nation*. New York: Alfred A. Knopf, 1949.

Kirby, Jack Temple. *Rural Worlds Lost: The American South, 1920–1960*. Baton Rouge: Louisiana State University Press, 1987.

Kirkendall, Richard S. *Social Scientists and Farm Politics in the Age of Roosevelt*. Columbia: University of Missouri Press, 1966.

Klein, Maury. *Rainbow's End: The Crash of 1929*. New York: Oxford University Press, 2001.

Kukla, Jon. *A Wilderness So Immense: The Louisiana Purchase and the Destiny of America*. New York: Knopf, 2003.

Lancaster, Bob. *The Jungles of Arkansas: A Personal History of the Wonder State*. Fayetteville: University of Arkansas Press, 1989.

Lee, Chana Kai, and Nicholas Lemann. *The Promised Land: The Great Black Migration and How It Changed America*. New York: Knopf, 1991.

Lewis, George G., and John Mewha. *History of Prisoner of War Utilization by the United States Army, 1776–1945*. Washington: U.S. Government Printing Office, 1955.

Litwack, Leon. *Trouble in Mind: Black Southerners in the Age of Jim Crow*. New York: Random House, 1998.

Loftis, Anne. *Witnesses to the Struggle: Imaging the 1930 California Labor Movement*. Reno: University of Nevada Press, 1998.

Lower Mississippi Delta Development Commission. *The Delta Initiatives: Realizing the Dream . . . Fulfilling the Potential*. Final Report. David Wayne Brown, ed. Memphis: Mercury Printing, 1990.

Lytle, Andrew Nelson. "The Hind Tit." *I'll Take My Stand: The South and the Agrarian Tradition*. New York: Harper, 1930.

Marshall, F. Ray. *Labor in the South*. Cambridge, Mass.: Harvard University Press, 1967.

Martin, Robert F. *Howard Kester and the Struggle for Social Justice in the South, 1904–1977*. Charlottesville: University of Virginia, 1991.

McCool, B. Boren. *Union, Reaction, and Riot: A Biography of a Race Riot*. Memphis: Memphis State University Bureau of Social Research, 1970.

McNeilly, Donald P. *The Old South Frontier: Cotton Plantations and the Formation of Arkansas Society, 1819–1861*. Fayetteville: University of Arkansas Press, 2000.

McPherson, James M. *Battle Cry of Freedom*. New York: Oxford University Press, 1988.

Mitchell, Broadus. *Depression Decade*, Armonk, N.Y.: M. E. Sharpe, 1975.

Mitchell, H. L. *Mean Things Happening in This Land: The Life and Times of H. L. Mitchell, Co-founder of the Southern Tenant Farmers Union*. Montclair, N.J.: Allanheld, Osmun & Co., 1979.

————. *Roll the Union On: A Pictorial History of the Southern Tenant Farmers Union*. Chicago: Charles H. Kerr Publishing Co., 1987.

————. *Workers in Our Fields: The Story of a Union that Would Not Die*. National Agricultural Workers Union, 25th Anniversary Publication, 1959.

Monaghan, Jay. *Civil War on the Western Border, 1854–1865*. Boston: Little Brown, 1955.

Monette, John. *History of the Discovery and Settlement of the Valley of the Mississippi by the Three Great European Powers, Spain, France, and Great Britain, and the Subsequent Occupation, Settlement, and Extension of the Civil Government by the United States Until the Year, 1846*. New York: Harper and Bros., 1846.

Moneyhon, Carl H. *Arkansas and the New South, 1874–1929*. Fayetteville: University of Arkansas Press, 1997.

————. *The Impact of the Civil War and Reconstruction on Arkansas: Persistence in the Midst of Ruin*. Baton Rouge: Louisiana State University Press, 1994.

Morgan, W. Scott. *History of the Wheel and Alliance and the Impending Revolution*. Ft. Scott, Kans.: J. H. Rice & Sons, 1889.

Morse, Dan F., and Phyllis A. Morse. *Archaeology of the Central Mississippi Valley*. San Diego: Academic Press, Inc., 1983.

Nearing, Scott. *Black America*. New York: Shocker Press, 1929.

Nourse, Edwin Griswold, Joseph S. Davis, and John D. Black. *Three Years of the Agricultural Adjustment Administration*. Washington: The Brookings Institution, 1937.

Nuttall, Thomas. *A Journal of Travels Into the Arkansas Territory*. Ann Arbor: University Microfilm Facsimile, 1966.

Olmsted, Frederick Law. *The Cotton Kingdom: A Traveler's Observations on Cotton and Slavery in the American Slave States*. New York: Alfred A. Knopf, 1953.

Owsley, Frank L. *Plain Folk of the Old South*. Baton Rouge: Louisiana State University Press, 1949.

Packard, Jerrold M. *American Nightmare. The History of Jim Crow*. New York: St. Martin's Press, 2002.

Patterson, Ruth Polk. *The Seed of Sally Good'n: A Black Family of Arkansas 1833–1953*. Lexington: University Press of Kentucky, 1985.

Peckman, Howard, and Charles Gibson, eds. *Attitudes of Colonial Powers Toward the American Indians*. Salt Lake City: University of Utah Press, 1969.

Percy, William Alexander. *Lanterns on the Levee*. Baton Rouge: Louisiana State University Press, 1973.

Potter, Jerry. *The Sultana Tragedy*. Gretna, La.: Pelican Publishing Co., 1992.

Ransom, Roger L., and Richard Sutch. *One Kind of Freedom: the Economic Consequences of Emancipation*. New York: Cambridge University Press, 1977.

Raper, Arthur F. *Preface to Peasantry: A Tale of Two Black Belt Counties*. Chapel Hill: University of North Carolina Press, 1936.

Raper, Arthur F., and Ira De A. Reid. *Sharecroppers All*. Chapel Hill: University of North Carolina Press, 1941.

Rasmussen, Wayne D. *A History of the Emergency Farm Labor Supply Program, 1943–47*. Washington, D.C.: Bureau of Agricultural Economics, 1951.

Rauch, Basil. *The History of the New Deal, 1933–1938*. New York: Creative Age Press, 1944.

Record, Wilson. *The Negro and the Communist Party*. Chapel Hill: University of North Carolina Press, 1951.

Reid, Whitelaw. *After the War: A Southern Tour*. Cincinnati, Ohio: Moore, Westach and Baldwin, 1866.

Reynolds, John Hugh. *Makers of Arkansas History*. New York: 1918.

Richards, Henry Irving. *Cotton and the AAA*. Washington: The Brookings Institution, 1936.

Roland, Charles. *The Improbable Era: The South Since World War II*. Lexington: University of Kentucky Press, 1971.

Sabo, George III. "Inconsistent Kin: French-Quapaw Relations at Arkansas Post." *Arkansas Before the Americans*. Hester A. Davis, ed. Fayetteville: Arkansas Archeological Survey, 1991.

Satz, Ronald N. *American Indian Policy in the Jacksonian Era*. Lincoln: University of Nebraska Press, 1975.

Schlesinger, Arthur Meier, Jr. *The Coming of the New Deal, Vol. II of the Age of Roosevelt*. Boston: Houghton Mifflin, 1959.

Shugg, Roger. *Origins of Class Struggle in Louisiana*. Baton Rouge: Louisiana State University Press, 1939.

Simon, Charlie May. *The Share-Cropper*. New York: E. P. Dutton & Company, 1937.

Simons, Don. *In Their Words: A Chronology of the Civil War*. Sulphur, La.: Wise Publications, 1999.

Sinclair, Upton. *Letters to Judd, an American Workingman*. Pasadena, Calif.: 1932.

Sindler, Allan P. *Huey Long's Louisiana: State Politics, 1920–1952*. Baltimore: The Johns Hopkins University Press, 1956.

Sitkoff, Harvard. *A New Deal for Blacks: The Emergence of Civil Rights as a National Issue; The Depression Decade*. New York: Oxford University Press, 1978.

Snowden, Deanna, ed. *Mississippi County, Arkansas*. Little Rock: August House, 1986.

Stanley, Henry Morton. *The Autobiography of Sir Henry Morton Stanley: The Making of a 19th Century Explorer*. Boston: Houghton Mifflin, 1909.

Steinbeck, John. *The Grapes of Wrath*. New York: Bantum, 1972.

Stepenoff, Bonnie. *Thad Snow: A Life of Social Reform in the Missouri Bootheel*. Columbia: University of Missouri Press, 2003.

Stockley, Grif. *Blood in Their Eyes: The Elaine Race Massacres of 1919*. Fayetteville: University of Arkansas Press, 2001.

Sullivan, Patricia. *Days of Hope: Race and Democracy in the New Deal Era*. Chapel Hill: University of North Carolina Press, 1996.

Taylor, Orville W. *Negro Slavery in Arkansas*. Fayetteville: University of Arkansas Press, 2000.

Temple, Jack. *Darkness at the Dawning: Race and Reform in the Progressive South*. Philadelphia: Temple University Press, 1972.

Terrell, Tom E., and Jerrold Hirsch, eds. *Such as Us: Southern Voices of the Thirties*. Chapel Hill: University of North Carolina Press, 1978.

Thomas, David Yancey. *Arkansas and Its People: a History*. New York: American Historical Society, 1930.

Thomas, Norman. *The Plight of the Share-Cropper*. New York: League for Industrial Democracy, 1934.

Thompson, George H. *Arkansas and Reconstruction: The Influence of Geography, Economics, and Personality*. Port Washington, N.Y.: Kennikat Press, 1976.

Tindall, George Brown. *The Emergence of the New South, 1913–1945*. Baton Rouge: Louisiana State University Press, 1967.

Trover, Ellen Lloyd, ed. *Chronology and Documentary Handbook of the State of Arkansas*. Dobbs Ferry, N.Y.: Oceana Publications, 1972.

Tucker, David M. *Arkansas: A People and Their Reputation*. Memphis: Memphis State University Press, 1985.

Tugwell, Rexford Guy. *The Democratic Roosevelt*. Garden City, N.Y.: Doubleday, 1957.

Twain, Mark. *Life on the Mississippi*. New York: The Heritage Press, 1944.

U.S. Department of Agriculture. *The United States Sugar Program.* Washington: U.S. Government Printing Office, 1971.

U.S. Department of Labor. *Brief History of the American Labor Movement.* Washington: U.S. Government Printing Office, 1976.

Usner, Daniel H. *American Indians in the Lower Mississippi Valley: Social and Economic Histories.* Lincoln: University of Nebraska Press, 1991.

Valencius, Conevery Bolton. *The Health of the Country.* New York: Basic Books, 2004.

Vance, Rupert. *Human Factors in Cotton Culture: A Study in the Social Geography of the American South.* Chapel Hill: University of North Carolina Press, 1929.

———. *Human Geography of the South.* Chapel Hill: University of North Carolina Press, 1932.

Veblen, Thorstein. *Theory of the Leisure Class.* New York: Penguin, 1994.

Wallace, Henry A. *New Frontiers.* New York: Reynal & Hitchcock, 1934.

Watkins, T. H. *Mark Twain's Mississippi: A Pictorial History of America's Greatest River.* Palo Alto, Calif.: American West Publishing Co., 1974.

Wells-Barnett, Ida. *The Arkansas Race Riot.* Chicago: Home Job, 1920.

Whayne, Jeannie M. *A New Plantation South: Land, Labor, and Federal Favor in Twentieth Century Arkansas.* Charlottesville: University of Virginia Press, 1996.

Whayne, Jeannie M., and Willard B. Gatewood. *The Arkansas Delta: Land of Paradox.* Fayetteville: University of Arkansas Press, 1993.

Wheaton, James W., ed. *Surgeon on Horseback: The Missouri and Arkansas Journal and Letters of Dr. Charles Brackett of Rochester, Indiana, 1861–1863.* Carmel, Ind.: Guild Press of Indiana, Inc., 1998.

White, Lonnie J. *Politics on the Southwestern Frontier: Arkansas Territory, 1819–1835.* Memphis: Memphis State University Press, 1964.

Williams, Carey. *Ill Fares the Land: Migrants and Migratory Labor in the United States.* Boston: Little Brown, 1942.

Williamson, Joel. "Black Self-Assertion Before and After Emancipation." *Key Issues in the Afro-American Experience.* Nathan Huggins et al., eds. New York: Harcourt, Brace Jovanovich, 1971.

Wilson, Theodore Branter. *The Black Codes of the South.* Tuscaloosa: University of Alabama Press, 1965.

Wish, Harvey. *Society and Thought in Early America: A Social and Intellectual History of the American People Through 1865.* New York: 1950.

Wolters, Raymond. *Negroes and the Great Depression: The Problem of Economic Recovery.* Westport, Conn.: Greenwood Publishing Co., 1970.

Woodman, Harold D. *New South—New Law: The Legal Foundations of Credit and Labor Relations in the Postbellum Agricultural South.* Baton Rouge: Louisiana State University Press, 1995.

———. "The Reconstruction of the Cotton Plantation in the New South." *Essays on the Postbellum Southern Economy.* Thavolia Glymph and John J. Kushma, eds. College Station: Texas A&M University Press, 1985.

Woodruff, Nan Elizabeth. *American Congo: The African American Freedom Struggle in the Delta.* Cambridge, Mass.: Harvard University Press, 2003.

———. *As Rare as Rain: Federal Relief in the Great Southern Drought, 1930–31.* Urbana: University of Illinois Press, 1985.

Woods, James M. *Rebellion and Realignment: Arkansas's Road to Secession.* Fayetteville: University of Arkansas Press, 1987.

Woodward, C. Vann. *Origins of the New South 1877–1913.* Baton Rouge: Louisiana State University, 1951.

Woofter, T. J., Jr. *Landlord and Tenant on the Cotton Plantation.* New York: Negro Universities Press, 1936. Reprinted 1969.

Wright, Gavin. *Old South, New South: Revolutions in the Southern Economy Since the Civil War.* New York: Basic Books, 1986.

Wright, Richard. *Black Boy: A Record of Childhood and Youth.* New York: Harper & Row, 1966.

ARTICLES

Abramowitz, Jack. "The Negro in the Agrarian Revolt." *Agricultural History* 24 (April 1950): 89–95.

Amberson, William R. "Forty Acres and a Mule." *Nation,* March 6, 1937: 264.

Asch, Nathan. "Marked Tree, Arkansas." *The New Republic,* June 10, 1936: 119–121.

Auerbach, Jerold. "The LaFollette Committee: Labor and Civil Liberties in the New Deal." *Journal of American History* 51 (December 1964): 435.

———. "Southern Tenant Farmers: Socialist Critics of the New Deal." *Arkansas Historical Quarterly* 27:2 (Summer 1968).

Babcock, H. E. "Cooperatives the Pace-Setters in Agriculture." *Journal of Farm Economics* 17 (February 1935): 153.

Baker, J. A., and J. G. McNeely. "Land Tenure in Arkansas: 1: The Farm Tenancy Situation." Arkansas Agricultural Experiment Station Bulletin No. 384. Fayetteville, 1940.

Baldwin, C. B. "Helping Tenants Become Owners." *Agricultural Situation* 22 (September 1938): 11.

Ballinger, R. A. "Important Provisions in the 1934–1935 Cotton Acreage Reduction Contract." Oklahoma *Current Farm Economics* Series 6:6 (December 1933): inside front cover.

Barry, Donald L. "Share-Croppers, the Real Issue." *Commonweal,* October 2, 1936: 533.

Bashaw, Carolyn Terry. "One Kind of Pioneer Project." *Arkansas Historical Quarterly* 55:1 (Spring 1966).

Beatty-Brown, Florence R. "Legal Status of Arkansas Negroes before Emancipation." *Arkansas Historical Quarterly* 28 (Spring 1969): 6–13.

Beidleman, Richard G. "The 1818–1820 Arkansas Journey of Thomas Nuttall." *Arkansas Historical Quarterly* 15 (Winter 1956): 249–260.

Belfrage, Cedric. "Cotton-Patch Moses." *Harper's Magazine* 36 (November 1948): 94–103.

Black, Arthur G. "Discussion [on Farm Tenancy]." *Journal of Farm Economics* 20 (February 1938): 158.

Blackman, M. C. "Arkansas's Largest Landlord [Resettlement Administration]." *Arkansas Gazette Magazine,* October 13, 1935: 5.

Blagden, Willie Sue. "Arkansas Flogging." *New Republic,* July 1, 1936: 236.

Blalock, Henry William. "Plantation Operations of Landlords and Tenants in Arkansas." Arkansas Agricultural Experiment Station Bulletin No. 339. Fayetteville, 1937.

Bolton, Conevery A. "A Sister's Consolations: Women, Health, and Community in Early Arkansas, 1810–1860." *Arkansas Historical Quarterly* 50 (1991): 271–291.

Bolton, S. Charles. "Economic Inequality in the Arkansas Territory." *Journal of Interdisciplinary History* 14 (Winter 1984): 619–633.

———. "Slavery and the Defining of Arkansas." *Arkansas Historical Quarterly* 58 (1999): 1–23.

Bordewich, Fergus M. "The Wealth That Came From Wrong." *Wall Street Journal,* March 24, 2006: 4. Review of David Brion Davis. *Inhuman Bondage: The Rise and Fall of Slavery in the New World.* New York: Oxford University Press, 2006.

Brandt, Earl. "Potentialities of Agricultural Reform in the South." *Social Research* 3 (November 1936): 434.

Brannen, C. O. "Problems of Croppers on Cotton Farms." *Journal of Farm Economics* 20 (February 1938): 153.

Branner, George C., and J. M. Hansell. "Earthquake Risks in Arkansas." Information Circular 4, Arkansas Geological Survey. Little Rock, 1933.

Broadhead, Garland C. "The New Madrid Earthquake." *The American Geologist* 30 (August 1902).

Brown, Mattie. "River Transportation in Arkansas, 1819–1890." *Arkansas Historical Quarterly* 1 (December 1942): 292–308.

Buck, S. J. "The Granger Movement." *Arkansas, A Guide to the State,* 1941.

Carpenter, C. T. "King Cotton's Slaves." *Scribner's* 97 (October 1935): 193; 98 (December 1935): 384; 99 (January–March, 1936): 64, 191.

Cash, Marie. "Arkansas Achieves Statehood." *Arkansas Historical Quarterly* 2 (December 1943): 292–308.

Cate, Horace. "Rehabilitation in Arkansas." *Nation's Agriculture* 17 (June 1942): 7.

Cathey, Clyde W. "Slavery in Arkansas." *Arkansas Historical Quarterly* 3 (Spring 1944): 66–90.

Cobb, James C. "Beyond Planters and Industrialists: A New Perspective on the New South." *Journal of Southern History,* February 1988: 45–68.

Cobb, William H., and Donald H. Grubbs. "Arkansas' Commonwealth College and the Southern Tenant Farmers' Union." *Arkansas Historical Quarterly* 25 (Winter 1966): 293–311.

Currie, Barton W. "The Backbone of America: Farming in the Drainage District of Arkansas." *Country Gentleman,* February 6, 1915: 218–219.

Dahl, Leif. "Agricultural Labor and Social Legislation." *American Federationist* 44 (February 1937): 137.

Daniel, F. Raymond. "AAA Piles Misery on Sharecroppers." *New York Times,* April 15, 1935.

Dillard, Tom. "Madness With a Past: An Overview of Race Violence in Arkansas History." *Arkansas Review: A Journal of Delta Studies* 32:2 (August 2001): 93–101.

———. "Scipio A. Jones." *Arkansas Historical Quarterly* 31 (1972): 201–219.

Duncan, O. D. "Some Sociological Implications of the Agricultural Adjustment Program." *Journal of Farm Economics* 16 (July 1934): 504.

Duncan, Robert B. "Notes from Arkansas." *New Masses,* December 21, 1937: 17.

Elkins, F. Clark. "The Agricultural Wheel: County Politics and Consolidation, 1884–1885." *Arkansas Historical Quarterly* 29:2 (Summer 1970).

Embree, Edwin R. "Southern Farm Tenancy, The Way Out of Its Evils." *Survey Graphic* 25 (March 1936): 149.

Evans, Clarence. "Friedrich Gerstaecker, Social Chronicler of the Arkansas Frontier." *Arkansas Historical Quarterly* 6 (Winter 1947): 440–449.

Evans, Robert, Jr. "Some Economic Aspects of the Domestic Slave Trade." *Southern Economic Journal* 27 (April 1961): 329–337.

"Farm Tenancy Projects of the Resettlement Administration." *Congressional Digest* 16 (February 1937): 44.

Faye, Stanley. "The Arkansas Post of Louisiana: French Domination." *Louisiana Historical Quarterly* 26:3 (July 1943).

Finley, Randy. "Black Arkansans and World War One." *Arkansas Historical Quarterly* 49 (Autumn 1990): 249–277.

Frey, Fred C., and T. Lynn Smith. "The Influence of the AAA Cotton Program upon the Tenant, Cropper and Laborer." *Rural Sociology* 1 (December 1936): 483.

Fuller, Myron L. "The New Madrid Earthquake." *Bulletin 494,* United States Geological Survey. Washington Printing Office, 1912.

Gard, Wayne, and Norman Thomas. "Decline in the Cotton Kingdom." *Current History* 42 (April 1935): 31.

Gee, Wilson. "Acreage Reduction and the Displacement of Farm Labor." *Journal of Farm Economies* 17 (August 1935): 522.

Gile, Bueford Monroe, and A. N. Moore. "Farm Credit in a Plantation and an Upland Cotton District in Arkansas." Arkansas Agricultural Experiment Station Bulletin No. 228, Fayetteville, 1928.

"Golden Prospects and Fraternal Amenities: Mifflin W. Gibb's Arkansas Years." *Arkansas Historical Quarterly* 35 (1976): 307–333.

Graves, John William. "Negro Disfranchisement in Arkansas." *Arkansas Historical Quarterly* 26 (1967): 199–225.

Greene, Lorenzo J. "Lincoln University's Involvement with the Sharecropper Demonstration in Southeast Missouri, 1939–1940." *Missouri Historical Review* 82 (October 1987): 24–50.

Griffin, Richard W. "Pro-Industrial Sentiment and Cotton Factories in Arkansas, 1820–1863." *Arkansas Historical Quarterly* 15 (Summer 1956): 125–139.

Grossman, BAE, ed. *Afro Americans and the Great Migration*. Reel 21. *Cleveland Advocate*, July 31, 1920.

Grubbs, Donald H. "Gardner Jackson, That 'Socialist' Tenant Farmers' Union, and the New Deal." *Agricultural History* 42 (April 1968): 125.

Harrison, Robert, and Walter Kollmorgen. "Land Reclamation in Arkansas under the Swamp Land Grant of 1850." *Arkansas Historical Quarterly* 6 (Winter 1947): 369–418.

Henderson, Don. "Agricultural Workers." *American Federationist* 43 (May 1936): 482.

Herling, John (Jack). "Field Notes from Arkansas." *Nation,* April 10, 1935: 419.

Hoffsommer, Harold. "The AAA and the Cropper." *Social Forces* 13 (May 1935): 494.

Holley, Donald. "The 2nd Great Emancipation: Rust Cotton Picker and How it Changed Arkansas." *Arkansas Historical Quarterly* 52:1 (Spring 1993): xx.

———. "Trouble in Paradise: Dyess Colony and Arkansas Politics." *Arkansas Historical Quarterly* 32:3 (Autumn 1973): 208.

Holmes, William F. "The Arkansas Cotton Pickers Strike of 1891 and the Demise of the Colored Farmers' Alliance." *Arkansas Historical Quarterly* 32:2 (Summer 1973): 107–119.

———. "Whitecapping: Agrarian Violence in Mississippi, 1902–1906." *Journal of Southern History* 35 (1969): 165–185.

Hoover, Calvin B. "Agragarian Reorganization in the South." *Journal of Farm Economics* 20 (May 1938): 474.

"Jim Crow in Arkansas: A Reconsideration of Urban Race Relations in the Post-Reconstruction South. *Journal of Southern History* 55 (1989): 421–448.

Johnson, Josephine. "The Arkansas Terror." *New Masses,* June 30, 1936.

Koch, Lucien. "The War in Arkansas." *The New Republic*, March 27, 1935: 182–184.

Lambert, Roger. "Hoover and the Red Cross in the Arkansas Drought of 1930." *Arkansas Historical Quarterly* 29:1 (Spring 1970).

Lane, Jack. "Federal–Quapaw Relations, 1800–1833." *Arkansas Historical Quarterly* 19 (Summer 1960).

Lewis, Elsie M. "Economic Conditions in Antebellum Arkansas, 1850–1861." *Arkansas Historical Quarterly* 6 (Autumn 1947): 256–274.

Lewis, Todd E. "Mob Justice in the 'American Congo': Judge Lynch in Arkansas During the Decade after World War I." *Arkansas Historical Quarterly* 52 (1993): 156–184.

Logan, Robert R. "The First Land Surveys in Arkansas." *Arkansas Historical Quarterly* 19 (Autumn 1960): 260–270.

Lyon, Owen. "The Trail of the Quapaw." *Arkansas Historical Quarterly* 9 (Summer 1950): 205–213.

MacLachlan, J. M., and E. W. S. MacLachlan. "Don't Rescue Tenancy: Abolish It." *New Republic,* June 13, 1934: 117.

Maddox, James G. "The Bankhead-Jones Farm Tenant Act." *Law and Contemporary Problems* 4 (October 1937).

McCormick, T. C. "Recent Increases of Farm Tenancy in Arkansas." *Southwestern Social Science Quarterly* 15 (June 1934): 64.

McNeely, J. G., and Glen Barton. "Land Tenure in Arkansas: II. Change in Labor Organization." Arkansas Agricultural Experiment Station Bulletin No. 397. Fayetteville, 1940.

Merriwether, Robert W. "Bulldozing on the Cadron: 1883." *Faulkner Facts and Fiddlings* 4 (Fall/Winter): 67–70.

Metzler, William H. "Population Trends and Adjustments in Arkansas." Arkansas Agricultural Experiment Station Bulletin No. 388. Fayetteville, May 1940.

Mitchell, H. L. "The Founding and Early History of the Southern Tenant Farmers Union." *Arkansas Historical Quarterly* 32:4 (Winter 1973).

Mitchell, H. L., and J. R. Butler. "The Cropper Learns His Fate." *Nation* 141 (September 18, 1935): 328.

Mitchell, H. L., and Howard Kester. "Sharecropper Misery and Hope." *Nation* 142 (February 12, 1936): 184.

Mitchison, Naomi. "The White House and Marked Tree." *New Statesman and Nation,* April 27, 1935: 585.

Moneyhon, Carl H. "Economic Democracy in Antebellum Arkansas: Phillips County, 1850–1860." *Arkansas Historical Quarterly* 40 (Summer 1981): 154–172.

Moore, Waddy. "Some Aspects of Crime and Punishment on the Arkansas Frontier." *Arkansas Historical Quarterly* 23 (Spring 1964): 50–64.

Munro, W. Carroll. "King Cotton's Stepchildren." *Current History* 44 (June 1936): 66.

Murray, Gail S. "Forty Years Ago: The Great Depression Comes to Arkansas." *Arkansas Historical Quarterly* 29:4 (Winter 1970).

Naison, Mark D. "Black Agrarian Radicalism in the Great Depression: the Threads of a Lost Tradition." *Journal of Ethnic Studies* 1 (1973): 47–65.

Nelson, Lawrence J. "Oscar Johnston, the New Deal, and the Cotton Subsidy Payments Controversy, 1936–1937." *The Journal of Southern History* 40:3 (August 1974): 399–416.

Nelson, Peter. "Is Farm Tenancy Inherently an Evil?" Oklahoma *Current Farm Economics* Series 10:2 (April 1937): 29.

Newson, Eugene. "What's Wrong With Arkansas?" *American Mercury,* 1954: 41.

O'Brien, F. S. "The 'Communist-Dominated' Unions in the United States Since 1950." *Labor History* 9 (Spring 1968): 184–209.

Petrovich, Alisa V. "Perception and Reality: Colbert's Native American Policy." *Louisiana History* 39:1 (1998): 73–83.

Pickens, William. "The American Congo-Burning of Henry Lowry." *Nation* 112 (March 23, 1921): 426–428.

Pittman, Dan W. "The Founding of Dyess Colony." *Arkansas Historical Quarterly* 29:4 (Winter 1970): 320–321.

Posey, Walter Brownlow. "The Earthquake of 1811 and Its Influence on Evangelistic Methods in the Churches of the Old South." Reprinted from the *Tennessee Historical Magazine Series II* 1:2 (January 1931).

Randall, C. C. "Landlord Tenant Problems in Arkansas." *Nation's Agriculture* 13 (June 1938): 3.

Reid, T. Roy. "Public Assistance to Low-Income Farmers of the South." *Journal of Farm Economics* 12 (February 1939): 188.

Rodgers, Ward H. "Sharecroppers Drop the Color Line." *The Crisis* 42 (June 1935): 168.

Rogers, O. A., Jr. "The Elaine Race Riots of 1919." *Arkansas Historical Quarterly* 19 (1960): 142–150.

Schapsmeier, Edward L. "Farm Policy from FDR to Eisenhower: Southern Democrats and the Politics of Agriculture." *Agricultural History* 53 (January 1979): 361–362.

"Sharecroppers Fight for Life." *New Republic,* January 29, 1936: 336.

Shepard, Edward M. "The New Madrid Earthquake." *The Journal of Geology* 13 (University of Chicago Press, 1905).

Simonson, S. E. "The St. Francis Levee and High Waters on the Mississippi River."*Arkansas Historical Quarterly* 6:1 (Spring 1947).

"Slavery Seventy Years After." *Christian Century,* December 9, 1936: 1645.

Smith, C. Calvin. "Black Organization and White Suppression: The Elaine Race Riot of 1919." *Craighead County Historical Quarterly* 12:3 (1974): 2–3.

"Some Tenant Problems of the South." *Rural America* 15 (February 1937): 8.

"Starvation in Arkansas: Evicted Sharecroppers." *New Republic,* April 1, 1936: 209.

Stephens, Oren. "Revolt on the Delta." *Harper's* 183 (November 1941): 656.

"Striking 'Croppers.'" *Literary Digest,* June 13, 1936: 7.

Talley, Robert. "Exit the Share-Cropper." *Nation's Business* 25 (September 1937): 17.

Taylor, Alva W. "Cotton Tenants Held in Peonage." *Christian Century,* October 7, 1936: 1341.

Taylor, Carl W., and Helen W. Wheeler. "Disadvantaged Classes in American Agriculture." *Agricultural Situation* 22 (November 1938): 17.

Taylor, Henry C. "What Should Be Done About Farm Tenancy." *Journal of Farm Economics* 20 (February 1938): 145.

"Tenancy in Arkansas." *Arkansas Gazette Magazine,* April 4–25 1937.

Thrasher, Sue, and Leah Wise. "The Southern Tenant Farmers' Union." *Southern Exposure* 1 (Winter 1974): 7, 19.

Tugwell, Rexford G. "Behind the Farm Problem: Rural Poverty; Not the Tenancy System But a Low Scale of Life…." *New York Times Magazine,* January 10, 1937: 4.

Venkataramani, M. S. "Norman Thomas, Arkansas Sharecroppers, and the Roosevelt Agricultural Policies, 1933–1937." *Mississippi Valley Historical Review* 47 (September 1960): 225–246.

Westbrook, Lawrence. "Farm Tenancy: A Program." *Nation,* January 9, 1937: 39.

"What Has Happened to the AAA?" *Christian Century,* March 6, 1935: 293.

Whayne, Jeannie M. "Low Villains and Wickedness in High Places: Race and Class in the Elaine Riots." *Arkansas Historical Quarterly* 58 (1999): 285–313.

Wherry, Elizabeth C. "A Chance for the Share-Cropper (The Dyess Colony)." *Wallace's Farmer,* May 7, 1938: 333.

White, Walter. "Massacring Blacks in Arkansas." *Nation,* December 6, 1919: 715–716.

Wiley, Bell Irvin. "Salient Changes in Southern Agriculture Since the Civil War." *Agricultural History* 13 (April 1939): 65.

Will, George F. *New York Times,* February 26, 2006.

Wilson, W. T., and William H. Metzler. "Characteristics of Arkansas Rehabilitation Clients." Arkansas Agricultural Experiment Station Bulletin No. 348. Fayetteville, June 1937.

"Woman Flogged." *Literary Digest,* June 27, 1936: 29.

Woodman, Harold D. "Postbellum Social Change and Its Effects on Marketing the South's Cotton Crop." *Agricultural History* 56 (January 1982).

———. "Post–Civil War Southern Agriculture and the Law." *Agricultural History* 53 (January 1979): 319–335.

Woodruff, Nan Elizabeth. "African-American Struggles for Citizenship in the Arkansas and Mississippi Deltas in the Age of Jim Crow." *Radical History Review* 55 (1993): 33–51.

Worley, Ted, ed. "Tenant and Labor Contracts, Calhoun County, 1869–1871." *Arkansas Historical Quarterly* 13:1 (Spring 1954).

Zeichner, Oscar. "The Transition from Slave to Free Agricultural Labor in the Southern States." *Agricultural History* 13 (1939): 23.

INTERVIEWS

Blake, Henry. Little Rock, Arkansas. Interview with Samuel S. Taylor. *Born in Slavery: Slave Narratives from the Federal Writers Project, 1936–1938.* Arkansas Narratives, 2:1, Manuscript Division, Library of Congress.

Damron, Minnie, former Tyronza, Arkansas, resident. Interviews by author: Fall 2002; March 15, 2003. Transcripts. Southern Tenant Farmers Museum Collection, Arkansas State University, Jonesboro.

East, Jack, son of an STFU founder. Interview by author, May 1, 2003. Transcript. Southern Tenant Farmers Museum Collection, Arkansas State University, Jonesboro.

Hale, Ruth, resident of Burdette, Arkansas. Interview by author, April 19, 2003. Transcript. Southern Tenant Farmers Museum Collection, Arkansas State University, Jonesboro.

Johnson, Ethel, resident of Lake Village, Arkansas. Interview by Ruth Hawkins, April 5, 2001. Transcript. Lakeport Plantation Oral History Collection, Arkansas State University, Jonesboro.

Mitchell, Sam, son of an STFU founder. Interviews by author: May 13, 2004; May 19, 2006. Transcripts. Southern Tenant Farmers Museum Collection, Arkansas State University, Jonesboro.

Pendergrass, O. D., resident of West Memphis, Arkansas. Interview by author, Fall 2004. Transcript. Southern Tenant Farmers Museum Collection, Arkansas State University, Jonesboro.

Rye, Johnny, resident of Tyronza, Arkansas. Interviews by author: May 22, 2003; June 12, 2003. Transcripts. Southern Tenant Farmers Museum Collection, Arkansas State University, Jonesboro.

Sullivan, Hays, resident of Burdette, Arkansas. Interviews by author: March 24, 2002; March 15, 2003. Transcripts. Southern Tenant Farmers Museum Collection, Arkansas State University, Jonesboro.

Twist, John, former resident of Twist, Arkansas. Interviews by author: January 25, 2003; June 12, 2003. Transcripts. Southern Tenant Farmers Museum Collection, Arkansas State University, Jonesboro.

Wesley, John. Helena, Arkansas. Interview with Irene Robertson. *Born in Slavery: Slave Narratives from the Federal Writers Project, 1936–1938.* Arkansas Narratives, 2:7, Manuscript Division, Library of Congress.

Williams, Willie. Interview with Mike Bowman and Greg Hansen, September 20, 2003. Transcript. Lakeport Plantation Oral History Collection, Arkansas State University, Jonesboro.

LETTERS & JOURNALS

Cloar, Carroll, Unpublished Letters. Arkansas State University Collection, Jonesboro, Arkansas.

Fendler, Oscar. *Chronicles: Incidents in the Life of Oscar Fendler (1909–1926).* Unpublished. Mississippi County, 1991.

Redington, Captain Edward. Transcribed letters, May 14, 1863–October 23, 1863; May 1867. Account of the Battle of Helena, Arkansas. *Wisconsin Goes to War: Our Civil War Experience.* The State of Wisconsin Collection, University of Wisconsin System Board of Regents. http://digital.library.wisc.edu/1711.dl/WI.EdRed01.

Scott, William Madison. *Civil War Memoirs.* Unpublished. www.cumberland.org/hfcpc/minister/ScottWM.html.

Southern Tenant Farmers Union Records. Southern Historical Collection. Wilson Library, University of North Carolina at Chapel Hill. Microfilm, 1971.

Thomas Papers, Norman. Manuscript Division, New York Public Library.

Worthington, Amanda. Diary, 1862–1866, Washington County, Mississippi, Southern Confederacy. Unpublished. Washington County Library, Greenville, Mississippi.

MUSIC

Cash, Johnny. *The Fabulous Johnny Cash / Songs of Our Soil.* Original recording remastered, imp. Sony Label, May 29, 2001.

Handcox, John L. *Songs, Poems and Stories of the Southern Tenant Farmers Union.* Produced by Mark Jackson. West Virginia University Press Sound Archive, December 13, 2000.

PLOWING